**O som da revolução:
Uma história cultural do rock
1965-1969**

Rodrigo Merheb

O som da revolução:
Uma história cultural do rock 1965-1969

CIVILIZAÇÃO BRASILEIRA

Rio de Janeiro
2012

Copyright © Rodrigo Merheb, 2012

PROJETO GRÁFICO DE MIOLO
Evelyn Grumach e João de Souza Leite

PROJETO GRÁFICO DE ENCARTE E CAPA
Estúdio Insólito

CIP-BRASIL. CATALOGAÇÃO NA FONTE
SINDICATO NACIONAL DOS EDITORES DE LIVROS, RJ

M531s   Merheb, Rodrigo
           O som da revolução: uma história cultural do rock, 1965-1969 / Rodrigo Merheb. – Rio de Janeiro: Civilização Brasileira, 2012.
           il.

Inclui bibliografia
ISBN 978-85-200-1055-6

1. Rock - Brasil – História e crítica. 2. Música e história – Brasil. I. Título.

12-0430   CDD: 782.420981
                             CDU: 78.067.26(81)

Todos os direitos reservados. Proibida a reprodução, armazenamento ou transmissão de partes deste livro, através de quaisquer meios, sem prévia autorização por escrito.

Este livro foi revisado segundo o novo Acordo Ortográfico da Língua Portuguesa.

Direitos desta edição reservados pela
EDITORA CIVILIZAÇÃO BRASILEIRA
Um selo da
EDITORA JOSÉ OLYMPIO LTDA.
Rua Argentina, 171 – Rio de Janeiro, RJ – 20921-380
Tel.: 2585-2000

Seja um leitor preferencial Record.
Cadastre-se e receba informações sobre nossos lançamentos e nossas promoções.

Atendimento e venda direta ao leitor:
mdireto@record.com.br ou (21) 2585-2002.

Impresso no Brasil
2012

Sumário

AGRADECIMENTOS 7
INTRODUÇÃO 9

CAPÍTULO 1
O verão nas cidades *21*

CAPÍTULO 2
Cenas da experiência psicodélica *51*

CAPÍTULO 3
Um mundo em preto e branco *81*

CAPÍTULO 4
Swinging London *107*

CAPÍTULO 5
Testes de ácido *135*

CAPÍTULO 6
Aventuras subterrâneas *169*

CAPÍTULO 7
Verão do amor? *201*

CAPÍTULO 8
Bad trips *233*

CAPÍTULO 9
Estigmas e danações   273

CAPÍTULO 10
Trincheiras de concreto   311

CAPÍTULO 11
A artilharia anti-rock   347

CAPÍTULO 12
Empreendimentos na hippielândia   377

CAPÍTULO 13
Muito além de um jardim   407

CAPÍTULO 14
O Verão do Amor desce ao inverno   445

Depois do fim   477

DISCOGRAFIA   491

BIBLIOGRAFIA   509

FILMES E DOCUMENTÁRIOS   517

ÍNDICE ONOMÁSTICO   521

Agradecimentos

A todos os que colaboraram na realização deste livro com apoio afetivo, eficiência profissional, críticas, esclarecimentos e ajuda na revisão bibliográfica:

Leandro Fortes, Alice Ines de Oliveira e Silva, Andreia Amaral, Marina Vargas, Vivian Andreozzi, Sérgio França, Silvana Arantes, Josué Canda (1960-2011), Celise Niero, Daniela Merheb Shedden, Alistair Shedden, Valdir Guimarães, Lauro Mesquita, Tiago Mesquita, Fabiano Lana, João Marcos Alem, Claudia Mesquita, Carlos Alenquer, Lula Ricardi, Lilia Merheb, Luciana Melo, Lucas Fragomeni, Verusca Couto, Israel do Vale, Patricia Ferreira, Sidney Romero, Reinaldo Storani, Andreia Rigueira, Mateus Araujo e Natacha Rena.

Para Anna Karina, Julia e Pedro.

Introdução

Os anos 1960 forneceram matéria-prima para mais teses acadêmicas, livros, biografias e relatos do que provavelmente qualquer outro período do século XX, com exceção da Segunda Guerra Mundial. Trata-se de um fascínio que nunca esmorece, com alguns picos de interesse quando os meios de comunicação e as redes sociais se mobilizam em torno de alguma efeméride. O tom das retrospectivas quase sempre é de mitologização.

Pela significativa convergência de eventos em tantos segmentos diferentes, é muito comum a noção de que todos os fenômenos inaugurais de padrões de comportamento nos anos 1960 eclodiram de forma espontânea, desvinculados de processos históricos que formaram gradualmente conceitos e atitudes transgressoras. Em comum com outros momentos de colapso e ruptura, vigorava a certeza de que o imperativo da mudança não se esgotava na reformulação de velhos paradigmas: era preciso começar do zero, fundar uma nova ordem combinada com a desconfiança de todos os modelos existentes.

Reconhecido como a expressão musical da revolução de costumes, o rock nesse período conseguia agregar sentimentos potencialmente subversivos, não apenas no embate político, mas especialmente como expressão visceral de sexualidade e total rejeição aos valores da classe média. Do ponto de vista musical, ao contrário do jazz, cujos experimentos miravam na busca de linguagens cada vez mais rebuscadas, o rock começou a reinventar a música de consumo se beneficiando de condições culturais específicas para explorar novas alternativas estéticas em territórios não visitados.

A definição da segunda metade da década de 1960 como marco zero deste livro obedeceu a alguns critérios que norteiam a narrativa desde o começo. Em primeiro lugar, veio a tentativa de detalhar a notável simbiose de um grupo de cantores e compositores com seu tempo. O rock começava a firmar sua autonomia e exibir musculatura exatamente quando os conflitos sociais passavam pelo período de maior radicalização.

Aquilo que se chama de rock, na realidade, como já foi apontado diversas vezes, nasceu em larga escala dos parâmetros criativos determinados por Bob Dylan e pelos Beatles, inclusive entre artistas que tentavam orientar sua produção para além dessa influência. Essa premissa me permitiu certa abrangência ao categorizar o que deveria ser entendido como rock, até fechar um denominador comum: basicamente era a música consumida e realizada por jovens anglo-americanos, majoritariamente brancos, mesmo que não contivesse um único instrumento elétrico, como é o caso do mosaico de estilos presente em *Astral Weeks*, de Van Morrison. O recorte que proponho trata o rock mais como forma cultural do que gênero musical.

Quando defini como este trabalho seria estruturado, não tive a menor pretensão de me aprofundar sobre todo o universo pop daquela época. Não seria possível incluir nesta pesquisa um dos capítulos cruciais da música popular moderna, como a soul music, sem tratá-la como apêndice do tema central, algo impensável dada a riqueza e complexidade de um gênero que seguia caminho paralelo, ainda que repleto de interseções com os personagens que transitam pelo núcleo desta história.

Essas interseções formam os pontos de atrito que inutilizam qualquer tentativa de estabelecer uma catalogação rígida. Em que classificação caberia Jimi Hendrix? E Sly Stone? Apesar de as bandas racialmente integradas serem uma exceção nos anos 1960, vários músicos da gravadora Stax, que para muitos incorpora a essência da soul music, eram brancos. Impossível distribuir rótulos num momento de tanta efervescência, com fragmentos de ideias contaminando outros atores culturais sem distinção de raça ou naturalidade. Mais do que a linguagem, me importaram o sentimento, as ramificações e a inserção de um artista num determinado cenário.

Um mapeamento do rock em âmbito global, enquadrando diferentes formas de interlocução com suas respectivas sociedades, poderia resultar num livro interessantíssimo. Fica a ideia, portanto. Mas minha proposta foi outra. A decisão de fechar o foco sobre a cena anglo-americana foi tomada já na idealização do livro, em 2004, quando eu ainda vivia e trabalhava em Chicago. Desde o começo optei por trazer para a narrativa artistas de várias vertentes que construíam diálogos nas suas diferenças e firmavam uma identidade de propósitos nos limites geográficos de Inglaterra e Estados Unidos, com exceções raras e localizadas. O rock dos anos 1960 só bebeu na fonte do orientalismo para acrescentar pinceladas exóticas a um vocabulário já instituído, atitude que implicava a noção da música como algo sagrado, religioso, espelho da sabedoria ancestral do Oriente em contraponto à decadência materialista da civilização judaico-cristã, pensamento corrente na contracultura desde os *beats*.

Não se tratava de falta de curiosidade sobre culturas externas, e sim de dificuldade de acesso num momento em que informações circulavam muito mais lentamente, embora o sentimento via Marshall McLuhan fosse de um mundo interligado. A bem da verdade, a cítara só se difundiu como instrumento em discos psicodélicos depois de utilizada por George Harrison numa gravação dos Beatles ("Norwegian Wood"). Estavam ainda distantes os dias em que o trabalho seminal de um grupo congolês como o Konono Nº 1 teria impacto enorme e imediato nas pistas de dança e bandas do Ocidente.

O conteúdo visionário do que se produziu sob essa marca unificada denominada rock, aliado ao enorme poderio econômico e político da Inglaterra e dos Estados Unidos, criou uma usina de força cujo alcance foi extenso o bastante para se constituir num sumário da própria ideia de juventude. Adaptação pura e simples para outros idiomas ou misturas temperadas com ingredientes locais emergiram em dezenas de países, nos cinco continentes. Em alguns momentos, as informações devolvidas à matriz saíam do puro mimetismo para se igualar ou até superar o produto original, mas o centro irradiador se mantinha restrito. E como este livro foi escrito por um brasileiro (e muito orgulhoso disso) para ser lido por brasileiros, é preciso abordar especificamente o caso dos Mutantes, reconhecidos internacionalmente hoje como uma das mais importantes bandas da era psicodélica.

Até meados dos anos 1990, o culto aos Mutantes permaneceu um fenômeno unicamente brasileiro, e mesmo assim de alcance reduzido. Quando as bandas da minha geração surgiram no mercado, nos anos 1980, alavancadas por garotos crescidos durante a ditadura militar, poucas citavam o trio paulistano como influência. Não é de se admirar, portanto, que a reação da maioria dos seus "descobridores" tenha sido de perplexidade, em busca de razões para uma obra tão arrojada ter ficado restrita a poucos admiradores. O principal motivo não é difícil de entender. A dicotomia centro/periferia deixou os Mutantes à margem de todas as cenas. Estavam distantes demais da Califórnia e de Londres e eram repudiados no Brasil tanto por artistas militantes de esquerda como por conservadores.

As influências dos Mutantes eram pautadas basicamente pelos discos que saíam no Brasil e aquilo que se ouvia nas rádios. É certo que eles conheciam o sucesso mundial "Time of the Season" (como comprova a linha de baixo de "Ando meio desligado"), mas durante aqueles dias provavelmente não tiveram a chance de escutar integralmente o álbum *Odessey and Oracle*, do qual foi extraído esse single dos Zombies. Parece um conto de alguma era jurássica, afinal, qualquer um pode hoje baixar no dia do lançamento o último álbum do Grizzly Bear e *Odessey and Oracle* ao mesmo tempo em menos de vinte minutos. Há 45 anos, São Paulo estava longe de ser a metrópole cosmopolita atual. Importar discos custava caro e viajar para o exterior era um sonho muito além das possibilidades de meninos de classe média.

Essa limitação, paradoxalmente, foi fundamental para que os Mutantes afiassem um vocabulário próprio, baseado em sua vivência cotidiana

INTRODUÇÃO

numa cidade industrial de terceiro mundo em plena ditadura militar, assimilando sonoridades que vinham a conta-gotas de outros continentes. Seus três componentes eram jovens de extraordinário talento, que se debruçavam sobre cada faixa com um propósito inventivo permanente. O rótulo etnocêntrico para uma suposta *world music* já tinha se resolvido organicamente havia muito tempo nas misturas endiabradas produzidas pelos Mutantes. O peso da banda é imenso entre artistas *indie* dos anos 1990 e do terceiro milênio, mas sua participação no teatro de operações que formulou a psicodélia nos anos 1960 foi rigorosamente zero.

O que conduz obrigatoriamente a outra questão: de que maneira o Brasil existe nisso tudo? Algumas alusões são feitas ao longo do livro, mais a título ilustrativo do que comparativo; acredito, porém, que essa é uma história cujo interesse se sustenta sozinho, que dispensa a inserção obrigatória de referências.

Minha preocupação maior foi tentar familiarizar ao máximo o leitor com determinados códigos e contextos, e não criar um mundo hermético, permitido apenas a iniciados ou estudiosos de rock. Delinear contrapontos e aproximações com a realidade cultural e política do Brasil representaria um desvio de foco que a meu ver sacrificaria a fluência narrativa, além de parecer por demais forçado. Mas cada um é livre para construir suas próprias analogias. Não há absurdo em enxergar ecos no Festival da Record de 1967, que antagonizava "Ponteio" e "Domingo no parque", daquilo que é narrado logo no primeiro parágrafo deste livro, quando Bob Dylan provocou um racha num festival de folk ao se apresentar com instrumentos elétricos. Em que pesem diferenças substanciais, vindas de realidades distintas, a perspectiva que olha o presente pelas lentes do passado já situou corretamente as intervenções dos Mutantes e dos demais tropicalistas como aliadas de primeira hora da contracultura na Europa e nos Estados Unidos. E basta escutar "Eles", faixa de encerramento do primeiro álbum de Caetano Veloso, para saber onde miravam as inquietações daquele grupo de artistas.

Em documentários televisivos ou trechos incidentais de filmes hollywoodianos sobre os anos 1960, é muito comum a exibição de imagens de tanques, bombas no Vietnã e passeatas, enquanto ao fundo se ouve Jimi Hendrix, The Doors ou Rolling Stones. Se a produção é brasileira, não podem faltar trechos de "Alegria, alegria". Essa associação quase automática entre música e turbulência social faz parte hoje do imaginário popular como um entendimento definitivo de que os artistas da época eram militantes da revolução. É claro que esse tipo de percepção coletiva não se articula gratuitamente. A experimentação com novas tecnologias, sonoridades e letras de comentário ou incitamento à rebelião garantiu ao rock seu lugar na história como linha auxiliar dos movimentos sociais que confrontavam o *establishment*. Mas se essa interação em algum momento existiu parcialmente no plano das ideias, o engajamento dos protagonistas foi cercado de mais recuos, dúvidas e contradições do que muitos gostariam de acreditar.

É notório também que o mix de cenas de convulsão social com músicas da época indica uma assimilação do conceito de revolução que delimita os anos 1960 como uma mola propulsora de mudanças que vistas como inevitáveis. O que me interessou nesse aspecto foi entender como os principais artistas reagiram, interpretaram e absorveram essa avalanche de novos pensamentos, ideias e atitudes, muito mais do que elaborar uma teoria em bloco sobre rock e conjuntura política, mesmo porque essa unidade só existe em memórias apressadas e saudosistas.

Conforme as mudanças se introjetavam no tecido social, criando muito mais reformas de pensamento do que revolução, o rock se firmava como um dos arcabouços dessa transformação. Cidadãos comuns de pensamento mais liberal viam no rock um símbolo romântico de libertação, uma via de escape para as pressões da vida cotidiana. Pelo filtro da música, a classe média absorvia conceitos mais arejados sobre comportamento e formas musicais mais ousadas do que os sucessos ouvidos no rádio. E como apontou Thomas Frank em seu indispensável *The Conquest of Cool*, conglomerados e empresas de publicidade perceberam também muito rapidamente que uma mensagem de rebelião diluída em estratégias de marketing poderia agregar resultados revigorantes para os negócios. Desde sua origem, o rock transitou entre os extremos de prosperar numa estrutura mercantilista convencional enquanto cultivava a ambição de implodir o próprio sistema que possibilitava sua difusão.

Assim que o rock começou a adquirir emancipação artística, formou-se uma escala valorativa interna que envolvia critérios como reconhecimento crítico, êxito comercial e originalidade. Em que pesem os inúmeros casos de reputações infladas que não resistiram ao teste do tempo e outras que só tiveram o reconhecimento merecido mais de trinta anos depois, o fato é que o atalho do ativismo político não garantiu longevidade a ninguém. O núcleo intelectual pioneiro que começou a pensar o rock como forma de arte já a partir de 1967 era rigoroso na consideração de que mérito artístico e engajamento social não se equivaliam. Muitos críticos podiam simpatizar com a militância de Phil Ochs, mas nenhum deles se atrevia a compará-lo a Bob Dylan. Entre os músicos, o pensamento era o mesmo.

Não obstante, a escolha sobre quais fatos e eventos iriam compor um encadeamento coerente ao que o livro se propõe não podia se restringir unicamente ao mérito artístico, segundo minhas preferências. É claro que uma historiografia desse tipo não pode negligenciar artistas que não obtiveram a repercussão merecida inicialmente, mas cuja ascendência sobre seus pares se cristalizou com o tempo. Por esse motivo, alguns favoritos pessoais, como o Fairport Convention e Tim Buckley, estão no livro, mas ocupam um espaço muito menor do que aquele dedicado, por exemplo, ao MC5, que eu raramente escuto. O mapa do rock americano só tem um círculo sobre Detroit porque o MC5 inaugurou praticamente sozinho uma cena de relevância internacional. Sua postura de enfrentamento destemido contra forças que no fim acabaram por destruí-los resultou num dos movimentos de ascensão e queda mais dramáticos que a cultura pop produziu.

A identidade do MC5, constituída por um todo indivisível de música e atitude, é quase uma miniatura dos vários arquivos da contracultura que nutriam o rock dos anos 1960, nenhum deles hegemônico. John Sinclair, o principal mentor da banda, além de crítico e devoto do free jazz, era profundamente ligado à geração *beat*, cujos protagonistas em Nova York, depois São Francisco, personificaram a mais visível representação do hipster (de onde se origina etimologicamente a expressão hippie), esse personagem urbano do pós-guerra examinado no clássico ensaio *The White Negro,* publicado por Norman Mailer em 1953.

Segundo Mailer, o *hipster* absorvia não apenas as formas culturais relacionadas à negritude, essencialmente o jazz, mas a própria experiência existencial relacionada a uma vida aventureira e marginal de ímpeto sexual aflorado. O escritor James Baldwin, em sua aguda resposta, observou o notório descompasso de brancos rejeitando valores da classe média enquanto romantizavam padrões de comportamento considerados socialmente patológicos, com os quais a maioria dos negros detestava ser associada. Apesar de muito criticado, o fato é que Mailer não inventou a figura do *hipster*. Tanto ele existia que virou celebridade à medida que os meios de comunicação amplificavam a filosofia transgressora dos principais expoentes da geração *beat*, especialmente depois que Jack Kerouac publicou *On the Road*.

Quando eletrificou sua música, Bob Dylan não apenas criou o *hipster* de guitarra, plugado numa imagem esculpida no cinismo e no desafio, como suas letras passaram a percorrer o mesmo território onde morava a imaginação de Allen Ginsberg, Gregory Corso e Jack Kerouac (Dylan dizia que *On the Road* mudara sua vida). A diferença é que o texto agora compunha apenas uma parte da equação. Os novos *hipsters* fabricaram sua linguagem musical, que, não importa quão derivativa e tributária fosse de outras formas, exibia uma assinatura característica e uma marca única que a indústria do disco rapidamente se apressou em chamar simplesmente de rock.

INTRODUÇÃO

O realinhamento daqueles escritores e poetas diante da geração seguinte veio, portanto, num elo de pontas soltas. Enquanto lançava livros, batia bongôs e prosseguia com sua estratégia de ocupação de espaços nos anos 1950, a geração *beat* só tinha tempo para o cool jazz. Alguns, como Jack Kerouac, inclusive tentavam infundir no ritmo da sua prosa as intrincadas artimanhas rítmicas de Dizzy Gillespie e Charlie Parker. Para esses artistas, os produtos da indústria de entretenimento, inclusive o rock'n'roll, se diluíam na mesma cultura suburbana e massificadora contra a qual eles travavam uma guerra sistemática, pensamento oposto ao dos músicos que viveram a adolescência nos anos 1950. Assim como Dylan, Lennon e McCartney cultuavam Elvis Presley, Buddy Holly e Roy Orbison, os Stones amavam Chuck Berry; Lou Reed, nos anos 1980, realizou o sonho de juventude de fazer vocal de fundo para seu ídolo, o ítalo-americano Dion; Frank Zappa gravaria um álbum inteiro para homenagear à sua maneira os grupos vocais de rhythm'n' blues; Brian Wilson se dizia discípulo confesso do produtor Phil Spector. Nunca houve recuo nessa reverência, mas a temática, fundamentalmente ligada às ansiedades sexuais e inadequações de um adolescente em formação, deixou de ser prioridade à medida que a música se lançava em aventuras mais ambiciosas. A maior parte dos patriarcas do rock'n'roll eram garotos do sul dos Estados Unidos de formação religiosa, que cresceram na linha da pobreza ouvindo a música originária de um caldo de cultura unificado pela estratificação de classes.

Inúmeros pastores protestantes e pais de família associavam corretamente o rock'n'roll aos excluídos e aos negros; afinal, a música nada mais era do que a junção de gêneros marginalizados, tanto pela procedência geográfica (o sul dos Estados Unidos) quanto pela origem social dos praticantes, sob um ritmo quase tribal. Mas, ao contrário de seus predecessores, esses cantores nunca tonificaram suas atitudes com discussões sobre política e comportamento. Quando, em 1956, Elvis Presley causou um escândalo ao aparecer em rede nacional de televisão, para 40 milhões de pessoas, rebolando os quadris ao som de "Hound Dog", lançou um manifesto de liberação sexual sem o filtro de teorias ou palavras de ordem. Para os jovens boêmios da geração seguinte, liberdade sexual era uma bandeira desfraldada que transportava vários subtextos. O rock agregou ao seu público adolescente o segmento universitário, que se pautava por outras agendas. Classificar a nova música como rock, em oposição a rock'n'roll dos anos 1950, acrescentou novos pilares musicais e conceituais de distanciamento da geração anterior.

A diferença mais significativa na linguagem aconteceu quando os ingleses entraram em cena dialogando de igual para igual com os americanos. O rock britânico fez uma transição relâmpago do papel de figurante para definidor de novas tendências, no bojo de uma transformação que englobou toda a paisagem cultural londrina. Essa interlocução surgiu exatamente quando ideólogos da contracultura perceberam a possibilidade de criar um vínculo filosófico entre as múltiplas visões contrárias ao *establishment*. Mesmo sem dispor da rede de intercâmbio virtual que globalizou os movimentos culturais em todo o mundo a partir dos anos 1990, as informações circulavam via livros, discos, exposições, festas e palestras. Em junho de 1965, Allen Ginsberg liderou em Londres um sarau de poesias no mesmo Royal Albert Hall que recebera os aclamados shows de Bob Dylan um mês antes. O auditório estava lotado.

Apesar da massiva presença dos *beats* e de outros gurus americanos na Europa, os ingleses acrescentaram à equação uma biblioteca de referências, filtrada por compositores que propunham novos sons e prosódias em harmonia com sua tradição musical e literária. A Inglaterra contribuiu decisivamente para injetar variedade numa forma cultural tipicamente americana, mas essa inflexão se repetiu em dezenas de países que começaram a criar um ambiente de rock em convivência amigável ou desagregadora com outros elementos da cultura local. Como se fosse necessário um espaço de expressão cativo para a juventude desenhar o próprio círculo de realidade estranho a todo o resto. No Brasil, por exemplo, desde os anos 1970, há o entendimento de que, mesmo com todas as fusões possíveis, MPB, samba e rock habitam cada um sua própria galáxia.

INTRODUÇÃO

Meu primeiro estímulo para esta pesquisa foram as possibilidades da narrativa, mais até do que a enorme admiração por vários daqueles artistas. Por mais iconográficos que sejam os protagonistas (e estamos falando de Dylan, Beatles, Hendrix, Jim Morrison, para citar alguns), minha intenção foi tratá-los mais como personagens do que como mitos. O fato de não sentir nenhum tipo de nostalgia pelos anos 1960 foi fundamental inclusive para entender as engrenagens históricas e culturais que sedimentaram essa mitologia.

Os anos 1965-1969 indicados no subtítulo poderiam perfeitamente ser substituídos por "de Newport a Altamont", já que as ações se desenrolam entre esses dois festivais, que marcam um tanto ritualisticamente o testemunho coletivo de um novo discurso musical, com Bob Dylan trocando seu violão pela guitarra e, quatro anos depois, o começo do desmanche de uma utopia, enquanto se impunha o pragmatismo na condução de um negócio corporativo que envolvia cifras milionárias. Em síntese, expectativa e frustração. Vibrações e decadência.

E quais serão os ecos de tudo aquilo nos dias de hoje? A história do rock é um fluxo descontínuo, cujo trajeto da margem em direção ao centro se acentua a partir dos anos 1970 com a explosão da venda de discos e megaespetáculos planejados como operações de guerra. Mas a cultura pop sempre carregou em seu núcleo doses de contraveneno capazes de neutralizar a massificação, pelo menos até o ponto em que a rejeição pura e simples perde o sentido. Essa reação em diferentes momentos se traduziu na distopia punk e pós-punk, nas raves eletrônicas, no neopsicodelismo inglês do fim dos anos 1980, na disco music das minorias nova-iorquinas, nos rappers do Bronx e do centro sul de Los Angeles, nas bandas *indies*, no neovanguardismo do CBGB, movimentos devidamente assimilados pelo *mainstream*, exatamente como a Haight-Ashbury, com maiores ou menores doses de dramaticidade. Apenas uma pequena parte do que se produziu nesse canto separado foi inovador ou duradouro. Mas, à sua maneira, o rock soube preservar o viés de oposição à cultura oficial, um espírito tribal romantizado de resistência, sem nunca conseguir superar o dilema da "rebelião convertida em dinheiro" enunciado pelo Clash em "White Man in Hammersmith Palais".

Certo é que essa postura essencialmente modernista da crença no papel transformador da criação artística uniu umbilicalmente o rock à contracultura, essa estranha criatura definida pelos pesquisadores Ken Goffman e Dan Joy como ruptura, mas também como a "tradição de romper com a tradição". De William Burroughs a William Gibson, do Weather Underground ao Occupy Wall Street, a noção de contracultura na era da revolução digital ganhou elasticidade e hoje cobre um arco que vai dos vários estudos de sociologia urbana até a militância pós-globalização, conduzidas no mesmo tambor global por agentes que talvez nunca se encontrem, mas se conectam pelo pensamento convergente.

Este livro é uma história daquele momento em que o rock fabricou seus primeiros *hipsters* e emitiu um dos ruídos mais dissonantes da vida contemporânea.

CAPÍTULO 1 O verão nas cidades

A daydream will last along into the night
Tomorrow at breakfast you may pick up your ears
Or you may be daydreamin' for a thousand years

John Sebastian, "Daydream"

Sem disfarçar certo constrangimento, Peter Yarrow, um dos integrantes do trio Peter, Paul and Mary, se aproximou do microfone naquela noite de 25 de julho de 1965 em Newport, no pequeno estado de Rhode Island, onde anualmente ocorria o maior festival de música folk dos Estados Unidos: "Não sei o que dizer." E erguendo a voz: "Bob foi guardar a guitarra elétrica e logo voltará para cantar mais alguma coisa."

Alguém gritou da plateia: "Ele que traga o violão."

Poucos minutos antes, Bob Dylan havia tomado de assalto um dos pilares da música tradicional americana. Em pé no palco, diante de 50 mil pessoas, não estava mais o trovador de protesto em roupas de flanela com um violão e uma gaita, mas sim um legítimo roqueiro com jaqueta de couro e calças apertadas. Nas mãos, portava desafiadoramente uma guitarra elétrica, execrada por todos os puristas como símbolo da alienação produzida pela música comercial. Sem dizer uma única palavra, acompanhado de outra guitarra, baixo, órgão e bateria, Dylan começou a tocar "Maggie's Farm", uma das mais enfáticas faixas elétricas de seu álbum *Bringing It All Back Home*, lançado quatro meses antes.

O público parecia estupefato. Ouviram-se aplausos, mas também vaias estrepitosas. A maioria parecia aguardar em absoluto silêncio.

Quando começou a canção seguinte, "Like a Rolling Stone", que começava a escalar as paradas de sucesso, as vaias se fizeram ouvir com mais intensidade. O número nem chegou a ser concluído. Dylan deixou o palco ainda atônito com a reação. "As pessoas estavam horrorizadas", lembra Peter Yarrow. "Era como uma capitulação ao inimigo, como se de repente você visse Martin Luther King fazendo um comercial de cigarro."

Enquanto isso, nos bastidores reinava o caos. Segundo o cantor Eric Von Schmidt, Peter Seeger, o grande expoente nacional da canção de protesto, ficou lívido durante a apresentação. "Diabos, isso é terrível, não dá para ouvir a letra", ele gritava, possesso. Entre as muitas lendas sobre aquela noite, uma conta que ele teria ido buscar um machado dizendo: "Vou cortar os cabos se alguém não o tirar do palco imediatamente." Seeger nunca soube de onde surgiu essa história. Convencido a voltar ao palco Peter Yarrow e por outros colegas, Dylan retornou com um violão nas mãos. Dessa vez foi unanimamente aplaudido.

O público começou a pedir por "Mr. Tambourine Man", ironicamente um enorme sucesso daquele verão na versão elétrica lançada pelos Byrds, um grupo da Califórnia, mas gravada só com violão e gaita por Dylan. Após atender à plateia, ele fechou sua participação com "It's All Over Now Baby Blue", cuja amarga letra de despedida resumiu seus sentimentos sobre o futuro de sua carreira e sobre aquela comunidade artística de regras tão rígidas e estabelecidas.

O mesmo festival que dois anos antes oferecera a Dylan a ponte para o estrelato agonizava pela resistência de seus líderes em aderir ao rolo compressor da eletricidade que batia à porta e à sede de experimentação por novos formatos musicais, e pela ânsia de vários artistas em incorporar o mais elaborado e adulto texto da música de protesto ao vocabulário do rock'n'roll. Por ironia ou ajustamento histórico, coube a Bob Dylan, o maior talento criado pela música tradicional desde seu grande mestre Woody Guthrie, credenciar-se como o ponta de lança dessa revolução.

Criado em 1959 com inspiração em eventos semelhantes ligados ao jazz, o Festival de Newport, na costa leste americana, consolidou-se em

1963, no auge da era Kennedy, como um evento pró-direitos civis, politicamente correto, antiguerra e obrigatório para artistas ou militantes que atuassem nessa área.

O empresário Albert Grossman planejou a participação de Bob Dylan no festival de 1963 com detalhes dignos de uma estratégia de guerra. Antes mesmo de qualquer nota ser ouvida no palco, boatos já antecipavam que a grande revelação do evento seria um garoto de 22 anos que vinha causando sensação nos cafés do Greenwich Village, em Nova York. A tática deu certo. Após o festival, toda a imprensa sabia que o compositor de "Blowin' in the Wind", um dos grandes sucessos daquele verão na voz de Peter, Paul and Mary, era um jovem artista de carisma e personalidade suficientes para ambicionar o status de grande vendedor de discos, enquanto se posicionava como porta-voz de uma fatia da juventude americana de classe média comprometida com os principais temas sociais do pós-guerra: discriminação racial, corrida armamentista, pacifismo e direitos civis. Dylan atingia tanto os estudantes que arriscavam a própria vida em caravanas para fazer alistamentos eleitorais no sul racialmente segregado como aqueles menos engajados que, não obstante, participavam dos debates com paixão e veemência.

Passemos para dois anos mais tarde. No dia 24 de julho, Bob Dylan chegava a Newport sem banda, mas determinado a conseguir uma. "Like a Rolling Stone", seu primeiro single da fase eletrificada, estava vendendo bem e tocando sem parar nas rádios. Al Kooper, o organista responsável pela moldura sonora do excepcional registro em estúdio, estava nas imediações e não tardou a saber que Dylan procurava por ele. Três membros de um grupo de Chicago, a Butterfield Blues Band, também foram recrutados. Na noite anterior à apresentação, a banda montada de improviso ensaiou até o amanhecer numa casa alugada.

A própria presença da Butterfield Blues Band no festival havia causado um mal-estar tão grande ou maior do que a participação de Dylan, pelo fato de um garoto branco se atrever a liderar um grupo que tocava blues. Pior, tocava blues em clubes cuja plateia era constituída apenas por negros. Paul Butterfield, filho de um próspero advogado de Chicago, convertera-se num obcecado gaitista, ensaiando horas a fio, disposto a ganhar respeitabilidade junto ao público negro, o único segmento que lhe interessava. Em pouco tempo, amealhou para sua banda o baterista Sam Lay e o baixista Jim Arnold, que já haviam acompanhado o legendário Howlin Wolf. Mike Bloomfield, um guitarrista virtuoso, também branco, de apenas 17 anos, completou a formação plurirracial.

Para a maioria dos militantes da cena folk, o Festival de Newport deveria caminhar contra a corrente de todas as tendências comerciais da música popular. Era o "último bastião do purismo". Quem se dispusesse a cantar deveria abraçar uma proposta inteiramente não lucrativa que nivelava um cantor famoso como Dylan a um obscuro trovador pelos mesmos cinquenta dólares. "Havia montes de batalhas naquele tempo sobre o que uma canção tradicional deveria ser", recorda Peter Yarrow. "As batalhas sobre definições eram furiosas e no cerne de tudo isso havia a divisão entre instrumentos acústicos e amplificados. Era a linha real."

O enfrentamento nem sempre se esgotava na troca de insultos. Um dos membros do corpo de diretores do festival, o musicólogo Alan Lomax, apresentou de forma sarcástica a Butterfield Blues Band e foi confrontado nos bastidores por Albert Grossman, que também empresariava a banda. Num átimo, os dois homens foram ao chão trocando socos.

O futuro produtor de discos Joe Boyd, que trabalhava na mesa de som naquele dia, recorda: "A velha guarda — Pete Seeger, Alan Lomax, Theodore Bikel — estava revoltada. Eles tinham chegado a ponto de ter todos os sonhos realizados dois anos antes, essa massa gigante de garotos politicamente ativos. E de repente viam tudo desaparecer numa bruma de fumaça de maconha e autoindulgência. No que lhes dizia respeito, Albert Grossman era o vendilhão nos portões do templo."

O tempo tem gerado novas versões para o que de fato aconteceu naquela noite. Segundo outros participantes, como Bruce Jackson, um dos organizadores do festival, o público não vaiou a opção elétrica de Dylan, e sim a brevidade de sua performance e a má qualidade do som, opinião semelhante à que Al Kooper emitiu em sua autobiografia. Existe ainda uma terceira facção que credita as vaias aos desencontros da banda provocados pela falta de ensaios e do próprio Dylan, mal-acostumado com as peculiaridades da guitarra elétrica. É o caso de Ramblin' Jack Elliott, amigo de Dylan e participante ativo da cena, para quem a música era boa, mas a performance era ruim.

Já foi mencionado que o Festival de Newport recebera anteriormente cantores country, como Johnny Cash, e de blues, como Muddy Waters. O próprio Peter Seeger já realizara gravações com instrumentos eletrificados. Será que realmente houve tanto ultraje por Dylan ter usado uma guitarra elétrica? Entre as testemunhas, é raro encontrar três que descrevam os fatos da mesma maneira. O documentário de Martin Scorsese *No Direction Home* mantém, contudo, que os fatos se deram de acordo com aquilo que ficou historicamente aceito: Dylan foi corrido do palco pela plateia tradicionalista e intolerante do Festival de Newport. E a música pop nunca mais foi a mesma.

Em que pese a eletrificação parcial do disco *Bringing It All Back Home*, lançado no início de 1965, o novo rumo que Dylan pretendia tomar ganhou foco irreversível após o lançamento do single "Like a Rolling Stone" — um rompimento não apenas com os limites impostos pela comunidade folk, mas também com muitos dos padrões mercadológicos de sucesso estabelecidos. Nunca uma canção com seis minutos de duração havia chegado ao topo das paradas. A inspiração para sua obra mais ambiciosa começou a nascer na volta de uma bem-sucedida excursão à Inglaterra, na qual o triunfo de Dylan foi seguido de perto pelas lentes do diretor D.A. Pennebaker, que preparava o documentário *Don't Look Back*. "O refrão veio primeiro", lembra Dylan. "Eu comecei a solfejar aquilo interminavelmente e mais tarde resolvi que os versos poderiam começar lentos e depois crescer."

Al Kooper não passava de um ilustre desconhecido quando apareceu no estúdio para assistir à sessão de gravação de "Like a Rolling Stone" no dia 15 de junho, um mês antes do Festival de Newport. "Eu era muito amigo do produtor Tom Wilson e fui convidado a assistir à sessão porque ele sabia que eu era um grande fã de Dylan", recorda-se Kooper, "mas eu era muito ambicioso e queria tocar. A sessão estava marcada para duas da tarde, então eu cheguei por volta de uma e vinte, com minha guitarra, me sentei, liguei e fiquei tocando, e por volta de quinze para as duas Dylan chegou com Mike Bloomfield, que eu não conhecia. No momento em que ouvi Bloomfield ensaiando, guardei minha guitarra e fui para a sala de som. Eu nunca tinha ouvido alguém tocar daquele jeito."

Durante a sessão, o organista foi mandado para o piano, pois Dylan estava insatisfeito com seu desempenho. Kooper se apressou em substituí-lo, apesar de não ter experiência em teclados. Tom Wilson tentou arrancá-lo de lá, mas acabou convencido de que valia pelo menos uma tentativa. Durante a gravação, Dylan gostou do que ouviu e pediu taxativamente que o som do órgão fosse aumentado. Quando "Like a Rolling Stone" atingiu em cheio as rádios do país, os teclados de Al Kooper predominavam, entrecortados pelas frases sarcásticas e arrebatadoras. Foi como se toda a experiência artística e existencial do pós-guerra se condensasse no comentário cultural de uma única canção: conflitos raciais, Guerra do Vietnã, assassinato de um presidente, nascimento do rock'n'roll e do domínio literário da geração beat. "Like a Rolling Stone" não falava de nada disso diretamente, no entanto, retratava com senso de urgência o estado de confusão em que mergulhava uma geração inteira.

No meio do impacto sonoro, vinha o registro vocal que alternava diversas formas de entonação e espírito, sugerindo raiva, compaixão, solidariedade e cumplicidade ao seu interlocutor imaginário enquanto perguntava: *"How does it feel to be on your own/ with no direction home/ like a complete unknown/ like a rolling stone?"* (Qual é a sensação de estar totalmente sozinho/ sem saber o rumo de casa/ como um total desconhecido/ como uma pedra que rola?) Ao liquidar com todas as referências, Dylan lançava uma declaração explícita de autonomia, na qual o colapso de todas as estruturas era um chamado para o ouvinte se reinventar a partir do nada.

Com o passar dos anos, "Like a Rolling Stone" ganhou status mítico, como provavelmente a mais importante canção americana da segunda metade do século XX. É certamente a peça mais luminosa, intrigante e significativa do vasto catálogo de Dylan. Milhares de análises e interpretações foram publicadas, até que, em 2004, Greil Marcus, o patrono dos críticos de rock americano, escreveu *Like a Rolling Stone: Bob Dylan at the Crossroads*, uma tentativa de esgotar o assunto com um livro.

Se os críticos e colegas ainda se dividiam, o público aprovou totalmente a metamorfose do trovador folk em artista de rock comercialmente viável. Pela primeira vez, Dylan estava vendendo mais de um milhão de discos, enquanto seu trabalho, a despeito do que pensavam os puristas, crescia em complexidade e abria novas possibilidades para todos os compositores de sua geração. A ousadia não apenas era possível como rendia lucros para os envolvidos. Esse casamento significava a perfeição almejada pela mente empresarial de Albert Grossman, responsável em grande parte pela confiança de Dylan em buscar novamente a mesma energia primitiva do rock que conquistara seu coração nos anos 1950, quando era apenas um adolescente no meio-oeste americano.

Não foi por acaso que Dylan escreveu "Like a Rolling Stone" depois de sua excursão pela Inglaterra. Desde o ano anterior, os sons que vinham das ilhas britânicas capturavam sua atenção. E apesar de a gravação dos Animals de "House of Rising Sun" — recriação de uma canção tradicional do sul dos Estados Unidos puxada por um órgão hipnótico — ter sido a provável inspiração para a sonoridade de sua obra-prima, era com os Beatles que acontecia de fato o diálogo.

Naquele verão de 1965, em que Dylan soltou seu *"how does it feel"* pelas ondas do rádio, os Beatles estavam excursionando pelos Estados Unidos pela terceira vez e monopolizavam as atenções por onde passavam. No dia 15 de agosto, 55 mil pessoas compareceram ao Shea

Stadium, em Nova York, apenas para ver o show, já que era impossível ouvir alguma coisa por causa da gritaria de fãs ensandecidas e do precário equipamento de som da banda mais famosa do mundo. Não obstante esse detalhe, a bilheteria registrava um recorde: até aquela data nenhum artista havia reunido um público pagante dessa envergadura em um único lugar.

O álbum *Help*, trilha sonora do filme homônimo, lançado duas semanas após o acidentado Festival de Newport, trazia "You've Got to Hide Your Love Away", canção que soava como uma explícita tentativa de John Lennon de evocar a forma dylanesca de escrever. Prova de que os dois lados se influenciavam e se deixavam influenciar. "Eles estavam fazendo coisas que ninguém fazia", disse Dylan, "os acordes eram ousados e as harmonias tornavam tudo válido. Você só poderia fazer aquilo com outros músicos... Eu sabia que eles estavam apontando a direção para onde a música deveria ir." Dylan também começou a apontar direções extramusicais aos Beatles quando lhes ofereceu o primeiro baseado.

Agosto de 1964. Era a segunda vez que os Beatles passavam por Nova York. Na manhã do show, três mil fãs apaixonados montaram vigília diante do Hotel Delmonico, na 502 Park Avenue, com a esperança de que um deles pelo menos colocasse a cabeça para fora da janela. Os Estados Unidos respiravam Beatles. Diversos artistas de cinema, cantores e celebridades requisitavam um encontro, mas eles não estavam interessados em encontrar ninguém que não se chamasse Bob Dylan.

O jornalista Al Aronowitz, amigo dos dois lados, ficou encarregado de intermediar o encontro. Com a impossibilidade de os Beatles deixarem o hotel, Dylan saiu da casa de Albert Grossman em Woodstock, no interior do estado, com destino a Nova York. O próprio Aronowitz, veterano da cena literária beatnik em meados dos anos 1950, havia apresentado Dylan ao aroma da *Cannabis sativa* um ano antes. Apesar de não ser exatamente um veterano no assunto, o cantor mostrou-se incrédulo ao saber que nenhum dos Beatles jamais havia fumado maconha: "E aquela canção em que vocês repetem o tempo todo *I get high* (Eu fico alto)?"

John Lennon, meio constrangido, explicou que a letra de "I Want to Hold Your Hand" na realidade dizia, em bom sotaque de Liverpool, *I can't hide* (Não posso esconder).

Durante as filmagens de *Help*, no início de 1965, os Beatles já fumavam maconha no café da manhã com o fervor dos recém-convertidos. Na canção-título do filme, John Lennon via sua independência sumindo na neblina (*my independence seems to vanish in the haze*), como se conjurasse a terapia coletiva de uma banda no meio do redemoinho de um cronograma implacável, com lançamentos a cada quatro meses e shows no mundo todo para suprir a demanda inesgotável do mercado.

Beatles e Rolling Stones viajaram simultaneamente pelos Estados Unidos naquele verão de 1965, mas não chegaram a se encontrar. Os Stones iam para a terceira excursão americana determinados a apagar de vez o fiasco da primeira viagem, no ano anterior, programada apenas para pegar carona na bem-sucedida primeira visita dos Beatles, que os transformara numa febre mundial. As condições eram bem mais promissoras: no dia 2 de maio eles finalmente conseguiram uma apresentação triunfal no mesmo programa de TV que alavancou a chegada dos Beatles aos Estados Unidos. Pouco antes da viagem, um de seus singles, "The Last Time", alcançou pela primeira vez o primeiro lugar na Inglaterra. Os Stones surgiram como a próxima onda. Sua recente excursão britânica havia sido um êxito absoluto, com os ingressos para todos os setenta shows esgotados em questão de horas.

Embora não pudessem concorrer em popularidade com os Beatles, os Stones estavam conquistando um público considerável, muito além do culto reduzido de alguns fanáticos que se apaixonaram pelo grupo no começo. Em Hollywood, logo após o show local, milhares de jovens cercaram o carro do grupo, atirando-se nos vidros aos berros, numa histeria típica da beatlemania. "Nós podíamos ouvir o teto rachando. Estávamos em pânico. Cem garotos em cima do carro, para todo lado, tentando forçar os trincos, tentando entrar pelas janelas. Não dava para se mexer ou alguém poderia morrer. A coisa mais assustadora de toda a minha vida", lembra o guitarrista Keith Richards. Com o carro transformado em lata, os Stones tiveram que ser resgatados de helicóptero.

Ao mesmo tempo, crescia em determinados círculos mais intelectualizados a impressão de que os Stones eram o antídoto para o bom-mocismo. Durante esse período, o jornalista americano Tom Wolfe formulou a famosa frase que desmerecia os Beatles por quererem apenas "segurar na sua mão, enquanto os Rolling Stones queriam saquear sua aldeia". Uma mera frase de efeito, mas levada bastante a sério, principalmente pelos admiradores dos Stones, que compravam mais a atitude rebelde do que a música, ou, no mínimo, as duas coisas juntas.

Enquanto a excursão cumpria seu roteiro na Flórida, Keith Richards acordou na madrugada do dia 6 de maio com um *riff* insistente na cabeça. Durante a manhã ele mostrou a Mick Jagger o som reproduzido por sua guitarra numa fita cassete e disse: "A letra para acompanhar isto é *I can get no satisfaction*." "Eu pensei naquilo como um tapa-buracos para o álbum seguinte. Nunca achei que tivesse potencial comercial", lembrou Richards anos depois.

A primeira gravação, já com a letra totalmente escrita por Jagger, aconteceu três dias depois no legendário estúdio Chess, na 2120 South Michigan, em Chicago, onde vários dos cantores de blues ídolos dos Rolling Stones haviam produzido seus discos. O resultado, porém, deixou todos tão insatisfeitos quanto o personagem da canção. O tratamento acústico e o comentário social da letra sugeriam uma das muitas influências de Dylan que brotavam a cada dia com mais insistência.

Dois dias depois, em Los Angeles, o misto de empresário e produtor dos Stones, Andrew Loog Oldham, convenceu Keith e Mick a considerar uma tentativa eletrificada para "Satisfaction". A gravação causou entusiasmo geral. Faltava, segundo Oldham, "a atitude de Los Angeles para dar certo". Só quem não estava gostando era Keith Richards. O guitarrista temia que as pessoas achassem que a canção não passava de um plágio do sucesso "Dancing in the Street" — saído do forno da gravadora Motown, de Detroit, no verão do ano anterior —, principalmente porque muitos artistas negros americanos tinham os Stones na conta de imitadores vulgares de sua música.

Pouco mais de um mês depois da gravação, no dia 15 de junho de 1965, os Rolling Stones chegaram pela primeira vez ao topo das paradas americana e inglesa, quase simultaneamente. A exemplo de "Like a Rolling Stone", o êxito decorreu de um casamento de oportunidade com inspiração. Os Stones se concentraram na alienação consumista enquanto descreviam o próprio fastio com o tédio das excursões, dos hotéis e da televisão massificada dos Estados Unidos, mas de maneira tão arrebatadora que soava como "um chamado às massas", na opinião do mesmo Al Kooper que participara decisivamente de "Like a Rolling Stone".

Por incrível que pareça, "Satisfaction" foi uma das primeiras tentativas de Mick Jagger e Keith Richards como compositores. Oldham havia trancado a dupla numa cozinha poucos meses antes e ameaçara não tirá-los de lá enquanto eles não escrevessem sua primeira canção. Do confinamento surgiu a balada "As Tears Go By" e o tratamento de choque salvou a carreira dos Stones. Se há um elemento comum entre as principais bandas dos anos 1960 é que todas tinham repertório próprio. A dependência de covers dos rhythm'n'blues americanos empurraria o grupo para um beco sem saída criativo até que outra atração de atitude semelhante chegasse para lhes arrebatar o posto.

Keith Richards acreditava que após chegar ao primeiro lugar poderia desfrutar de algum descanso, mas poucos dias depois empresário chegou pedindo mais. "É difícil imaginar a pressão em que estávamos para produzir sucessos. A cada oito semanas você vir com uma canção quentíssima que dissesse tudo em dois minutos e trinta segundos."

Os Rolling Stones acabavam de ingressar na linha de frente, onde a competição era, de fato, feroz. Além dos outros grupos britânicos que estavam abalando a América, o nascente cruzamento do folk acústico com a eletrificação roqueira capitaneada por Bob Dylan restringia cada vez mais o espaço cada vez mais aos pesos pesados. Algumas providências mínimas, no entanto, podiam ser tomadas, como, por exemplo, evitar bater de frente com os líderes absolutos. Durante os cinco anos em que Beatles e Rolling Stones dividiram a primazia de serem as duas maiores bandas do mundo, pouquíssimas vezes houve coincidência de datas nos lançamentos de seus singles e álbuns.

Logo no começo do outono de 1965, Bob Dylan se lançou numa excursão pelos Estados Unidos, pela primeira vez acompanhado por uma banda, disposto a tocar num volume alto. Quem se dispusesse a pagar ingresso estava avisado de que veria um show de rock, numa dimensão mais abrangente do que normalmente se oferecia em espetáculos do gênero, mas, de qualquer forma, um show de rock. Como a Butterfield Blues Band preferia seguir a própria agenda, sem se fixar como banda de apoio, Albert Grossman sugeriu a contratação de um grupo de canadenses chamado The Hawks, que até bem pouco tempo vinha tocando com o esquecido cantor de rockabilly Ronnie Hawkins. O encontro entre Bob Dylan e o ainda não batizado grupo The Band, que nunca tinha ouvido falar dele antes, mais tarde seria considerado pela revista *Time* "o momento mais decisivo na história do rock".

Em pouco tempo, a excursão se transformou num circo de mídia, pela crescente notoriedade de Dylan e pelas reações apaixonadas das plateias. Se a conversão à eletricidade tinha formado um novo público, muitos dos antigos seguidores, ou mesmo aqueles que tinham enorme antipatia por sua figura, não estavam dispostos a deixar o barco correr frouxo. E as vaias eram incessantes. Confrontado com essas manifestações, Dylan respondia mandando a banda tocar ainda mais alto, em atitude de desafio, como ocorreu na primeira apresentação da turnê, no estádio Forest Hills, em Nova York.

Para tornar a situação um pouco mais complicada, a maioria dos ginásios de esporte onde aconteciam os shows não tinha a acústica tão adequada como a dos teatros ou das casas de espetáculos de centros maiores. Não raro a amplificação era distorcida, o que deixava os xiitas antieletricidade ainda mais furiosos. Os dólares, contudo, entravam aos milhares, e logo a revista *Variety*, uma bíblia do entretenimento, estava chamando Dylan de "um dos mais quentes fenômenos do *show business*".

Enquanto a caravana Dylan ganhava a estrada, seu novo álbum, *Highway 61 Revisited*, o segundo de uma revolucionária trilogia, subia nas paradas e recebia elogios quase unânimes. As críticas especializadas dissidentes praticamente sumiram. Investindo firmemente na eletricidade e aperfeiçoando ainda mais a intrincada carpintaria das palavras, Dylan sedimentava a arquitetura simbolista iniciada no disco anterior, que conferia à letra da canção popular uma densidade antes relegada a segundo plano. Mais do que cantar, Dylan cuspia as palavras com veemência e veneno, não como portador de uma mensagem política explícita, mas abrindo um manancial de referências e comentários sobre a ordem social que desnudava uma sociedade corrompida em seu núcleo, numa linguagem muito mais rica e eclética do que panfletária. A partir desse disco qualquer compositor se sentiria livre para reutilizar musicalmente várias experiências estéticas tentadas antes no campo da arte com resultados deploráveis ou sublimes. Para toda uma geração de compositores que começava a construir uma carreira naquele momento, o padrão de qualidade a ser seguido foi estabelecido por Bob Dylan nos dois álbuns lançados em 1965.

Para aguentar a barra da maratona de shows, os confrontos com uma plateia desafiadora, incontáveis entrevistas, festas promocionais e o compromisso de produzir novo material, Dylan se abastecia fartamente de anfetaminas, que não o deixavam dormir nem parar de falar e se movimentar. O grupo de jornalistas que rastreava seus passos com curiosidade insaciável contribuía para potencializar a superexposição. Obrigado a comparecer a entrevistas coletivas em cada cidade, Dylan se vingava por trás de seus indefectíveis óculos escuros, cabelo desgrenhado e pele branca como um fantasma, torturando repórteres com respostas sarcásticas e desconcertantes para as perguntas mais banais. Em seu cinismo, expunha a superficialidade das coberturas, embora isso apenas servisse para gerar mais curiosidade sobre suas opiniões. Enquanto os Beatles divertiam os escribas com impagáveis tiradas e frases espirituosas, características do humor britânico, Dylan se comprazia em ser mordaz e destrutivo. Uma dessas típicas entrevistas coletivas aconteceu antes de seu primeiro show em São Francisco, em dezembro de 1965:

P: Se você se vendesse a um interesse comercial, qual escolheria?
R: Roupas íntimas femininas.
P: Sobre o que é seu o novo álbum?
R: Todo tipo de coisas diferentes: ratos, balões.

Poucas semanas depois, em Los Angeles:

P: Quantas pessoas que trabalham na mesma área musical que você são cantores de protesto?
R: Quantas? Cento e trinta e seis. Ou 136 ou 132.
P: É verdade que você mudou seu nome? Se for verdade, qual era seu outro nome?
R: Kunezevitch. Eu mudei para evitar os parentes que vinham de diferentes partes do país para pedir entradas para shows e coisas do tipo.
P: E qual era seu outro primeiro nome?
R: Esse era meu primeiro nome. Eu não quero dizer qual era meu sobrenome.
P: Bob, por que há um uso disseminado de drogas entre cantores hoje?
R: Não sei. Você é cantor?
P: Você particularmente usa drogas?
R: Eu nem mesmo sei o que é uma droga. Não saberia reconhecer uma se visse.
P: Qual é a razão de sua visita à Califórnia?
R: Estou aqui procurando alguns burricos. Estou fazendo um filme sobre Jesus.

Além de compor canções agressivas, como "Positively 4th Street", que desmerecia antigos companheiros e atuais detratores como fingidos e hipócritas, Dylan se defendia dos que o acusavam de mercenário com o argumento de que o rock'n'roll havia sido tão fundamental para sua formação quanto a música folk. Era verdade, mas o fator decisivo para sua opção pela música e não pelos livros aconteceu quando Dylan, já cursando a Universidade de Minnesota, em 1960, descobriu a obra e a vida de Woody Guthrie, o maior compositor folk americano. Em seu livro de memórias *Crônicas* (*Chronicles*) ele descreve o primeiro contato com a obra de Guthrie como "uma epifania, como uma âncora pesada que tivesse acabado de afundar nas águas do porto".

Acompanhado de um violão no qual estava gravada a frase "esta máquina mata fascistas", Woody Guthrie correu os Estados Unidos nos anos 1940 cantando de graça para os sindicatos, apanhando da polícia, dos seguranças das fábricas e capangas de produtores rurais e satirizando os ricos impiedosamente em suas canções. Dormia em trens, em boleias de caminhão e compunha canções como "This Land Is Your Land", fundamentais para fomentar a consciência coletiva que pavimentou o caminho para a luta pelos direitos civis.

Dylan se apaixonou por essa imagem romântica do artista solitário que fez da estrada sua casa enquanto lia *Bound for Glory*, a autobiografia de Guthrie (anos depois filmada pelo diretor Hal Ashby, com David Carradine no papel principal, e exibido no Brasil com o título *Essa terra é minha terra*). Rapidamente começou a imitar seu ídolo, enquanto aprendia a tocar e cantar todas as suas canções. Quando finalmente tomou a decisão de se mudar para Nova York, no início de 1961, Dylan tinha como um de seus objetivos visitar Woody Guthrie, que convalescia de esclerose múltipla na casa de uma família de admiradores em Nova Jersey. Por várias vezes Dylan se sentou aos pés da cama de seu herói para fazer-lhe companhia e apresentar suas primeiras composições, entre as quais a pungente homenagem "Song for Woody".

Sobre suas primeiras semanas em Nova York, Dylan, em entrevistas na época, construiu uma biografia romantizada e bem adequada a um pretenso poeta marginal: "Andei vagabundeando por aí, nas ruas, na neve, a fome, os apartamentos no quinto andar sem elevador, dormindo num quarto com dez pessoas. Estive metido no mais baixo e mísero de Nova York." Verdade ou não, o certo é que Dylan já sabia que o único rumo a tomar era o do Greenwich Village, capital da boemia americana desde o começo do século XX, ponto de encontro de artistas consagrados, traficantes de drogas e jovens talentos que lutavam por um lugar ao sol. Enquanto isso, investia em sua formação frequentando bibliotecas e se nutrindo de toda informação que pudesse obter.

Graças à efervescência política iniciada com a chegada de John Kennedy à Casa Branca após oito anos sob o governo de um sisudo presidente militar, a música folk vivia um momento de revitalização. E o Village era o centro nervoso da cidade desde o pós-guerra, quando a comunidade literária liderada pelos beatniks havia resolvido montar acampamento ali. Na primavera de 1961, Dylan já havia se tornado uma figura carimbada do bairro, cantando onde pudesse ser visto e fazendo contatos, um rosto a mais entre os muitos que tentavam se sobressair, "correndo pelo dinheiro e pela carne", como cantou Leonard Cohen em "Chelsea Hotel Nº 2". O renascimento da música folk como movimento organizado tomou forma ao longo dos anos 1950, como linha auxiliar do Partido Comunista, paralela à cena literária beatnik, enquanto a sociedade americana se trancava no conservadorismo e na paranoia da Guerra Fria. Alguns, como Pete Seeger, conduziam o ativismo político com mais seriedade do que sua produção musical. A eleição de John Kennedy em 1960 coincide com o surgimento de uma geração de compositores e cantores de classe média determinados a participar mais decisivamente da vida social e política do país. Naquele mesmo ano, o álbum de estreia de Joan Baez, ainda uma menina de 19 anos, transformada em sensação da noite para o dia, fez enorme sucesso.

Da mesma forma que a bossa-nova no Brasil, o movimento começou em pequenos apartamentos e alojamentos estudantis da Universidade de Cambridge, próxima a Boston. A principal diferença era que na bossa-nova a vertente politizada só ganhou força num segundo momento, enquanto os renascentistas do folk já tinham garantido um selo de "autenticidade" contra as impurezas da indústria fonográfica, pois cumpriam o estatuto combativo de jovens enciclopédicos que combinavam a tradição oral de baladas de dois séculos de existência com a música de obscuros cantores rurais. Mas a maioria ambicionava gravar e compor material contemporâneo que capturasse os grandes temas em debate no país. Eram artistas participativos como Phil Ochs, a descendente de índios Buffy Saint-Marie, Tom Paxton e Eric von Schmidt, que gravavam o próprio trabalho ou canalizavam parte do material para atrações bem-sucedidas, como Joan Baez e o trio Peter, Paul and Mary.

A todos que conviviam com Bob Dylan impressionava a rapidez com que suas habilidades como compositor e letrista se desenvolviam. No primeiro disco, lançado com vendas inexpressivas em 1962, Dylan assinara apenas uma faixa, mas no segundo, que trazia na capa sua icônica foto caminhando abraçado com a namorada por uma rua do Village, todo o repertório era de sua autoria. Em junho de 1963, o single "Blowin' in the Wind", lançado pelo trio Peter, Paul and Mary, vendeu 320 mil cópias. A canção já havia se tornado um sucesso *underground* da cena folk, cantada em bares e cafés por cantores diversos cerca de um ano antes do lançamento em disco.

Com apenas 22 anos, Dylan compunha seu primeiro clássico, uma antena poderosamente evocativa que remete ainda hoje à era Kennedy, aos conflitos raciais no sul e aos protestos antinucleares. Em julho ele chegava ao Festival de Newport como uma promessa e saía como estrela ascendente. Quando cantou "Blowin' in the Wind" no final de sua apresentação, vários nomes da velha e da nova geração da música folk, como Joan Baez, Odetta e Pete Seeger, subiram ao palco num coro de adesão consagrador. Dylan passou boa parte daquele verão numa das partes mais segregadas do sul com outros cantores, marcando presença e dando apoio aos estudantes voluntários que corriam risco de vida para fazer o registro eleitoral da população negra.

Em agosto Dylan e Baez estavam novamente juntos, cantando na histórica marcha pelos direitos civis em Washington, quando Martin Luther King proferiu seu célebre discurso marcado pela frase "eu tive um sonho". Começava ali também, em paralelo à sua consagração absoluta, a luta de Dylan contra o fantasma da repetição.

O movimento pelos direitos civis em 1965 parecia ter cumprido seu ciclo. Crescia entre as jovens lideranças negras a impressão de que seus líderes eram moderados demais na insistência no discurso antiviolência. E violência era o que não faltava do outro lado. Logo no começo do ano, em Selma, no estado do Alabama, um jovem fora assassinado pela polícia durante um protesto. Um mês depois, uma marcha até Montgomery, capital do mesmo estado, foi interrompida com uma feroz ação policial transmitida pelas TVs de todo o país — evento que ficaria conhecido como "Domingo Sangrento".

Uma semana depois, o presidente Lyndon Johnson foi à televisão anunciar um novo projeto de lei e concluiu sua fala dizendo *"we shall overcome"* (venceremos), título da música mais cantada durante as passeatas e sacramentada como hino dos direitos civis. A violência contra os negros não cessava, mas a citação de Johnson foi a prova da institucionalização do movimento e sua incapacidade de apontar novas soluções. Durante o turbulento primeiro trimestre de 1965, ocorreu ainda o assassinato de Malcolm X, o líder que se contrapunha a Martin Luther King com um discurso que preconizava a violência como recurso de defesa legítimo.

Havia sinais de mudança também em Bob Dylan. Menos de um ano depois de ser alçado à condição de porta-voz informal da nova esquerda, ele já mostrava sinais de incômodo com o caráter limitado das canções temáticas. O quarto disco, *Another Side of Bob Dylan*, de agosto de 1964, apesar de ainda totalmente acústico, deixava transparecer em faixas como "My Back Pages" a intenção de elevar a paleta criativa para além das divisões reducionistas do conteúdo das canções de protesto. Tentava também confrontar regras preconcebidas sobre como essa música deveria ser apresentada. Numa entrevista durante as gravações disse: "Não há nenhuma canção acusatória aqui. Eu não quero mais compor para as pessoas, entende, ser um porta-voz. De agora em diante, quero escrever sobre o que vem de dentro de mim. A bomba está ficando chata porque o que rola é mais profundo do que a bomba. Eu não sou parte de nenhum movimento. Simplesmente não me dou bem em nenhuma organização."

Apesar desse descontentamento, as canções de Dylan nesse período pré-eletricidade não devem nada ao melhor do seu repertório. São canções permeadas por um fino equilíbrio entre a indignação e a argúcia da observação, o mesmo enquadramento autoral que envolve o ouvinte num limbo de empatia e distanciamento de seu trabalho da fase adulta. Como bem observou o pesquisador Mike Marquese em seu alentado estudo *Wicked Messenger: Bob Dylan and the Sixties*: "Se essas canções serviram em primeira instância como instrumento de autoexpressão para um jovem indivíduo, não são menos autênticas como expressão de uma experiência coletiva." Não obstante, a inquietação de queimar uma etapa de sua trajetória era algo imperioso demais para ser ignorado.

Na excursão de 1964 que percorreu todo o país, Dylan não conseguia disfarçar o enfado com a previsibilidade de seus shows. "Eu sabia o que o público iria fazer, como eles iriam reagir. Eu preferiria estar fazendo outra coisa, de verdade, e essa outra coisa é rock. Minhas palavras são quadros e o rock me ajuda a formatar as cores desse quadro."

No álbum seguinte, *Bringing It All Back Home*, de março de 1965, seu lado visionário e indomesticável se insinuava nas imagens oníricas de "Mr. Tambourine Man" e nas referências às drogas de "Subterranean Homesick Blues". Não havia sequer uma faixa que protestasse ou se referisse a um tema específico, ainda que as canções estivessem impregnadas de atualidade e refletissem com acurácia o sentimento disseminado de que a sociedade americana era um barril de pólvora prestes a estourar. Dylan recriava o que era o real, visível em uma paisagem intrinsecamente pessoal, e devolvia um mundo visto por lentes distorcidas e alucinatórias. Leonard Cohen não estava muito distante da verdade quando o qualificou, certa vez, como o "Picasso da canção".

Durante sua série de shows no Masonic Auditorium, em São Francisco, naquele dezembro de 1965, Dylan foi tratado como um semideus tanto pelos músicos locais como pelos poetas beats que tanto o inspiraram na adolescência. No primeiro concerto, Lawrence Ferlinghetti e Allen Ginsberg marcaram presença na primeira fila. Também não faltaram figuras típicas da cena local, como o escritor Ken Kesey, um bando de membros da gangue de motociclistas Hells Angels, além de quase todo artista alternativo que morasse na região. Ferlinghetti não se conformava por um "garoto de merda levar 3.500 pessoas para uma plateia", coisa que ele, "um poeta maior", jamais conseguira em suas leituras públicas. Allen Ginsberg, por sua vez, estava encantado. Ninguém nos meios literários fazia tanta questão de reconhecer Dylan como um talento diferenciado.

Durante a entrevista coletiva em São Francisco, um jornalista quis saber que pôster era aquele que Dylan tinha nas mãos. "Isso é um pôster que alguém me deu. Parece muito bom e eu gostaria de ir se pudesse; infelizmente não vou estar aqui, mas se estivesse, certamente estaria lá", respondeu, com seu torpedo irônico de praxe. Em seguida, começou a ler para as câmeras tudo que estava escrito, concedendo uma publicidade gratuita valiosíssima para os promotores do evento anunciado no pôster.

Cinco dias após a divulgação dada de presente por Dylan, uma plateia branca de classe média superlotava um show da banda Great Society no Fillmore Auditorium, local até aquele momento tão associado à música negra quanto o Teatro Apollo, em Nova York. Bill Graham, promotor do evento que buscava arrecadar fundos para a Mimi Troupe, um grupo de teatro experimental, percebeu que havia descoberto um filão inexplorado. Nascido Wolfgang Wolodia Grajonca na Alemanha nazista, emigrou para os Estados Unidos após perder os pais em campos de concentração. Com 20 e poucos anos, chegou a São Francisco com um diploma de administração conseguido em Nova York, uma tentativa frustrada de se firmar como ator e a disposição de trabalhar na área cultural, que o fascinava. Abrindo caminhos em pequenos empregos, Graham finalmente conseguiu inaugurar a própria agência, que organizava shows e excursões de artistas. Pouco tempo depois ele arrendaria e posteriormente compraria o Fillmore.

A sequência de shows, todos com êxito absoluto de bilheteria, mudaria para sempre tanto a vida de Bill Graham como a cena musical de São Francisco. O jovem empresário estava surpreso com a quantidade de pessoas dispostas a pagar o ingresso para assistir a bandas que nunca haviam gravado um disco. Apesar de já ter passado dos 30 anos, de usar cabelos curtos e uma indumentária muito mais austera do que a dos artistas ligados ao rock, Graham vislumbrou o enorme potencial lucrativo daquilo que via nascer diante de seus olhos. Começava a carreira do maior *promoter* de shows que o rock conheceu.

"São Francisco sempre foi cheia de gente maluca", disse certa vez Paul Kantner, guitarrista do Jefferson Airplane. "É uma cidade portuária e na maior parte do mundo é nas cidades portuárias que as coisas acontecem, por causa da multiplicidade cultural." É falsa a tese de que São Francisco se tornou um reduto boêmio apenas quando os beatniks migraram de Nova York para lá nos anos 1950. Allen Ginsberg se mudou para o norte da Califórnia em busca da "última fronteira", segundo definição de Lawrence Ferlinghetti, exatamente porque sabia da existência de uma cena literária mais do que consolidada com saraus, pequenas editoras e revistas. E a atmosfera que se respirava era basicamente a da forma livre de vanguarda e do antiacademicismo. Foi lá, em 1953, que Ginsberg leu publicamente seu poema "Uivo" (*Howl*) pela primeira vez (um dos momentos cruciais da cultura americana no século XX). Mas desde o período da guerra um círculo havia se formado na Universidade de Berkeley em torno da nanica editora Equinox, na qual pontificavam poetas como Robert Duncan, um dos primeiros americanos a expressar abertamente sua homossexualidade.

O bairro de North Beach se tornou o epicentro dos jovens escritores em São Francisco, onde o próprio termo beatnik, por sinal, foi criado pelo colunista de um periódico local. Os baixos aluguéis, mas principalmente a profusão de bares e cafés na região, contribuíram muito para a convergência dessa escolha quase unânime. No começo dos anos 1960 vários universitários começaram a ocupar o espaço com seus violões, tocando música de protesto numa versão em miniatura do que acontecia no Greenwich Village. Quando Dylan se converteu à eletricidade, a maior parte deles também decidiu que era tempo de montar sua banda de rock. Ao mesmo tempo, também no sul da Califórnia, as guitarras começaram gradualmente a ocupar os espaços antes destinados aos violeiros. Em Los Angeles, uma mistura surpreendente começava a ser formulada.

Na primeira vez que ouviu a gravação da sua "Mr. Tambourine Man" com os Byrds, Bob Dylan exclamou extasiado para o guitarrista Jim (mais tarde rebatizado Roger) McGuinn: "Uau, cara, dá até para dançar com isto aqui." Para caber em apenas dois minutos e meio, a letra quilométrica original teve de ser reduzida à primeira estrofe. Enquanto em São Francisco a música vinha sendo construída de acordo com os padrões ritualísticos e improvisatórios da poesia beat, em Los Angeles os Byrds estavam se inspirando nos Beatles para reinventar o sentido da música comercial de mercado. Durante várias semanas na primavera de 1965, o single "Mr. Tambourine Man" ficou em primeiro lugar nas paradas.

Jim McGuinn conheceu. Dylan quando ainda era um militante da cena folk nova-iorquina, embora sua atuação se limitasse aos clubes noturnos. As impiedosas vaias recebidas cada vez que experimentava tocar uma música dos Beatles lhe davam a certeza de que tinha de dar o fora dali o mais rápido possível. No verão de 1964, já em Los Angeles, no clube Troubadour, ele conheceu um jovem compositor do Missouri chamado Gene Clark, que estava havia um ano na estrada com um grupo de música folk tradicionalista. "Gene me impressionou como um garoto do interior cheio de talento. Ele curtia os Beatles e, para um membro da comunidade folk, aquilo era muito raro naquele tempo", conta McGuinn.

O núcleo central dos Byrds se completou com David Crosby, filho do diretor de fotografia Floyd Crosby — imigrante alemão que fugira do nazismo após trabalhar com cineastas importantes como F.W. Murnau. Como boa parte de sua geração, David se encantou tanto com o rock'n'roll na adolescência quanto com a música de cunho social defendida pelos cantores folk no início dos anos 1960. Mas nada teve um peso tão fundamental quanto ouvir e ver os Beatles em seu primeiro filme, *Os reis do iê-iê-iê* (*A Hard Day's Night*, 1964). "Eu soube então o que minha vida ser. Eu queria fazer aquilo. Amei a atitude e a diversão daquilo, havia sexo, havia alegria, havia tudo que eu queria da vida", lembra Crosby. Devido a sua incapacidade de cantar e tocar baixo ao mesmo tempo, Chris Hillman, bandolinista de um grupo especializado em música de raiz, foi recrutado para compor a sessão rítmica com Michael Clarke, baterista de poucos recursos, mas com uma cabeleira loura que lembrava Brian Jones, dos Rolling Stones, fundamental, portanto, para a apresentação visual do novo grupo.

Ao contrário dos Beatles, que começaram ainda garotos e tiveram a chance de polir seu som durante anos de estrada, os Byrds buscaram desde o início um amálgama sintético das influências do quarteto de Liverpool e de Bob Dylan. Mesmo a escolha do nome Byrds vinha de um trocadilho de pássaros (*birds*) semelhante ao que os Beatles fizeram com batida (*beat*) e besouros (*beetles*). McGuinn admitia sem problema a opção consciente pela derivação. "Eu vi um nicho definitivo no qual a sensibilidade folk e a energia do rock'n'roll cabiam juntas. Misturar John Lennon e Bob Dylan era algo que nunca tinha sido feito antes." Beatles dylanizados segundo a revista *Newsweek* ou Dylans beatlizados na opinião da jornalista Lillian Roxon? Tendo em vista a formação básica dos integrantes dos Byrds, a segunda opção seria a mais correta. O certo é que "Mr. Tambourine Man" entrou para a história do rock como um dos mais bem-acabados cartões de visita de um grupo estreante. Comercialmente, seu grande feito foi atingir o primeiro lugar também na Inglaterra, algo impensável para um grupo americano desde o começo do reinado dos Beatles.

Em que pese a inspiração derivativa inicial, nos cinco álbuns impecáveis que lançaram durante os dois anos seguintes, os Byrds se especializaram em explorar novas sonoridades e ousar nos arranjos para fundir todas as informações disponíveis numa linguagem que nunca se afastava muito dos dois minutos básicos da música pop. A guitarra Rickenbaker de Jim McGuinn, a mesma marca usada por George Harrison, se tornou uma assinatura reconhecida e amplamente copiada. As harmonias vocais se aproximavam da perfeição. Quando compunham, não raro o material era de primeira linha. Inicialmente influenciado por Dylan e pelos Beatles, o grupo logo passou a influenciar seus mentores, conforme observaria anos depois o crítico Jon Savage.

O efeito colateral dessa "revista eletrônica", conforme definiu bem Jim McGuinn, resultou numa confluência de aspirantes à liderança do grupo. Gene Clark se destacava como compositor, David Crosby pelas surpreendentes harmonias vocais, Chris Hillman pela proficiência instrumental e McGuinn pelo direcionamento musical visionário. Ao contrário dos Beatles, não havia ali nenhuma amizade de longa data e nenhuma sabedoria para administrar os egos.

O sucesso de "Mr. Tambourine Man" e "Like a Rolling Stone" levou vários grupos de segunda classe a abraçar o filão da fusão do rock com o folk por puro oportunismo. Outros, como o Lovin' Spoonful, tentavam também imprimir uma marca própria a partir do casamento de diferentes matrizes sonoras. Durante o verão de 1965, Bob Dylan tinha não apenas um grande sucesso tocando nas rádios, mas também vários covers de suas canções nos postos mais altos das paradas. Num determinado momento, oito composições de sua autoria, gravadas ou não por ele, estavam entre as quarenta mais vendidas. Com as regravações, despontavam também os falsificadores, sem pudor de copiar sua voz e seu estilo. Entre os imitadores deliberados, ninguém fez tanto sucesso quanto Barry McGuire, que vendeu centenas de milhares de discos com um histérico alerta nuclear intitulado "Eve of Destruction".

As "mensagens" foram se trivializando a ponto de a revista *Teen*, uma espécie de *Capricho* americana dirigida ao público adolescente, abordar o assunto: "Mensagens são um pouco antissistema e fazem a garotada vibrar. Tudo é uma canção-mensagem: Vietnã, a bomba, o FBI. Mas nós achamos que isso tudo é diversão. Canções nunca mudaram o mundo." Uma opinião em nada diferente do próprio patrono dos novos "mensageiros". Para justificar seu distanciamento das canções com "mensagem", Dylan disse quase a mesma coisa à revista *Newsweek*: "Eu nunca escrevi uma canção política. Canções não salvam o mundo." Isso vinha do compositor que atacara a indústria bélica ("Masters of War"), a segregação racial no sul ("Oxford Town", "Only a Pawn In Their Game"), o patriotismo ("With God on Our Side") e a iminência de uma guerra atômica ("A Hard Rain Is Gonna Fall"). Ainda que decepcionados com a defecção do símbolo maior da canção de protesto, outros artistas de sua geração, como Joan Baez e especialmente Phil Ochs, continuavam a produzir pequenos instantâneos de uma realidade social que se transformava velozmente. Em face de suas ambições, só restava a Dylan se livrar dessa camisa de força estética e nunca olhar para trás.

Apesar dos imitadores e dos diluidores, o curto momento da fusão do rock com o folk começou a modificar o entendimento da música pop como forma de expressão social e abriu o caminho para outras combinações de gêneros que viriam a seguir. Os que classificaram Dylan como herético e vendido permaneceram por um tempo pregando no deserto até que ninguém mais prestou atenção. O auge do folk rock limitou-se basicamente ao ano de 1965. Tudo começava a ficar tão complexo e multifacetado que as classificações perdiam a validade. Nascia um novo gênero, batizado sinteticamente de rock, que abrangia basicamente qualquer coisa que tivesse como matriz a música produzida pelos Beatles e por Bob Dylan, conforme observaria em 1968 o crítico da *Rolling Stone* Langdon Winner.

O biênio 1964-1965 assistiu a uma mudança no mercado musical americano comparável apenas a 1956, quando o rock'n'roll da geração de Elvis Presley surgiu como o formato musical de preferência de uma cultura adolescente que mal acabava de nascer. O folk rock imprimiu consistência crítica a uma música considerada descartável e devolveu aos artistas americanos um nicho arrebatado pelos ingleses. Esses, por sua vez, coloriram de diversidade um horizonte saturado pela mesmice, além de restabelecer o nome de músicos negros americanos relegados ao ostracismo.

Bandas proliferavam por todo o país, atraindo a atenção de produtores que viam surgir uma nova safra de artistas. Mas a mudança determinante aconteceu quando o centro gravitacional da indústria se mudou da costa leste para a Califórnia, mais precisamente para Los Angeles. As gravadoras começaram lentamente a abrir escritórios de representação ou mesmo transferir para lá suas matrizes. Um lugar antes associado apenas à indústria cinematográfica e à surf music começava a sedimentar o próprio ambiente musical, constituído em grande parte de forasteiros que chegavam todos os dias, a maioria vinda de Nova York, num movimento inversamente proporcional ao dos músicos dos anos 1940, que saíram da Califórnia para reinventar o jazz ao lado dos nova-iorquinos.

Um dos primeiros selos a acreditar numa nova cena californiana foi a Elektra, que, por ser independente, adotou a política prioritária de investir na revelação de jovens artistas. O produtor Paul Rothchild, um dos grandes operadores da cena folk nova-iorquina, ativo frequentador do Greenwich Village, chegou a Los Angeles como representante da gravadora, disposto a se instalar em definitivo. "As histórias começaram a chegar à costa leste: 'Existe liberdade e está no oeste'", lembrou Rothchild. "'As gravadoras estão começando a contratar e há lugares para tocar. A maconha custa dez dólares o quilo vinda do México — nós estamos pagando cinco dólares o baseado em Nova York. As pessoas são tranquilas e relaxadas, não existe aquela merda de pressão.' E a cada dia que passava a. roupas ficavam mais estranhas, as amizades se aprofundavam e as ruas ficavam mais cheias. As pessoas se encontravam nos parques, todas carregando um instrumento, e grupos se formavam aos montes." E como se formavam. Enquanto Rothchild carregava o caminhão de mudança, numa praia na Califórnia dois estudantes tramavam a criação de uma banda que daria à Elektra seu primeiro megassucesso de vendas, dois anos depois. Um deles, que atendia pelo nome de Jim Morrison, queria batizar o grupo apenas como The Doors.

"California Dreamin', o primeiro sucesso do The Mamas and the Papas, um dos muitos grupos vocais do Greenwich Village a abraçar o folk rock, resumia o sentimento daqueles que desciam para o sul da Califórnia com a bagagem cheia de planos e esperanças. Em Nova York, dizia a letra, *"all the leaves are brown and the sky is gray"* (todas as folhas são marrons e o céu é cinza). Todos os caminhos apontavam para o oeste. E quem saísse por último que apagasse a luz.

CAPÍTULO 2   Cenas da experiência psicodélica

Last calls from lands I've never been to
I think that maybe I'm dreaming
David Crosby e Roger McGuinn, "Renaissance Fair"

Apesar de o cartaz de divulgação prometer "uma experiência psicodélica sem drogas", elas estavam presentes por toda parte no festival Trips, evento multimídia programado para durar um fim de semana inteiro em janeiro de 1966, com o objetivo de congregar num mesmo ambiente todos os setores de criação do *underground* de São Francisco. Já na noite de sexta-feira, dia 21, enquanto o grupo de teatro experimental Open Theater fazia sua apresentação, Augustus Owsley Stanley III, o principal fornecedor de LSD na cidade, chegou com a bolsa cheia e começou a distribuir a substância livremente a quem encontrasse pela frente.

A programação do festival incluía exibições de mímica, teatro experimental, leitura de poesias e shows com bandas locais, todas em estágio de puro amadorismo, em meio a flashes estroboscópicos e luzes ultravioleta. Câmeras em circuito fechado foram fixadas no chão para que as pessoas pudessem assistir na tela às próprias evoluções inspiradas pelas cores, os sons em alto volume e as mentes em acelerado processo de alteração. Num determinado momento, em meio à celebração generalizada, alguém chegou à frente de um refletor com um microfone nas mãos e gritou: "Quem achar que é Deus, por favor, suba naquele palco."

Ken Kesey, o autor dessa inusitada intervenção, liderava uma trupe anárquica autobatizada de Merry Pranksters (Picaretas Felizes), que um ano e meio antes, no verão de 1964, rodara o país inteiro a bordo de um ônibus pintado com cores psicodélicas. Com o sucesso de seu livro *Um estranho no ninho* (*One Flew Over the Cucko's Nest*), adaptado com grande sucesso para o cinema em 1975, Kesey havia ganhado dinheiro suficiente para se permitir todo tipo de extravagância, inclusive adquirir um laboratório ambulante de drogas. Quando finalmente os Pranksters decidiram se instalar no norte da Califórnia, o caixa ainda registrava uma reserva substancial usada para comprar uma casa nas imediações de São Francisco onde eles vinham conduzindo festas memoráveis regadas a LSD.

Quando idealizaram o festival Trips, os Pranksters pretendiam lançar em larga escala o tipo de festa que promoviam em circuito fechado, mas temiam perder muito dinheiro se não contassem com um mínimo de estrutura profissional. Bill Graham foi contratado para trabalhar na organização, recebendo uma porcentagem sobre os lucros, decisão que se provaria desastrada de acordo com a filosofia do grupo, mas que acabou por evidenciar o enfrentamento entre capitalismo e ideais libertários que balançaram a contracultura desde o começo. Agindo como um alienígena em meio a toda a agitação, Graham andava de um lado para o outro com uma prancheta nas mãos, metido num suéter de gola V, gritando ordens e dirigindo impropérios a quem visse pela frente, como um autêntico empresário eficiente em ação.

A atitude de Graham contrastava com a proposta dos Pranksters de se abrir ao imponderável e ao improviso. Um conflito era inevitável, o que aconteceu no segundo dia do festival, enquanto Kesey, fantasiado de astronauta, deixava entrar mais de cinquenta pessoas de graça pelos fundos: "Que porra é essa que você pensa que está fazendo? Maldito filho da puta." Como resposta, Kesey fechou o capacete, ignorou os xingamentos e deu as costas ao irado *promoter*. O jovem estudante Jann S. Wenner, que no ano seguinte fundaria a *Rolling Stone*, a maior revista de música do país, não poupou críticas ao festival no diário editado pela Universidade de Berkeley, mas o ataque tinha um alvo específico: "O senhor Bill Graham parecia a própria oposição à diversão, ao relaxamento e ao bom astral." Apesar das tensões localizadas, o festival Trips rendeu um belo dinheiro aos organizadores, além de fortalecer a unidade e a autonomia da emergente cena *underground* de São Francisco. Na opinião do jornalista e escritor Tom Wolfe, começou naquele fim de semana a era da Haight-Ashbury.

Situado nas imediações do Parque Golden Gate, o distrito que levava o nome da interseção das ruas Haight e Ashbury começou a estabelecer sua reputação como refúgio de boêmios no início dos anos 1960, quando poetas e escritores beatniks, estudantes universitários e músicos que moravam em North Beach descobriram que poderiam alugar belas casas vitorianas do outro lado da cidade por preços muito mais baixos. Ao que tudo indica, o fato de os negros ocuparem a área da Haight no início dos anos 1950 teria derrubado o valor dos aluguéis e provocado uma debandada dos orientais e imigrantes do leste europeu que viviam ali. Por volta de 1964, já se agrupava em torno do bar Blue Unicorn (Unicórnio Azul) uma caravana de boêmios animada o suficiente para merecer um artigo do jornal *Examiner* no qual, pela primeira vez, se usava o termo hippie para designar a geração sucessora dos beatniks dos anos 1950, associados intimamente à vizinhança de North Beach.

A população da Haight começava a crescer e uma comunidade com regras, comércio e serviços próprios ia se definindo. Poucos dias depois do festival Trips, dois irmãos, Jay e Ron Thelin, abriram a Psychedelic Shop (Loja Psicodélica), quase na esquina da Haight com Ashbury, com a proposta singular de divulgar informações sobre LSD e tudo o que se relacionasse à expansão da consciência. As prateleiras eram preenchidas com livros de Timothy Leary, Alan Watts, Aldous Huxley, Hermann Hesse e filosofia oriental. Todos os tipos de "maricas" (cachimbos), pôsteres e apetrechos para uso de maconha ou LSD também estavam em estoque. A comunidade adotou rapidamente o jornal editado pela loja, *The Oracle* (O Oráculo), como seu veículo oficial. A sessão de classificados crescia sem parar, com anúncios dos novos estabelecimentos que abriam a cada dia. Ainda no primeiro semestre de 1966, o Dr. David

Smith inaugurava nas imediações a Free Clinic (Clínica Livre), que se propunha a tratar gratuitamente usuários de drogas.

Naqueles primeiros meses de shows e eventos divulgados pela propaganda boca a boca, desenvolveu-se uma estética peculiar, formada por luzes e desenhos, como tentativa de reprodução das imagens dos estados alterados de percepção e em consonância com o espírito de integração que se buscava entre músicos e plateias. O estudo dessas técnicas visuais de iluminação nasceu, ainda nos anos 1950, da curiosidade de Seymour Locks, um professor de arte.

Elias Romero, estudante que trabalhava com a Mime Troupe, organizou, em parceria com o artista plástico Bill Ham, os primeiros "shows de luzes", ainda em 1965, com uma técnica simples, mas de enorme efeito: luzes projetadas através de copos de vidro, pratos ou tigelas coloridos.

O artista gráfico Alton Kelley, que se tornaria um dos mais proeminentes desenhistas de pôsteres na cidade, lembra que as imagens eram como "pinturas abstratas em movimento. As janelas eram vedadas, as luzes apagadas e a música começava. Então pequenos borrões e manchas começavam a se mexer, girar e mudar de cor". As técnicas de sincronização e ritmo visual ainda engatinhavam, mas a iluminação não tardaria a ser um componente fundamental dos shows, principalmente no Fillmore, que por volta de 1966 já se estabelecia como o principal auditório de rock do norte da Califórnia.

A ascensão de Bill Graham como produtor de shows foi meteórica e surpreendente por se tratar de um neófito com pouco mais de meia dúzia de contatos no ramo. Consciente dessa limitação, ele se aproximou de Chester Helms, um participante ativo e catalisador da cena local. Os dois não poderiam ser mais dissimilares em visual e comportamento. Apesar de atuar como empresário e promotor, Helms usava barba, longos cabelos louros no estilo Jesus Cristo e falava mansamente, como convinha a um verdadeiro hippie. Dois anos antes, chegara a São Francisco de carona vindo do Texas, acompanhado de uma jovem colega de universidade cheia de espinhas e apaixonada por blues chamada Janis Joplin.

Imediatamente enturmado, Helms passou a fazer parte de uma das comunas hippies que se formavam, a Family Dog (Cachorro de Família), conhecida por animar e encabeçar festas dançantes com bandas locais. Bill Graham estava disposto a promover shows no Fillmore pelo menos seis dias por semana, com ingressos a apenas um dólar. Para viabilizar a empreitada, queria que Helms utilizasse o espaço em fins de semanas alternados com lucros divididos meio a meio. As filosofias de trabalho logo entraram em rota de colisão. Um se orientava e pautava suas ações pela lógica capitalista, trabalhando para ganhar dinheiro, o outro negligenciava aspectos comerciais para aprofundar sua missão de disseminador de mensagens. Segundo Paul Kantner, guitarrista do Jefferson Airplane, a mais popular banda local, "Chet estava mais afinado com o que São Francisco era naquele tempo — sibarita, hedonista, festeira. Chet não acordava tão cedo quanto Bill se orgulhava de fazer, mas a Family Dog, à sua maneira, era uma empreitada muito melhor para a cena e muito mais aberta".

Foi por acordar tarde que Chet Helms começou a perder negócios e também a amizade com Bill Graham. Após um show memorável da Butterfield Blues Band no Fillmore promovido por Helms, Bill Graham ligou ao amanhecer diretamente para o empresário Albert Grossman e agenciou novas datas, atropelando o amigo e concorrente. Para Helms, isso era uma forma intolerável de fazer negócio, uma mera extensão das ações dos executivos engravatados da Broadway e de Chicago. A parceria foi para o espaço. Durante dois anos, Chet Helms, na arrendada casa de shows Avalon, e Bill Graham, no Fillmore, brigariam cabeça a cabeça pela primazia de comandar a agenda de shows de rock na cidade. No momento em que o dinheiro passou a ser determinante e as gravadoras passaram a mirar São Francisco com olhos famintos, Bill Graham começou a vencer a guerra. Mas não ficou livre do antagonismo de boa parte da comunidade que o tornava rico. Helms, enquanto isso, contava com a simpatia da maioria dos músicos, mas com frequência não pagava o combinado ou ficava devendo, não por ganância, mas por uma falta de aptidão nata para ganhar dinheiro.

Naquele período entre a primavera e o verão de 1966, a Haight-Ashbury sediou para seus habitantes a utopia do paraíso na terra. A mídia não prestava tanta atenção e havia uma malha de conexão entre os envolvidos que criava laços quase familiares. Os hippies se espalhavam pelas repúblicas e comunas que se formavam e pagavam as contas com empregos de meio período ou com o seguro-desemprego. Conforme recordaria Richard Hundgen, um conhecido *roadie* das bandas locais, os primeiros hippies passaram a se chamar "famílias" por causa do serviço de seguridade social de São Francisco, que pagava os auxílios-desemprego por cada unidade familiar.

Para o falecido baterista Spencer Dryden, do Jefferson Airplane, "naquele início de 1966 a Haight era o paraíso para qualquer um com cabelo comprido. Cerca de oitocentos hippies convictos e pronto. Era uma coisa familiar. Nada de turistas. Todo mundo estava sempre junto e um ajudava o outro". Na opinião do ator Peter Coyote, então um membro do grupo teatral Diggers, a Haight era "um território liberado e parecia que nós estávamos criando o mundo a partir de um tipo de imaginação coletiva".

Mas, como acontece com a maioria dos modismos, o movimento nasce no *underground* e vai se expandindo para o centro com a chegada dos curiosos e dos jornalistas. E todos já estavam com os olhos postos sobre a Haight-Ashbury.

A longa temporada de Augustus Owsley Stanley em Los Angeles numa casa dividida com a banda Grateful Dead serviu para que sua rede de contatos se expandisse para todo o sul da Califórnia. Um dos que se abasteciam diretamente de seu laboratório era Brian Wilson, o principal compositor dos Beach Boys. "Conforme haviam me contado, a música nunca tinha me soado tão plena e tangível, era mais densa e pesada do que qualquer música que eu já tinha ouvido. Eu me imaginava navegando por um rio até me sentir totalmente consumido por tudo aquilo", contou Brian a respeito de sua primeira experiência lisérgica.

Ao contrário do que normalmente se pensa, Brian Wilson consumiu LSD pouquíssimas vezes. Sua droga de escolha naquele período era a *cannabis*, à qual vinha se entregando na base do uso irrestrito. Enquanto fumava um baseado entre amigos nos últimos dias de 1965, ele ouviu pela primeira vez o recém-lançado álbum *Rubber Soul*, dos Beatles, e se sentiu compelido a prometer à mulher a realização do "maior disco de todos os tempos".

Desde o arrebatamento provocado pelos Beatles nos adolescentes americanos, os Beach Boys vinham se mantendo na sólida posição de segundo grupo de maior vendagem nos Estados Unidos. Durante seus três primeiros anos de existência, Brian Wilson produziu uma sequência de excelentes singles cuja matéria-prima se resumia ao modo de vida típico de um adolescente suburbano, branco e de classe média na Califórnia: surfe, carros, garotas e a escola, com todas as alegrias, descobertas e ansiedades da transição da infância para a idade adulta. Uma de suas músicas, "Amusement Park USA", cantava a América idealizada como um gigantesco parque de diversões com os Beach Boys como mestres de cerimônia: sadios, alegres e inconfundivelmente brancos. As rachaduras na superfície não tardariam a aparecer, mas naquele momento tudo eram flores. A cada novo single, Brian Wilson apurava mais a carpintaria da produção, mirando-se em seu ídolo, o legendário Phil Spector, o mais bem-sucedido entre todos os produtores de música pop daquele período.

Sem a obrigação de excursionar com o grupo, Brian tinha tempo de sobra para aprofundar pesquisas com timbres, texturas e explorações harmônicas. Desde o começo de 1965, seu posto como baixista nos muitos shows dos Beach Boys vinha sendo ocupado por um substituto. Uma surdez prematura causada pela constante música alta não era o único problema. Repetiam-se com frequência demonstrações de comportamento excêntrico e ataques de nervos, como o que ocorreu durante uma viagem para Houston, no Texas. O avião mal havia iniciado os procedimentos de decolagem quando Brian virou-se para um companheiro de grupo e disse numa voz fraca: "Eu vou explodir a qualquer momento".

Ignorando os pedidos de calma, pôs o travesseiro na frente do rosto e em total desespero começou a berrar descontroladamente. Era mesmo melhor para todos que ele ficasse quieto em casa e dentro do estúdio.

Enquanto os outros quatro Beach Boys excursionavam pela Ásia no começo de 1966, Brian começou a trabalhar ao piano com pequenos pedaços de canções que ele batizou de "sentimentos", dirigidos à expressão de diferentes atmosferas e estados de espírito, ou, conforme sua definição, "padrões rítmicos específicos, fragmentos de ideias".

Dessa vez, Brian já tinha decidido não entregar o trabalho das letras a Michael Love, o dono da voz grave e anasalada que era uma das marcas registradas dos primeiros sucessos dos Beach Boys. Não passava pela sua cabeça construir mais um álbum com o trivial clima ensolarado de sua cornucópia temática habitual. Enquanto burilava novas melodias, decidiu convidar um jovem compositor chamado Tony Asher, que vinha trabalhando como publicitário, para ajudá-lo com as letras. Apesar de estar sob pressão dos executivos da gravadora, que vinham cobrando um novo disco, Brian não estava disposto a deixar suas ambições sucumbirem ao ritmo apressado dos lançamentos anteriores.

O novo parceiro mais tarde definiria Brian como a pessoa mais irresponsável que já cruzara seu caminho. Asher se lembra de cheques que totalizavam cem mil dólares dando sopa pela casa. Várias vezes os dois tinham que interromper o trabalho para Brian assistir ao seriado *Flipper* na televisão e chorar como uma criança nos momentos mais piegas do golfinho. Seu comportamento não tinha nenhuma constância. Enquanto ouvia o *playback* do que havia sido gravado, ele ria descontroladamente, e de repente começava a chorar. "Ele tinha momentos de raiva incontrolável", lembra Asher, "então desmoronava e começava a chorar durante o *playback* de certas faixas... O que eu via me amedrontava."

À parte essas instabilidades, Brian tinha firmes convicções sobre o novo disco. Sabia que o padrão das composições exigia músicos mais capazes do que seus colegas de conjunto. Para as sessões de gravação foram chamados os melhores profissionais de estúdio que o dinheiro da gravadora poderia contratar. Brian cuidava de todos os arranjos e explicava a cada músico como seu instrumento deveria ser executado. Quando estava tudo pronto, todos começavam a tocar ao mesmo tempo. Depois que os músicos iam para casa, as gravações eram retrabalhadas em camadas de sons adicionais que Brian inseria com a paciência e o perfeccionismo de um ourives. Por essa razão, é quase impossível distinguir sons de instrumentos específicos no álbum. Quando os outros Beach Boys chegaram da Ásia, em meados de janeiro de 1966, não gostaram nada de saber que o disco estava pronto e só teriam de adicionar vozes às bases instrumentais previamente gravadas.

A dinâmica interna dos Beach Boys sempre havia sido estritamente familiar. Além dos dois irmãos mais novos de Brian, Carl e Dennis, o grupo se completava com o primo Michael Love e o amigo de infância de todos, Al Jardine. O próprio patriarca da família Wilson se encarregava dos negócios, até ser demitido por interferir na parte musical. Quando ouviram o que Brian já tinha feito, por pouco o grupo não rachou em definitivo. Os irmãos amaram, Jardine não tomou partido e Mike Love se opôs, reclamando que o público não iria aceitar outra coisa dos Beach Boys que não fosse a velha conversa de carros e garotas. "Não foda com a fórmula", ele teria dito.

Mas Brian não tinha a menor intenção de fazer concessões à democracia interna e até nos arranjos vocais seu controle era total. "Cada voz em sua ressonância, tonalidade e timbre tinha que estar certa. Então, no dia seguinte, ele jogava tudo fora e nos fazia gravar outra vez", lembra Mike Love. Caso não estivesse com disposição para discutir, Brian deixava que o grupo fizesse como bem entendesse, depois voltava ao estúdio, apagava tudo e adicionava camadas superpostas de sua voz. Como principal compositor, tinha domínio completo sobre o grupo. Chegou até mesmo a cogitar lançar o disco como trabalho solo, afinal, aquilo era, antes de tudo, uma criação pessoal, era sua visão. Embora tenha desistido, na prática Brian entregou à gravadora um disco autoral que dava um passo de maturidade gigantesco na evolução da linguagem da música pop.

Os executivos, que permaneciam céticos desde o começo sobre as possibilidades comerciais da extravagância de Brian, confirmaram suas piores previsões quando, no dia 16 de maio de 1966, *Pet Sounds* chegou às lojas. As vendas não excederiam 500 mil nos Estados Unidos, número bem abaixo da marca habitual dos Beach Boys. O público cativo certamente estranhou aqueles belos temas de introspecção que compunham um mosaico de impressões sobre a maturidade e a perda da inocência. Os fragmentos de sentimentos incluídos no álbum se amparavam numa linha de fina tensão em que a melancolia predominava, mesmo que reinventada na generosidade e na conciliação. Um pouco demais para quem queria apenas a gratificação imediata de assobiar o último sucesso do rádio.

Enquanto *Pet Sounds* era ignorado nos Estados Unidos, do outro lado do Atlântico o que mais se ouvia eram elogios derramados. Para dizer ao mundo sobre seu deslumbramento pela obra-prima de Brian Wilson, o produtor e empresário dos Rolling Stones, Andrew Loog Oldham, pagou anúncios de página inteira em vários jornais londrinos, atitude que contribuiu bastante para que o disco vendesse mais do que qualquer outro título dos Beach Boys lançado na Inglaterra.

Quase todo o meio musical estava igualmente impressionado, e ninguém se impressionara mais do que aqueles a quem Brian tomava como parâmetro de excelência. Os Beatles reagiram a *Pet Sounds* da mesma forma que Brian havia respondido a *Rubber Soul*. Não por coincidência, Paul McCartney, o mais melódico do grupo e baixista como Brian, se tornou o fã mais ardoroso. Paul ficou particularmente encantado com "God Only Knows", a prece de agradecimento amoroso que inspirou diretamente a sua "Here, There and Everywhere", desde o conteúdo até o arranjo vocal, num tributo explícito aos Beach Boys.

John Lennon e Paul McCartney tiveram a oportunidade de escutar *Pet Sounds* antes do lançamento quando Bruce Johnston, o substituto de Brian Wilson nos shows ao vivo dos Beach Boys, visitou a Inglaterra no início de maio. Seu cicerone na cidade, Keith Moon, o agitadíssimo baterista do The Who, era provavelmente o maior entusiasta de surf music em todas as ilhas britânicas. Acertos foram feitos com os dois Beatles para uma audição de *Pet Sounds* no hotel em que Johnston estava hospedado. Lennon e McCartney ficaram maravilhados com o que escutaram e saíram dali diretamente para trabalhar no estúdio. Moon, a exemplo dos fãs ortodoxos americanos, detestou aquela coleção de canções de temática introvertida e autoconflituosa.

Pet Sounds apanhou os Beatles em meio às gravações do seu próximo álbum, ainda sem título àquela altura, mas que terminaria batizado como *Revolver*, pela referência ambivalente a uma arma de fogo e pela ideia de desordem e movimento que os quatro pretendiam ansiosamente transmitir com o novo trabalho. Ao contrário dos lançamentos anteriores, dessa vez a dedicação às gravações durou dois meses. Sobre os Beach Boys, eles levavam a vantagem de contar com dois protagonistas na criação (Lennon e McCartney) que se complementavam perfeitamente, enquanto Brian se encarregava integralmente desse departamento no grupo californiano. Os Beatles ainda tinham o bônus de um coadjuvante muito participativo, que influía no direcionamento musical e crescia como compositor a cada novo trabalho (George Harrison), além de George Martin, um produtor que sabia transformar em sons as ideias cada vez mais heterodoxas do quarteto.

No dia 6 de abril, quando começaram as gravações, John chegou ao estúdio com uma canção de inspiração indiana, composta num único acorde, cuja letra era inteiramente formada por aforismos contidos num livro do guru Timothy Leary misturados a outros de sua autoria. *"Play the game of existence to the end"* (jogue o jogo da existência até o fim) e *"listen to the colour of your dreams"* (ouça as cores do seu sonho) soavam como a resposta decifradora de um enigma, encoberto pela realidade aparente. Para tentar reproduzir o estado alterado de sua mente durante as leituras, John queria um registro vocal que evocasse o Dalai Lama no alto de uma montanha. Como fundo sonoro, pediu ao produtor George Martin sons que sugerissem mil macacos uivando. O título da canção, "The Void" (O vácuo), seria no último momento mudado para "Tomorrow Never Knows" (Amanhã nunca sabe). Era o ácido lisérgico fazendo sua estreia oficial numa gravação dos Beatles. Naquela altura, apenas John Lennon e George Harrison haviam tomado LSD, ambos mais de uma vez.

Os Beatles dependiam bastante de experimentos rudimentares para tentar reproduzir as múltiplas sonoridades processadas por sua imaginação cada vez mais ágil. Atrasada em relação aos estúdios americanos, a EMI, em Londres, continuava com sua velha mesa de quatro canais, enquanto a Capitol, em Los Angeles, onde os Beach Boys gravaram *Pet Sounds,* contava havia muito tempo com oito canais. Para compensar as deficiências, os Beatles fuçavam o que existisse em busca de novos sons. Mais curioso do que todos, Paul, mexendo em seu gravador de rolo Brenell, descobriu que, ao isolar a cabeça que apagava a fita e usando apenas a cabeça de gravação, qualquer som poderia ser adicionado a outro sem apagar o que fora gravado anteriormente. O som passava pela cabeça de reprodução e era gravado novamente até saturar a fita. A esses sons, Paul dava o nome sintético de *loop*.

"Tomorrow Never Knows" praticamente inaugurou as diretrizes para futuras tentativas de estabelecer uma equivalência sonora dos estados alterados de percepção. Apesar de nem de longe alcançar a mesma popularidade que "Yesterday" ou " Hey Jude", a faixa de encerramento de *Revolver* se provaria mais influente do que ambas, com ecos estabelecidos no meio da música eletrônica, do rock independente e até mesmo do free jazz, com admiradores confessos como Archie Shepp. Deu início também a uma fase de dois anos em que John Lennon chegaria ao ápice do seu experimentalismo.

O repertório de *Revolver* também marcava um claro distanciamento dos temas de amor adolescente que dominaram os cinco primeiros álbuns dos Beatles. *Rubber Soul,* que tanto encantara Brian Wilson, já mostrava uma progressão temática mais nítida, apesar de ter sido gerado sob a pressão da necessidade de entregar um novo produto antes do Natal. Lennon e McCartney exibiam claro amadurecimento como compositores, com uma coleção excepcional de canções ("Nowhere Man", "In My Life", "I'm Looking Through You", "Girl"), mas a pressa da produção se refletiu no acabamento final. A não ser pela utilização pioneira da cítara em "Norwegian Wood", não havia grande diversidade instrumental no disco.

Revolver nasceu do filtro básico de duas presenças predominantes. Da mesma forma que a carpintaria e os arranjos de *Pet Sounds* deixaram uma marca profunda em Paul McCartney, o show de Bob Dylan no Royal Albert Hall em maio (que incluía várias faixas de seu último álbum, *Blonde on Blonde*) impressionou Lennon a ponto de ele se confessar "paranoico". Certamente porque uma das canções apresentadas por Dylan naquela noite, "Fourth Time Around", abria uma interlocução direta com "Norwegian Wood", o tema de adultério cifrado escrito por John para *Rubber Soul*.

Enquanto John começava a submergir numa contemplativa jornada de autoanálise, Paul McCartney aperfeiçoava sua habilidade de construir canções dentro da estrutura tradicional com letras montadas como crônicas do cotidiano em arranjos arrojados. Em *Revolver*, quase todas as suas contribuições virariam clássicos da música popular contemporânea. "Eleanor Rigby" e "For No One" eram reflexões sobre a solidão urbana, maravilhosamente condensadas em pouco mais de dois minutos, enquanto "Got to Get You Into My Life" narrava sua descoberta das drogas de forma bem mais impressionista do que John jamais pensaria em fazer.

Para complementar os variados ângulos de abordagem, ainda havia George Harrison, até então limitado a duas contribuições por álbum, dessa vez compondo três faixas, entre as quais "Love You Too", executada inteiramente por instrumentistas indianos. Os arranjos com cordas, tambouras, clavinetes e cítara evidenciavam que a velha formação de guitarra, baixo e bateria não atendia mais à necessidade exploradora dos Beatles. A diversidade predominava em quase todas as faixas. Faltava, no entanto, eliminar o entrave definitivo a esse desenvolvimento: os shows ao vivo, que consumiam tempo e energia preciosos da mais importante banda do mundo.

Quando esteve com os Beatles em Los Angeles, no verão de 1965, para a segunda viagem de LSD de John e George, David Crosby, o único dos Byrds a consumir a droga em bases regulares, já era eclético o suficiente para adquirir também um conhecimento tão vasto sobre a *cannabis* que podia atestar a qualidade apenas pelo cheiro. Outra de suas fascinações àquela altura era a música indiana, especialmente Ravi Shankar, a quem considerava o maior instrumentista do mundo, assim como o saxofonista John Coltrane. Durante uma viagem ao sul do país, os Byrds se submeteram a uma seleção exclusiva de Shankar e Coltrane no toca-fitas do ônibus e posteriormente, em março de 1966, exibiram as duas influências em "Eight Miles High", um inusitado encontro de LSD com viagens de avião.

Três meses antes, os Beatles já haviam lançado "Day Tripper", sobre uma personagem supostamente adepta de explorações alucinógenas, mas num rock'n'roll de estrutura bem mais convencional, com um riff de guitarra ao estilo "Satisfaction" e com uma letra recheada de metáforas. Da mesma forma, "Rainy Day Women", faixa de abertura do álbum *Blonde on Blonde*, de Bob Dylan, conclamava todo mundo a ficar chapado (*everybody must get stoned*), num arranjo derivado de bandas marciais e um exagerado trombone como instrumento de primeiro plano. Ademais, o verbo *stoned* carregava também o sentido de apedrejamento, numa clara alusão aos ataques que o compositor vinha sofrendo desde que começara a gravar com instrumentos elétricos. No miolo do disco surgiam imagens às vezes envolventes e sedutoras, quase sempre enigmáticas, que sugeriam uma derivação lisérgica, embora, à época da gravação, Dylan não tivesse ainda feito sua primeira viagem de LSD.

"Eight Miles High", lançada entre "Day Tripper" e "Rainy Day Women", não vendeu tanto quanto as duas, mas o arrojo sonoro já na intrincada introdução coltraniana, que sugeria um avião levantando voo, dava um passo à frente de seus mentores. Quando os vocais dos Byrds entram em uníssono cantando *"Eight miles high, and when you touch down/ you'll find that it's stranger than known* (A oito milhas do chão, e quando você aterrissa/descobre que tudo é mais estranho do que já se sabia), o efeito é o de uma decolagem com toda a duplicidade de sentidos.

A suposta alusão às drogas fez com que a canção fosse banida das rádios pelo Garvey's Report, uma entidade católica que regulava informalmente o que deveria ser veiculado ou não pelas emissoras. Os Byrds sempre contestaram essa conclusão. "Eight Miles High", segundo seus compositores, descrevia uma viagem de avião, e sua origem remete ao medo de voar do vocalista Gene Clark. Em novembro, a Electric Prunes, outra banda de Los Angeles de menor importância e menos fôlego do que os Byrds, não foi incomodada por censura nenhuma com a muito mais explícita "I Had Too Much Dream Last Night", que narrava uma ressaca de LSD com efeitos de som puxados por uma agressiva guitarra em vibrato.

No início de 1966, a lei americana ainda não impunha restrições a usuários de LSD. A escalada de clamor das autoridades só começaria durante o verão. Além dos Beach Boys, dos Byrds e dos Electric Prunes, vários outros artistas estavam experimentando drogas com liberdade garantida. A expressão "psicodelismo" já havia se tornado comum em artigos da imprensa e no vocabulário dos músicos, desde que fora usada pela primeira vez numa canção popular em 1964 pela dupla folk nova-iorquina Holy Modal Rounders, numa releitura da tradicional "Hesitation Blues".

A origem do termo remonta aos escritos de Humphry Osmond, um psiquiatra inglês residente no Canadá. Enquanto estudava os efeitos da mescalina e do LSD em alcoólatras, Osmond publicou em 1953, 15 anos depois da descoberta do LSD-25 na Suíça, um ensaio no qual afirmava que as reações provocadas pela ação química da droga no organismo causavam um tipo de esquizofrenia artificial semelhante às sensações experimentadas pelos próprios esquizofrênicos, como se o sistema nervoso pudesse criar compostos alucinógenos próprios. Afirmava ainda que a mescalina poderia capacitar pessoas "normais" a ver o mundo pelos olhos de um esquizofrênico e sugeriu que psiquiatras e enfermeiras utilizassem a droga para melhor compreender seus pacientes.

O ensaio de Osmond obteve enorme repercussão na comunidade científica e despertou a atenção de pelo menos uma pessoa do meio literário.

Aldous Huxley tinha mais do que simples curiosidade diletante sobre o assunto. *Admirável mundo novo* (*Brave New World*) sua mais célebre novela, publicada em 1931, era ambientada numa sociedade futurista na qual agentes totalitários induziam a população ao uso de uma substância alucinógena fictícia (SOMA) para obter controle absoluto. Logo Osmond e Huxley começaram uma longa troca de correspondências, e um dos temas de discussão era o nome que deveria ser dado aos efeitos proporcionados pelo uso de alucinógenos. Osmond sugeriu que, pela junção de duas palavras de origem grega, *psyche* (mente ou alma) e *delein* (o que se mostra, se manifesta), se criasse o neologismo psicodélico.

Ainda em 1953, Aldous Huxley tomou mescalina pela primeira vez, em casa, sob a supervisão direta de Osmond. O escritor julgava que suas reações, se estendidas a um amplo número de pessoas, poderiam "abrir uma cadeia de problemas filosóficos, jogar intensa luz e levantar inúmeras questões no campo da estética, religião e epistemologia". No ano seguinte, Huxley assinou um ensaio intitulado "As portas da percepção" (título derivado de um verso de William Blake: "Se as portas da percepção estivessem limpas, tudo se mostraria ao homem tal como é: infinito"), no qual defendia a ampliação dos processos cognitivos para uma total revolução na forma de apreensão da realidade. O uso disseminado da droga, em sua opinião, poderia acarretar um tipo de renascimento religioso, na medida em que "seria possível para grande número de homens e mulheres adquirir uma autotranscendência radical e um profundo entendimento da natureza das coisas". Para Huxley, o escapismo era componente natural da existência humana, "o principal apetite da alma", que nos leva a buscar a transcendência tanto pela via religiosa quanto pelos vários tipos de drogas disponíveis em qualquer cultura e em qualquer tempo.

Doze anos depois da publicação do ensaio de Huxley e três anos após sua morte, ocorrida no mesmo dia do assassinato do presidente John Kennedy, em 22 de novembro de 1963, a associação do consumo de drogas com o quadro de rebelião social que se desenhava foi aos poucos sendo encampada como um axioma, principalmente pela imprensa e pelas autoridades. Os concertos beneficentes promovidos por Bill Graham para a Mimi Troupe tiveram adesão entusiasmada dos estudantes que vinham de todas as partes dos Estados Unidos para protestar na Universidade de Berkeley contra a Guerra do Vietnã. No mesmo período, Timothy Leary, o professor de Harvard convertido num dos mais agudos apologistas das drogas, concedeu uma entrevista à *Playboy* na qual, entre outras coisas, exortava as virtudes sexuais altamente libertárias contidas numa viagem de LSD. As regras pelas quais se pautava o sistema capitalista eram a real alucinação e as pessoas estariam em contato muito maior com a realidade se consumissem drogas, segundo seu credo.

A comunidade musical rapidamente captou e amplificou a mensagem. John Lennon passara boa parte do mês de janeiro de 1966 no sótão de sua casa em viagens de ácido e lendo *A experiência psicodélica* (*The Psychedelic Experience*), de Timothy Leary e Richard Alpert. Em voz alta ele registrava num gravador trechos que Leary havia extraído do *Livro tibetano dos mortos*, do Dalai Lama, um tomo usado, segundo a crença budista, como consolo para guiar as almas através de estados transitórios antes da próxima encarnação. Desse casamento entre o apostolado psicodélico escrito e a tentativa de criar um equivalente sonoro para uma mente alterada por LSD nasceria "Tomorow Never Knows". Em julho Timothy Leary promoveu seguidas festas com sua "Liga pela Descoberta Espiritual" (*League for Spiritual Discovery — LSD*), coloridas por quantidades maciças de ácido num teatro em Nova York que dois anos depois Bill Graham transformaria no Fillmore da costa leste.

As várias formas de representação musical de uma viagem lisérgica começavam a ser determinadas pelos três álbuns cruciais de 1966, *Revolver*, *Pet Sounds* e *Blonde on Blonde*, lançados num intervalo de três meses, além de canções como "Eight Miles High" e "Fifth Dimension", dos Byrds. A exploração apenas começava.

Menos de um mês depois de *Revolver* chegar às lojas, os Beatles realizavam em São Francisco sua última apresentação ao vivo para um público pagante. O descompasso entre a carreira fonográfica e a imagem ainda familiar para a maior parte do mundo se evidenciava na escolha do repertório para os shows, totalmente concentrado em músicas de dois ou três anos antes e sem nenhuma faixa do disco novo. Mas o tédio causado pela repetição seria o mal menor diante da sucessão de notícias ruins que se acumulariam a partir do início da excursão mundial em junho, logo depois de terminadas as gravações de *Revolver*.

Quando estavam ainda no início da excursão, em Hamburgo, na Alemanha, os Beatles receberam um telegrama anônimo que dizia: "Não viajem para Tóquio. Suas vidas correm perigo." O primeiro show no Japão seria no Nippon Budokan Hall, local considerado sagrado para os japoneses. Muitos estavam indignados por grupos de rock se meterem a tocar num templo erigido para os heróis de guerra. A viagem foi tumultuada, com o avião desviado para o Alasca por causa de uma tempestade, o que resultou em nove horas de espera. Já em Tóquio, os Beatles tiveram escolta especial na entrada e na saída do auditório e não lhes foi permitido sair do hotel para fazer turismo, tamanho era o temor de represálias. Por via das dúvidas, três mil policiais reforçaram a segurança, enquanto um pequeno grupo de extremistas promovia uma passeata do lado de fora com cartazes: *Beatles, Go Home*.

Pela China comunista eles nem sequer cogitaram passar. Um ano antes, um jornal de Pequim havia rotulado o grupo como "monstros" que produziam um barulho desagradável para suprir a necessidade do mundo ocidental por música louca e podre. "A Grã-Bretanha precisa dos Beatles, mas mesmo se vierem mais Beatles, será difícil salvar a Grã-Bretanha do declínio", dizia o texto panfletário.

Ainda na Ásia, logo depois do Japão, eles pararam nas Filipinas, em plena vigência da ditadura de Ferdinando Marcos, ansioso pela oportunidade de pegar carona na popularidade do quarteto. O empresário Brian Epstein recebeu a nada sutil sugestão de que seria imperativo os quatro aparecerem em uma cerimônia de gala oferecida pelo ditador e sua mulher, Imelda. Consultados, os Beatles se negaram a ir, alegando que aquele era seu único dia de descanso.

Os jornais locais deram ao caso a dimensão de uma grande ofensa nacional, um agravo não apenas ao ditador como a toda a nação filipina. No dia seguinte, saindo às pressas do hotel, os Beatles foram xingados e hostilizados durante o percurso até o aeroporto, onde uma série de incidentes os aguardava. Um grupo de policiais com cara de poucos amigos plantou-se no *hall*, retardando a passagem e dando sutis cacetadas em qualquer um da comitiva, enquanto populares lançavam gritos e insultos que eles não podiam entender. John Lennon e Ringo Starr chegaram a se esconder atrás de um grupo de freiras. A bagagem despachada foi parar na Suécia, e os oficiais filipinos retardaram enquanto puderam a decolagem do avião, agravando ainda mais a tensão de toda a comitiva.

O pior ainda estava por vir. Enquanto se preparavam para viajar pelos Estados Unidos, uma bomba verbal de John Lennon chegou antecipadamente como o mais indesejável cartão de visitas.

Autor de dois livros humorísticos publicados, Lennon era reconhecido como o mais intelectualizado dos Beatles, o que tinha os *insights* mais aprofundados e o mais disposto a falar francamente sobre política e comportamento. Em março daquele ano, numa longa entrevista à jornalista Maureen Cleave, do periódico inglês *London Evening Standard*, ele não se furtou a emitir seus pontos de vista incisivos, ainda que superficiais, sobre a falência das religiões e sua irrelevância na sociedade moderna. "O cristianismo vai acabar. Vai se dissipar, depois sucumbir. Nem preciso discutir isso. Estou certo e o tempo vai provar. Hoje somos mais populares do que Jesus Cristo. Não sei o que vem primeiro, o rock'n'roll ou o cristianismo. Jesus era legal, mas seus discípulos eram estúpidos e ordinários."

Na mesma série de reportagens com entrevistas individuais dos quatro Beatles, George criticou a Guerra do Vietnã e Paul disse que os americanos tratavam os negros como "crioulos sujos", mas seus comentários passaram despercebidos. O problema começou quando a frase de John, isolada do contexto, foi reproduzida como manchete de capa numa revista adolescente às vésperas do lançamento de *Revolver*. A banda já estava de malas prontas para viajar. "Teremos umas poucas semanas para nos recuperar antes de apanharmos dos americanos", disse um inconformado George a um jornal inglês.

Uma guerra santa se desencadeou, com rádios fomentando boicotes encabeçados por locutores histéricos, que incitavam os ouvintes a promover fogueiras punitivas de discos e objetos relacionados ao grupo em toda a região conhecida como cinturão bíblico. Uma rádio do Texas realizou uma pesquisa informal e obteve 97% de aprovação ao boicote. Rituais de destruição de discos e fogueiras queimando a imagem dos quatro eram organizados por todo o país.

Em todo os Estados Unidos a adesão chegou a 35 rádios. Algumas lojas se recusavam a manter discos dos Beatles em estoque. Thurman H. Babbs, pastor de uma igreja batista em Cleveland, ameaçou de excomunhão qualquer fiel que se atrevesse a comparecer a algum concerto. Um segmento da Ku Klux Klan queimou discos do grupo numa cruz. Notícias chegavam dando conta de que a cruzada já havia chegado até o México e a África do Sul, onde o boicote nas rádios e a proibição de venda nas lojas permaneceu por determinação do governo do *apartheid* até 1971, quando o grupo nem existia mais.

No meio da histeria, algumas atitudes de lucidez não foram notadas, como a de uma rádio do Kentucky que afirmou que começaria a tocar discos dos Beatles como um gesto de "desprezo à hipocrisia personificada". Outra em Atlanta assumiu a posição de que "um homem deve ter o direito de se fazer de idiota, mesmo que ele seja um beatle".

Essas dissidências eram insuficientes para espantar o receio. Temendo represálias e o fracasso da excursão, no dia 11 de agosto, assim que chegaram a Chicago, sem demonstrar muita convicção, Lennon sentou-se com seus companheiros de grupo e falou para um batalhão de jornalistas: "Se eu dissesse que a televisão é mais popular do que Jesus, ninguém se aborreceria. Não estou dizendo que nós somos maiores ou melhores ou comparando-nos a Jesus ou Deus como uma coisa ou o que quer que seja. Eu apenas disse o que disse e isso estava errado, ou foi interpretado errado, e agora acontece isso tudo. Eu acredito em Deus, mas não como uma coisa, como um velho homem no céu. Eu acredito que o que as pessoas chamam Deus é alguma coisa em todos nós. Não estava dizendo que os Beatles são melhores do que Deus ou Jesus. Usei Beatles porque é mais fácil para mim falar sobre os Beatles." Os jornalistas não fiaram satisfeitos e continuaram a perguntar se Lennon não iria se desculpar por suas declarações. Ele engoliu em seco e continuou: "Sinto muito ter dito isso, realmente. Nunca pretendi que isso se transformasse numa coisa vulgar e antirreligiosa. Eu me desculpo se isso lhes faz feliz. Ok, desculpem."

Mais tarde Lennon se lamentaria amargamente por voltar atrás, mas a animosidade continuou a seguir os Beatles de perto. Havia um temor concreto de que algum fanático promovesse um atentado contra a banda. Às vésperas da viagem, um jovem estudante havia disparado vários tiros de fuzil da torre do relógio na Universidade do Texas, matando 13 pessoas e ferindo trinta, sem nenhuma razão aparente. Durante o show realizado em Memphis sob pesado piquete da Ku Klux Klan na porta, um morteiro estourou no palco como um tiro de revólver, assustando a todos. Em seguida, a mesma mulher que previra três anos antes o assassinato de John Kennedy disse que os Beatles morreriam num voo para Denver, Colorado.

Finalmente, no dia 21, após dez dias ininterruptos de péssimas apresentações e tensão permanente, durante o show em St. Louis, no Missouri, veio a gota d'água. Depois de tocarem debaixo de chuva, correndo o risco de serem eletrocutados, Paul, até então relutante em fechar com o plano de abandonar as apresentações ao vivo, finalmente cedeu. No dia 29 de agosto de 1966, em São Francisco, John, Paul, George e Ringo se retiraram dos palcos sem previsão de volta.

O ciclo fechado na carreira dos Beatles com o fim das excursões já estava evidenciado em sua evolução musical. Criou-se a situação paradoxal de que o público que foi assisti-los no último show em São Francisco, no qual eles ainda envergavam ternos listrados, era fundamentalmente diferente do segmento que escutava *Revolver* com a máxima atenção, procurando mensagens subliminares sobre drogas, sexo e política.

Os Beatles adultos de 1966 tinham pouco a ver musical ou individualmente com os quatro garotos provincianos que se mudaram para Londres em 1963. A roda de consumo voraz que alimentou sua escalada ao topo do *showbiz* fez desaparecer qualquer vestígio de inocência remanescente do conjunto que tocava um enérgico rock'n'roll nos clubes de Liverpool e nos prostíbulos de Hamburgo, na Alemanha, em sua época amadora. A exploração da imagem domesticada afetou também sua música. O olho fixo no mercado suavizou a antiga agressividade, que começou a se manifestar apenas em momentos esparsos, particularmente nos *covers* dos antigos sucessos que formaram seu gosto musical na adolescência. Os vários compromissos de gravação, contudo, contribuíram bastante para que, em meio às cifras e recordes que se avolumavam, Lennon e McCartney se aperfeiçoassem como compositores e progredissem a cada novo álbum.

Os resultados obtidos naqueles anos de beatlemania até hoje permanecem inigualados. Nenhum grupo inglês arrebatara os Estados Unidos sem deixar espaço para competidores locais, e nenhum artista havia pensado em conseguir lotar um estádio de futebol. Assim como John Kennedy fora o primeiro presidente americano eleito respaldado por uma presença carismática na televisão, os Beatles também se beneficiaram da expansão e escolha desse veículo como forma de entretenimento favorito tanto na Inglaterra quanto nos Estados Unidos. Sua primeira participação na TV americana permanece um recorde de audiência até hoje, com setenta milhões de espectadores. Se o apelo da música compunha uma parte fundamental do sucesso, o carisma e a naturalidade diante das câmeras eram partes inseparáveis desse apelo.

Num determinado momento, em abril de 1964, os Beatles emplacaram cinco singles no topo dos mais vendidos e mais sete entre os cem primeiros lugares, além de dois álbuns ocupando o primeiro e o segundo posto. No Canadá eles tinham nada menos do que nove entre os dez discos mais vendidos. Tudo em que tocavam virava ouro. Lennon publicou dois livros que foram direto para o primeiro lugar na lista de best-sellers.

Imitadores proliferavam. Artistas, políticos, empresários, todo mundo parecia querer um pedaço dos Beatles ou alguns minutos de sua atenção.

Com as ambições criativas, o questionamento sobre os novos rumos dos Beatles obedecia também a razões de ordem prática. Se continuassem como ídolos de um público adolescente, posando de rapazes bem-comportados, talvez durassem mais um ano ou dois, e provavelmente seriam tragados por alguma outra novidade reciclada que o mercado se encarrega de inventar de tempos em tempos. Os lugares vazios na excursão de 1966 podiam ser interpretados também como um sintoma dessa exaustão. A decisão de mudar amadureceu, portanto, de uma lógica tão pessoal quanto mercadológica.

Até o lançamento de *Revolver* e mesmo um pouco depois, a posição dos Beatles como pontas de lança da música psicodélica não era consenso entre todos os que estavam embarcados na mesma viagem. O guitarrista Bob Weir, do Grateful Dead, só começou a prestar atenção quando foi intimado por um companheiro do grupo a ouvir "Tomorrow Never Knows". Grace Slick, estrela do Jefferson Airplane, também disse que apenas depois de *Revolver* começou a ver o grupo com algum respeito. Até aquele momento, à imagem dos Beatles correspondia a primeira impressão deixada em sua viagem inaugural aos Estados Unidos em 1964. "Um amigo me ligou quando eles estavam aparecendo no Ed Sullivan Show e disse: 'Espere até você ver esses caras. Eles são maravilhosos!' O que eu vi foram quatro caras com 20 e tantos anos vestindo trajes bonitinhos, com cortes de cabelo bonitinhos, cantando uma canção bonitinha demais, 'I Wanna Hold Your Hand'. Se eu tivesse 12 anos, eles poderiam ter me impressionado", recorda ela.

O grande dilema dos Beatles naquele momento era como se libertar da imagem de garotos bem-comportados sem afastar parte do público e sem frustrar as expectativas da rede de interesses financeiros que havia por trás de sua imagem. A rigor, os Beatles perderam pouco do segmento que cantava "She Loves You" e "And I Love Her" enquanto expandiam e diversificavam ainda mais seu alcance. Outro estágio de beatlemania se criou parcialmente desvinculado da imagem anterior. Os terninhos eram parte do passado. Em breve, os Beatles adultos e intelectualizados iriam aparecer de bigode e com roupas coloridas afinadas com uma nova época.

Naquele biênio 1965-1966, os americanos e boa parte do mundo ocidental estavam convencidos de que nada poderia combinar tanto com modernidade e senso de estilo quanto um artefato inglês, fosse uma minissaia, um corte de cabelo, um rolling stone, James Bond, um casaco que parecia herança da época de Eduardo VII, no começo do século, ou algum outro signo perceptível da efervescência cultural londrina. Uma das marcas dessa sedução foram os grupos de rock de garagem que surgiam aos montes em todos os grotões americanos imitando as bandas britânicas. Curiosamente, a música cultuada por esses garotos nada mais era do que a própria música americana submetida à reengenharia inglesa. Conforme notou Charlie Gillett em seu fundamental livro *Sounds of the City*, os grupos ingleses, particularmente os Beatles e os Rolling Stones, "despertaram nos americanos um renovado interesse nas fontes de origem do idioma pop, como também na própria música pop".

Em decorrência da incapacidade de muitos dos grupos ingleses de produzir material próprio e em alguns casos até de manejar os instrumentos com alguma habilidade, vários produtores ganharam posição de destaque durante a chamada "Invasão Britânica", iniciada após a primeira excursão dos Beatles aos Estados Unidos, em 1964. Quase todos trabalhavam como "pistoleiros de aluguel" para quem pagasse mais. Shel Talmy, americano natural de Chicago e morador de Londres desde 1963, era um desses típicos produtores. Logo após a consagração dos Beatles em terras americanas, ele foi contratado pela gravadora Pye, uma das quatro grandes da Inglaterra, para trabalhar com um grupo estreante do norte de Londres chamado The Kinks, uma corruptela da expressão *kinky*, que designa práticas sexuais heterodoxas.

Após dois primeiros singles que fracassaram sem deixar vestígio, o guitarrista e compositor Ray Davies apareceu em meados de 1964 com uma impactante peça de rock'n'roll diretamente inspirada na memorável gravação de "Louie, Louie", lançada poucos meses antes nos Estados Unidos pelos Kingsmen, banda de um único, porém crucial, sucesso. "You Really Got Me", assim como os dois lançamentos subsequentes dos Kinks, atingiu o topo das paradas inglesas e ficou entre as dez mais vendidas nos Estados Unidos, provando a viabilidade comercial para singles com ingredientes distintos da fórmula consagrada pelos Beatles.

Meses depois, Ray Davies ouviu pela primeira vez uma canção no rádio que lhe parecia familiar além da coincidência. "Nós estávamos todos surpresos e confusos", lembra Davies. "Por que uma banda se preocuparia em copiar nosso som?" A surpresa deu lugar à revolta pura e simples quando descobriram que, enquanto excursionavam fazendo shows pelo interior da Inglaterra, seu produtor se ocupava em produzir os imitadores.

Pete Townshend, o guitarrista e compositor do The Who, havia tentado assumidamente imitar em "I Can't Explain" o despojamento conseguido pelos Kinks com "You Really Got Me", mas a estratégia de surfar na onda da cópia pura e simples deu errado nos Estados Unidos. O The Who não tardaria a impor a própria identidade sonora, que só tinha em comum com os Kinks o sotaque britânico inconfundível. Townshend se especializou em temas de angústia adolescente num viés de incandescente revolta, enquanto Ray Davies definia seu estilo na direção da irônica e bem trabalhada crítica social.

Até Shel Talmy se confessar rendido à única banda de rock com "colhões" na Inglaterra, o The Who só havia acumulado frustrações na peregrinação incessante em busca de uma gravadora. Ninguém parecia disposto a investir numa banda com um som tão alto e tão sujo. Felizmente, dois jovens empresários entenderam que domesticar a fúria instantânea do The Who significava matar o que eles tinham de mais comercialmente viável. Kit Lambert e Chris Stamp, dois jovens intelectualizados ligados à renascença do cinema inglês, presenciaram pela primeira vez o ritual demolidor do quarteto num show no outono de 1964. Quatro dias depois, o contrato estava fechado entre ambas as partes. Faltava convencer alguém a gravar aquilo que um jornalista do *New Musical Express*, também presente ao show (que tinha como slogan "o máximo em rhythm'n'blues", definiu como o som de "uma motosserra cortando uma lata de lixo ao meio". Em meados de 1965 o The Who iniciou uma memorável temporada no clube Marquee, no coração de Londres. Invariavelmente, ao fim do show, o guitarrista Pete Townshend destruía seu instrumento, o que causava enorme impacto, mas também um déficit considerável nas contas. No final daquele ano, com o single arrasa-quarteirão "My Generation", o The Who chegaria à primeira liga das bandas inglesas, embora continuasse com impacto zero nos Estados Unidos.

Em vez de amenizar a agressividade latente do The Who, Lambert e Stamp reforçavam essa característica nos comunicados distribuídos à imprensa: "O The Who funciona movido a revolta e ódio", dizia um dos textos escritos por Lambert. "É um grupo unido pelo ódio interno e pelo narcisismo. É um grupo de rebeldes, uma arma voltada contra a burguesia."

Ódio interno, de fato, não faltava. O incentivo dos empresários não bastou para impedir que o The Who se digladiasse numa luta autofágica, para muitos ingrediente fundamental da energia emanada pelos quatro no palco. O baixista John Entwistle certa vez resumiu sucintamente a situação: "Nós amávamos muito a banda, mas não amávamos particularmente uns aos outros." Apesar de todos brigarem com todos, o ponto focal de tensão era o vocalista Roger Daltrey, membro fundador e fisicamente o mais forte da banda.

Naquele início de carreira, com a rotina de trabalho massacrante, o consumo de anfetaminas — os chamados *uppers* — virou ingrediente indispensável para que os músicos aguentassem a barra dos shows diários. Daltrey, que tomava pílulas em número apenas suficiente para se manter de pé, cobrava dos outros a mesma moderação e sua intransigência se chocava com a indisciplina obstinada do baterista da banda. Sério candidato ao título de personalidade mais excessiva, descompensada e agitada que o rock'n'roll produziu, Keith Moon, um adolescente que trabalhava como ajudante de pedreiro antes de se profissionalizar nas baquetas, ainda não era apelidado de *Moon, the loon* (Moon, o lunático), mas as sementes de sua reputação começavam a ser plantadas já naqueles primeiros dias, quando o The Who gravava os primeiros singles e estourava na Inglaterra.

Um habitual destruidor de quartos de hotel, Moon também não conhecia limites quando o assunto era anfetaminas. O jornalista Keith Altham se recorda de um show em Reading, quando foi procurado por Moon, que queria alguma coisa na "direção ascendente". Estupefato, ele viu o diminuto baterista ingerir de uma única vez uma porção de *purple hearts*, o nome popular do Dexamyl — mistura de anfetaminas com barbitúricos muito popular na noite londrina da época. Esse apetite insaciável por bolinhas acabaria por causar a morte de Moon, aos 32 anos. Muitos acharam que ele tinha durado até demais.

Talvez por ser o mais novo, o de menor estatura e o último a ingressar na banda, os atrevimentos de Keith Moon eram tolerados como a amolação de um irmão caçula. Era adorado por todos que não precisavam tocar com ele todos os dias, agindo como uma espécie de bobo da corte, sempre à disposição para qualquer brincadeira ultrajante.

No trato com seu instrumento, Keith Moon também não tinha competidores. Nenhuma banda na época contava com um baterista que acertasse seus tambores tão forte e fosse tão inovador ao preencher os espaços de uma canção. Nem sequer disciplinado como músico ele era, pois não tinha paciência para nenhum tipo de educação formal. Manter o tempo certo era algo que também não estava entre suas preocupações. Nos primeiros compactos do The Who a bateria era o foco central, quase o instrumento solo nas gravações: "Moon sempre achava que a bateria deveria estar no centro do palco", diz Daltrey. "Eu era o pobre merdinha que tinha que ficar na frente dele. Aquilo era uma dor de cabeça por si só. Ele vivia fazendo coisas nas minhas costas e eu nunca sabia o que estava acontecendo. Eu ignorava totalmente que ele gozava da minha cara a noite toda. Nós éramos jovens supertestosteronizados, mal saídos da adolescência. É claro que isso criava fricção."

Durante uma turbulenta excursão à Dinamarca, em 1965, com um cronograma de três shows a cada dois dias, as tensões irromperam numa briga após uma apresentação em que tudo deu errado. Num acesso de raiva, Daltrey atirou na privada as sagradas pílulas de Moon, que ainda levou uns tapas ao sair para o confronto físico com alguém muito mais forte. Na volta à Inglaterra, Daltrey foi expulso da banda, mas em seguida readmitido mediante a promessa de aceitar democraticamente o voto da maioria.

Por mais que estivessem juntos a todo custo, não havia nenhum sinal de apaziguamento à vista. Quase um ano depois, no mesmo dia 20 de maio de 1966 em que Bruce Johnston, dos Beach Boys, chegou a Londres com um exemplar de *Pet Sounds* na mala, o The Who se apresentaria à noite num clube. Ocupados em cicеronear seu amigo da Califórnia, Moon e o baixista John Entwistle perderam a hora e, ao chegar, perceberam que Roger Daltrey e Pete Townshend não tinham hesitado em pedir emprestada a sessão rítmica da banda que tocara antes. Para adicionar mais ansiedade à atmosfera já pesada, Moon e Townshend começaram a bater boca entre uma música e outra. No final apoteótico, enquanto se iniciava o ritual de destruição habitual, Moon chutou um chimbau que acertou as pernas do guitarrista. Irritado, Townshend rodou a guitarra no ar e, de propósito ou não, a cabeça de Moon foi atingida.

Bruce Johnston, que a tudo assistia da coxia, lembra: "Eu não sei o que detonou aquilo. Só me lembro de estar observando do lado do palco, e de repente eles começaram a maior briga que eu já vi. Guitarras rodando, todo mundo num frenesi." Enquanto a cortina se abaixava diante de uma plateia atônita, uma voz em off veio da mesa de som: "Não se preocupem, isso tudo é parte do show."

CAPÍTULO 3   Um mundo em preto e branco

> *It was a pleasure then*
> *To see the dying days again*
> *In horror of the nights*
>
> Lou Reed, Jon Cale, Nico, "It Was a Pleasure Then"

Os donos do Café Bizarre, em Nova York, estavam no limite da tolerância com o grupo de rock que haviam contratado para tentar levantar o ânimo da casa naquele final de 1965. Sem meias palavras, deixaram claro que se ouvissem mais uma vez aquela barulheira chamada "The Black Angel's Death Song" a demissão seria sumária. Animados com a ameaça, os quatro instrumentistas se empenharam numa caprichada e ainda mais estridente versão de seu mais ultrajante número. Não havia nada que eles quisessem mais do que ficar livres daquela espelunca montada para atrair turistas durante o Natal.

Ademais, dias antes, a oportunidade parecia ter batido à porta quando Andy Warhol apareceu de surpresa, acompanhado de sua comitiva habitual. Na semana anterior, Barbara Rubin, diretora de filmes *underground* e frequentadora assídua do ateliê do mago da pop art anunciara que havia encontrado a banda de rock perfeita para ele empresariar e incorporar ao time de artistas que operavam sob seu comando. Uma banda que trazia até mesmo a sigla *underground* amarrada ao nome. Warhol achou que valia a pena checar pessoalmente.

O repertório do Velvet Underground não estava disponível em nenhum outro lugar do Greenwich Village: nada de direitos humanos, igualdade racial e pregações contra a bomba. As letras investigavam graficamente um submundo de drogas, sadomasoquismo, inversão sexual e decadência. O som em alto volume englobava formas e instrumentações diversificadas, num formato muito mais próximo das experiências vanguardistas do século XX do que da música pop tradicional. Warhol gostou do que viu e ouviu. Todos que o acompanhavam se impressionaram. Gerard Malanga, o ator que era uma das "estrelas" da companhia warholiana, iniciou uma dança insinuante com um chicote na mão ao som de "Venus in Furs" — a reconstrução atemporal da novela de Sacher-Masoch, servida com calculadas doses de malevolência e erotismo.

Pela primeira vez, o Velvet parecia conquistar ouvintes atentos. Era comum durante as apresentações no Café Bizarre as pessoas baterem em retirada. O ambiente familiar exacerbava a agressividade latente servida como cartão de visitas pelo grupo. "Nós despejávamos nosso som venenoso na cabeça de turistas que tomavam café e olhavam para cartões-postais, todos fingindo que não estavam ouvindo alguém dizer que 'a heroína é minha vida e minha mulher'", lembra John Cale, membro fundador da banda ao lado de Lou Reed — guitarrista e principal compositor.

Andy Warhol assistiu a tudo impassível, sem deixar qualquer entusiasmo trair sua estudada pose *cool*. Logo após a apresentação, convidou a banda para uma visita ao seu quartel-general, a famosa Factory, na 47th Street, perto do edifício das Nações Unidas, onde tudo relacionado a Andy Wharhol acontecia, das relações pessoais ao trabalho. No dia seguinte, o midas da pop art fez uma oferta. Ele seria o empresário, compraria instrumentos novos e usaria seu prestígio para conseguir contatos em troca de 25 por cento de tudo que o grupo ganhasse. Eles nem pediram tempo para pensar. "Ele estava nos oferecendo de bandeja o que todo músico de rock sonha e reivindica: liberdade para criar sem perturbações e um empresário que nos daria total atenção e faria das nossas necessidades as necessidades dele. Além de tudo, a fama de Warhol era contagiante. O interior da Factory, com suas paredes de metal, pinturas ocupando cada espaço e um sistema de som tocando *La Traviata*, era o lugar mais interessante em que nós havíamos estado", disse John Cale. No mesmo dia o jornalista Al Aronowitz, que apresentara Bob Dylan aos Beatles, foi sumariamente demitido do posto de empresário do Velvet.

Quando firmaram seu primeiro contrato profissional com Andy Warhol, Lou Reed e John Cale se conheciam havia menos de um ano. Ambos se encontraram aos 22 anos, com formações radicalmente diferentes, porém detentores da mesma pretensão de incorporar experiências desbravadoras de vanguarda ao idioma do rock'n'roll. Cale nunca pensara em tocar rock até chegar a Nova York, vindo do País de Gales, para estudar música clássica e se tornar discípulo confesso de La Monte Young, considerado o criador da música minimalista. Para Lou Reed, além do rock'n'roll, existia apenas a literatura. Apesar de ainda morar com os pais em Long Island, ele já trabalhava profissionalmente como compositor de uma gravadora caça-níqueis que vivia de copiar sucessos estabelecidos para faturar alguma sobra. Cale e Reed chegaram mesmo a formar uma banda de araque para apresentar uma música na televisão que tentava pegar carona na onda de lançar uma nova dança para o público adolescente.

Cale manteve a conexão com Lou Reed não por simpatia pessoal, mas por perceber que ao lado daquelas canções manufaturadas para a linha de montagem existia outra faceta na qual emergiam o estranhamento e a inadequação de um compositor sem nenhum superego. "A primeira vez que Lou Reed tocou 'Heroin' para mim, fiquei totalmente pasmo", lembra Cale. "A letra e a música eram tão obscenas e devastadoras. Mais do que isso: as canções de Lou tinham tudo a ver com meu conceito de música. Rolava um lance do assassinato do personagem. Ele tinha profunda identificação com os personagens que retratava. Era o 'método' de Stanislavski atuando na canção."

Lou e Cale logo estavam morando juntos e vivendo a vida dos deserdados que corriam atrás de um lugar ao sol em Nova York, contando centavos e dividindo espaço em algum apartamento onde mal cabiam os dois. O conceito da banda iria obedecer estritamente às suas ambições estéticas. O som deveria abranger a energia do rock'n'roll dos anos 1950, deixando espaço para o cabedal vanguardista de Cale e as aventuras literárias de Lou, já desde aquele momento disposto a provar que só havia espaço para um compositor no Velvet Underground: ele próprio.

Ainda neófito nos labirintos da metrópole, Cale aprendeu a linguagem das ruas pelo contato direto, ao lado do compositor que fez de Nova York o principal personagem de suas canções. Quando chegou à conclusão de que era o momento de experimentar heroína, foi Lou quem primeiro lhe injetou a droga no braço. Qualquer diferença de personalidade era aliviada pela enorme energia e cumplicidade que se estabeleciam naquela ligação. Cale era um autoproclamado heterossexual, enquanto Lou gostava de exibir a complexa natureza de sua sexualidade ao tentar competir pela atenção de mulheres enquanto confessava abertamente suas experiências homoeróticas com o próprio La Monte Young, mestre de Cale. A cumplicidade acima de tudo sedimentou uma forte ligação entre os dois jovens e criou, segundo Cale, "uma atitude conspiracional nossa contra eles que seria a marca registrada da banda".

Poucos meses depois, enquanto passavam por uma estação de metrô, Lou encontrou Sterling Morrison, antigo colega da Universidade de Syracuse, igualmente interessado em literatura e música. O Velvet ganhava mais um guitarrista. O núcleo-base se fechou com a chegada de Moe Tucker, cujo talento percussivo lhe garantiu a vaga, a despeito dos protestos de Cale, que não queria mulheres na banda. Quando a caravana da Factory fez sua entrada no Café Bizarre, a primeira coisa que capturou a atenção de Paul Morrisey, braço direito de Warhol, foi a aparência andrógina da nova baterista, com seus cabelos curtíssimos. Mas Cale teria uma nova surpresa logo após o contrato fechado.

Andy Warhol mostrou que não abria mão de manter o controle quando impôs como cantora do Velvet uma amiga de Gerard Malanga que voltara a Nova York após infrutíferas tentativas de gravar um disco em Londres. Christa Päffgen, ou simplesmente Nico, era uma cidadã do mundo. Loura, muito alta, evocava uma aura nórdica, distante e definitivamente europeia, uma "real deusa lunar", nas palavras de Andy Warhol, ou "a perfeita rainha glacial ariana", segundo o poeta e cantor Leonard Cohen. De acordo com Paul Morrisey, "Nico era espetacular. Tinha um carisma diferente. Era interessante. Era diferente. Tinha uma voz grave magnífica. Um visual extraordinário. Era alta. Era alguém". Um crítico de arte, David Antrim, definiria Nico como dona de "uma face macabra, a voz sepulcral emanada de uma bela cabeça loura". A ideia de Warhol era promover no palco o casamento entre a desafiadora e experimental banda de rock em suas roupas de couro com aquela mulher inteiramente vestida de branco na frente, enquanto seus filmes eram projetados ao fundo. E montar um espetáculo que fizesse história na cidade.

Durante todo o mês de janeiro de 1966, no frio do inverno e em meio a uma greve de transporte público em Nova York, o Velvet Underground ensaiou e depurou seu som durante horas a fio na Factory. Andy Warhol acompanhava tudo de perto, estimulando Lou a trabalhar cada vez mais. Da aplicação intensa daqueles dias floresceram algumas das mais belas canções pop já escritas, todas pensadas para a voz de Nico: "I'll Be Your Mirror", "All Tomorrow's Parties" e "Femme Fatale". O ambiente da Factory, com seu bando de tipos esquizoides, talentosos antissociais ou antissociais sem qualquer talento, era um alimento diário, altamente nutritivo, para um observador arguto como Lou Reed. "Foi como aterrissar no paraíso. Eu ouvia as pessoas dizerem as coisas mais surpreendentes, as coisas mais loucas, as coisas mais divertidas, as coisas mais tristes. Eu costumava anotar tudo." Diz John Cale: "No princípio, antes que eles o conhecessem, todo mundo na Factory adorava Lou. Foi o grande lar que ele jamais teve, a primeira instituição onde foi bem-vindo, encorajado e congratulado por ser um transviado, monstro assustador."

O Velvet foi instantaneamente incorporado à constelação de agregados de Warhol, que andava sempre em grupo de dez ou vinte pessoas, fazendo aparições dramáticas em festas, shows e vernissages. "Nós não comparecíamos a festas, nós as invadíamos", lembra Sterling Morrison. "Logo depois de penetrar na casa de alguém, vasculhávamos o banheiro, procurando drogas prescritas, e os armários, para afanar roupas."

Warhol, então com 36 anos, não era rico, mas o reconhecimento e a fama obtidos como o rei da pop art lhe conferiam poder e ascendência sobre qualquer um que gravitasse em sua órbita. A figura magra, quase albina, a maneira calma e distanciada de se expressar, as bochechas cheias e sobrancelhas protuberantes compunham um tipo originalíssimo, tão provocativo quanto as garrafas de Coca-Cola e as latas de sopa que ele pintava. Cada gesto era calculado pelo efeito, pela repercussão e seu papel era o de um aglutinador cultural que imprimia sua assinatura em tudo relacionado ao seu nome.

O primeiro compromisso do Velvet Underground em sua fase inicial aconteceu numa convenção psiquiátrica, no mesmo Hotel Delmonico onde os Beatles e Bob Dylan haviam fumado maconha juntos dois anos antes. Ali, todos os elementos básicos do show que causaria furor nos meses seguintes foram testados. Dois filmes de Andy Warhol eram projetados em preto e branco, enquanto a banda tocava e dois atores da Factory tramavam uma dança ritualística na frente.

O próximo evento alcançou maior repercussão. O Andy Warhol Uptight, na Cinemathèque, um dos templos do *underground* nova-iorquino, consistia de uma retrospectiva de filmes produzidos na Factory exibidos com os atores da tela dançando ao vivo no palco ao som do Velvet Underground. John Cale: "Nós estávamos nesse teatrinho apertado, tocando tão alto quanto possível, vitimizando a plateia. Havia uma pletora de filmes na tela, quatro ou cinco passando ao mesmo tempo em cores e em preto e branco, spots, luzes estroboscópicas e aquela música ensurdecedora." O Velvet continuava a ensaiar e tocar nas adjacências de Nova York, tentando encontrar um espaço que abrigasse o revolucionário show multimídia de Andy Warhol enquanto planejavam seu assalto definitivo ao cenário do rock americano.

A principal dificuldade para o Velvet "botar o bloco na rua" era encontrar um local onde pudessem tocar com regularidade e aos poucos chamar a atenção da imprensa especializada e do público antenado com as novidades. A não ser por atrações com cacife suficiente para encher o Carnegie Hall ou o Madison Square Garden, como os Beatles e Bob Dylan, inexistiam espaços para bandas de pequeno porte se apresentarem em Nova York. Um dia, quando passava pela St. Mark's Place, no East Village, Paul Morrisey encontrou exatamente o que Andy Warhol procurava num espaço para congregação da comunidade polonesa chamado simplesmente Dom ("encontro" em polonês). A sala comprida consistia de um palco numa ponta e um balcão na outra, de onde Andy Warhol poderia projetar seus filmes e suas luzes coloridas. Depois de depositar três mil dólares pelo aluguel, Warhol engajou todos os seus comandados da Factory numa operação limpeza, pois o lugar, que carecia de charme, estava imundo e caindo aos pedaços. Alguns poucos ensaios adicionais bastaram para formatar o show *Exploding Plastic Inevitable* (Inevitável Plástico Explodindo). A apresentação gráfica do cartaz de divulgação já antecipava uma experiência irresistível:

VENHA PIRAR SUA CABEÇA
A Silver Dream Factory apresenta
o Exploding Plastic Inevitable

com

Andy Warhol
Velvet Underground
e
Nico

O Velvet manteve intacta sua estrutura de palco, com Nico toda vestida de branco no centro, Lou Reed à direita, John Cale à esquerda e Sterling Morrison e Moe Tucker imediatamente atrás, todos vestidos de preto e usando óculos escuros. Gerard Malanga, vestindo uma calça zebrada, fazia sua dança do chicote e fingia castigar a dançarina Mary Woronov, ou simulava aplicar heroína no braço com uma enorme seringa cor-de-rosa. Em seguida beijava as botas de couro da dançarina enquanto ela fingia chicoteá-lo. Atrás de uma bateria de projetores no outro extremo da sala, Warhol criava os efeitos caleidoscópicos a partir de um enorme globo espelhado que pairava acima e ligeiramente em frente ao palco, disseminando as luzes pela sala num efeito que antecipou em alguns anos os truques de iluminadores de clubes noturnos do mundo inteiro.

Desde a estreia, no início de abril de 1966, o EPI atraiu um público imenso e, graças à propaganda boca a boca, várias celebridades compareceram: Salvador Dalí brigou por um ingresso; Jacqueline Kennedy foi vista dançando na plateia. Ninguém estava lá por causa do Velvet Underground. Queriam conferir de perto o que Andy Warhol havia criado de tão revolucionário. "Andy criou a multimídia em Nova York", diz Lou Reed. "Tudo foi afetado. Toda a fisionomia da cidade mudou, provavelmente do país. Nada ficou igual depois daquilo." No ano seguinte, Marshall McLuhan, o grande teórico de comunicação da época, publicaria uma foto do espetáculo em dupla página no seu livro *The Medium Is the Message* (O meio é a mensagem).

Naquele mesmo mês, enquanto o Velvet entrava no estúdio para gravar o primeiro disco, Paul Morrisey voava para Los Angeles na tentativa de vender o espetáculo na costa oeste. O encontro entre a vanguarda nova-iorquina e os hippies da Califórnia nasceu condenado por uma hostilidade mútua que se acirrou progressivamente. "A gente caiu fora do Dom porque não tinha ar-condicionado. O verão estava chegando e fomos todos para Los Angeles. Parecia divertido", conta Paul Morrisey.

A caravana de Andy Warhol desembarcou em Los Angeles no começo de maio para uma temporada de shows no clube Trip, em pleno Sunset

Boulevard. Catorze pessoas da equipe se instalaram numa casa em Hollywood e não tardaram a desdenhar do predominante figurino hippie local. "Nossa atitude sobre a costa oeste era de ódio e sarcasmo" (John Cale); "nós detestávamos hippies" (Sterling Morrison); "nós realmente desprezávamos as bandas da costa oeste" (Moe Tucker); "as bandas da costa oeste usam drogas leves, nós usamos drogas pesadas" (Lou Reed). Mary Woronov elaborou: "Falávamos línguas completamente diferentes, porque nós tomávamos anfetaminas e eles tomavam ácido. Eles eram tão lentos para falar, com aqueles olhos esbugalhados, tão ligados nas próprias vibrações; nós falávamos como metralhadoras sobre livros, artes plásticas e filmes." De tudo que rolava na Califórnia, apenas a ultramoderna música dos Byrds merecia o respeito do Velvet.

As diferenças entre os invasores da costa leste e os músicos da Califórnia fornecem um belo substrato para um estudo de contrastes: roupas pretas/roupas coloridas, anfetaminas/alucinógenos, louvação gay/homofobia. O Velvet foi saudado com quase unânime animosidade. Escalados para abrir o show, Frank Zappa e sua banda Mothers of Invention não perderam oportunidades de soltar comentários jocosos e irônicos sobre a atração principal. Lou Reed, por sua vez, se referiu a Zappa como "o chato mais sem talento que conheci na vida". (Ironicamente, anos depois, Reed seria o responsável pelo discurso da cerimônia que incluiu Frank Zappa no Rock and Roll Hall of Fame.)

Toda a nata da cena musical de Los Angeles compareceu à estreia do EPI, de promissores aspirantes, como Jim Morrison, jovem estudante de cinema da Universidade da Califórnia que começava a montar a própria banda, até uma aterrorizada Cher, que saiu do clube dizendo que aquela música era um substituto para o suicídio, sem desconfiar que para o Velvet o comentário soava como um elogio. No terceiro dia, o xerife local apareceu e fechou o clube, alegando a falta de um alvará qualquer, mas Warhol recebeu o pagamento integral de um mês, prazo de duração do contrato, graças à pressão do Sindicato dos Músicos. Parte do dinheiro foi usada para que o Velvet gravasse mais quatro canções num estúdio de Los Angeles com Tom Wilson, produtor de Bob Dylan, inclusive "Heroin", a peça crucial do primeiro álbum, que seria lançado no ano seguinte.

Durante a viagem, as relações entre Andy Warhol e o Velvet esfriaram sensivelmente. Lou estava tendo oportunidade de travar contato com a engrenagem profissional do rock, que vinha em franca expansão, e começou a achar Warhol inexperiente demais para o jogo pesado dos empresários de tempo integral. O estremecimento se evidenciou no momento da assinatura de contrato com a gravadora MGM, em meio a longos debates sobre quem receberia o quê e qual porcentagem. Lou só assinou após garantir que a banda receberia seu dinheiro diretamente, sem intermediários.

Apesar dos conflitos, o Velvet tinha ainda outro compromisso antes do retorno a Nova York e mais uma etapa de fracassos. Por insistência de Bill Graham, Morrisey topou levar o Exploding Plastic Inevitable para uma apresentação no Fillmore, em São Francisco, mais uma vez com Frank Zappa abrindo o show, por duas noites, em 26 e 27 de maio 1966. A hostilidade que aguardava os nova-iorquinos dessa vez foi explícita e ainda mais intensa. Como Nova York, Los Angeles também tinha focos de decadência e mundanismo. Seus hippies de butique necessitavam de saúde financeira para financiar os excessos. Os hippies de São Francisco formavam um pequeno culto de fervor semirreligioso, de altruísmo anticapitalista, e viam o Velvet como o sintoma mais visível de uma sociedade doente.

Ironicamente, Graham, que tentava o máximo de visibilidade para seu auditório, viajara até Los Angeles para implorar que o Velvet tocasse em São Francisco. Os hábitos dos nova-iorquinos causaram irritação não apenas no produtor, mas em todo o seu staff e nos colegas músicos. A comitiva só circulava pela cidade de limusine, em gratuita ostentação. Não contentes, eles adquiriram prazer especial em destilar provocações e ironias contra os hippies. Antes do primeiro show, Morrisey, já consideravelmente alterado, virou-se para Graham e perguntou por que ninguém no Jefferson Airplane tomava heroína, "droga dos verdadeiros músicos", ao que Graham respondeu aos berros: "Seus escrotos. Nós estamos aqui tentando construir alguma coisa e vocês vêm com seus chicotes e suas mentes repugnantes." Lou Reed ainda teve tempo de ouvir Graham gritar de longe, segundos antes de a banda entrar no palco: "Eu espero que vocês fracassem, seus filhos da puta."

No dia seguinte, o influente crítico local Ralph J. Gleason fez um resumo da rejeição generalizada no *San Francisco Chronicle*: "Se é isso que a América está esperando, nós vamos morrer de tédio, porque não passa de uma celebração da futilidade do *Café Society*." À noite, o Velvet decidiu pagar seus antagonistas na mesma moeda. Enquanto tocavam "European Son" sob vaias no encerramento, Reed e Morrison deixaram as guitarras encostadas nos amplificadores, gerando uma barragem ensurdecedora de *feedback*. Cale continuou tocando percussão animadamente, até, por acidente, atirar o címbalo na cabeça de Lou, que começou a sangrar em profusão. Para completar o fiasco geral, o compositor começou a adoecer naquela mesma noite. Em Nova York foi diagnosticado um caso de hepatite, provocado provavelmente pelo uso de heroína combinado com má alimentação. O Velvet Underground voltava para casa de cabeça baixa e com desavenças internas se agravando cada vez mais.

Numa cidade cuja tradição musical no século XX era muito mais inclinada para o jazz, o folk e os experimentos vanguardistas, a incipiente cena do rock de Nova York se polarizava entre dois campos. De um lado, o Velvet Underground, com Andy Warhol e a turma da pop art, majoritariamente gay; do outro, o rebanho de Bob Dylan, basicamente heterossexual (apesar do claro subtexto homoerótico de algumas de suas composições, como "Ballad of a Thin Man"). No cerne dessa divergência estavam não apenas estilos de vida contrastantes, mas a própria definição de uma linguagem para a música pop distanciada das emoções juvenis predominantes nas paradas de sucesso. Lou Reed, muito mais alinhado com o espírito de ruptura que norteava a criação de todos os segmentos da vanguarda, até mesmo na árdua tentativa de combinar canções de maior fôlego com melodias mais acessíveis; e Bob Dylan, no papel de um modernista que se enreda na tradição para subvertê-la completamente.

Entre Bob Dylan e Andy Warhol as diferenças estéticas se estendiam ao campo pessoal. A antipatia mútua predominou desde o primeiro encontro, quando Dylan foi à Factory fazer um teste como ator para um dos filmes de Warhol e saiu de lá com um retrato de Elvis Presley debaixo do braço, a título de "pagamento". "Eram como óleo e água", lembra Gerard Malanga. "Dylan imediatamente detestou Andy e Andy achava Dylan sentimentaloide."

Enquanto o Exploding Plastic Inevitable descia para a Califórnia, Dylan continuava ditando cátedra sobre novas tendências com *Blonde on Blonde*, o primeiro álbum duplo da era do rock. Na capa, apenas sua foto fora de foco com o cabelo desgrenhado já indicava o conteúdo psicodélico. Ao completar sua trilogia inovadora iniciada um ano e meio antes com *Bringing It All Back Home*, Dylan reiterava os desafios aos limites da música pop com canções esparsas de tempo estendido, como "Visions of Johanna", carregadas de imagens elusivas de rara beleza a princípio desconexas, mas que se harmonizavam na zona de sensibilidade paralela que o disco buscava criar, como se tudo fosse autorreferente e se resolvesse no próprio núcleo daquelas 14 canções. *Blonde on Blonde* é considerado o grande álbum psicodélico de Dylan, o que mais contribuiu para a demarcação estilística da música predominante nos três anos seguintes, curiosamente não do seu autor, mas dos milhares que bebiam em sua fonte.

Nenhum outro fator isolado contribuiu tanto para o rompimento de barreiras estabelecidas entre arte e entretenimento quantos esses três arrojados e inventivos álbuns que Bob Dylan lançou no biênio 1965-1966. Lou Reed tentava estabelecer algo igualmente marcante no Velvet, mas o alcance limitado de público o tornava quase um pregador para convertidos. Dylan vendia milhões de discos e seu discurso confundia corações e mentes de formadores de opinião e da própria classe média, que comprava apenas produtos certificados pelo êxito nas paradas de sucesso.

Após uma maratona de concertos pela Europa, sempre causando *frisson* e polêmica por onde passava, Dylan retornou a Nova York poucos dias depois de o Velvet Underground também chegar da Califórnia e descobriu que seu empresário agendara mais 64 shows sem avisar. A excursão mundial havia exaurido sua resistência e tudo indicava a iminência de um esgotamento nervoso.

Durante aqueles meses de viagem, quase como num ato de resistência, Dylan não se furtava a entrar em confronto direto com o público, que invariavelmente vaiava o segmento elétrico do show. Em Glasgow, pediram da plateia: "Nós queremos Dylan!" Ele respondeu: "Dylan ficou doente nos bastidores. Eu estou aqui para tomar o lugar dele." Na Inglaterra, alguém gritou em alto e bom som: "Judas." Ao contrário da unanimidade com que fora recebido na Grã-Bretanha um ano antes, dessa vez a imprensa publicava várias críticas negativas e era comum ver pessoas saindo no meio das apresentações. Segundo Robbie Robertson, futuro guitarrista do The Band, que o acompanhava havia um ano, "Dylan teve várias oportunidades de dizer 'companheiros, isto não está funcionando. Vou voltar para a folk music ou arrumar outra banda que não me renda vaias o tempo todo'. Todo mundo lhe disse para se livrar da gente, mas ele não deu ouvidos."

Dylan vinha sendo submetido a tamanha exposição como suposto líder de uma revolução cultural que muitos davam como certa a possibilidade de ele levar um tiro, sofrer um colapso ou simplesmente definhar por causa do uso acelerado de anfetaminas. Em 2011, o jornalista, amigo e futuro biógrafo Robert Shelton revelou que o compositor também era usuário de heroína. Joan Baez, que quase não o encontrava mais, diria anos depois que Dylan estava flertando com a autodestrutividade numa "viagem mortal".

No dia 29 de julho de 1966, Robert Shelton atendeu o telefone tarde da noite. Era o pai de Dylan do outro lado da linha. "Acabaram de me ligar de uma estação de rádio", explicou. "Eles disseram que leram num boletim de notícias que Bob se machucou seriamente num acidente de moto. Você sabe alguma coisa sobre isso?" Shelton não sabia de nada.

A notícia não demorou a se espalhar, mas a inexistência de qualquer foto do acidente e a impossibilidade de identificar a moto abasteceram uma profusão de rumores, um dos quais o dava como morto. Os shows foram imediatamente cancelados, o que gerou também a especulação de que o acidente talvez não tivesse acontecido.

Recém-casado com a modelo Sara Lownds, de contrato cumprido com sua gravadora e experimentando a paternidade pela primeira vez, Dylan se mudou para Woodstock, uma cidadezinha no interior do estado de Nova York, junto com o The Band e sua recém-formada família, saindo temporariamente dos olhos do público durante o restante de 1966 e todo o ano de 1967, enquanto a rede de influência do seu trabalho nos dois anos anteriores se expandia para além das fronteiras da música popular. Poucos amigos tinham o acesso permitido ou eram convidados a sua casa. Jornalistas que tentavam se aproximar eram prontamente expulsos. Um repórter foi corrido por dois cães de guarda, e Sara chamou o xerife, acusando-o de invasão de propriedade.

Dylan desmontava a barraca do circo exatamente no momento em que a música psicodélica despontava em popularidade e consolidava-se o novo formato rotulado apenas como rock, numa cisão com o rock'n'roll criado por Elvis Presley, Chuck Berry e Little Richard em meados dos anos 1950 (embora essa ruptura tivesse inúmeras características que mais sugeriam continuidade). Rock poderia ser algo abrangente o bastante para incorporar diferentes linguagens. A diferença estava na pretensão de elevar seus adeptos a um patamar estético mais alto do que o pop elaborado de acordo com as dinâmicas descartáveis do mercado de discos. Rock era um conceito excludente, pertencente aos autodenominados artistas que pretendiam vender sua música sem comprometer a "integridade" do trabalho, na busca de um equilíbrio entre rigor formal e acessibilidade.

Se Dylan estava cansado, o grande público continuava a comprar avidamente seus discos, a ponto de uma coletânea lançada em 1967 para suprir a demanda de consumo ir direto para a lista dos mais vendidos. A ausência teve o único efeito de aumentar a ansiedade por um novo álbum ou single, mas, do isolamento de sua nova casa em Woodstock, não se ouvia nada que não fosse o silêncio. Dylan estava se reconectando com suas raízes, produzindo, criando e se divertindo, mas os sons que vinham do seu porão só começariam a ser ouvidos muito tempo depois.

A verdadeira nota destoante no cenário do rock na época era emitida diretamente de Nova York por Lou Reed, o principal compositor residente, agora que Dylan fizera as malas para viver no campo. As explorações criativas do líder do Velvet Underground eram muito ambiciosas para se acomodar a subprodutos estéticos de viagens alucinógenas. A música que vinha da Califórnia lhe dava náuseas. Reed queria mais. Queria ser o equivalente musical de um grande romancista como Dostoievski ou Thomas Mann. Queria ser reconhecido como um poeta, embora soubesse que teria de transpor uma linha de preconceitos palpável entre arte culta e popular. Entre seus contemporâneos, uma minoria podia exibir credenciais tão sólidas para essa empreitada. Talvez apenas o canadense Leonard Cohen, cinco anos mais velho do que ele ou Dylan, fosse dono de um cabedal literário semelhante. Poucos compositores haviam lido tanto quanto Lou Reed e certamente poucos tiveram, como ele, de encontrar o caminho para fora de um labirinto formado por tantas crises de identidade, depressão e isolamento.

Lewis Allen Reed nasceu no Brooklyn e cresceu num bairro de classe média em Long Island, Nova York, filho de pais judeus devotados ao trabalho que sonhavam vê-lo formado em medicina ou engenharia. A descoberta do rock'n'roll como canal desviante da incompreensão e dificuldade de comunicação cotidianas seria semelhante à de milhares de garotos que viveram a adolescência nos anos 1950, se essa opção pela guitarra não acarretasse uma medida extrema e dolorosa. Como reação ao contínuo ódio demonstrado aos pais, às tendências homossexuais e à decisão de montar uma banda para iniciar carreira profissional, aos 17 anos Lou foi submetido a três sessões de eletrochoque por semana durante meses. "Eles punham aquela coisa na minha garganta para eu não engolir a língua e eletrodos na cabeça. Aquilo era recomendado no Condado de Rockland para desencorajar sentimentos homossexuais. O efeito era a perda de memória e o sentimento equivalente ao de um vegetal." Lou saía com a boca espumando, olhos lacrimejantes e vermelhos. Anos depois, ele ainda tentava lidar com os fantasmas dessa época por meio de canções confessionais como "Kill Your Sons" (Mate seus filhos).

Lou encontrou sua real figura paterna longe de casa, junto ao escritor e professor universitário Delmore Schwartz, que, mesmo detestando homossexuais e rock'n'roll, elegeu Lou como seu pupilo preferido. Juntos eles leram Dostoievski, Joyce e Shakespeare. "Delmore foi meu professor, meu amigo e o homem que mudou minha vida. Ele foi a pessoa mais inteligente, engraçada e triste que já encontrei." Grande parte do arcabouço narrativo, da canção pensada como um romance, tão marcante na obra do jovem compositor, deriva desse contato direto com um dos grandes cronistas do modo de vida judeu em Nova York.

Sem preocupações de se destacar como instrumentista, Lou Reed se concentrava em ler e viver intensamente a vida de Nova York, atento aos tipos subterrâneos que só deixavam a toca ao cair da noite. Nos moldes de um escritor realista, observava e construía seus personagens, com os quais era confundido, pois sempre elaborava exposições na primeira pessoa. "Heroin" descrevia as reações de um viciado com a seringa ainda quente, provavelmente o mesmo anti-herói que em "I'm Waiting for the Man" esperava pela chegada do seu fornecedor. "Na época em que escrevi 'Heroin' eu me sentia uma pessoa muito negativa, inadaptável, violenta e agressiva. Eu me exercitava naquelas canções como para expelir as trevas ou os elementos autodestrutivos em mim." Sem nunca julgar ou glorificar, Lou forjava os próprios desenhos dramáticos realçando a tal ponto a fragilidade e a mortalidade dos personagens que era quase impossível acreditar que não estivesse falando de si mesmo.

Após as confusões contratuais de Los Angeles, as relações entre Lou Reed e Andy Warhol se deterioraram completamente. Lou raramente repetiu o formidável elenco de canções que compôs enquanto trabalhava sob os olhos atentos do mestre da pop art, mas deu um passo decisivo para obter controle total sobre o Velvet Underground e eliminar qualquer um que ameaçasse sua liderança. Ainda havia o problema com Nico, que fora imposta ao grupo por Warhol. Ela queria cantar todas as canções, algo que Lou não admitia sequer discutir. Sem se dispor a rebolar ou a dançar como as outras garotas da Factory, Nico tinha de ficar a maior parte do show estática, segurando um pandeiro. Como ainda não se revelara a ótima compositora que provaria ser no futuro, a loura foi simplesmente descartada. A lista dos expurgos macbethianos de Reed se completaria com a expulsão de John Cale um ano depois. Consumido em uma paranoia autocrática, o homem que criou o Velvet Underground foi também seu principal algoz.

Com um filho para sustentar, fruto da fugaz união com o ator Alain Delon, Nico se virava naquele segundo semestre de 1966 fazendo apresentações em bares acompanhada por uma fita de rolo ou pelas guitarras de Lou, Morrison ou Cale quando eles se animavam a ajudá-la. Os shows mantinham uma atmosfera lúgubre e monótona, coadunada com a voz distanciada de Nico, que emoldurava suas primeiras composições, tão europeias quanto as origens de Christa Päffgen, nome com que havia sido registrada na Alemanha, filha de pai turco e mãe espanhola, em data que ela se recusava a revelar. O passado obscuro sempre carreou suspeitas sobre um possível envolvimento de sua família com o nazismo. Certo é que ela vinha construindo uma sólida carreira como modelo internacional e pretendia operar uma transição para o cinema que nunca se concretizou, apesar da ponta destacada na parte final de *La dolce vita*, de Federico Fellini.

Enquanto se apresentava à noite, Nico passava o dia com outras estrelas da Factory filmando *Chelsea Girls*, que se converteria no maior sucesso cinematográfico de Andy Warhol e do cinema *underground* americano. Seu show não atraía muito público, mas os artistas incompreendidos e malditos da cidade não deixavam de comparecer para prestigiar a musa suprema.

Boa parte desse segmento estava instalada no mesmo lugar onde Nico e Andy Warhol filmavam: o famoso Hotel Chelsea, na 23rd Street, palco de histórias protagonizadas por todos os boêmios de Manhattan, mesmo que não tivessem acontecido. Desde que fora criado, em 1882, o Chelsea esteve associado a certo glamour decadente pela imponência da decoração. Logo após a Segunda Guerra Mundial, os enormes quartos com lareiras à lenha e janelas de vitrais foram reformados para receber um grande número de refugiados europeus. Mas o que atraía intelectuais, artistas, prostitutas, traficantes, entre outros marginalizados da metrópole, era a política de privacidade absoluta, combinada com preços muito baixos, que compensavam a agonia do sistema de aquecimento desesperador no inverno mais rigoroso.

Entre os que haviam se hospedado temporariamente ou como moradores constavam Mark Twain, Eugene O'Neill, Dylan Thomas (que saiu de lá morto), Katharine Graham, William S. Burroughs, Arthur Miller e Virgil Thomson. Nos anos 1970, Patti Smith, Robert Mapplethorpe e Sam Shepard, entre outros, começaram a lutar por suas carreiras enquanto moravam no Chelsea. Grupos e compositores que relataram episódios do Chelsea em canções são incontáveis, de Bob Dylan ("Sara") ao Jefferson Airplane ("Third Week in Chelsea"). Ao mesmo tempo que Andy Warhol rodava seu filme, Arthur C. Clarke e Stanley Kubrick estavam em outro quarto, finalizando o roteiro do que viria a ser *2001, uma odisseia no espaço*. Em outro, Dylan compunha "Sad Eyed Lady of the Lowlands" em homenagem a sua futura esposa.

No meio dos moradores do Chelsea naquele período, havia um poeta canadense que chegara a Nova York disposto a investir numa carreira paralela como músico. Escutar atentamente Bob Dylan foi determinante para Leonard Cohen acreditar que havia lugar no mercado musical para alguém oriundo do mundo literário. Seu romance *Beautiful Losers*, publicado em 1964, tinha recebido críticas excelentes, mas vendeu ridiculamente e o dinheiro que lhe cabia mal dava para comer e dormir. Cohen não conhecia uma única alma em Nova York, até ser reconhecido num bar por Lou Reed. Num segundo encontro, ele levou uma cópia do livro para Cohen autografar. "Naqueles dias, eu acho que ele não estava recebendo muitos elogios pelo seu trabalho, e eu certamente não estava. Então dizíamos um ao outro como éramos bons", diz Cohen. Completava-se a trinca dos grandes compositores judeus de Nova York nos anos 1960.

Cohen foi apresentado por Lou Reed a Warhol e Nico, a quem imediatamente tentou seduzir. Desde que a vira numa das apresentações do EPI, o poeta estava hipnotizado. "Ela era uma visão para sempre. Eu suponho que era a mulher mais bonita que eu tinha visto até aquele momento. Simplesmente caminhei e parei na frente dela, até que as pessoas me empurraram para o lado", diz. Depois de conhecê-la pessoalmente, Cohen ia noite após noite até o bar ouvi-la cantar. O ambiente de *basfond* combinado com o espartano acompanhamento para a voz de sua musa era certamente uma inspiração. Nico, no entanto, não parecia disposta a sucumbir aos artifícios de sedução de Cohen, a quem considerava muito feio. "Eu acendia velas, rezava e usava amuletos, qualquer coisa para fazer ela se apaixonar por mim, mas não aconteceu."

Cohen certamente tinha outras preocupações em mente. Com poucos contatos nos Estados Unidos, ele precisava estabelecer seu nome onde cantores de folk music surgiam a cada esquina. Sua sorte foi que Judy Collins, a grande expoente do gênero ao lado de Joan Baez, gostou do que ouviu, especialmente da bela e diáfana "Suzanne", que ele começara a escrever ainda no Canadá, inspirado por uma dançarina e pela visita à Capela de Bonsecours, na parte histórica de Montreal. A canção seria regravada inúmeras vezes, mas a melhor versão pertence ao próprio

Cohen, em seu ótimo álbum de estreia, que incluía outras peças elusivas e sombrias como "Master Song" e "Sisters of Mercy".

Songs of Leonard Cohen pôs a carreira musical do poeta canadense nos trilhos. Conformado com a rejeição, ele já havia desistido de Nico e descoberto também a razão por trás daquele jeito etéreo e ausente no palco. A "loura glacial", a "rainha ariana", era, na verdade, surda de um ouvido.

Enquanto o Velvet Underground abraçava suas referências vanguardistas com a pretensão de instaurar a anarquia no cenário do rock nova-iorquino, um grupo iniciante de expatriados americanos no outro lado do Atlântico lutava para se firmar também pelo viés da singularidade, por uma marca diferencial das outras centenas de bandas que nasciam e desapareciam todos os dias. Não foi uma história tão duradoura quanto a do Velvet, mas em muitos aspectos os Monks (Monges) anteciparam em pelo menos dez anos a precariedade convertida em lucro, a ferocidade e a energia dos punks. Esse reconhecimento tardio é chancelado por apenas alguns segmentos da crítica. A maioria do público e parte dos pesquisadores simplesmente ignoram que existiu uma banda cujos integrantes subiam ao palco envergando batinas para produzir uma música barulhenta e mal executada de conteúdo subversivo.

A história dos Monks, inicialmente chamados The Torquays, seria semelhante à de inúmeras outras bandas da metade dos anos 1960 que se inspiraram nos grupos ingleses se os cinco integrantes não fossem fuzileiros navais do Exército americano em serviço na Alemanha. Quando decidiram pedir baixa para construir uma modesta carreira em clubes noturnos, a oportunidade bateu na porta de Roger, Gary, Larry, Eddie e Dave. Dois jovens, Karl Remy e Walther Niemann, se aproximaram certa noite após um típico show para uma plateia reduzida e se apresentaram como publicitários dispostos a empresariá-los. Ambos eram formados na famosa Escola de Design de Ulm, reconhecida como uma instituição de ponta no campo do design industrial.

No dia seguinte, os cinco jovens compareceram ao escritório dos tais publicitários, onde assistiram curiosos à apresentação de slides com imagens de empresas que já haviam contratado os serviços de seus possíveis agenciadores. Estavam, obviamente, curiosos em descobrir por que dois profissionais de talento sem nenhuma ligação com a música tinham algum interesse neles. "Temos procurado por todo o país uma boa banda *beat*", um deles explicou, "e vocês são a melhor que nós vimos." Os Torquays foram conquistados com as promessas rotineiras de estrelato depois do trabalho duro. "Nós vamos trabalhar com sua imagem. Seremos seus representantes profissionais. Nós conseguiremos um contrato de gravação. Vocês tocarão em concertos e na televisão."

Os publicitários achavam a banda boa, gostavam do som agressivo, mas o show estava totalmente equivocado. A apresentação deveria ser áspera, como o futuro que se avizinhava. O grupo seria mercantilizado como os anti-Beatles, inclusive tocando nos mesmos clubes de baixo meretrício em que os *fab four* tocaram em Hamburgo antes de se despedir do anonimato. Faltava apenas escolher o nome, que seria crucial para a nova estratégia de divulgação. A inspiração surgiu enquanto ensaiavam um dia e o organista, de brincadeira, introduzia cada canção com um fraseado sacro. Um deles gritou irritado: "Larry, pare com essa merda! Eu não gosto. Soa como um bando de monges de merda." Imediatamente, um dos empresários sorriu, como se tivesse tido uma visão. Poucos dias depois, o grupo se sentava na cadeira de barbeiro para sofrer sua "ordenação". Naquela mesma noite, subiram ao palco já como The Monks, enfiados em batinas novinhas em folha.

O repertório também foi renovado. As canções consistiam basicamente de palavras de ordem gritadas com estridência sob um acompanhamento tosco em altíssimo volume. "Monk Time", o carro-chefe, resumia-se a uma frase básica ("Por que estão matando esses garotos no Vietnã?") e palavras de ordem contra o Exército cantadas em contraponto. Incapazes de despertar o interesse de alguma gravadora, os Monks financiaram do próprio bolso o primeiro single, lançado em março de 1966. "Complication" era um ataque frontal de apenas dois minutos, entremeado por frases soltas com destino certo às traças da história, não fossem os cultistas que identificaram naquela agressividade pioneira um conteúdo muito à frente de seu tempo.

No mesmo mês eles gravaram para a Polydor, na Alemanha, seu único álbum, *Black Monk Time*, que basicamente estendia sua canção-assinatura a outras 11 faixas, criando um torpedo monocromático de pouco menos de meia hora, mais agudo e extremo do que qualquer outra coisa que se fazia na época. Quase ninguém lhes deu ouvidos. Os Monks certamente ganhariam admiradores insuspeitos se seu álbum, com a impressionante capa toda em preto, um primor de conceito minimalista em perfeita harmonia com a música, tivesse chegado às mãos e aos ouvidos do Velvet Underground.

Apesar de todo o entusiasmo e das promessas dos empresários, nenhuma empresa se dispôs a distribuir nos Estados Unidos ou na Inglaterra um álbum tão carregado de niilismo e revolta. Para piorar o quadro, nem a estudada jogada de "marketing" foi capaz de convencer o público a pagar para ver os Monks. Os shows nunca passavam de meia lotação e ficavam mais vazios a cada dia. Num dos muitos clubes em que tocaram no interior da Alemanha, os Monks abriram o show para Jimi Hendrix, que chegava da Inglaterra desfrutando o sucesso do seu primeiro single. O contraste dos cabelos e das roupas coloridas do guitarrista e de seus dois acompanhantes com a ridícula fantasia que eram forçados a vestir só servia para deprimi-los ainda mais.

Na última temporada, numa cidade esquecida do sul da Alemanha, os Monks tocaram apenas para as esposas e namoradas. No fim do mês, na hora de acertar as contas, o dono do estabelecimento não lhes pagou um centavo, alegando que eles haviam comido e dormido de graça durante um mês. O sonho de sucesso terminou com os anti-Beatles cobrados pelos próprios empresários, que exigiram pagamento pelos serviços prestados.

Esgotado o circuito na Alemanha e sem futuros contatos na Europa, os empresários queriam que os Monks excursionassem pelo Vietnã, tocando para fuzileiros navais músicas que atacavam o Exército americano. Só não partiram para essa última missão no inferno porque na véspera um dos monges abandonou o grupo e voltou para o Texas, dando fim a um dos projetos mais arrojados e bizarros da história da música pop.

CAPÍTULO 4   Swinging London

> *The tiny island sags on downstream,*
> *'Cause the life that lived is dead.*
>
> Jimi Hendrix, "The Wind Cries Mary"

Um ano antes de John Lennon comparar os Beatles a Jesus Cristo, admiradores extremados de um jovem guitarrista de blues já haviam tingido alguns muros de Londres com um slogan ainda mais blasfemo: "Clapton é Deus". Tamanha idolatria era dirigida a um músico europeu, devoto da música negra americana de raiz, aspirante a uma integridade artística que poderia gerar decisões drásticas, como a de deixar um grupo de sucesso comercial como os Yardbirds para tocar o blues autêntico, a música que mais amava.

Não lhe faltaram alertas sobre o risco embutido numa decisão tão radical, mas os grafites espalhados pela cidade provaram que já havia uma tropa de admiradores dispostos a acompanhá-lo aonde fosse. Eric Clapton aportou no grupo de John Mayall, uma das figuras exponenciais do blues britânico, no início de 1965 e deixou os Yardbirds com o difícil encargo de encontrar um substituto à altura.

Um candidato natural seria Jimmy Page, garoto prodígio que vinha construindo uma sólida reputação como músico de estúdio. Apesar de amar incondicionalmente o blues, Page não era um purista e tinha fama de reproduzir o estilo dos melhores guitarristas da cidade. Enquanto vários músicos de sua geração acumulavam fama tocando em bandas que apareciam na televisão e gravavam discos, ele acumulava dinheiro oferecendo seus serviços a peso de ouro.

A oferta era tentadora, mas, como não morria de amores pelos Yardbirds, Jimmy Page optou por repassar a proposta a Jeff Beck, um de seus grandes amigos, cujo nome surpreendentemente ninguém nos Yardbirds tinha ouvido falar, nem mesmo o empresário Giorgio Gomelsky, outro aficionado do blues, dono do primeiro clube no qual os Rolling Stones se apresentaram. Sem nunca ter pisado num estúdio de gravação, Beck vinha ganhando notoriedade como guitarrista dos Tridents, um dos muitos grupos do circuito de bailes londrinos.

O encontro entre Jeff Beck e os Yardbirds em março de 1965 resultou num casamento ou noivado bastante oportuno para ambas as partes, pelo menos em curto prazo, mas antes de tocar a primeira nota o mal-humorado guitarrista teve que tomar um banho de loja. Segundo o baterista Jim McCarthy, ele chegou para a audição com um macacão sujo de graxa e com os cabelos engordurados.

Jeff Beck preferia uma abordagem mais experimental da guitarra e uma abrangência de visão que ia além da postura reverencial de Clapton pelo blues. Sua ascensão como estrela absoluta da companhia foi rápida e não requereu muito esforço. Os quatro membros fundadores dos Yardbirds eram músicos medíocres e não podiam competir em carisma com um guitarrista tão arrogante e de técnica tão apurada. Beck adorava explorar novos ângulos de apresentação para cada canção, usando distorções e *feedback*, tocando sempre num volume altíssimo, e só recebia encorajamento de seus companheiros de grupo, cansados da inflexibilidade e dos pudores anticomerciais de Clapton. Um ano depois, quando o baixista do grupo pediu as contas, Jimmy Page não resistiu à tentação e dessa vez aceitou o convite, estimulado pela oportunidade de testar seu poder de fogo ao lado do guitarrista que mais admirava.

Apesar de ter produzido algumas das mais impactantes músicas daquele miolo de anos 1960 e de influenciar consistentemente dúzias de bandas de garagem nos Estados Unidos, os Yardbirds fizeram história pela redefinição do papel do guitarrista numa banda de rock. Inaugurou-se com eles o reinado do instrumentista virtuoso, condutor musical da banda e catalisador de uma energia sexual latente. Em diferentes momentos do curto período de dois anos passaram pelo grupo os três mais célebres guitarristas nascidos em solo inglês — Clapton, Beck, Page. Cada um estabeleceria fronteiras próprias de investigação criativa, mas em comum havia o apego apaixonado pelo instrumento e a vinculação irrestrita à escola do blues eletrificado que se consolidou na Inglaterra no começo dos anos 1960.

O ambiente musical inglês dos anos 1950 à margem da corrente principal se caracterizava por uma estimulante proliferação de clubes vinculados principalmente ao jazz de Nova Orleans, no qual inexistiam longos solos, o banjo predominava sobre a guitarra e a linguagem do blues era componente fundamental. O trad jazz, assim batizado para consumo interno britânico, nada tinha de muito original. No fundo era apenas um decalque embranquecido em clubes de bairros boêmios como o Soho, mantido por aficionados intelectuais e praticado por jovens músicos, entre os quais se destacava Chris Barber — trombonista de 20 e poucos anos que, numa viagem para Chicago, se apaixonou pelo blues eletrificado produzido pela gravadora Chess.

Em 1958, quando Barber levou Muddy Waters para uma série de shows em Londres, um grupo de convertidos se formou, principalmente entre estudantes de arte de classe média. Os puristas que recusavam qualquer inovação prosseguiram praticando o trad jazz. Um dos neófitos mais entusiasmados era o guitarrista Alexis Korner, que fundou o primeiro clube de blues do país e no início dos anos 1960 formou o conjunto Blues Incorporated. Pela banda de Korner passaram muitos dos músicos que começaram a ganhar notoriedade após a invasão musical britânica dos Estados Unidos. Barber continuaria a importar outros *bluesmen*, investindo e perdendo dinheiro na produção dos shows, mas contribuindo para que o blues à moda de Chicago começasse a vicejar como um gênero comercialmente viável em Londres.

Os melhores representantes da geração de músicos ingleses que surgiram na cola do sucesso dos Beatles e principalmente dos Rolling Stones eram quase na totalidade de amantes incondicionais da música negra americana, embora o amor já tivesse sido despertado pela reelaboração eletrificada forjada quando vários *bluesmen* deixaram o sul dos Estados Unidos em busca de trabalho nos centros maiores, especialmente Chicago. Quase todos já colecionavam discos e conheciam de cor os nomes de Jimmy Reed, Howlin' Wolf e John Lee Hooker, bem antes de aprender a tocar seus instrumentos ou tentar decifrar empiricamente o vocabulário do blues. Uma coleção de discos raros foi o chamariz para Mick Jagger se aproximar de Keith Richards em 1961, durante uma viagem de ônibus em Dartford, subúrbio de Londres, onde ambos moravam. Um culto tão específico e periférico só poderia gerar afinidade imediata entre dois interlocutores, mesmo com personalidades diferentes, como era o caso dos dois futuros líderes dos Rolling Stones. De encontros desse tipo quase sempre nascia uma amizade, e num terceiro estágio o mundo ganhava mais uma banda de blues, quase sempre de curta duração. Os que perseveraram começaram a colher os frutos da popularidade a partir de 1965, quando os Stones chegaram ao primeiro lugar das paradas na Inglaterra e nos Estados Unidos, convertidos definitivamente em banda de rock.

Os negros que davam as costas para a sociedade e não se sujeitavam a exploração e trabalho semiescravo para perseguir uma vida na estrada de alta voltagem erótica, de intercâmbio com companheiros renegados e impressionando plateias que pagavam para assistir sua destreza no manejo de uma guitarra abasteciam a imaginação de adolescentes desajustados e desanimados com as perspectivas de viver num país europeu cinzento e conservador. Estradas escuras, bares enfumaçados no Mississippi frequentavam os sonhos de garotos que só queriam tocar como B.B. King ou Robert Johnson: "O bom sobre a guitarra", disse Jimmy

Page, "era que não se aprendia na escola. Me autoeducar foi a primeira e mais importante parte da minha trajetória."

A geração de ingleses que copiava formas musicais americanas era constituída quase na totalidade por estudantes de arte ou garotos de classe média com acesso suficiente à informação para execrar a música de extração comercial que tocava no rádio. No fundo, era um luxo de cultistas, uma busca de diferenciação que afetava uma minoria e a princípio não representava nada em termos de mercado. Os méritos dessa apropriação permanecem em debate.

Os puristas eram unânimes em só captar defeitos nesse exercício derivativo. A análise quase sempre focava na originalidade, sem levar em conta as novas ideias e informações musicais que esses garotos brancos traziam para um gênero que nos Estados Unidos estava semiesgotado. O próprio Sonny Boy Williamson, um ícone do blues sulista, que durante um tempo se apresentou com os Yardbirds, gostava de ironizar: "Esses garotos ingleses querem tão terrivelmente tocar blues, e eles o tocam tão terrivelmente." Certo é que o interesse por músicos de blues esquecidos do público foi reavivado graças à admiração declarada dos jovens britânicos. Keith Richards, por exemplo, ficou consternado ao chegar à gravadora Chess e ver Muddy Waters, um de seus heróis, trabalhando como pintor de paredes. O velho *bluesman* pragmaticamente admitiu que os ingleses expropriaram sua música, mas, em compensação, ao lhe render homenagens e créditos, lhe proporcionaram um ressurgimento a que ele, já em prematuro ostracismo, nunca poderia aspirar.

Ao contrário de seus dois sucessores nos Yardbirds, Eric Clapton se dedicava à guitarra de forma mais concentrada, sem muita encenação, muitas vezes tocando de costas para a plateia, mas nem por isso com menos convicção ou orgulho de sua técnica, construída aos poucos em batalha contra a timidez e inibição de seus primeiros dias como músico profissional. O apelido rapidamente conquistado de *slowhand* ("mão lenta") já ressaltava uma recusa em apelar para artimanhas que desviassem o ouvinte do sentimento emprestado a cada nota sustentada. Quando saiu dos Yardbirds, se juntou à banda do pianista e cantor John Mayall, que tocava estritamente o blues eletrificado conforme os mandamentos de Chicago. Mayall era dono de uma das maiores coleções de discos do gênero, mas seus atributos musicais não impressionavam muito o guitarrista.

No curto tempo em que estiveram juntos em 1965, Mayall e Clapton atraíram novos fãs para o blues e lançaram um disco bastante influente entre os revivalistas brancos, principalmente nos Estados Unidos. Mas, no início do ano seguinte, Clapton já estava sozinho de novo e acalentando a ideia de ter uma banda com seu nome no título. Em tese, uma tarefa fácil para o homem que era chamado de deus por seus admiradores e considerado, indiscutivelmente, o melhor guitarrista de blues da Inglaterra.

No dia 31 de julho de 1966, Eric Clapton subiu ao palco do Festival Nacional de Jazz e Blues em Windsor com um novo grupo batizado petulantemente de Cream (A nata). O projeto de uma banda vinculada exclusivamente a sua orientação musical teve de ser adiado por causa dos dois outros músicos que completavam o trio-formação, por sinal, inusitado até aquele momento no meio pop. Tanto o baterista Ginger Baker quanto o baixista e vocalista Jack Bruce tinham um passado ligado ao blues, mas não estavam dispostos a tocar apenas aquilo o resto da vida.

"Eu achava que apesar de o blues ser ótimo, havia mais do que aquilo. Era início, não fim", dizia Jack Bruce, que chegou a fazer parte do Bluesbreakers durante um tempo e lá iniciou sua ligação com Clapton. Ginger Baker vinha tocando numa banda formada por devotos do jazz moderno. Seu entusiasmo pelo blues já não era tão grande quando entrou no grupo de Alexis Korner como substituto de Charlie Watts, que se juntara aos Rolling Stones. Segundo Clapton, "no momento em que nós estivemos juntos no mesmo espaço, ficou claro para mim que os outros dois tinham personalidades muito mais dominantes de que a minha, eram muito mais agressivos em suas reivindicações. Então eu recuei e deixei que as coisas tomassem o seu rumo inicial: um tipo híbrido de jazz e blues. Acho que o que aconteceu foi que nós encontramos um nicho independente de todas as ideias que tínhamos individualmente."

Ninguém deu muita importância para o fracasso de "Wrapping Paper", primeiro single do Cream. Apesar de ainda não ser permitido a nenhum artista do mercado pop o luxo de não lançar canções avulsas de olho nas paradas de sucesso, o Cream foi o primeiro grupo a assumir que isso não era prioridade. Toda a concentração foi direcionada para a gravação do primeiro álbum, *Fresh Cream*, finalmente lançado em dezembro, e para as apresentações ao vivo, que vinham recebendo acolhida entusiasmada, graças à celebrada maestria dos três integrantes.

A estreia do Cream e o lançamento de *Revolver*, dos Beatles, no espaço de uma semana em agosto, monopolizaram as conversas naquele verão musical londrino de 1966. Enquanto isso, o substituto de Eric Clapton nos Yardbirds cultivava sérios pensamentos sobre a melhor oportunidade de cair fora. Jeff Beck e Jimmy Page estavam agora empenhados em uma competição informal de virtuosismo na qual o restante do grupo não tinha vontade nem capacidade de se encaixar. Numa época não muito rica em imagens gravadas, o registro definitivo da formação dos Yardbirds com seus dois guitarristas extraclasse pode ser visto no filme *Blow-Up*, nos breves minutos em que o grupo aparece dublando uma versão pré-gravada da vigorosa "Stroll On", com Jimmy Page tocando baixo (no disco, Jeff e Jimmy tocam guitarra).

O diretor Michelangelo Antonioni estava determinado a contratar o The Who para protagonizar uma cena de show com todo o ritual de instrumentos quebrados no final, mas se contentou com os Yardbirds como prêmio de consolação quando não houve acordo entre as partes. O italiano queria de qualquer jeito que alguém quebrasse a guitarra exatamente como Pete Townshend fazia, mas Jeff Beck não estava disposto a destruir sua amada *Les Paul* por causa de um velho diretor de cinema, nem se perpetuar em celuloide como um imitador barato de Townshend. Só cedeu quando lhe ofereceram várias guitarras ruins para arrebentar à vontade. Pelo menos, sua raiva parecia bastante genuína. Ele sempre confessou detestar o filme. Na conclusão da sequência, o fotógrafo interpretado por David Hemmings disputa os restos da guitarra com um grupo de adolescentes da plateia, sai correndo e joga fora o pedaço de madeira com absoluto desprezo.

Se *Blow-Up* (no Brasil, *Depois daquele beijo*) servir como parâmetro, é inequívoco acreditar que Antonioni achava o rock'n'roll uma bobagem alienante, mas, quando observado mais atentamente, ficava claro que seu alvo era a indústria da idolatria, que reduzia qualquer produto cultural a sua medida comercializável. Se há algo que salta aos olhos nessa pretensa trama de suspense é o pessimismo em relação a uma sociedade obcecada pela espetacularização e pelo culto às aparências, autorreferente demais para enxergar o que ia além dos domínios limitados de seu campo de visão.

À parte o palpável ceticismo de Antonioni, *Blow-Up* trazia em paralelo a crítica acerba da alienação disfarçada de revolução de costumes, todo o universo visual e os códigos de comportamento que haviam transformado Londres, durante um curto período, num vetor de ideias criativas, hábitos e costumes — sinônimo de modernidade e vanguarda, como a Paris dos anos 1920 e a Roma dos anos 1950 (*Blow-Up* seria inclusive uma espécie de equivalente britânico de *La dolce vita*, a obra-prima de Fellini sobre o mundanismo romano dos anos 1950). A diferença fundamental entre esses tempos e cidades era que essa nova vanguarda não tinha ainda chegado aos 30 anos, como notou, em abril de 1966, a reportagem de capa da revista *Time*, que elegeu Londres como a cidade da década. Um ano depois, Jonathan Aitken, um jornalista de 25 anos, publicou o livro *Young Meteors* (Jovens meteoros), no qual chamava a atenção para o nascimento de uma nova Inglaterra, livre de muitos dos seus preconceitos de classe e com uma nova ordem social em construção.

Antes mesmo da publicação da reportagem na *Time* já se ouvia mais do que um burburinho em torno de Londres. No imaginário popular a capital inglesa não era apenas a cidade onde viviam os Beatles, mas também o centro mundial da moda, o lugar onde a estilista Mary Quant, com sua minissaia, havia transformado a roupa num instrumento de libertação e afirmação feminina. Em 1965, os Beatles ganharam a Ordem do Império Britânico e no ano seguinte foi a vez de Quant receber a condecoração, reconhecimento oficial de puro marketing aos dois mais ilustres representantes de itens preciosos na balança comercial inglesa: música e moda. Dez anos após a crise militar do Canal de Suez, que para vários historiadores demarcou o fim simbólico do império britânico, a Inglaterra se reerguia como a vanguarda criativa do Ocidente em cultura e comportamento, embora para muitos aquilo não passasse de um exercício de futilidade. A agenda política que tanto agitava os Estados Unidos e vários outros países no mundo todo não era prioridade entre os jovens habitantes da resguardada ilha europeia.

Antonioni pode ter achado irrelevante, mas o ossificado sistema de classes britânico se modificava numa dimensão muito além do sugerido por essa iconografia pop. Aquilo que a *Time* chamara de nova meritocracia e Jonathan Aitken de "jovens meteoros" incluía executivos de televisão, *marchands,* professores universitários, empresários, modelos e principalmente fotógrafos, como o personagem central de *Blow-Up*, que teria sido inspirado em David Bailey — descobridor da modelo Jean Shrimpton, marido de Catherine Deneuve e também aspirante a cineasta, que acalentava planos de filmar *Laranja mecânica* com Mick Jagger no papel que futuramente seria de Malcolm McDowell no filme de Stanley Kubrick. Depois dos músicos, fotógrafos detinham um status quase incomparável nesse microcosmo social no qual a imagem funcionava como uma fábrica de tensão e instabilidade contra a tradição e o patriarcalismo.

Uma grande parcela dessa nova meritocracia era oriunda da classe operária e bradava orgulhosamente suas origens. Essa ascendência, que em outros tempos seria razão de constrangimento, passou a ser uma espécie de galardão ostentado verbalmente com orgulho durante o primeiro governo trabalhista do pós-guerra, principalmente nos meios intelectuais. Ray Davies, compositor e líder dos Kinks, recordou-se em sua autobiografia de uma colega da escola de arte, filha legítima da aristocracia, contando eufórica na lanchonete ter descoberto um parente distante que trabalhava como mestre de obras.

Sob vários aspectos a nova sociedade londrina antecipou em pelo menos quinze anos o fenômeno social do yuppies dos anos 1980. Valorizava-se muito o sucesso profissional e o consumismo, e drogas eram experimentadas tão casualmente quanto um copo de vinho. Mas aos olhos dessa nova elite social, Ronald Reagan, um dos heróis do yuppismo, que em 1966 começava sua carreira política como governador da Califórnia, não passava de um caubói antiquado, restaurador de convencionalidades burguesas, sem lugar nesse meio que se considerava a nova vanguarda de comportamento social e cultural.

Ousar era palavra de ordem, principalmente na aparência física, quase como se o corpo fosse um cabide para a arte e a autoexpressão. Os cortes de cabelo rente ao pescoço criados pelo cabeleireiro celebridade Vidal Sassoon, as modelos esqueléticas e os casacos eduardianos, os cabelos compridos masculinos e a androginia que confundia padrões estabelecidos de gênero eram alguns dos componentes estéticos dessa narcisista meritocracia de dândis, em parte subversiva na afronta à hierarquia de classes, em parte tipicamente britânica em sua valorização da elegância como forma de inserção social.

Além da música e da moda, o ambiente cinematográfico representava um aspecto vital da Swinging London. Com dólares fluindo em generosas quantidades dos estúdios americanos, a Inglaterra se tornou o maior polo produtor de filmes da Europa. Beneficiado por um fluxo migratório de talentos estabelecidos e artistas locais promissores, as produções britânicas ganhavam um sotaque cosmopolita. Londres passou a ser a nova casa de cineastas americanos como Joseph Losey, Stanley Kubrick e Richard Lester, diretor dos dois primeiros filmes dos Beatles. O polonês Roman Polanski, revelação no circuito de festivais com *A faca na água*

(*Knife on Water*), também fixou residência por lá e rodou *Repulsa ao sexo* (*Repulsion*) e *Armadilha do destino* (*Cul-de-sac*), usando respectivamente as irmãs francesas Catherine Deneuve e Françoise Dorleac, ambas também residindo em Londres. Quando Monica Vitti chegou de Roma para trabalhar em *Modesty Blaise*, de Joseph Losey, junto veio seu marido Antonioni, trazendo na mala um esboço de roteiro baseado num conto de Julio Cortázar que seria o embrião de *Blow-Up*.

Havia espaço de sobra também para os talentos nativos. Jovens diretores influenciados pela *nouvelle vague* realizavam filmes baratos com atores iniciantes, porém de sólida formação dramática, como Michael Caine, Terence Stamp (irmão de Chris Stamp, empresário do The Who) e Vanessa e Lynn Redgrave, que se juntavam aos recém-consagrados Peter O'Toole, Albert Finney e Julie Christie — a mais celebrada estrela da Swinging London, vencedora do Oscar de melhor atriz em 1965 —, que esnobava a ideia de viver em Hollywood e reforçava com sua atitude a impressão de que o mundo girava ao redor de Londres.

As butiques de Carnaby Street, no Soho, entraram no roteiro turístico oficial já no verão de 1966, quase simultaneamente à vitória da Inglaterra na Copa do Mundo disputada em casa, como se estivesse em curso uma conspiração multissetorial para provar que havia abundância de talentos em todas as atividades que os britânicos se propusesssem a praticar. O bairro de Chelsea, com sua arquitetura vitoriana, virou um reduto de bares, cafés e brechós onde reinava absoluto o Bazaar, butique aberta por Mary Quant em 1955 na King's Road e considerada fator determinante para toda uma geração de designers e estudantes de belas-artes entrarem para o ramo da moda.

Por seu intrínseco narcisismo, pela associação das roupas à transgressão desde a primeira geração de roqueiros dos anos 1950, as emergentes estrelas do rock inglês se tornaram uma vitrine privilegiada para as novas tendências. Estilistas tiravam a sorte grande quando algum deles circulava com uma de suas criações, algo que acontecia com demasiada frequência. Pela primeira vez, a Inglaterra tinha celebridades nessa área e a maioria queria garantir o máximo de visibilidade. Fora dos estúdios de gravação e das casas de espetáculo, o lugar onde era mais provável esbarrar com os membros desse clube eram as boates, que só recebiam alguma atenção da mídia depois que algum beatle ou rolling stone aparecesse por ali.

A mais duradoura dessas casas noturnas, The Scotch of St. James, em Westminster, no centro da cidade, reinou absoluta durante dois anos, agregando modelos, músicos, atores, fotógrafos e aspirantes a qualquer coisa com pretensões de aparecer. Alguns *pop stars* tinham mesa cativa e quem por desventura estivesse sentado no lugar reservado às celebridades era convidado a se retirar quando o "dono" chegasse. O DJ garantia os últimos lançamentos com um repertório baseado principalmente na música negra americana: Motown, Otis Redding, Wilson Pickett. Na sexta-feira à noite, a produtora de TV Vicki Wickham, do *Top of the Pops*, que apresentava na BBC as músicas mais tocadas da semana, costumava aparecer com a turma que havia participado do programa naquele dia. Eric Burdon, vocalista do Animals, chegou a morar na parte de cima do bar durante um tempo. Para o empresário dos Yardbirds, Simon Napier-Bell, "o Scotch era mais do que apenas um clube para se exibir status e posição, era uma celebração positiva dos que faziam parte do que acontecia na cidade que *acontecia*. Era um festival noturno interno, um carnaval, um evento teatral, e todo mundo cumpria seu papel até o limite".

Até o início dos anos 1960, depois de uma certa hora os boêmios londrinos não tinham para onde ir. Segundo lembranças de Paul McCartney, os clubes de jazz e blues fechavam cedo e não havia restaurantes abertos a noite inteira, exceto no aeroporto. Após as 23h, quando os pubs serviam a tradicional última rodada, restavam apenas cassinos e cabarés para uma esticada. Em 1964, o West End já fervilhava com novas discotecas, boates e clubes, como o Ad-Lib, onde os Beatles reinaram até o Scotch of St. James arrebanhar sua freguesia. O apogeu dos clubes durou até 1966. No ano seguinte, com o advento do *flower power*, Londres deixou de ser o epicentro da cultura pop. Todos os hábitos e costumes começaram então a ser importados da Califórnia, enquanto se formatava o ambiente *underground* britânico.

Os Beatles eram os czares absolutos e indiscutíveis daquela cena. Reinavam como maiores vendedores de discos e detentores da maior rede de influência, mas pagavam o preço de ainda continuarem prisioneiros da imagem de bons moços. Com exceção de Paul McCartney, todos estavam casados e morando nos subúrbios. Ringo Starr, o mais velho dos quatro, tinha completado apenas 26 anos naquele verão de 1966 e já vivia como um burguês entediado bem longe do centro da cena. Já os Rolling Stones não apenas continuavam solteiros como se beneficiavam de uma imagem de foras da lei para explorar ao máximo a vida mundana londrina. Musicalmente, eles tentavam desesperadamente se manter na cola das inovações formuladas pelos Beatles, mas na vida pessoal, em vez de manter esposas fiéis e dedicadas que ficavam em casa enquanto o marido ia trabalhar, Brian Jones e Mick Jagger namoravam duas das mais cobiçadas louras da Swinging London.

Quando começou a sair com Mick Jagger, Marianne Faithfull continuava casada com John Dumbar, uma das figuras de ponta do mercado de artes londrino, dono da galeria e livraria Indica — onde Lennon conheceu Yoko Ono e também adquiriu *A experiência psicodélica*, de Timothy Leary — e detentor de uma organizada coleção de livros dedicados ao ocultismo. Filha de uma baronesa austríaca descendente do romancista Sacher-Masoch, Marianne era muito mais culta e sofisticada do que qualquer um dos Stones, além de ter aspirações pessoais como cantora.

A alemã Anita Pallenberg, que namorava Brian Jones, começou uma carreira como modelo internacional e atriz nos filmes do jovem e talentoso diretor Volker Schlöndorff. Em setembro de 1965, quando os Stones tocaram na Alemanha, ela começou seu caso com Brian Jones, o mais instável e emocionalmente frágil de todos eles. Não demorou para ganhar fama como profunda conhecedora de magia negra e responsável pelo súbito interesse por paganismo, bruxaria e satanismo dos que circulavam na mesma turma que os Stones. Durante um tempo, Keith Richards morou com o casal num apartamento no West Side que, por ser tão emblemático dos gostos da nova juventude inglesa, mereceu uma atenção especial de Marianne Faithfull em sua memórias: "Pinturas, jornais e roupas atiradas por toda parte. Uma grotesca cabeça de bode empalhada em cima de um amplificador, um tamborim marroquino, lâmpadas cobertas com echarpes, um quadro de demônios. No centro, como uma fênix no seu ninho de chamas, a perversa Anita."

Um ano depois de desembarcar em Londres, a "perversa" Anita foi mentora de uma ideia provocativa, calculada a dedo para gerar controvérsia. Numa sequência de fotografias produzidas para a revista alemã *Stern*, Brian Jones posou para a namorada envergando um uniforme de oficial nazista. A revista não aceitou a foto, mas a notícia vazou e Brian teve que se justificar, afirmando que, na realidade, pretendia fazer um protesto. O incidente apenas realçou para o público a atmosfera maligna e decadente que cercava os Rolling Stones e deu mais munição a autoridades conservadoras que já tinham o grupo na linha de tiro. Faltava apenas o momento certo de atacar, o que não tardaria a acontecer.

Em meio a toda aquela euforia entre os que se sentiam participantes de um movimento sociocultural que deveria ser desfrutado ao máximo, havia pelo menos uma voz que a tudo observava com suspeição e uma ponta de cinismo. Menos de dois anos após o sucesso de "You Really Got Me", o compositor e guitarrista dos Kinks, Ray Davies, convertera seu grupo no mais genuinamente britânico entre todos os que faziam sucesso na Swinging London e se credenciara como o mais arguto cronista social de seu país. Estudante de arte, atento e frio como um peixe, Davies dividira a fundação dos Kinks com o irmão Dave, que durante toda a vida teria que conviver com um talento muito maior não apenas na família, mas também em seu próprio grupo.

Enquanto Inglaterra e Estados Unidos viviam um constante intercâmbio de informações e ideias, com grupos ingleses como os Stones assumindo sua "americanização" e um monte de americanos copiando os Beatles no estilo e na música, os Kinks permaneciam forçosamente viajando apenas pela Europa. Após uma primeira e problemática excursão, eles foram banidos de shows nos Estados Unidos até o verão de 1969, por motivos nunca bem esclarecidos. Ray Davies conta em sua autobiografia sobre uma briga com um produtor de televisão que faturava em cima de diversos grupos ingleses empilhando todos no mesmo show, num verdadeiro açougue visual. Atirados numa excursão mal planejada, uma das muitas *package tours* (excursões em pacote) que reuniam artistas sem nenhuma proximidade estilística, cujos empresários topavam qualquer coisa desde que o dinheiro fosse bom, os Kinks pagaram o preço da falta de uma infraestrutura digna e, após repetidos problemas em várias cidades com agentes gananciosos e produtores que armavam cenas de filmes de gângsteres, mergulharam na insularidade de sua Grã-Bretanha.

As canções de Ray Davies se imbuíram de forte apego nostálgico, com sua percepção cada vez mais voltada para o passado, não pelo prisma realista, mas pelo ângulo mítico e imaginário, compondo assim uma curiosa metáfora sobre a decadência do presente, que ele via com afetuosa ironia. Num tempo em que a retórica de destruição pura e simples da ordem constituída ganhava envergadura até quando não tinha substância, sua música assumia o discurso restituidor de valores perdidos, antes de tudo pela recusa à uniformidade e pelo impulso natural de manter intacto seu inconformismo.

Os Kinks logo saíram de moda, descartados por muitos como reacionários e portadores do discurso da facção mais conservadora da classe operária. Davies montava pequenas peças musicais brechtinianas sobre o *roast beef* de domingo, feriados na horrorosa praia de Blackpool e futebol e cerveja em "Autumn Almanac", ou construía poesia bela e simples sobre solidão quando olhava "todo dia o mundo de sua janela" em "Waterloo Sunset", que o crítico Robert Christgau chamou de "a mais bela canção da língua inglesa". Sua verve crítica mirava tanto no típico representante do *establishment* em "Well Respected Man" como no mundinho da moda, interpretado como vazio e lobotomizante nos versos de "Dedicated Follower of Fashion", lançada em fevereiro de 1966, no ápice da Swinging London. Em "Rosie, Won't You Please Come Home", um ano antes de "She's Leaving Home", dos Beatles, ele assume o lado dos pais mortificados pela ausência de uma filha que saiu de casa.

Sem contar com nenhum especialista em sua banda para desenvolver os solos extensos que o Cream e Jeff Beck ecoavam pelos clubes londrinos — muito mais enraizados na tradição dos menestréis britânicos do que no blues eletrificado de Chicago — e torcendo o nariz para experiências psicodélicas, Ray Davies continuou a compor bem estruturadas canções de três minutos, com uma apurada linguagem pop e usando a tecnologia e os novos instrumentos como adorno discreto para suas ideias e seus versos, sempre com indefectível marca autoral, uma das poucas realmente originais em sua geração. "Enquanto todo mundo achava que a coisa mais *hip* a ser feita era tomar ácido, se entupir de quanta droga fosse possível e ouvir música em coma, os Kinks estavam cantando sobre amigos perdidos, cerveja, motociclistas, bruxas sinistras e gatos voadores", relembra Davies em sua autobiografia.

A essa lista ainda poderiam ser acrescentadas as pequenas lojas, casas no estilo Tudor, porcelanas chinesas e até a virgindade, enumeradas em "The Village Green Preservation Society", elegia meio amorosa e meio amarga a sua terra natal, lançada em 1968. Nela, Davies duelava contra os mesmos "escuros moinhos satânicos" de que falava William Blake no século XVIII em sua *Jerusalém*, com um romantismo recheado de sarcasmo que mal encobria sentimentos de melancolia e inadaptação. O ostracismo de sua "Village Green" representava antes de tudo a aniquilação do tipo de identidade coletiva que suas canções buscavam traduzir, muito mais reordenando do que refletindo a realidade. Davies retinha para si o papel de poeta da aldeia, o artista que se integra mas não perde de vista a hipocrisia e a solidão no núcleo da vida comunitária. Sua resposta a "I'm a Loser", dos Beatles, não deixava dúvidas de que ele não fabricaria um sorriso para mascarar a tristeza: "I'm Not Like Everybody Else" (Eu não sou igual a todo mundo). Suas observações sobre "todo mundo", por mais irônicas e sarcásticas que fossem, nunca atingiam a brutalidade destrutiva de um Bob Dylan. Davies era, afinal de contas, um preservacionista.

Apesar de muito bem recebido pela crítica, *Village Green* teve péssimas vendagens até dentro da Inglaterra, mas como muitos outros casos semelhantes de falha de apreciação, poucas bandas se provariam tão duradouras quanto os Kinks, principalmente após o advento do punk, em 1976, que devolveu aos jovens britânicos um orgulho patriótico que às vezes beirava o fascismo.

Seguindo as mesmas diretrizes estilísticas que caracterizavam os Kinks, uma tribo mais numerosa, porém igualmente britânica na pele e nas roupas, teve dificuldade em adaptar seu estilo ao figurino psicodélico. Os filhos rebeldes da classe operária inglesa nos anos 1960 se articularam numa espécie de esquadrão urbano cuja denominação conjurava uma abreviação funcional e eloquente para "modernos". Trabalhadores durante o dia, mas não como arrimos de família, com dinheiro de sobra para gastar com suas jaquetas, echarpes, acessórios para as indefectíveis lambretas, discos e principalmente pílulas e anfetaminas, os mods fascinavam os novos estilistas e desenhistas de moda da Swinging London, que viam as tribos urbanas como fonte de inspiração para suas criações mais arrojadas. Da mesma forma que seus sucessores punks, skinheads e góticos, o manifesto visual dos mods era excludente, e essa linha demarcatória constituía a base principal de seu apelo.

A iconografia mod buscava uma sinergia com o que havia de mais cosmopolita na Europa, especialmente na Itália, que dominou a moda no continente nos anos 1950, e na França, cuja *nouvelle vague* se articulou como uma rejeição ao cinema acadêmico francês na época. Os mods também nutriam apenas desprezo pela austera cultura britânica nos anos 1950, que se mantinha imobilizada desde o período pré-guerra com seus modos pomposos e antiquados. Se os jovens cineastas se esmeravam na gramática livre de Truffaut e Godard, os mods queriam essencialmente copiar o estilo dos protagonistas de *Bande à Part*, como se aquele distanciamento e aquela elegância fossem, por si só, um manifesto libertário. De mero culto londrino a princípio, os garotos se transformaram em celebridades da noite para o dia quando, na Páscoa de 1964, um grupo que passava o feriado na praia de Clacton forçou um confronto com policiais apenas por diversão.

O espetáculo de violência repercutiu na imprensa escrita e na BBC, com ingredientes de dramaticidade. No feriado seguinte, em maio, conflitos irromperam em várias partes do litoral com a mídia já a postos para registrar tudo. O que era anteriormente um movimento de iniciados ganhou dimensões de verdadeira mania nacional. Delinquentes entediados finalmente haviam encontrado algo com o que se identificar. Se definir como um mod podia abrir um atalho para qualquer adolescente complexado se singularizar pelas roupas, pelo tribalismo, pelo narcisismo praticado coletivamente. E nenhum narcisismo fica completo sem o ódio, mesmo que frívolo, pela diferença. A maior parte das brigas dos mods era travada com os rockers, que se vestiam como os garotos de topete e jaquetas de couro dos anos 1950.

A rigorosa composição de estilo mod se estendia às preferências musicais inclinadas para a música negra americana de corte mais comercial: Motown e rhythm'n'blues. O gosto musical da juventude inglesa podia ser, em linhas gerais, resumido numa questão de classe. O blues de Nova Orleans e de Chicago tinha seus seguidores amplamente localizados em jovens universitários de classe média e estudantes de arte. Mods radicais escutavam apenas o verdadeiro rhythm'n'blues americano e não viam com bons olhos covers de seus artistas favoritos.

Todas as bandas de primeira linha da Inglaterra tiveram pelo menos um integrante nos laboratórios de experimentação de uma escola pública de arte (John Lennon, Pete Townshend, Keith Richards, Jimmy Page, Ray Davies, Syd Barrett). Música pop sempre havia sido, inclusive no início do advento dos Beatles, um fenômeno essencialmente popular, que transcendia barreiras de classe. As escolas de arte eram espaços fundamentalmente elitistas onde floresciam formas de expressão pouco convencionais. Por isso seus estudantes veneravam o blues e por isso também as novas tendências psicodélicas e o misticismo oriental encontraram lá um campo fértil para se cristalizar como estética e ganhar novos adeptos junto aos filhos dos setores mais abastados ou, pelo menos, remediados.

Como não existia uma música mod, alguns grupos miraram na simpatia desse segmento, especialmente no aspecto visual. Os Small Faces e os Kinks conquistaram admiradores, mas foi o The Who que mais investiu na identificação com esses dândis das ruas, mudando o guarda-roupa e incluindo covers da Motown no repertório. A primeira providência foi vestir todos a caráter. O primeiro empresário do The Who, tão amador que trabalhava como fabricante de fechaduras, topou investir algum dinheiro para dar um banho de loja no quarteto. Na Inglaterra, até hoje, nenhum grupo pode pretender nada sem uma identidade visual definida. Roger Daltrey se vestiria como um *face*, que no código mod significava o líder, alguém que se destacava dos demais. Os outros três seriam *tickets*, representando o grupo comandado.

Nenhum dos integrantes do quarteto tinha passado por alguma gangue mod, mas havia muitos canais de empatia. Quando tocou junto pela primeira vez, o The Who mal havia saído da puberdade. Pete Townshend, cérebro da banda, adaptou a linguagem de sua música ao idioma mod. Um adolescente retraído e complexado pelo nariz e pela feiura, Townshend, de tão desengonçado, precisava praticar educação física separado dos colegas. Apesar de ser um ex-estudante de arte, distanciado dos maneirismos das ruas, ele abraçou a causa mod como um apreciador que incorpora formas de expressão, indo a ponto de reproduzir no palco as novas danças que as tribos inventavam na plateia.

Os admiradores do The Who nos difíceis tempos de batalha por uma gravadora amavam sua banda apaixonadamente, mas quando "I Can't Explain", o primeiro single, foi lançado, no início de 1965, a febre mod já era percebida como um hábito provinciano. Enquanto novos adeptos surgiam pelo país, em Londres os autênticos já haviam crescido ou fugido da massificação do movimento. Por volta de 1966, o The Who, que personificava a atitude mod para os garotos do interior, começou a se desvincular da imagem que poderia relegá-lo ao anacronismo quando a moda passasse de vez.

Poucas tribos conseguiram singularizar a angústia da experiência de transição da infância para a idade adulta com tamanho senso de estilo como aquele bando de garotos londrinos que criou um dos mais duradouros manifestos de moda e comportamento do pós-guerra europeu. Os mods experimentaram um breve ressurgimento no fim dos anos 1970, com o lançamento do filme *Quadrophenia*, baseado no álbum conceitual do The Who lançado três anos antes. Na violência gratuita do hooliganismo, no niilismo punk de 1976 ou no britpop dos anos 1990, existe um fio condutor envolvendo as várias expressões de anglofilia na cultura popular britânica que ressurge com enorme força quando menos se espera.

Na época em que *Blow-Up* estreou nos cinemas de Londres, Jeff Beck já estava fora dos Yardbirds. Após uma excursão aos Estados Unidos durante a qual explosões temperamentais motivadas por fortes enxaquecas exasperaram o resto da banda, Beck e sua guitarra ganharam a porta da rua. Durante uma tensa reunião na chegada a Londres, a demissão foi confirmada oficialmente. Ao sair ele esperava evidentemente que seu amigo o seguisse, mas Jimmy Page mais uma vez decidiu pragmaticamente. Em vez de montar um novo grupo para dividir o estrelato com um guitarrista da mesma estatura, ele resolveu ficar e tomar conta dos Yardbirds.

As pretensões de Jimmy Page de mexer na orientação musical da banda foram seriamente atrofiadas pelo produtor Mickey Most, que preferia ater-se a fórmulas consagradas. "Nós gastávamos tempos nos singles, mas Mickey Most achava que os álbuns não eram nada, apenas alguma coisa para encher linguiça depois dos singles", queixava-se Page. Aos outros componentes nem sequer era permitido tocar nas gravações. E assim os Yardbirds foram aos poucos se tornando obsoletos e irrelevantes no novo contexto ambicioso do rock londrino. Quanto a Jeff Beck, a hora de montar um grupo com seu nome como estrela da companhia finalmente havia chegado. Os heróis da guitarra começavam a comandar o show.

Quatro dias antes do Natal de 1966, enquanto pensava que diabos iria fazer da vida, Beck passou de táxi em frente a um clube no West Side londrino. "Nós estávamos na cidade caçando gatinhas. Fomos ao Blaise's e eu ouvi esse som queimando o chão e saí do táxi. Então entrei e lá estava Jimi. Eu não podia acreditar naquilo. Ele estava cantando 'Like a Rolling Stone', de Bob Dylan. Eu conhecia a música, mas do jeito que ele estava fazendo era algo mais. Ele estava pirando e as pessoas estavam pirando."

É pouco provável que Jeff Beck já não conhecesse Hendrix de nome ou que não tivesse ido ao clube para checar pessoalmente a nova sensação da cidade. Relatos semelhantes do que sentiram e como sua vida se transformou quando viram Jimi Hendrix tocar pela primeira vez podem ser recolhidos entre quase todos os guitarristas da época. Os comentários à boca pequena o comparavam a um alienígena que de repente tivesse descido sobre Londres para assombrar todos os virtuosos da cidade. Apesar de negro, ele atuava na mesma seara do amálgama do blues com o rock que os guitarristas ingleses desenvolviam, mas implodindo a fórmula com uma intervenção tão extraordinária que desencadeou um momento de reavaliação geral. Ninguém escapou incólume à influência de Hendrix, embora algumas testemunhas, como o baixista John Entwistle, do The Who, assegurem que antes de montar seu show ele havia percorrido todos os clubes da cidade observando os truques dos instrumentistas locais. Hendrix pode até ter tomado emprestadas artimanhas de apresentação de guitarristas britânicos, mas aquilo que se tentava mimetizar na Inglaterra corria em suas veias desde o berço.

Tudo aconteceu muito rapidamente para Hendrix na Inglaterra, principalmente se comparado aos anos de luta árdua nas estradas americanas e nos clubes do Greenwich Village, em Nova York. Seu cartão de visitas foi apresentado na noite do mesmo dia em que desembarcou em Londres, após voar de primeira classe vindo de Nova York num sábado, dia 24 de setembro, com apenas 40 dólares no bolso. O serviço de imigração tentou criar problemas quando viu aquele negro de quase dois metros de altura, com roupas berrantes, chegando com um estojo de guitarra nas mãos. Chas Chandler, seu empresário e também baixista dos Animals, inventou que Hendrix era um compositor que vinha cuidar de questões relativas a direitos autorais. O passaporte G-1044108 ganhou um visto de turista, mas tudo que ele queria era começar a trabalhar o mais depressa possível.

Em menos de 24 horas Hendrix fez sua primeira aparição-relâmpago, estratégica, no Scotch of St. James. Vinte e cinco minutos apenas, suficientes para impressionar o mais importante ponto de encontro do mundo pop londrino na mais concorrida noite da semana. Eric Burdon, vocalista dos Animals, um dos presentes naquela noite, lembra-se de ter ficado mesmerizado pela habilidade de Hendrix no manejo de seu instrumento. "Você simplesmente tinha que parar e assistir."

Chas Chandler, que andava cansado de tantas viagens com os Animals e tinha pouca confiança em suas habilidades como músico, esperava apenas uma boa razão para mudar de ramo quando viu Jimi Hendrix tocar uma noite no Village. Hendrix vivia então num miserável quarto de hotel em Nova York e carregava nas costas uma banda inócua. Chandler supunha que, na Inglaterra, onde o problema racial era infinitamente menor, sua música inclassificável — que continha blues mas não apenas isso, jazz mas não apenas isso, soul mas não apenas isso e rock mas não apenas isso — poderia ser mais bem absorvida.

Quando tomou a decisão de mudar radicalmente de vida e partir para Londres, Hendrix já estava na estrada havia um bom tempo.

Nascido em 27 de novembro de 1942 em Seattle, cidade na costa noroeste americana onde a população negra era minoria, filho de um jardineiro e de uma índia cherokee, James Marshall Hendrix cresceu num lar atribulado, apesar da presença constante de um pai dedicado. Sua mãe frequentemente sumia de casa e sempre era encontrada com outro homem antes de a trazerem de volta, até finalmente ir embora de vez. Quando Jimi tinha apenas 16 anos, ela morreu devastada pela cirrose causada por uma vida cercada de abusos com álcool, mas deixou no filho uma sombra inspiradora perene e a perigosa herança de uma indômita vontade de explorar limites.

Havia música em tempo integral na vida dos Hendrix. Música na escola, música na igreja pentecostal e música após o culto, quando o grupo de amigos de seus pais se reunia para tocar em sua casa. Um dia, quando tinha apenas 4 anos, o pequeno Jim apareceu na sala soprando uma gaita da melhor forma que podia. Aos 7 anos ganhou um violino de presente da tia, mas aos 9 se apaixonou pela guitarra. Como Elmore James, B.B. King e outros guitarristas negros que não tinham dinheiro para comprar um instrumento, ele também transformou uma vassoura com fios de arame numa guitarra improvisada, que dedilhava invariavelmente com a mão esquerda, até ganhar um velho violão e finalmente a primeira guitarra, de segunda mão. Hendrix cresceu e chegou à adolescência ouvindo atentamente os guitarristas negros de blues, mas também os ídolos brancos da primeira geração do rock, especialmente Elvis Presley, a quem assistiu ao vivo, impressionado com tanto carisma, sensualidade e drama.

Após um ano e meio na Aeronáutica, de onde saiu com fraturas nos tornozelos e nas costelas, consequências de 26 saltos de paraquedas, Hendrix caiu na estrada disposto a fazer carreira como músico profissional. Os anos seguintes como acompanhante das estrelas da música negra o capacitaram a se adaptar a qualquer estilo que lhe fosse solicitado. Como músico de aluguel, desenvolveu uma assinatura pessoal baseada no que aprendera em apresentações de Sam Cooke, Little Richard e Ike e Tina Turner, entre outros. Ao mesmo tempo, Hendrix ouvia atentamente Bob Dylan, particularmente "Like a Rolling Stone", e tomava coragem para também começar a cantar e explorar múltiplas formas de reinventar qualquer canção como se fosse seu coautor.

Em 1965, Hendrix chegou a Nova York, mudou seu nome para Jimmy James e começou a viver tempos difíceis. Montou uma banda que fracassou e teve que vender a guitarra para poder comer. Demorou meses até conseguir um trabalho regular acompanhando Curtis Knight, um vocalista de rhythm'n'blues, enquanto começava a dar vazão a um legendário apetite por drogas e mulheres. Quando sua carreira parecia estagnada, finalmente conseguiu maior exposição com uma nova banda e apresentações no Greenwich Village. Os demais integrantes não eram grandes coisas, mas sua habilidade começava a impressionar outros instrumentistas de alto calibre.

O primeiro a ficar de queixo caído foi ninguém menos do que Mike Bloomfield, o maior guitarrista americano da época, que meses antes havia acompanhado Dylan na histórica noite no Festival de Newport. "Eu estava tocando com Paul Butterfield e era o guitarrista mais quente do pedaço; eu achava que era. Atravessei a rua e o vi. Hendrix sabia quem eu era e naquele dia, na minha frente, ele me queimou até a morte", lembrou anos depois Bloomfield, que ainda afirmou não ter tido vontade de pegar a guitarra pelo resto do ano. Quando Chas Chandler foi ao mesmo local, sua primeira reação foi de incredulidade ao descobrir que um talento como aquele não tinha empresário, não tinha gravadora, não tinha nada.

Hendrix dedicou seus primeiros dias em Londres a estabelecer contatos no meio musical para montar sua banda. O baixista Noel Redding foi recrutado, apesar de ter comparecido à audição errada e de nunca ter tocado baixo na vida. Sem saber quem era Hendrix e apenas com o nome de Chandler como referência, ele achou que era candidato a guitarrista dos Animals. Nos primeiros dias de outubro, o trio se completou com Mitch Mitchell, que havia perdido o emprego dias antes na banda do pianista George Fame.

Quando completou sua primeira semana em Londres, Jimi teve oportunidade de se encontrar com Eric Clapton, pedido feito a Chandler desde Nova York. Naquele primeiro dia de outubro de 1966, o Cream estava em seu momento mais badalado, numa concorrida apresentação na Escola Politécnica de Londres. Ainda nos bastidores, quando apresentados, Hendrix perguntou se poderia subir ao palco e fazer uma *jam* com o trio. Clapton, confiante, deixou o palco e o show para o rival. Ninguém tinha tido a coragem de pedir para fazer uma *jam* com o Cream antes. "Ele tocou 'Killing Floor', um número de Howlin' Wolf que eu sempre quis tocar, mas que nunca tive a técnica completa para fazer. Ginger não gostou e Jack não gostou; eles nunca tinham ouvido a canção antes. Ele simplesmente, bem... ele simplesmente roubou o show", recorda Clapton.

Hendrix utilizou todos os truques exibicionistas em seu repertório: tocou com a língua, com os dentes e com a guitarra nas costas. "Eu nunca vou esquecer da cara de Eric", diz Chas Chandler. "Ele simplesmente parou e ficou olhando." Kathy Etchingham, primeira namorada de Hendrix na Inglaterra, lembra que o clima entre ambos era cordial, mas tenso: "Para ser justa, era difícil para Eric. Ele era o líder da gangue e aí chega esse personagem vindo de lugar nenhum." Paul McCartney, que não concorria na mesma área, foi outro imediatamente arrebatado: "Eu costumava segui-lo como um fã. Era uma área de shows pequena e as pessoas me ligavam para dizer: Jimi vai tocar no Blaises's hoje à noite; ou no Bags O'Neil; e eu estaria lá." Brian Jones também se tornou não apenas um fã de carteirinha, mas também o melhor amigo de Hendrix em Londres. Quando iam assistir ao guitarrista, esses *pop stars* geralmente levavam alguém para ver com os próprios olhos o que eles tentavam descrever em palavras. E a lenda urbana sobre Jimi Hendrix crescia.

O encontro com o The Who foi bem menos amistoso. Hendrix chegou a uma sessão de gravação e foi tratado com indiferença por um temeroso Pete Townshend, que vinha ouvindo sobre sua reputação, e por um hostil Keith Moon, que disparou com a sutileza de praxe: "Quem foi que deixou esse zulu entrar?" Um ano mais tarde, os caminhos se cruzariam novamente no Festival de Monterey, em condições bem diferentes, e Hendrix teve a esperada oportunidade de ir à forra.

Nos últimos dias de 1966, "Hey Joe", o primeiro single do Jimi Hendrix Experience, chegou aos primeiros lugares das paradas inglesas. A canção, que contava a história de um homem em fuga após atirar na mulher, já havia sido gravada com os mais diferentes arranjos, inclusive pelos Byrds poucos meses antes, mas a versão do trio era quase uma requisição de autoria. No dia 16 de dezembro, Hendrix apareceu pela primeira vez na TV inglesa, no programa *Ready, Steady, Go*. Segundo o produtor Joe Boyd, recém-emigrado dos Estados Unidos e testemunha-chave do efervescente ambiente *underground* local, "aquilo acertou Londres como um furacão. Ninguém falou sobre mais nada durante semanas". E a cidade submergiu de vez na era psicodélica.

CAPÍTULO 5   Testes de ácido

Take me to a circus tent
Where I can easily pay my rent
And all the other freaks will share my cares

Marty Balin, "3/5 of a Mile in 10 Seconds"

Antes mesmo de começar a estação que entraria para a história como "Verão do Amor", a linha cinza dos ônibus de São Francisco já havia instituído um serviço turístico que prometia "a única excursão estrangeira dentro dos limites continentais dos Estados Unidos". Aos participantes da excursão Hippie Hop, um guia explicava: "Vocês agora estão entrando na maior colônia hippie do mundo; o coração e a origem da subcultura hippie. A marijuana, utilizada pelos nativos para estimular os sentidos, é algo comum aqui. Os passatempos favoritos dos hippies, além das drogas, são demonstrar o que está errado com o *status quo*, protestar em seminários e discutir em grupo." A maioria dos habitantes da Haight-Ashbury nem prestava atenção a essa "visita ao zoológico". Alguns seguravam espelhinhos junto às janelas para os turistas olharem a si próprios. Se o visitante estivesse com um radinho de pilha, certamente iria ouvir Scott McKenzie, um soporífero cantor pop de Los Angeles, recomendar a qualquer um que fosse a São Francisco que levasse "flores no cabelo". Se o ônibus captasse o som que vinha das ruas ou de algum concerto no parque, a música certamente seria bem diferente.

Além de turistas curiosos, São Francisco estava recebendo atenção de sociólogos, jornalistas e intelectuais intrigados com o que vinha acontecendo numa cidade pequena para os padrões americanos (menos de 500 mil habitantes), onde se formava um tipo de identidade cultural anárquica, visualmente inovadora, com modelos próprios de organização social e fundada em duas vertentes complementares· música e drogas alucinógenas para expansão da consciência. No início de 1967, já havia 20 mil hippies em tempo integral na chamada Bay Area, que agregava São Francisco e as cidades satélites. Esse número dobrava com a chegada dos hippies de fim de semana.

Se fosse possível demarcar o momento em que se detectou, num aspecto mais amplo, a formação de um fenômeno em São Francisco para além do gueto da contracultura, a data escolhida provavelmente seria 14 de janeiro de 1967, dia em que aconteceu no Parque Golden Gate o primeiro Human Be-In (trocadilho com *human being*, ser humano), subtitulado "Uma assembleia das tribos" — evento forjado pelos líderes da Haight-Ashbury para aglutinar todas as facções que pregavam e praticavam uma ação antissistema.

Não haveria regras nem uma ordem específica de acontecimentos. O conceito era do improviso absoluto com a premissa do uso de LSD e de uma música potencialmente subversiva e alta queimando os alto-falantes. A notícia se espalhou rapidamente pelo país graças à imprensa. Antes mesmo de acontecer, o Be-In já existia como fato jornalístico.

A Haight-Ashbury estava em plena luta pelo direito de se estabelecer como uma comunidade com reivindicações e complexidades próprias, que deveria receber das autoridades municipais um tratamento diferenciado. Desde a abertura da Psychedelic Shop, da Free Clinic e do jornal alternativo *Oracle*, seus moradores tentavam aprimorar a estrutura de uma rede informal de comércio que crescia paralelamente ao número de novos habitantes vindos de todo o país em busca da ilha da fantasia. No início de 1967, já existiam quarenta lojas e indústrias artesanais organizadas em cooperativas que reuniam basicamente butiques de roupas, apetrechos para consumo de drogas, artesanatos e todo tipo de material associado ao código visual da nova cultura (colares, bandanas, batas, incensos). Um morador da Haight raramente tinha motivos para sair dali, mas as relações com o restante da cidade continuavam tensas, principalmente por causa da rápida expansão populacional.

No mesmo dia em que o LSD foi proibido na Califórnia, em 6 de outubro de 1966, o *Oracle* organizou um comício em plena Haight para divulgação do manifesto "Uma profecia de declaração de independência", que deu origem à ideia de realização do primeiro Human Be-In. O conselho de organização, que agregava diversos segmentos de moradores do distrito, cuidou de conquistar a simpatia da imprensa e garantir uma boa divulgação em reunião organizada dias antes do evento para acertar detalhes da cobertura. Aproveitando a luz dos holofotes, redigiu-se um comunicado público: "Os ativistas políticos de Berkeley e a geração do amor da Haight-Ashbury se juntarão para celebrar e profetizar a era da liberação, do amor, da paz, compaixão e unidade da humanidade. Pendure seu medo na porta e junte-se ao futuro. Se você não acredita, esfregue seus olhos e veja."

As bandas de rock naquele momento monopolizavam as atenções da mídia, mas a cena cultural de São Francisco era ampla e multidirecional. Além dos poetas beats agrupados em torno da livraria City Lights, no bairro de North Beach, vários artistas de vanguarda ocupavam gradualmente seus espaços. No teatro, os Diggers ganhavam notoriedade por construir o arcabouço dramático ou cômico dos fatos cotidianos da Haight e por distribuir comida gratuita no Parque Golden Gate; em Berkeley, Julian Beck e Judith Malina faziam do Living Theatre a grande referência do teatro de vanguarda americano. Na dança, a companhia de Anna Halprin causava furor pelas coreografias com bailarinos nus. Nas artes visuais proliferavam ilustradores, desenhistas de pôsteres, artistas conceituais e quadrinistas, entre os quais Robert Crumb, o grande nome dos quadrinhos *underground* americanos. Nem todos estavam ali por partilhar do *modus vivendi* hippie, mas a agitação política da Universidade de Berkeley, combinada com uma vida voltada para a criatividade, fora do regime de trabalho e dos objetivos comerciais da sociedade americana, seduzia a cada dia novos adeptos.

A maioria dos hippies que compareceram ao Be-In não dava a mínima para as possíveis disputas entre os estudantes ligados ao Free Speech Moviment (Movimento da Liberdade de Expressão) da Universidade de Berkeley e a turma que consumia ácido e ouvia rock na Haight, mesmo porque muitos transitavam pelos dois lados. Quem se preocupava eram as lideranças. Os grupos que pretendiam doutrinar os Estados Unidos tinham estratégias de ação e filosofias diferentes. Os ativistas de Berkeley, encabeçados por Jerry Rubin, miravam seu protesto prioritariamente na Guerra do Vietnã e viam com escárnio a porra-louquice imperante na Haight, o consumo desenfreado de drogas, a falta de articulação verbal, a festividade inconsequente e o descomprometimento da maioria.

Naquela altura, Berkeley se transformara na mais transgressora, antiguerra e pró-direitos civis das universidades americanas. Criado em 1964, o Free Speech Moviment abriu uma reação aguda contra o conservadorismo político que predominou no ambiente interno da própria instituição durante os anos do macarthismo. O recém-eleito governador da Califórnia, Ronald Reagan, definiu como uma de suas principais prioridades limpar a universidade de qualquer ativismo e começou por destituir o reitor de Berkeley, por ser muito leniente com os protestos dos estudantes. O clima era de guerra e confronto.

No terreno musical, as diferenças de atitude remontavam à discussão ainda não superada do uso ou não da guitarra elétrica como forma válida de expressão. Como notou o jornalista Charles Perry em seu livro *The Haight-Ashbury, a History*: "Berkeley desconfiava do rock'n'roll. Durante os anos do macarthismo, o rock havia sido o inimigo e o folk era a única música revolucionária. Acima de tudo, os engajados desprezavam a ausência de política na Haight e se ressentiam do fato de que esses 'zé-ninguéns' tinham roubado sua primazia como jovens rebeldes." Já os hippies consideravam superada a formulação tradicional do enfrentamento político, optando pelo discurso da transformação individual como indispensável para a transformação coletiva. Conforme resumiu na época Paul Kantner, do Jefferson Airplane, "não estamos nem aí para a política. Criamos nosso espaço e descobrimos uma maneira diferente de fazer as coisas".

Na interlocução da comunidade com o mundo externo, figuras-chave assumiram o comando, alguns por questões filosóficas ou por serem mais articulados e outros poucos, como Bill Graham, por tudo isso e também para proteger seus ganhos. Não havia ninguém que estivesse lucrando mais com a proclamada rejeição dos hippies por dinheiro, embora seja injusto enxergar apenas vantagens pessoais nas motivações de Graham. Suas iniciativas em favor da comunidade incluíam shows beneficentes, assessoria jurídica, com seus advogados à disposição para consultorias contra prisões por drogas, alistamento militar e mesmo questões de direitos autorais envolvendo os músicos. Também punha dinheiro do próprio bolso para garantir o funcionamento da Free Clinic.

O doutor David Smith, fundador e gerente da Free Clinic, reuniu um quadro de trinta médicos voluntários para tratar em tempo integral de jovens com alucinações ou qualquer outra enfermidade causada pelo consumo de drogas, bem como doenças venéreas, além de fazer trabalho preventivo. Com a autoridade de quem tratara mais de 50 mil vítimas de drogas, o Dr. Smith contava com enorme simpatia e confiança da comunidade, porque se recusava a julgar seus pacientes e a associar o alto consumo de drogas ao estilo de vida dos hippies ou a sua música. A cada vez que era convidado a dar sua opinião publicamente, costumava dizer o mesmo: o rock refletia sua época e culpá-lo pelos viciados que se multiplicavam servia apenas para eleger o bode expiatório mais óbvio e buscar a saída mais fácil.

O primeiro Human Be-In começou pontualmente às 13h de um sábado, 14 de janeiro de 1967. Durante a manhã a cidade já vivia o clima de uma festa antecipada. "As rádios não falavam em outro assunto. As pontes da cidade estavam congestionadas com micro-ônibus, as ruas de acesso à Golden Gate viraram rios de gente em festa", recordou anos depois Timothy Leary em sua autobiografia.

Na hora marcada, uma voz saiu dos alto-falantes saudando: "Bem-vindos, bem-vindos ao admirável mundo novo." Foi o ponto de partida para que se desenvolvessem diversas atividades simultâneas. Num palco, vários líderes estudantis e intelectuais destampavam falatório contra o Vietnã ou contra o sistema, enquanto em outro as principais bandas da cidade se revezavam: Grateful Dead, Quicksilver Messenger Service, Jefferson Airplane, Country Joe McDonald and The Fish, o recém-formado Moby Grape e o Big Brother and the Holding Company, que deveria estrear naquela tarde sua nova vocalista, mas, segundo Hank Harrison, biógrafo do Grateful Dead e pai da viúva de Kurt Cobain, Courtney Love, Janis Joplin passou a tarde abraçada ao artista gráfico Stanley Mouse, bêbada de uísque Southern Comfort, sem conseguir cantar uma única nota.

Nada custava dinheiro: sanduíches de peru, pastilhas de ácido, cigarros de maconha eram no máximo mercadoria de troca. Membros da gangue de motociclistas Hells Angels, não exatamente conhecidos pela cordialidade, ajudavam pais a procurar suas crianças; o grande Dizzy Gillespie andava pela multidão de 20 mil pessoas soprando seu trompete; um paraquedista desceu no meio do parque durante o show do Grateful Dead; Jerry Rubin passava o chapéu pedindo contribuições para se defender no processo legal movido contra ele pelo governo americano. Timothy Leary, vestindo um pijama branco e com pétalas de flores pela orelha, subiu ao palco e repetiu pela enésima vez seu slogan: *"tune in, turn on, drop out"* (se ligue, sintonize, caia fora). Poetas liam seus poemas, vários meditavam. Todo mundo dividia comida e vinho. Ninguém estava ali por um propósito único nem havia uma agenda a ser cumprida.

Se houve um único momento em que os hippies viveram plenamente seu projeto de utopia comunitária em imagem projetada para o resto do mundo foi nesse sábado de sol, incomum no inverno do norte da Califórnia. Curiosamente, quase todos que forneceram a trilha sonora para aquele dia especial mal tinham chegado aos 25 anos. Quase todos os que pegaram o microfone para falar já tinham passado dos 40: Timothy Leary, os poetas Gary Snider, Allen Ginsberg e Lawrence Ferlinghetti, todos ansiosos por se manter em sintonia com a nova era. Essa divisão sintetizou a ruptura entre o discurso verbal e literário dos beats dos anos 1950 com a expressão essencialmente musical dos novos boêmios.

Quando finalmente aconteceu o Be-In as principais bandas de São Francisco já haviam assinado um contrato de gravação, embora poucas considerassem prioritário esse objetivo. Atitude completamente diferente da dos grupos ingleses, que queriam ganhar o máximo de dinheiro que pudessem e não cogitavam tocar de graça para ninguém.

Pretensões carreiristas em São Francisco tinham que ser bem dissimuladas, pois poderiam soar ofensivas ao restante da comunidade. Discussões contratuais costumavam levar meses, pois os grupos locais não se convenciam com muita facilidade a se atrelar a típicos representantes do sistema. Em vez de músico batendo às portas das gravadoras, mandando fitas e fazendo testes, invertia-se o processo: as gravadoras intuíam que uma determinada banda poderia lhes dar dinheiro e prestígio, e a partir daí começava um longo período de negociações no qual os grupos jogavam duro e se portavam com arrogância.

O pensamento dominante na Haight-Ashbury determinava que alijar a música da espontaneidade de uma apresentação ao vivo e embrulhá-la para consumo sacrificaria sua integridade. A experiência integral nascia da improvisação da ausência de regras e do contato direto, no qual cessavam divisões entre músicos e plateia. Um show poderia levar até seis horas se "as vibrações estivessem certas". Compreensivelmente, temia-se que as gravadoras tentassem pasteurizar tudo, transformando a criação em fórmula para descartá-los mais adiante, quando a onda passasse. Brian Rohan, que trabalhou como advogado para Bill Graham e para a maioria das bandas locais, resumiu a essência do pensamento entre os grupos: "Em São Francisco é 'nós estamos certos, vocês estão errados, nós tomamos ácido, vocês não, nós sabemos tudo, vocês não sabem nada'." O Quicksilver Messenger Service, a última das bandas principais a assinar um contrato, não fazia segredo do seu desinteresse em construir uma carreira. Conforme lembra o guitarrista Gary Duncan, "nós não tínhamos ambições de fazer discos, só queríamos nos divertir, tocar música e ganhar dinheiro bastante para fumar maconha".

A primeira amostra do novo som de São Francisco chegou às paradas em abril de 1967 com o single "Somebody to Love", do Jefferson Airplane. Outras bandas, como Moby Grape e Grateful Dead, passaram a primavera dentro e fora dos estúdios preparando suas estreias. No início de 1967 estimava-se que houvesse de 500 a 1.500 bandas na Bay Area. Em princípio, a competição entre os grupos não estava em pauta, o espírito comunitário vinha em primeiro lugar: "Era uma cena muito encorajante", lembra Paul Kantner, "as bandas davam força umas para as outras; nas estações de rádio nós levávamos tapes do Dead, Quicksilver ou quem quer que encontrássemos. Havia um sentimento de 'nós estamos nisto juntos'."

Steve Miller, guitarrista virtuoso do Texas e fanático por blues, tocou em Berkeley no fim de 1966, enquanto morava em Chicago, onde começou sua carreira. Não demorou a perceber que o pêndulo estava se movendo rapidamente para a Califórnia e que poderia se encaixar facilmente, desde que temperasse seu som com pitadas de psicodelismo e ragas indianos tão ao gosto da plateia local. "Eu sabia que não tinha erro", diz Miller. "O Dead e o Airplane mal sabiam afinar seus instrumentos na época; o grande lance era tocar 'In the Midnight Hour' desafinado por 45 minutos."

Chegar a um resultado pela experimentação fazia parte do modelo operativo da maioria dos grupos que cultivavam a espontaneidade em detrimento da técnica, tanto por ineptude quanto por convicção. Mais preocupados em se entregar a longas viagens de ácido e desfrutar do hedonismo da hippielândia, boa parte dos músicos de São Francisco naqueles primeiros dias não dominava seu instrumento além do medíocre necessário, com raras exceções, como o baixista Jack Casady, do Airplane. Vinham em sua maioria da classe média, com uma atitude boêmia em relação à música, e começaram seguindo os passos de Bob Dylan. Manter o ritmo ou uma batida definida era um problema sério, pois quase todas as bandas tinham um violeiro tentando aprender os mistérios do baixo e da bateria.

Músicos e grupos vindos de fora entravam no clima do livre formato e dos shows estendidos, uma exigência da plateia local. O Cream, quando chegou para uma série de shows no Fillmore no final de agosto de 1967, teve que abdicar da sua hora profissionalmente cronometrada na Inglaterra para se lançar com entusiasmo aos intermináveis improvisos, algo que caía como uma luva para três músicos de técnica tão elevada. Apesar de adorar o ambiente de ebulição, o trio não se impressionou nem um pouco com o que escutou na Califórnia.

Uma das razões da crítica dos ingleses era a pouca intimidade dos músicos locais com os meandros do blues. "O que eu vi das bandas que estavam arrebentando ali — me refiro a Big Brother e Jefferson Airplane — não me deixou nada impressionado", disse Eric Clapton. "Eu estava chocado com o número de pessoas sem consciência do que tinham em seu próprio quintal." Por necessidade de preencher espaço e também por didatismo, Bill Graham vinha contratando periodicamente velhos mestres do blues para tocar no Fillmore. Já a Butterfield Blues Band, desde a antológica série de shows em março de 1966 no Avalon, voltava a São Francisco com frequência. "East-West", um épico de 13 minutos composto por Mike Bloomfield ao som de Ravi Shankar durante uma viagem de ácido, influenciara bastante vários músicos locais a incorporar em sua música elementos indianos mesclados com os doze compassos do blues.

O Cream não se deixou impressionar, mas marcou profundamente todas as bandas locais que iam ao Fillmore assisti-lo repetidamente. Jerry Garcia, guitarrista do Grateful Dead, descreveu mais tarde aquela sequência de apresentações como "uma revelação". O Jefferson Airplane, que tocava numa cidade próxima, chegou a fretar um avião para chegar a tempo do primeiro show. Sem dinheiro para o ingresso, Carlos Santana, então um aspirante a guitarrista de apenas 20 anos, deu um jeito de entrar sem pagar.

A opinião desfavorável de Clapton era partilhada por quase todos os grupos ingleses que passaram por São Francisco. Stones, Who, Jeff Beck, Jimmy Page, nenhum deles morria de amores pelo "som da costa oeste", nem deixava de perceber a mal disfarçada carência rítmica entre os locais. Mas se os ingleses manifestavam suas opiniões com certa diplomacia, o pessoal de Nova York, que não recebia um décimo da atenção da mídia e das gravadoras, desprezava abertamente o cenário musical da Califórnia. "Aquilo é simplesmente tedioso, uma mentira sem talento. Eles não sabem tocar e certamente não sabem compor. Gente como Grateful Dead, Jefferson Airplane são os chatos mais sem talento que já apareceram", disse Lou Reed. A diferença entre o *underground* nova-iorquino e a contracultura da Califórnia podia ser sintetizada na tradução musical da droga de escolha de cada segmento. À letárgica, contemplativa e colorida cultura lisérgica, Bob Dylan e especialmente o Velvet Underground contrapunham a velocidade de uma vida movida a anfetaminas: rápida, incansável, cínica, perversa e em preto e branco.

Em março, pouco antes de começar o "Verão do Amor", o Velvet Underground havia lançado seu seminal primeiro álbum, mais arrojado e consistente nas explorações de sonoridades do que qualquer coisa que as bandas de São Francisco estavam fazendo, além de armazenar um conjunto de referências culturais e literárias em seus temas de violência psíquica e ansiedade sexual só disponíveis nos discos de Bob Dylan. *Velvet Underground and Nico*, ou o disco da banana, como ficou conhecido por causa da capa ilustrada por Andy Warhol, era quase uma transposição do show Exploding Plastic Inevitable para o vinil, mas as magérrimas vendagens abalaram o grupo, que apostava num passaporte de saída da semiobscuridade.

O "disco da banana" não obteve êxito imediato, mas formou um batalhão de seguidores. Como diria anos mais tarde o admirador de primeira hora Brian Eno, "poucas pessoas ouviram o primeiro disco do Velvet, mas todos que ouviram formaram uma banda". À época, no entanto, quase ninguém deu ouvidos às pérolas viscerais despejadas por Lou Reed e cia. O mundo do rock só prestava atenção no que acontecia em Londres e São Francisco.

Não obstante críticas veementes, como as formuladas por Lou Reed, o crescimento de São Francisco como polo cultural acontecia em várias frentes de produção e difusão, para além dos shows ao vivo e fora do circuito das gravadoras. Naquele verão de 1967, a KMPX se tornou a primeira rádio FM especializada em rock. Durante anos, as rádios de frequência modulada vinham sendo usadas como veículo para o mesmo tipo de programação das AMs, distinguindo-se apenas pela qualidade de transmissão. No início de 1967, a Comissão Federal de Comunicações havia decretado que as FMs deveriam ser utilizadas para um propósito totalmente diferente das rádios comerciais. A maioria vinha se especializando em jazz e música clássica. A KMPX buscou um nicho nas novas tendências do rock.

Desde fevereiro, o DJ Larry Miller já vinha dando espaço para a produção local num programa que ia ao ar tarde da noite. Assim que se sentou em sua cadeira, o veterano Tom "Big Daddy" Donahue iniciou uma política para implementar a programação segmentada. Quem sintonizasse a KMPX poderia escutar 24 horas por dia de lados B de singles obscuros, fitas demo e os discos que iam sendo lançados pelas novas bandas de São Francisco. Durante três anos, Donahue manteve também, com pouco sucesso, um pequeno selo independente, o Autumn, especializado em bandas de garagem, mais tarde vendido para a Warner, quando ele começou a trabalhar na KMPX.

Uma das campeãs de execução na KMPX era "Not So Sweet Martha Lorraine", uma das faixas do primeiro álbum de Country Joe McDonald and The Fish, *Eletric Music for the Mind and Body*, lançado em janeiro.

Muito mais ativista político do que músico filho de militantes comunistas que o batizaram Joe em homenagem a Joseph Stalin, McDonald destacou-se como um dos poucos representantes de Berkeley no Human Be-In. Dois anos antes, ele havia lançado por um selo independente a canção "I Feel Like I'm Fixin' to Die Rag", um dos pioneiros e mais brilhantes ataques gravados contra a Guerra do Vietnã. Tentando ser coerente com seu discurso, McDonald recusou-se a assinar contrato com uma grande gravadora e lançou seu primeiro álbum também por um selo independente. A panfletagem de Country Joe ia além da ortodoxia da pregação antiguerra e se estendia pela descriminalização das drogas e pelo amor livre, na forma de um humor virulento e corrosivo. Os shows começavam invariavelmente com o *fish chorus*, ou "coro do peixe", no qual o pedido por cada letra (me dê um F...) que formava FISH terminava com jubilantes grito de FUCK da plateia.

A agenda de protestos foi sensivelmente flexibilizada quando Country Joe saiu de Berkeley para morar com Janis Joplin, a vocalista do Big Brother and the Holding Company, nas imediações da Haight-Ashbury. O casamento de desencontros não durou muito, pela impossibilidade de combinar interesses tão extremos. Country Joe adorava política, algo que aborrecia Janis mortalmente. Ele aprofundava sua música na direção da apologia ao LSD como instrumento de libertação; ela se satisfazia com talagadas de bourbon. Ademais, o momento em São Francisco não estava exatamente propício a estáveis relações monogâmicas. Como diria tempos depois Paul Kantner, "esqueçam o 'Verão do Amor', aquilo deveria se chamar 'os anos dourados da trepada'". E das drogas, alguém poderia acrescentar.

Mesmo num momento em que os líderes do movimento queriam se concentrar em estender o consumo de drogas para as massas e converter novos adeptos, o LSD continuava a ser visto como um elo orgânico na comunidade — a fonte que legitimava e realçava o caráter tribal dos que se sentiam inseridos naquela nova ordem. Em pouco tempo, os fabricantes iniciais, que se sentiam com a missão de "erguer consciências", ganharam a companhia de traficantes mais frios em seus objetivos. Eles chegavam em número cada vez maior e levavam outras drogas muito mais pesadas para uma clientela interessada em tentar novos aditivos.

O LSD ainda não havia completado 30 anos quando saiu do gueto para ser consumido em escala nacional. Histórias sobre alucinógenos em tribos indígenas e sociedades antigas são abundantes e contribuem para que se estabeleçam vários links entre as formas diferentes de tribalismo, mas a droga eleita por esses modernos primitivos para a grande piração coletiva do "Verão do Amor", a substância química que define toda uma era, havia sido descoberta casualmente em Basileia, na Suíça, 29 anos antes.

Albert Hoffman, um químico funcionário do Laboratório Sandoz, vinha realizando pesquisas havia oito anos com um fungo vermelho-escuro, a ergotina, que proliferava no trigo estragado. Durante a Idade Média, o pão feito com o trigo contaminado pela ergotina provocava a moléstia conhecida como fogo de Santo Antão, que impedia a circulação sanguínea e ia escurecendo e mutilando os dedos da mão, num processo que culminava em morte com violentas convulsões. No período do Renascimento, mulheres descobriram que pequenas quantidades da ergotina poderiam ajudar durante o trabalho de parto, apressando as contrações uterinas. Hoffman vinha sintetizando o ácido lisérgico, um dos constituintes da ergotina, que possui ricas propriedades em alcaloide, para tentar encontrar um remédio que auxiliasse na cura de enxaquecas.

Em 1938, Hoffman finalmente chegou à vigésima quinta síntese do ácido lisérgico, considerada definitiva, acrescentada do grupo químico dietilamida. Estudos preliminares realizados por cientistas mostraram-se infrutíferos, e a droga foi deixada de lado. Demoraria cinco anos para que Hoffman, por alguma razão, resolvesse retirar do armário sua descoberta. Coincidentemente, a nova experiência realizou-se algumas semanas depois de um grupo de cientistas da Universidade de Chicago descobrir a fissão nuclear que desencadearia a construção da bomba atômica, fato apontado por luminares da contracultura como um sinal cósmico da humanidade descobrindo simultaneamente as ferramentas de destruição e de renascimento.

Muitos anos depois, em 1977, já com 71 anos, Hoffman relatou a uma plateia lotada na Universidade da Califórnia o que aconteceu no dia em que voltou a explorar o LSD-25. Após preparar uma nova porção da droga, seu corpo foi tomado por estranhas sensações. Por estar trabalhando sem luvas, Hoffman acabou absorvendo um pouco de LSD através dos dedos e foi tomado por "um estranho, mas não desagradável, estado de intoxicação... caracterizado por um intenso estímulo de imaginação e alterado estado de consciência do mundo", segundo as anotações do diário lidas para uma plateia atenta, em silêncio absoluto. "Enquanto eu me deitava numa agitada condição de olhos fechados, me surgiu uma sucessão de fantásticas imagens, rapidamente mutantes, de uma realidade chocante e profundamente alterada, como um vívido e caleidoscópico mosaico de cores. Essas sensações passaram após três horas."

Três dias depois, num sábado, 19 de abril, Hoffman dissolveu ao final do expediente no laboratório 250 microgramas de LSD na água e bebeu, em nome da ciência. Por sua confissão, acreditava que os efeitos seriam mínimos. Enquanto ia para casa de bicicleta, o cientista realizou aquela que é historicamente registrada como a primeira viagem de ácido dos tempos modernos. Apesar de sentir que mal conseguia sair do lugar, seu assistente que seguia logo atrás relatou que sua bicicleta estava sendo pedalada em alta velocidade. Ele via o asfalto subindo e caindo, como o movimento das ondas do mar, e os prédios da rua em estranha distorção, como objetos postos defronte a uma sala de espelhos. Quando chegou em casa, Hoffman ligou para seu médico, assustado porque os efeitos não desapareciam. Ele temia estar enlouquecendo. "Ocasionalmente eu me sentia como se estivesse fora do meu corpo... achei que tivesse morrido. Meu ego parecia suspenso em algum lugar no espaço. Eu vi meu corpo estirado, morto no sofá."

Apesar da certeza de que sua descoberta poderia armazenar um estoque amplo de informações sobre estudos a respeito dos mecanismos de funcionamento mental, Hoffman não estava seguro sobre o que deveria fazer. O Laboratório Sandoz pretendia realizar experimentos exclusivamente em ratos, gatos e chimpanzés, mas um grupo de cientistas, entre os quais o próprio Hoffman, começou a usar o LSD à guisa do interesse científico. A droga começou a se disseminar quando Howard Stoll, colega de trabalho e filho do patrão de Hoffman, ingeriu uma dose e iniciou experimentos com esquizofrênicos, sete anos antes de Humphry Osmond fazer a mesma coisa com a mescalina no Canadá.

Em 1947, Werner Stoll, proprietário do laboratório, começou a publicar artigos destacando o processo de agilização do pensamento e o aparente efeito tranquilizante sobre esquizofrênicos advindo do LSD. Ao mesmo tempo, prontificou-se a atender pedidos de professores ao redor do mundo que requisitassem a droga. Na época, a CIA fechou um acordo com o laboratório para adquirir 100 gramas de LSD por semana, com o compromisso de que qualquer pedido semelhante proveniente de países comunistas fosse recusado. Alegadamente, o órgão de inteligência americano iniciou naquele mesmo período a operação MK-ULTRA, que envolveu pesquisas sobre o desenvolvimento de agentes químicos e biológicos durante a Guerra Fria, bem como programas de manipulação e lavagem cerebral em resposta às mesmas formas de controle exercidas pela China e União Soviética durante a Guerra da Coreia.

Naqueles primeiros tempos, o número de pessoas envolvidas com a produção e disseminação do LSD podia ser contado nos dedos da mão. Em meados dos anos 1950, a droga chegou aos Estados Unidos por intermédio de um grupo de intelectuais, entre os quais Aldous Huxley, o filósofo Alan Watts e o psiquiatra Oscar Janiger, que acompanhara todos os artigos de Werner Stoll com o máximo interesse. Janiger foi o primeiro a teorizar sobre uma suposta ampliação da sensibilidade de percepção artística pela ação do ácido.

O LSD não demorou a conquistar a comunidade cinematográfica de Hollywood, graças à propaganda boca a boca. O ator Cary Grant tomou a droga sob a supervisão de Janiger e se tornou um ativo propagandista de seus efeitos. O mesmo aconteceu com a escritora Anaïs Nin. O ator Jack Nicholson, que na época se arranjava com pequenos trabalhos como figurante, mais tarde reivindicou a primazia de ter sido uma das primeiras pessoas no país a experimentar a droga. Baseado em sua larga experiência, em 1967, pegando carona na disseminação do consumo, Nicholson assinou o roteiro de *Viagem ao mundo da alucinação* (*The Trip*), filme B sobre as transformações impostas pelo LSD em um diretor de publicidade.

Um dos grandes propagandistas e patrocinadores da fabricação de LSD serviu na Marinha americana durante a Segunda Guerra e, após dar baixa, começou a ganhar uma fortuna como empreendedor no ramo de negócios ligados ao urânio. Alfred M. Hubbard já tinha 50 anos quando teve sua primeira experiência lisérgica e se viu tomado por uma luz divinatória que deveria ser divulgada ao restante da humanidade. Por intermédio de seu médico, ele comprou 400 frascos de LSD e começou a distribuí-los pela costa leste e pelo Canadá com fervor apostólico. Os convertidos o chamavam "Johnny Appleseed of LSD" (Johnny Semeador de Ácido). Alguns desses frascos chegaram às mãos dos escritores beatniks em Nova York, que rapidamente se tornaram adeptos. Em Harvard, o físico Timothy Leary, em plena crise de meia-idade, ao voltar de uma viagem a Cuernavaca, no México, começou a conduzir experimentos psicodélicos ao lado de outro professor, Richard Alpert, com quem publicou o livro *A experiência psicodélica*, cujos aforismos inspiraram John Lennon a compor "Tomorrow Never Knows".

Mas era fora da área da universidade, num apartamento privado, com estudantes selecionados da pós-graduação, que se realizavam as verdadeiras explorações lisérgicas com teor terapêutico. Harvard expulsou Leary e Alpert, mas com eles saíram alguns professores e alunos determinados a segui-los numa cruzada que deu origem à Federação

Internacional para a Liberdade Interior. Sua missão, segundo Leary, era "estabelecer centros de pesquisa por todo os Estados Unidos para que nele fossem conduzidas sessões de treinamento com drogas psicodélicas".

A tribo de Leary, que já reunia cerca de trinta pessoas, instalou-se em Millbrook, a duas horas de Nova York, numa mansão de propriedade de um milionário membro itinerante do grupo. Pelo local paradisíaco cercado por bosques, fontes, quadras de esporte e aquários, o grupo pagava quinhentos dólares a título de aluguel. O dinheiro geralmente vinha de palestras ou artigos escritos para revistas científicas ou festas bimestrais organizadas com o objetivo de levantar fundos para financiar a "busca coletiva de uma consciência conjunta".

Quase simultaneamente à experiência coletiva de Millbrook, Ken Kesey começava a organizar na Califórnia os primeiros testes de ácido. Assim como Leary, Kesey tinha um poder galvanizador, embora qualquer semelhança entre ambos terminasse aí. Enquanto Leary abordava o conjunto de possibilidades geradas pelo ácido de forma cerimoniosa e filosófica, Kesey buscava sua faceta mais lúdica, festiva, como se a ação do LSD eliminasse todas as barreiras erguidas pelo superego e gerasse alegria sem nenhuma repressão, como pura resistência a qualquer tipo de autoridade.

Kesey e sua turma de proto-hippies caíram na estrada no verão de 1964 num ônibus pintado com cores psicodélicas. Eles se vestiam com capas de super-heróis, roupas coloridas e com as cores da bandeira americana. O ônibus tinha um buraco no teto, de forma que sempre havia um DJ fornecendo música para os viajantes e também para os transeuntes por meio de alto-falantes. Ninguém podia ignorar os Merry Pranksters. Segundo Allen Ginsberg, "o real significado da viagem de ônibus de Kesey no verão de 1964 foi um sinal cultural que veio exatamente quando a nação estava no precipício de um despertar e uma enorme mudança".

Na maior parte do tempo quem dirigia o ônibus era o legendário Neal Casady, beatnik de primeira hora, grande paixão de Allen Ginsberg e base do personagem Dean Moriarty de *On the Road*, escrito por seu assíduo missivista Jack Kerouac. Casady entrou na caravana Prankster após cumprir dois anos de prisão pela posse de um cigarro de maconha. Quando chegaram a São Francisco, os Pranksters se integraram ao ambiente dos hippies e desajustados locais e por lá se fixaram na certeza de que em nenhum outro lugar poderiam ser mais bem entendidos. No meio do caminho, o ônibus parou em Millbrook, onde a expectativa por uma calorosa recepção se desmanchou em desapontamento. O local parecia um templo budista aos olhos dos irrecuperáveis anarquistas. Leary alegadamente se recusou a sair do quarto, ocupado que estava com sua meditação. Os Pranksters batizaram o lugar de "viagem de cripta", ligaram o motor e arrancaram após um tempo no qual, segundo Leary, "muito sexo e drogas rolaram entre os dois grupos".

Os primeiros testes de ácido realizados no início de 1965 aconteciam na casa de Ken Babbs, um dos líderes dos Pranksters, em Santa Cruz, cidadezinha nos arrabaldes de São Francisco. De acordo com o jornalista Tom Wolfe, em seu livro *The Electric Kool-Aid Acid Test*, tudo começava "como uma festa com filmes projetados na parede, tapes e com os Pranksters providenciando eles próprios a música, além do LSD". O evento começou a crescer e ganhou fama após a participação dos Rolling Stones, quando estiveram na cidade naquela excursão do verão de 1965. As festas passaram a acontecer em La Honda, ao sul de São Francisco, para uma turma cada vez maior, na ampla propriedade comprada por Ken Kesey com a dinheirama recebida por *Um estranho no ninho*.

Nas festas de Kesey, o Grateful Dead era a banda titular. Os testes de ácido criaram o elo entre uma geração de boêmios representada por Kesey e os pioneiros hippies, algo que seria crucial na definição do perfil da nascente contracultura. Jerry Garcia, guitarrista do Grateful Dead, aponta naquele intercâmbio o ponto nevrálgico da nova diretriz que sua banda passaria a tomar. "Até encontrar Neal Casady eu estava decidido a me tornar um artista gráfico. Ele ajudou o Grateful Dead a nos tornar o que somos, a atingir o máximo com um mínimo de recursos."

O Dead operava uma espécie de nexo entre os beatniks e o *flower power*. Muitos contemporâneos lembram esse vínculo para minimizar o lado tolo e ingênuo ressaltado pelos que veem no fenômeno hippie apenas o desbunde de classe média adornado por flores no cabelo, passividade e *patchouli*. Garcia sempre reivindicou a associação: "Nossos antecedentes vinham daquele espaço beatnik profundamente cínico que se desenvolveu em algo mais aprazível com o advento dos psicodélicos." Para a mídia, pelo menos, ainda não havia razão para distinções entre uma tribo e outra, e ambas as denominações, decorrentes de uma necessidade de rotular tudo, eram consideradas corretas.

O hoje falecido Ken Kesey recordava-se do Grateful Dead como festeiros incansáveis que queriam continuar tocando e tomando LSD depois que o último convidado já tinha ido embora. O desfecho dessa amizade não foi dos mais felizes. Num dos testes de ácido realizados em Los Angeles uma briga estourou enquanto os Pranksters filmavam o desespero de uma garota de 17 anos em meio a uma *bad trip*, atitude que os componentes do Dead classificaram de fascista e impiedosa.

Se Ken Kesey e Timothy Leary eram os aclamados gurus das drogas, os testes de ácido revelaram outra figura enigmática que não atingiu o mesmo grau de celebridade, mas ganhou o status de lenda em São Francisco por sua estreita ligação com as bandas, especialmente o Grateful Dead. Augustus Owsley Stanley III tinha 30 anos quando se estabeleceu como o grande mago do LSD e ganhou o título de "prefeito extraoficial da Haight-Ashbury", mas já havia rompido todos os seus laços familiares desde os 19 anos. Seu pai era um procurador da República e seu avô, senador pelo estado do Kentucky.

Quando começaram os primeiros testes de ácido, Owsley vivia em Berkeley com uma namorada graduada em química. Juntos, começaram a fabricar e vender LSD, produzido num banheiro convertido em laboratório. Sua aptidão científica e inteligência fora do comum já haviam lhe garantido uma bolsa para o curso de engenharia química da Universidade da Virgínia, mas a paciência com a lentidão e os métodos ortodoxos da vida acadêmica não durou mais do que um ano.

Mesmo com o término do namoro, Owsley continuou a comercializar drogas e estabelecer uma reputação de fabricante do melhor LSD do mundo. Perfeccionista obsessivo, insistia nas vibrações corretas para a fabricação de alucinógenos, pois, no seu julgamento, esse era o dado fundamental para o sucesso da viagem posterior. Poucos tinham acesso ao seu laboratório, o que gerou boatos nunca negados sobre cerimônias ocultas nas quais Oswley vestia uma túnica indiana e lia palavras mágicas enquanto sacramentava suas receitas. O LSD saía para as ruas em formato gelatinoso ou líquido (chamado "leite materno"), até que, para evitar falsificações, Owsley começou a investir na confecção de pequenas pílulas, que recebiam uma coloração diferente a cada nova fornada. Quando saiu o tablete laranja, o famoso *Orange Sunshine*, os integrantes do Jefferson Airplane atiraram vários do palco do Fillmore para serem disputados pela plateia.

Uma viagem diretamente do seu laboratório doméstico custava dois dólares, mas Owsley distribuiu gratuitamente a mesma quantidade de todo o LSD que vendeu, pois acreditava que sua missão era "despertar consciências". Mesmo com toda a caridade, havia um bom dinheiro a ser ganho. Não por acaso, a *Newsweek* lhe concedeu o título de "Henry Ford do LSD". Quando a droga ainda continuava legal na Califórnia, Owsley comprou, por vinte mil dólares, 500 gramas de monoidrato de ácido lisérgico e com esse material produziu nada menos do que um milhão e meio de doses.

Em 1967, Owsley, ou "Urso", como ele gostava de ser chamado, ainda preservava a amizade com o Grateful Dead, o que rendeu inclusive um potente equipamento de som custeado com a venda de drogas, mas já não partilhava a mesma casa. O curto período de convivência em Los Angeles provou que a amizade funcionaria melhor a distância. Segundo um membro do grupo, Owsley falava compulsivamente, como um disco arranhado, e comia quatro bifes por dia por acreditar que legumes eram veneno. A quem estranhasse, ele explicava didaticamente sua tese de que, se o homem descendia dos primatas carnívoros, vegetais nada mais eram do que lento envenenamento.

Rock Scully, assistente de Owsley, continuou trabalhando como um misto de empresário e roadie para o Grateful Dead pelos vinte anos seguintes. Quando foi pela primeira vez a um show da banda, em 1965, Scully achou numa primeira impressão que tinha encontrado a gangue mais feia do mundo. De fato, o Dead formava uma combinação no mínimo exótica. Na frente, Jerry Garcia, o gordo guitarrista, comandava todas as atenções, ladeado por Phil Lesh, um concentrado baixista que estudava música eletrônica seriamente, e Bob Weir, outro guitarrista, mal saído da adolescência. Atrás dos teclados ficava um tipo mal-encarado apelidado de Pigpen por causa do personagem da turma do Charlie Brown que nunca tomava banho. O quinteto se completava com Bill Kreutzmann, considerado o melhor baterista de São Francisco.

Assim que voltou de Los Angeles, o Grateful Dead alugou uma casa em plena rua Ashbury, número 710, para instalar todos os membros do grupo, mais os agregados, numa espécie de comuna. Seu guru Neal Casady, por exemplo, depois de um tempo com os Pranksters, morou no sótão da casa antes de morrer no México, sozinho, no início de 1968. Além de residência e local de ensaio, a enorme casa funcionava como quartel-general da Organização Legal da Haight-Ashbury. Em plena primavera de 1967, enquanto a fama de São Francisco atravessava fronteiras, qualquer membro do Dead podia ser visto circulando pelas ruas, tomando uma brisa ou enrolando um baseado no jardim. As portas estavam sempre abertas.

David Simpson, um dos principais líderes da Haight, explica o relacionamento dos grupos com os anônimos da comunidade: "É muito importante saber quão próxima a comunidade alternativa de São Francisco se sentia da música de artistas específicos — o Grateful Dead, o

Jefferson Airplane, o Messenger Service e o Big Brother and the Holding Company. Eles eram nossas bandas, eram nossos músicos. Nem eles nem nós víamos distinção entre os artistas e as pessoas, e isso dava à música uma força enorme. Em 1968 ninguém mais dançava nos shows de rock, mas em 1966 e 1967 ninguém se sentava. Era completamente impossível. Os concertos eram uma miscelânea de corpos. Era um maravilhoso e inspirado senso de unidade." Jerry Garcia confirmou esse relato: "O melhor de tudo era que o público todo dançava. O palco no Avalon era baixo. Você poderia chutar o rosto das pessoas se quisesse — e muitas vezes você conversava com elas. Nós éramos parte daquele mundo. Estávamos tocando para nossa família, de certa forma." Essa forte aliança comunitária levou o Quicksilver Messenger Service a não ter interesse em se apresentar fora da Califórnia uma única vez até 1969.

Desde os primeiros shows, quando ainda se chamavam Warlocks, Jerry Garcia polarizava todas as atenções nas apresentações do Grateful Dead. Era o grande catalisador, o líder extraoficial, o símbolo do que o Dead significava e da filosofia de vida que defendia e praticava. Anos depois, quando ele finalmente morreu, após a capitulação de seu organismo ante uma vida de excessos, São Francisco decretou luto oficial por três dias em homenagem ao homem que deu nome a uma marca de sorvete (Cherry Garcia) e fez de sua vida boêmia e libertária a própria imagem da cidade assimilada pelo resto do mundo. O Dead sobreviveu à morte de Pigpen e à saída de outros membros, mas não resistiu à perda de Garcia. Desde 1967 todos sabiam que ele não era o melhor instrumentista do grupo, nem o melhor cantor, mas ninguém discutia que era a alma, o coração e o ponto focal do Grateful Dead.

Ao se render às possibilidades do LSD e incorporar seus efeitos na diretriz musical, o Dead deixou de ser mais uma banda americana encantada com os Rolling Stones para abraçar uma forma livre de expressão e descompressão de limites. Por influência direta dos beatniks, que tentavam estabelecer um correspondente literário do cool jazz, uma canção qualquer poderia começar num formato simples, passar por várias metamorfoses durante seu curso e durar vinte minutos, às vezes duas horas. A música do Dead nunca se cercou dos efeitos comumente aplicados aos arranjos psicodélicos para a reprodução de imagens mentais lisérgicas (tapes rodados ao contrário, instrumentos indianos, experimentação com rudimentos eletrônicos, vozes superpostas). Sua música se baseava num tipo de rhythm'n'blues progressivo sem o rigor profissional dos grupos ingleses. À época, a jornalista Lillian Roxon escreveu com percepção que o Dead não tocava o que se chamava de acid rock ou rock psicodélico, e sim um sólido blues tradicional.

Quando as gravadoras começaram a perceber o que acontecia na Bay Area, o Grateful Dead surgiu naturalmente como um dos alvos preferenciais. No final de 1966, a Warner Bros. despachou um de seus roteiristas contratados para São Francisco, onde pretendia rodar um filme sobre os beatniks. Stan Cornyn sondou o ambiente e voltou para casa uma semana depois, ainda incrédulo com o que testemunhara: "Eu vi coisas que nunca tinha visto antes. Shows de luzes. Isso era arte experimental, luzes negras e luzes estroboscópicas plantadas dentro de aparelhos de televisão. Aquilo não tinha um nome ainda, pelo menos para mim." O que mais o espantou foi que tudo acontecia sem que os jornais, a televisão ou qualquer outro segmento da indústria de entretenimento prestasse qualquer atenção.

Por indicação de Stan Cornyn, a Warner decidiu investir no Grateful Dead como banda representativa da cena. Mas acenar com contrato não era suficiente. O conglomerado que se especializara no entretenimento estritamente familiar de Las Vegas e Los Angeles precisava agora repensar seu modelo de negociação e encarar o estilo comunitário do Grateful Dead. Em termos práticos, isso significava que uma reunião de negócios poderia agregar cerca de cinquenta ou sessenta pessoas, pois todos que tinham alguma ligação de trabalho ou de amizade com a banda faziam parte da "família". O fato de se manterem irredutíveis na manutenção da integridade artística não impedia que Rock Scully tentasse arrancar o máximo de dinheiro possível dos engravatados. Já os membros da banda brigavam por caprichos mais prosaicos, como um orçamento extra para distribuição de frutas para a plateia. Por fim eles chegaram à conclusão de que as negociações só chegariam a um bom termo se Joe Smith, vice-presidente da gravadora, concordasse em viajar de ácido com eles. A oferta foi educadamente recusada.

Com o contrato finalmente assinado, a Warner decidiu organizar uma grande celebração. Os representantes da gravadora chegaram para a festa psicodélica no Fugazi Hall, em North Beach, envergando paletós com um enorme WB (Warner Bros.) bordado no bolso, como se tivessem descido de outro planeta. Stan Cornyn estava particularmente impressionado pela visão de uma garota sentada no chão que balançava a cabeça ao som da música como se estivesse em transe pela fumaça de gelo seco saída de um tubo de máquina de lavar. Assim que a banda parou para um intervalo, o time dos executivos se reuniu com os músicos no palco, numa combinação no mínimo exótica. Joe Smith pegou o microfone e caprichou: "Eu só queria dizer que é uma honra para a Warner Bros. poder apresentar o Grateful Dead e sua música ao mundo." Quando chegou sua vez, Jerry Garcia não hesitou: "Eu só queria dizer que é uma honra para o Grateful Dead apresentar a gravadora Warner Bros. ao mundo."

O primeiro disco do Grateful Dead, lançado em março de 1967, resultou numa péssima estreia, que não agradou à gravadora e muito menos à banda, hesitante entre exibir fôlego comercial e preservar a energia das apresentações ao vivo. Quando chegou aos estúdios da RCA Victor em Los Angeles, no começo de janeiro de 1967, para a gravação-relâmpago de quatro dias, o Dead encontrou no estúdio seus amigos do Jefferson Airplane dando os retoques finais no ambicioso álbum *Surrealistic Pillow*, que seria lançado no mês seguinte. O grupo comercialmente mais bem-sucedido de São Francisco mantinha uma relação ambivalente com o sucesso e com a fama. Quando comparado ao purismo do Dead, o Jefferson Airplane até passaria como mais profissional, mas, aos olhos de sua gravadora, eles não passavam de garotos de classe média mal-acostumados e cheios de vontades. Tinham crédito junto aos executivos porque foram os primeiros do chamado "som de São Francisco" a assinar um contrato e por serem os únicos a produzir algum sucesso comercial.

A entrada da vocalista Grace Slick, em meados de 1966, mudou radicalmente o glossário de estilos e a própria definição visual do Jefferson Airplane. Mais velha do que todos, com quase 30 anos e um casamento de véu e grinalda desfeito, Grace não tardou a exercer um papel dominante entre a maioria masculina e alterar completamente a dinâmica interna da banda. No palco ela se tornou a principal referência, como Jerry Garcia no Grateful Dead, roubando as atenções dirigidas ao outro vocalista, Marty Balin, cujas plangentes e belas baladas de amor começaram a perder espaço no repertório do grupo.

Com seus instrumentos, Grace Slick levou para o Jefferson Airplane duas canções do repertório de seu antigo grupo, The Great Society: "Somebody to Love" chegou às rádios no rastro do Human Be-In e "White Rabbit", uma insinuante releitura de *Alice no País das Maravilhas*, com um arranjo estruturado em cima do "Bolero" de Ravel que terminava com uma declaração inequívoca: *feed your head* (alimente sua cuca). "Os adultos estavam nos atacando por tomarmos drogas", relembra Grace. "O que eu escrevi na canção foi para dizer 'por que você leu essa história para mim? Olhe o que essa história diz'."

Grace Slick subiu ao trono de rainha da cena de São Francisco ao lado de Janis Joplin, mas, ao contrário da vocalista do Big Brother, não tinha nenhuma pretensão de encarnar o papel da mulher mal-amada, uma sofredora *big mama* do blues. Grace queria poder e controle sobre sua vida e sua banda. Ela foi para a cama com todo o núcleo masculino original do Airplane, com exceção de seu colega de vocais, e, em diferentes períodos, foi casada com dois deles.

Muitos integrantes da cena hippie olhavam para o Airplane com certo desprezo, como se o grupo tivesse vendido a alma ao diabo, mas o grande sucesso do álbum *Surrealistic Pillow* contribuiu decisivamente para que outras bandas também encontrassem espaço nas gravadoras.

Mal o single "White Rabbit" começou a tocar nas rádios, o Airplane fechou um contrato com a Levi's para uma série de propagandas de rádio, que acabaram sendo suspensas por causa das pressões que o grupo sofreu em São Francisco.

Mesmo com os bolsos cheios e cultivando uma relação ambígua com o capital, o Airplane, como qualquer outro grupo da cidade, se disponibilizava para apresentações gratuitas em favor do "movimento" quando não tinha que cumprir compromissos cada vez mais frequentes. Seus integrantes criavam canções-manifesto de consumo fácil para a maioria americana que tinha apenas uma vaga ideia do que estava acontecendo na Califórnia.

Internamente, a formação homogênea garantia a uniformidade de propósitos. Todos compunham, mas eram apenas medianos, com alguns lampejos que garantiam uma cota de boas canções em cada álbum. Não havia nenhum talento dominante, nenhum fora de série. As forças individuais da banda estavam nos dois excelentes vocalistas e em Jack Casady, que formava com Paul McCartney e John Entwistle, do The Who, a tríade dos grandes baixistas da época.

No final de 1967, o Jefferson Airplane comprou uma mansão de 17 quartos na Fulton Street, próximo à saída norte do Parque Golden Gate, pertíssimo da Haight-Ashbury, que servia como local de ensaio, escritório de negócios e residência permanente ou ocasional dos integrantes e amigos, além do traficante particular da banda, que morava no porão. Com o dinheiro entrando aos montes graças aos altos cachês obtidos em cada show, promoviam festas homéricas regadas a sexo e drogas. O grupo ficava cada vez menos em São Francisco. A própria casa foi uma tentativa de impor uma distância da comunidade hippie, que se descaracterizava a cada dia, ironicamente, em grande parte, por causa da popularização do próprio Jefferson Airplane, da Haight e dos hippies em geral.

A profissionalização da cena musical em São Francisco aconteceu a duras penas e de forma contraditória, algo compreensível, já que a maioria de seus protagonistas estava em estado alterado de percepção mais da metade do tempo. A dúvida que permanece é se essa cultura teria força suficiente para ampliar os limites do gueto se não tivesse sido absorvida como fonte de lucros para o "sistema". Alguns elementos contribuem para dificultar, em vez de elucidar a resposta. A extensão dos símbolos visuais, musicais e verbais do que definia a dinâmica das relações em São Francisco se expandiu para além da comunidade antes mesmo de a inevitável capitalização acontecer. Quando se deram conta do que estava acontecendo, os gerentes de produção das gravadoras precisaram elaborar um longo exercício de reflexão para entender como bandas que nunca haviam lançado um disco de sucesso ou mesmo um disco qualquer podiam reunir até dez mil pessoas num show aberto.

A razão para essa "capitulação" não pode ser creditada apenas à ambiguidade das bandas, que usufruíam do sucesso enquanto o criticavam. A inabilidade de administrar negócios tornava inviável qualquer tentativa de criar uma gravadora alternativa para representar os interesses da comunidade. Tom Donahue chegou a manter um selo, o Autumn, durante dois anos, mas em 1966 negociou os direitos do selo e de seus contratados com o conglomerado Warner. "Quando se está tomando ácido três, quatro vezes por semana, é muito difícil falar com 37 distribuidores e perguntar para eles no primeiro dia onde está seu dinheiro, no segundo dia o que eles estão fazendo a respeito de seus discos e no terceiro dia onde está seu dinheiro", contou Donahue, falecido em 1974.

No meio desse cenário caótico que se organizava entropicamente, Bill Graham, dono do Fillmore e empresário do Airplane durante o ano de 1967, destacava-se como uma ilha de profissionalismo. Para muitos, suas ações eram equivalentes às de um mercenário que se beneficiava da cultura local para encher os bolsos de dinheiro e ainda tentava enquadrar todo mundo apenas para atender seus próprios interesses. Para a imprensa, frequentemente falava com a autoridade de maior promotor de eventos local vendendo a ideia de que São Francisco atrairia mais de quatro milhões de pessoas no "Verão do Amor", o que deixava os puristas furiosos.

Por mais que adorasse a música, Graham não escondia que também gostava muito dos lucros. Uma vez por semana ele andava pelas lojas da Haight que vendiam ingressos para shows no Fillmore coletando pessoalmente 10% do total arrecadado e voltava para casa com milhares de dólares numa bolsa marrom. O gerenciamento do Fillmore também era executado com mão de ferro. Graham mantinha um cronograma de três shows por noite e exigia que as bandas subissem ao palco rigorosamente no horário. Prioridade para ele, mas não para as bandas hedonistas da Haight. Quando um dos frequentes atrasos ocorria, as vaias invariavelmente sobravam para o furibundo Graham. "Nós queremos romper, nós queremos revolucionar, nós queremos liberdade, nós queremos mais expressão", disse Graham, com o tom de um bedel de escola, em 1969, à revista *Crawdaddy*. "Nós só não queremos olhar os relógios — mas tenho de arcar com isso, porque estou envolvido com o outro lado. Eu sou aquele que recolhe o dinheiro do público quando ele chega à bilheteria."

Além da qualidade muito superior dos equipamentos de som e iluminação, e de oferecer uma estrutura incomparável aos músicos, o Fillmore se destacava pelos pôsteres de divulgação, hoje cotados como peças de colecionador e vendidos por uma fortuna. George Hunter e Mike Ferguson desenharam o primeiro cartaz psicodélico para divulgar shows no verão de 1965, mas ninguém refinou tanto a arte de definir uma representação visual para a cultura das drogas quanto Wes Wilson, o principal desenhista dos cartazes promocionais de shows em São Francisco. Fortemente influenciado pela art nouveau e pelos pintores românticos ingleses do século XIX, seu estilo era imitado por quase todos os profissionais do ramo, apesar de ninguém conseguir imprimir a mesma criatividade e precisão no traço. Não demorou para que Bill Graham olhasse para os pôsteres e começasse a enxergar notas de cem dólares.

Após uma reportagem publicada na revista *Time* no começo de 1967, os pôsteres de Wilson se tornaram um produto lucrativo à parte, uma vez que cada república de estudantes no país queria ter sua própria reprodução pendurada na parede. Wilson providenciou o registro autoral dos quarenta primeiros pôsteres que desenhou, mas Bill Graham o convenceu a ceder os direitos autorais dos restantes num contrato que poderia beneficiar a ambos. Poucos dias depois, Graham declarou ao *New York Times* ter vendido mais de cem mil cópias de um pôster desenhado por Wilson. Em acordo verbal, Wilson acertara ganhar seis centavos por cada dólar arrecadado com o comércio dos pôsteres. Pelos seus cálculos, teria seis mil dólares a receber, mas, sem se preocupar com contratos, confiou na palavra de Graham e viveria a vida inteira amaldiçoando seu ex-patrão por isso.

Os pôsteres de Wes Wilson renderam fortunas para terceiros, mas ele próprio ganhou pouco dinheiro. "Como outros que ingenuamente acreditaram em suas palavras, eu fui enganado por Bill a respeito da venda de pôsteres, patentes e direitos autorais. Todo o *hype* do mundo não pode apagar aquela experiência da minha cabeça. Aconteceu." Wilson se demitiu em maio de 1967 e deixou como derradeiro trabalho um cartaz no qual o dono do Fillmore aparecia desenhado ao fundo, quase imperceptível, como uma cobra com um símbolo do dólar entre os dentes.

O grande capitalista da cena de São Francisco tinha paixão genuína pelo que fazia. Não se deve perder de vista que, por apresentar velhos artistas esquecidos do blues, Graham tinha prejuízo com parte do dinheiro que arrecadava com as grandes bandas, mas achava que era sua obrigação não apenas entreter, mas educar seu público. Em que pesem todas as altercações, a proximidade física com os músicos locais facilitava o entendimento mesmo diante das faltas que mais lhe enervavam. Muito mais difícil para os artistas era lidar com os executivos de gravadoras, que não se interessavam por rock e só conseguiam diferenciar um grupo do outro pelo nome. E as pressões não tardaram a chegar.

O Grateful Dead não se preocupou com as vendas pífias de seu primeiro disco, mas detestou o conteúdo e decidiu que não ia gravar mais nada a toque de caixa. Sete meses depois de entrar no estúdio para o segundo álbum, recebeu um carta nada amistosa de Joe Smith cobrando profissionalismo da banda: "O Grateful Dead ainda não é uma das atrações de ponta da indústria. Suas atitudes e sua inabilidade para cuidar dos negócios quando é a hora de fazê-lo podem nos levar a acreditar que eles nunca serão realmente importantes. Não importa quão talentoso seu grupo seja, é preciso colocar algum esforço próprio no negócio antes de chegar a algum lugar." A carta foi encontrada mais tarde em algum lugar da casa da banda com um grande "foda-se" escrito.

A história do Moby Grape constitui o melhor exemplo de como a intervenção desastrada das gravadoras podia arruinar uma carreira promissora. No final de 1966 começou a circular a notícia de que surgia em São Francisco uma banda para superar todas as outras. Logo um leilão entre as gravadoras se estabeleceu para decidir quem ficaria com o passe do Moby Grape. O produtor David Rubinson, da Columbia Records, se impressionou num show em Sausalito com o potente som que vinha das três guitarras, formação inédita no rock até então. "Levamos uns seis meses para contratá-los, porque todo mundo os queria. Jac Holzman, presidente da Elektra, me chamou numa reunião secreta e me ofereceu um emprego se eu conseguisse levar o Moby Grape para seu selo."

Durante março e abril de 1967, o Moby Grape, de contrato assinado com a Columbia, trancou-se no estúdio, gravando uma sólida síntese das diferentes influências de seus músicos com potência, equilíbrio e senso de unidade. Cada um dos cinco integrantes contribuiu com suas próprias composições. Animada com o resultado, a gravadora optou por uma tática suicida e decidiu num lance improcedente lançar as dez músicas já gravadas em cinco singles ao mesmo tempo, todos fracassos absolutos, inclusive "Changes", uma das antenas dos hippies frequentadores do Parque Golden Gate nos sábados à tarde. Os críticos passaram a suspeitar de um *hype* desmedido. Para agravar a injúria, todo o grupo foi preso por posse de drogas na mesma noite da festa de lançamento do primeiro álbum. Junte-se tudo isso a problemas legais com o empresário e estava pronta a receita do desastre. Conforme notou o jornalista David Fricke, na capa de apresentação de sua coletânea definitiva, o Moby Grape ficou na história do rock, infelizmente, como "uma abjeta lição de como não ser bem-sucedido na indústria da música".

A entrada no negócio no qual antes reinava a espontaneidade marcou a chegada do profissionalismo, mas também iniciou o processo de descaracterização que culminaria com o controle absoluto do "som de São Francisco" por quem representava tudo que a Haight-Ashbury combatia. E o chamado "Verão do Amor" tinha apenas começado.

CAPÍTULO 6   Aventuras subterrâneas

Let's try it another way
You'll lose your mind and play

Syd Barrett, "See Emily Play"

Em janeiro de 1967, poucos dias depois do primeiro Human Be-In em São Francisco, Chet Helms desembarcou em Londres com planos de montar uma filial londrina da Avalon, sua casa de shows. No norte da Califórnia, a concorrência com Bill Graham começava a ficar dramática e o número de frequentadores do Avalon definhava a olhos vistos.

Os grandes promotores de eventos do *underground* londrino estavam ansiosos por trocar informações com um dos produtores mais renomados da costa oeste, alguém que como eles lutava para se estabelecer fora do sistema. Esforços não foram poupados para mostrar como a cultura psicodélica estava dando frutos em pleno solo europeu. Helms procurou ativamente um espaço para shows durante alguns dias, principalmente em antigos abrigos antiaéreos remanescentes da Segunda Guerra, mas logo percebeu que seria absurdo tentar gerenciar um clube a cinco mil quilômetros de casa. Melhor seria esquecer o assunto e curtir as baladas londrinas.

Os principais cicerones de Chet Helms durante sua permanência em Londres foram Barry Miles, um dos sócios do *International Times*, jornal oficial do psicodelismo londrino, e John Hopkins, conhecido como Hoppy, proprietário do clube UFO, inaugurado um mês antes e eleito parada obrigatória por todos que se pretendiam militantes da cena *underground*. A contracultura que começava a se expandir em Londres tirou o foco de atenção das butiques de Carnaby Street e da tribo dos *mods*, enquanto apostava numa sintonia com a revolução cultural que acontecia em São Francisco. Mas aos olhos de Helms tudo parecia artificial e suas reações mal podiam disfarçar um ar condescendente de quem já havia visto tudo aquilo muito antes e muito melhor, principalmente os shows de luzes, que lhe pareceram incipientes demais.

Mesmo nascido à sombra da estética hippie fundada em São Francisco, o *underground* londrino possuía fôlego suficiente para ser muito mais do que um apêndice ou suplemento da matriz. Numa avaliação estritamente musical, o que se produzia em Londres na época era mais sofisticado, diversificado e inventivo do que seu similar californiano, excessivamente preso a informações derivadas apenas da fonte tradicional da música americana. Algumas bandas, como Pink Floyd e Soft Machine, estavam muito mais próximas dos experimentos do Velvet Underground do que do blues progressivo do Grateful Dead.

A tribo *underground* também queria interferir para valer no debate cultural e político do país. A bagagem de conhecimento adquirida durante anos nos bancos de escolas públicas era a ferramenta adequada para a criação de uma plataforma de diálogo direto com as mudanças que se operavam em várias frentes da sociedade. Para esses jovens atores do espaço urbano, só havia saída na organização de movimentos de rejeição a um sistema econômico e social asfixiante que subordinava todos os instintos criativos à lógica repressora. Um exemplo de contraponto ao pensamento dominante era a London Free School, sediada em Notting Hill, onde se concentrava a maioria dos imigrantes terceiro-mundistas da metrópole. A ideia de Hopkins e seus sócios era levar educação alternativa gratuita para famílias carentes que tinham dificuldade de adaptação a um modelo estrangeiro de sociedade. Encurralados entre os ideais e a falta de meios materiais para concretizá-los, os novos empreendedores não conseguiram manter a Free School durante muito tempo, mas a escola deixaria como legado o carnaval de Notting Hill, que começou no verão de 1966 como uma iniciativa para aglutinar os moradores e continua até hoje como um dos principais eventos do calendário cultural londrino, atraindo mais de um milhão de pessoas para a rua todo ano no mês de agosto.

Assim como em São Francisco, o rock londrino ocupava o centro gravitacional de ideias que fermentavam em várias áreas de conhecimento sob a premissa da busca de ampliação de fronteiras, fosse no campo teórico, com aprofundamentos em literatura e filosofia oriental, fosse no empirismo do consumo de drogas e no arrojo da criação artística como expressão de um modelo de vida. Experimentar era a palavra de ordem. Quando 1966 terminou e as rádios começaram a tocar "Hey Joe" com Jimi Hendrix, vários lançamentos e inaugurações simultâneas indicavam que uma contracultura começava a emergir amparada nos mesmos pilares de rebelião da Haight-Ashbury.

Dois meses antes, no dia 15 de outubro, os donos do *Internacional Times* ofereceram uma grande festa à fantasia na casa noturna Roundhouse, próxima a Camden Town, que contou com o comparecimento de Paul McCartney vestido de sheik e Marianne Faithfull desacompanhada de Mick Jagger no mais curto hábito de freira que uma mente profana poderia sonhar. A notícia da festa ecoou por Londres, e o evento fechado, para poucos convidados, virou um verdadeiro caldeirão com duas mil pessoas se espremendo num clube com capacidade para 500. "Foi um pesadelo, realmente. Havia apenas dois banheiros, que inundaram imediatamente", recorda Barry Miles. O Pink Floyd, grupo encarregado de providenciar a trilha psicodélica da noite, recebeu irrisórias cinquenta libras, pois era pouco conhecido fora de um pequeno grupo de entusiastas que jurava não haver nada mais estimulante na cena musical britânica.

Dois dias antes do Natal de 1966, foi inaugurado finalmente o primeiro clube londrino estritamente *underground*. Desde o início, John Hopkins queria que o UFO, localizado na Tottenham Court Road, próximo à Oxford Street, funcionasse como um centro aglutinador de cabeças pensantes, um fórum que disseminasse criatividade com leitura de poesias, venda de revistas, seminários sobre drogas, ensaios de grupos de teatro e o obrigatório show de luzes. A confecção Granny Takes a Trip (Vovó dá uma viajada), que vestia a linha de frente da nova meritocracia londrina, montou um estande para venda ou encomenda de seus modelos exclusivos. O comércio de LSD acontecia veladamente. Álcool era proibido.

Toda uma geração de novos grupos que faziam música pelo viés lisérgico encontrou o espaço ideal para difundir suas aventuras sonoras. O UFO era o ponto de convergência do Procol Harum, do Soft Machine — cujos músicos eram todos provenientes de Canterbury, no sudeste da Inglaterra —, do excelente Fairport Convention, do Tomorrow e principalmente do Pink Floyd, que fez daquele palco a sua casa. O guitarrista do Tomorrow, Steve Howe, que nos anos 1970 se juntaria ao Yes, lembra do ambiente coletivo fortemente dominado pelo consumo de LSD. "O UFO estava na capital e era a capital do movimento, um tipo de paraíso psicodélico. Se você não tomasse cuidado no camarim, eles punham ácido na sua Coca-Cola, o que era um perigo. Você via gente interpretando como se estivesse num filme e na verdade aquilo era LSD."

A conversão de Londres à cultura das drogas aconteceu de forma lenta e gradual, numa via dupla de influências com São Francisco. Em abril de 1966, o Pretty Things, um grupo de rhythm'n'blues, lançou uma canção chamada "£sd",* derivada das iniciais para libra, xelim e *pence*, que terminava com o grito "Eu preciso de LSD". Quatro meses depois, "Tomorrow Never Knows", dos Beatles, articulou a transposição da experiência lisérgica para o terreno musical de forma quase definitiva. Em janeiro de 1967, o *Melody Maker*, o mais tradicional entre os jornais de rock britânicos, usou pela primeira vez o termo "psicodelismo" para

---

*Nos anos 1960, a Inglaterra utilizava um sistema monetário composto por libras (*pounds*), xelins (*schillings*) e *pence*: £sd. Uma libra valia 20 *schillings*, que por sua vez valiam 12 *pence*. O símbolo "£" para *pound* vem do latim *libra*, que também era a unidade romana de peso. O "d" para *pence* tem origem no denário, uma pequena moeda de prata também da Roma antiga. Após a decimalização, em 1971, uma libra passou a valer 100 *pence* e a expressão £sd caiu em desuso.

designar duas bandas recém-formadas: o Pink Floyd, de Cambridge, que lançava seu primeiro compacto, e o Move, cujos integrantes vinham todos de Birmingham. Nesse mesmo mês, no disco *Between the Buttons,* os Rolling Stones davam ao rock inglês sua primeira canção de conteúdo explícito sobre drogas, "Something Happened to Me Yesterday". Com o lançamento de "Strawberry Fields Forever", dos Beatles, no início de fevereiro, o rock britânico começou a nadar efetivamente nas águas gelatinosas do LSD.

No começo de abril, "A Whiter Shade of Pale", single de estreia do Procol Harum, iniciava sua duradoura permanência no primeiro lugar das paradas. Puxada por um hipnótico solo de órgão inspirado num tema de Bach, a letra carregava em imagens dylanescas que desafiavam interpretações. Durante uma festa na casa de Brian Epstein para lançamento do álbum *Sgt. Pepper,* John Lennon, reputadamente, tocou a música mais de quarenta vezes seguidas no toca-fitas do carro enquanto viajava de ácido.

O Traffic, um dos melhores grupos surgidos naquele período, diferenciava-se dos demais pelo excelente quarteto de músicos, que não priorizava a guitarra como instrumento de destaque. Apesar do forte equilíbrio interno, sobressaía-se a força precoce de Steve Winwood, que com 19 anos era um veterano, oriundo do combo pop Spencer Davis Group, no qual se destacava como garoto-prodígio pela segurança nos teclados e na guitarra, por compor singles de finíssima extração ("I'm a Man", "Gimme Some Lovin'") e especialmente pela voz excepcional, que rivalizava com a dos melhores *soul singers* da época. E Winwood era branco feito cera. O Traffic combinava suas influências de jazz, folk e soul de forma tão orgânica que veteranos podiam apenas se roer de admiração ou inveja.

A envolvente e dinâmica "Paper Sun" foi lançada como aperitivo naquela primavera psicodélica, enquanto o Traffic preparava seu ambicioso álbum de estreia. Em setembro, estrearam ao vivo no disputado espaço de domingo à noite do Saville, casa de espetáculos que pertencia a Brian Epstein, reservado apenas à elite do rock londrino. Ao contrário da maioria, que elegia Londres como centro de operações, o grupo começou a viver junto numa enorme casa no campo que virou ponto de encontro de vários colegas músicos em célebres festas estendidas durante dias a fio. *Mr. Fantasy*, lançado em dezembro, fez jus às expectativas, e o segundo álbum, que levava apenas o nome do grupo, era ainda melhor, mas dois anos depois, incapaz de lidar com as desavenças internas, o Traffic se desfez temporariamente.

Se a música dava retorno comercial, nem tudo eram flores no meio psicodélico londrino, principalmente entre os que não tinham capital para investimento. As melhores intenções dos editores não estavam conseguindo livrar o *International Times* de graves problemas financeiros. O jornal não tinha anunciantes, o trabalho administrativo era conduzido com amadorismo e ainda por cima havia a polícia, que invadiu a redação, apreendendo a lista de assinantes, endereços e vários cheques não descontados. Em sérias dificuldades, o *IT* contou com a ajuda de amigos para a promoção do 14 Hours Technicolour Dream (Sonho de 14 horas em Tecnicolor), realizado num enorme prédio gótico no norte da cidade que durante vinte anos havia abrigado um estúdio de gravação da BBC. John Lennon e Paul McCartney estavam entre os mecenas que bancaram os custos iniciais daquela que hoje é considerada a mãe de todas as raves. Apesar da frágil divulgação, devido aos parcos recursos, dez mil pessoas apareceram no maior evento do *underground* londrino, "chapadas até a morte", segundo Barry Miles.

A BBC estava no local gravando tudo ao vivo para um programa jornalístico. Os produtores queriam de todo jeito capturar na câmera cenas de sexo ou drogas, que, talvez por isso mesmo, foram evitadas publicamente. Simultaneamente aos shows de luzes, havia música vinda de dois palcos diferentes. Uma enorme torre projetava filmes nas paredes cobertas por lençóis. O Pink Floyd, que se apresentava fora da cidade, viajou às pressas para chegar a tempo de encerrar uma longa noite consagrada ao LSD e ao som do futuro, na qual John Lennon circulava anônimo sem que ninguém o incomodasse. Pelo próprio relato de Barry Miles, nada poderia ser mais cinematográfico. "Eu simplesmente não acreditava. Do lado de fora, os caretas estavam assistindo as suas televisões e dentro dessa máquina do tempo estavam milhares de hippies chapados, viajantes, loucos, amigáveis e festivos. Era o que se podia chamar de dois mundos diferentes."

Na lembrança de Barry Miles, a aparição do Pink Floyd foi cercada de magia, como a apoteose de uma noite perfeita. As luzes do amanhecer se refletiam na guitarra de Syd Barrett, o compositor, cantor e líder da banda que, naquela noite, deixou de ser uma promessa para se estabelecer como uma das melhores em atividade na Inglaterra. O Floyd já havia lançado com sucesso um primeiro single, condição ainda obrigatória para qualquer banda obter uma carreira na indústria fonográfica, e estava no meio da gravação do primeiro álbum. Ainda que brilhante, "Arnold Layne" só era tocada nas apresentações de televisão. Quando pisava o palco do UFO, o Floyd tinha a oferecer longos improvisos, sem qualquer compromisso com o idioma tradicional da canção popular. Nenhum deles, a não ser o habilidoso tecladista Rick Wright, tinha algum treinamento formal, mas isso não os incomodava minimamente. Um dos primeiros grupos a se pautar por uma diretriz estritamente psicodélica, o Pink Floyd arquitetava timbres e melodias totalmente comprometidos com a estética visual e sonora da cultura das drogas. O começo havia sido diferente. Nos primeiros dias de amadorismo, o repertório de *covers* se inclinava basicamente para o rhythm'n'blues e sucessos do rádio. Quando Syd Barrett assumiu a guitarra, em 1966, sua primeira providência foi mudar o nome The Abdabs para uma homenagem à dupla de *bluesmen* da Georgia Pink Anderson e Floyd Council. No mesmo dia, a caminhonete do grupo foi pintada com um Pink Floyd escrito em berrante tinta cor-de-rosa. De saída, Syd começou a levar seus companheiros para um caminho mais arrojado, ao incluir nos shows suas composições, de identidade sonora e temática definidas pelas novas tendências. O fato de Syd e seu amigo de infância, o baixista Roger Waters, terem sido criados em Cambridge, no interior da Inglaterra, colaborou para um repertório que devia muito à tradição inglesa dos contos de fadas e à lassitude de evocações pastorais alucinógenas, resultantes das drogas que desde 1965 o guitarrista consumia avidamente.

Tanto quanto John Lennon, Ray Davies, Pete Townshend e outros estudantes de escolas de arte, as pretensões artísticas de Syd Barrett não se esgotavam no rock. Quando iniciou os estudos em Londres, sua primeira inclinação criativa apontava para as artes plásticas, mas escolheu a música atraído pela possibilidade de um reconhecimento maior e por uma vocação que era valiosa num tempo em que bandas proliferavam por toda parte. Desde sua chegada à capital, Syd se enturmara com a vanguarda local de pintores, poetas e intelectuais. Sem sua participação, o Pink Floyd provavelmente seguiria se chamando The Abdabs e jamais encontraria um nicho nesse circuito.

Na plateia dos shows as atenções de anônimos e ilustres se voltavam para Syd. "Uma vez levei Eric Clapton ao UFO, porque eu achava muito interessante o que o Syd fazia. Nós dois gostávamos dele, apesar de você nunca ouvir completamente o que ele queria", lembra Pete Townshend, do The Who. Nesse dia, acompanhado de Clapton, Townshend ficou viajando de LSD em frente ao palco, com delírios de que Roger Waters queria engoli-lo. Meses antes, em janeiro, o guitarrista perdera um show do The Who em meio a sua terceira experiência com ácido e fora parar no UFO, onde viu Barrett tocar pela primeira vez, numa performance que ele classificaria como "inspiradora, anárquica e experimental".

A preocupação do Floyd com a performance propriamente dita, a busca da integração de expressões visuais e sonoras como elementos coexistentes, abria conexões com a fusão de linguagens realizada pelo Velvet Underground. Seguindo os passos de Andy Warhol no EPI, o iluminador do UFO chegou a criar uma luz especial para cada membro do grupo.

O primeiro single, gravado com recursos próprios, foi distribuído pela EMI e chegou à lista dos vinte mais vendidos na Inglaterra. Em pouco mais de dois minutos, Syd Barrett contava em "Arnold Layne" a história de um desajustado que roubava roupas femininas de um varal e depois se travestia em frente a um espelho. A canção gerou polêmica, foi banida das rádios, mas pôs o Pink Floyd no mapa como um grupo que, se obrigado a lançar singles, ofereceria esquisitices desse gênero.

Gravar num estúdio ao lado dos Beatles tinha suas vantagens. Principalmente quando os contemplados pela sorte eram devotos ardorosos, como os garotos do Pink Floyd. John Lennon era ídolo absoluto tanto de Roger Waters quanto de Syd Barrett. Uma das primeiras providências da EMI após a assinatura do contrato foi delegar a Norman Smith, o engenheiro de som dos Beatles, seu primeiro trabalho como produtor. De quebra, essa ligação garantiu o passaporte para que o Floyd, com a humildade dos iniciantes, pudesse visitar o famoso estúdio dois da Abbey Road, privilégio concedido a poucos, no dia em que os Beatles davam o polimento final a "Getting Better", uma das últimas faixas gravadas de seu mais ambicioso projeto.

Duas semanas depois, no dia 4 de abril de 1967, quando George Harrison deu os últimos retoques na canção "Within You Without You", acompanhado exclusivamente por instrumentistas indianos, a fase de gravações foi encerrada. Os Beatles já estavam no estúdio havia quase cinco meses e ainda demoraria outros dois para *Sgt. Pepper's Lonely Hearts Club Band* finalmente chegar às lojas. Nesse meio-tempo, o conceito do disco passou por algumas metamorfoses até atingir alguma unidade no repertório.

As gravações começaram auspiciosamente em 24 de novembro de 1966 com "Strawberry Fields Forever", um sinal claro da nova atitude predominante quando o grupo entrava em estúdio. Os Beatles se debruçaram sobre a música durante um mês. John Lennon tentou vários arranjos e andamentos até solicitar a George Martin que unisse diferentes pedaços de gravação para a versão final. Dias depois, Paul McCartney apareceu com "Penny Lane", outra evocação de infância, com uma abordagem mais narrativa e luminosa que exemplificava perfeitamente os talentos díspares e complementares dos dois principais compositores dos Beatles.

As duas canções foram pensadas como molas-mestras de um álbum com reminiscências de Liverpool, embora Paul McCartney diga em sua autobiografia que tal ideia nem sequer chegou a ser cogitada. O projeto, de cara, enfrentou problemas quando a gravadora passou a pressionar por um novo single. O Natal daquele ano havia sido o primeiro desde 1962 sem um disco novo dos Beatles no mercado, a não ser por uma coletânea de requentados. Decidiu-se então que um single com "Strawberry Fields Forever" e "Penny Lane" sairia como um duplo lado A, decisão da qual George Martin ainda se arrependeria quarenta anos depois. "Release Me", uma música sentimentaloide de um certo Engelbert Humperdinck, impediu que também pela primeira vez em quatro anos um single dos Beatles chegasse ao primeiro lugar.

Strawberry Fields Forever representa, provavelmente, o ápice de John Lennon como criador. Os significados oblíquos de "Tomorrow Never Knows" ganharam cores de maior densidade e sentido de estrutura numa das mais belas melodias do catálogo beatle. A despeito de revisitar sua infância e realizar aquilo que o próprio autor definiu como "psicanálise aplicada à música", John continuou a expor seu próprio estado de deslocamento da realidade, causado em parte pelo LSD, que ele continuava a consumir em grande quantidade. A letra de estrutura circular convidava ou desafiava repetidamente o ouvinte a partilhar de uma jornada fragmentada, como uma visita a um mundo fantasmagórico e resguardado.

O empresário Brian Epstein marcou um jantar especialmente para a apresentação do novo single a seletos convidados, entre os quais Eric Clapton e Pete Townshend. Após a segunda audição, ambos declararam sem pestanejar que se tratava de uma obra-prima, apesar do mau humor de John, que ignorava ou respondia com grosseria aos visitantes. Para Townshend, *Strawberry Fields* marcava o momento em que os Beatles se tornaram realmente anárquicos no estúdio e John, "um compositor eletrônico, como John Cage, Sun Ra ou Stockhausen".

Em 1997, a revista *Mojo* publicou uma pesquisa com especialistas e *Strawberry Fields/Penny Lane* foi escolhido em segundo lugar entre os cem melhores singles de todos os tempos, perdendo apenas para *Good Vibrations*, dos Beach Boys. O clipe gravado para o lançamento, com a primeira imagem pública dos quatro com bigodes, também antecipava em muitos anos a linguagem do videoclipe. Pela primeira vez um grupo não era mostrado tocando e cantando, e sim como protagonista de imagens que não seguiam uma ordem narrativa específica.

O desenvolvimento conceitual de *Sgt. Pepper* só começou a tomar forma quando Paul apresentou a canção-título ao restante do grupo no primeiro dia de fevereiro. Mais uma vez os Beatles demonstravam sensibilidade extraordinária para assimilar informações musicais e culturais externas. O título *Sgt. Pepper's Lonely Hearts Club Band* acenava diretamente para os estranhos nomes das bandas de São Francisco, como Country Joe McDonald and The Fish, Big Brother and the Holding Company, e Quicksilver Messenger Service. Numa etapa posterior, elaborou-se a ideia de os quatro adquirirem a identidade de uma banda de sopros do norte da Inglaterra. Apesar da concordância geral, segundo Ringo Starr, "depois de duas faixas todo mundo começou a se encher e a fazer suas próprias músicas de novo". Persistiu a proposta de uma relação simbiótica com uma banda ficcional tocando ao vivo num show imaginário, no espírito lisérgico de busca de múltiplas identidades e de dilatação dos limites da realidade.

Havia dúvidas o tempo todo sobre como seriam recebidas tantas inovações. Muitos dos que conviviam com os Beatles viam *Sgt. Pepper* como um experimento radical demais para um grupo pop e temiam a mesma rejeição que matou o impacto de *Pet Sounds* nos Estados Unidos.

De janeiro até março os Beatles trabalharam na faixa mais ambiciosa de sua carreira. "A Day in the Life" surgiu da união de duas melodias independentes e inacabadas que se resolviam mutuamente. John começava cantando ao violão sobre notícias de jornal, numa voz que sugeria uma mente em total distanciamento daquilo que absorvia, até fechar a primeira parte com a frase *"I'd love to turn you on"* (adoraria te deixar ligado). Depois do *break* orquestral, Paul seguia após o som de um despertador com a descrição concisa de situações típicas do cotidiano de uma pessoa comum, numa espécie de organização paralela que poderia ser tanto o confronto de dois mundos paradoxais como um ego fracionado entre diferentes camadas de realidade justapostas. A frase *"somebody spoke and I went into a dream"* (alguém falou e eu entrei em um sonho) vem como uma epifania no entrelaçamento das duas partes.

A trabalhosa integração entre duas melodias diferentes foi solucionada com o preenchimento do buraco de 24 compassos no miolo da gravação para que os andamentos se ajustassem. No dia 10 de fevereiro, os Beatles se reuniram no estúdio com uma orquestra de noventa músicos que deveria preencher um espaço de segundos entre as duas partes. Não havia determinação exata, nem uma melodia a ser tocada. Os músicos deveriam começar com a nota mais baixa do seu instrumento e terminar na mais alta com o volume máximo. A operação polifônica exigia um empenho considerável. George Martin orientou cada músico a seguir seus instintos e ignorar o que o colega ao lado fazia. Na hora da gravação, coube ao produtor a contagem dos compassos.

Os Beatles acharam que receber uma orquestra sinfônica merecia um tratamento de gala. O trompista Alan Civil, que já havia tocado em "For No One", um das faixas de *Revolver*, relembra: "Foi uma sessão totalmente caótica. Uma orquestra enorme daquelas tocando pouca música. E os Beatles andando em volta com câmeras caras, como brinquedos novos, fotografando tudo." A ocasião foi aberta a convidados especiais: Mick Jagger, Marianne Faithfull, Brian Jones, Keith Richards, da trupe dos Stones, além do cantor Donovan e de Graham Nash, dos Hollies.

Todos compareceram usando máscaras. George Martin conduziu a orquestra ao lado de Paul, que usava um enorme avental vermelho de cozinha e uma camisa vermelha e preta.

Os Beatles tiveram que limitar suas ambições de criar um álbum tecnicamente perfeito às possibilidades de um estúdio com apenas quatro canais. Estavam também lançando um disco que deveria ser classificado como "rock", com canções como "She's Leaving Home", na qual o arranjo abrigava uma harpa, um octeto de cordas, duas vozes e nada de ritmo. A cada dia, George Martin se submetia ao desafio de materializar em sons o que a mente dos Beatles formulava, estimulada por LSD.

Enquanto terminava o mês de março, os Beatles passaram a se ocupar da apresentação visual de *Sgt. Pepper*. No dia 30 foram tiradas as fotografias da capa, após a gravação de "With a Little Help from My Friends", composta para Ringo cantar. Peter Blake, um dos mais notórios artistas pop ingleses, desenhou a capa segundo uma concepção original de Paul, que estava supervisionando cada detalhe do disco. Foi dele a ideia de os Beatles posarem em frente à imagem de personalidades materializadas em papelão. Fotografias foram ampliadas, pintadas à mão e coladas em tábuas para serem cortadas como silhuetas. Cada um dos Beatles elaborou uma lista com seus nomes favoritos. Lá estavam Tony Curtis, Bob Dylan, Tom Mix, Shirley Temple, Edgar Allan Poe e Lewis Carroll. Brian Epstein tinha certeza de que a ideia acarretaria problemas legais. Joseph Lockwood, presidente da EMI, estava ainda menos feliz. Ele temia que a imagem de Gandhi provocasse um boicote na Índia, além de processos de outras personalidades pelo uso de imagem. Apenas para complicar, Lennon queria Hitler na capa, uma atitude que, segundo McCartney, era simplesmente "John tentando ser atrevido e provocador". Quarenta anos depois, Peter Blake veio a público dizer que, ao contrário do que se pensava, a foto de Hitler estava na capa encoberta pelos Beatles.

Brian Epstein mobilizou seu *staff* para se comunicar com cada uma das personalidades ou seus herdeiros, solicitando autorizações por escrito. A maioria percebeu o prestígio de aparecer na capa de um disco dos Beatles e autorizou prontamente. Mesmo assim, a gravadora estava horrorizada com os custos, que não totalizaram mais de 1.500 libras (cerca de 3 mil dólares). Hoje esse valor não bancaria nem uma parte do cachê dos fotógrafos.

O impacto do cuidado inédito com a capa e as ousadias que selaram a reputação dos Beatles como supremos magos do estúdio chamaram tanta atenção que poucos na época se preocuparam com a qualidade do repertório. Uma vez depurados os aditivos, era evidente que apenas "A Day in the Life" e "Lucy in the Sky with Diamonds" se equiparavam às melhores faixas dos dois álbuns anteriores. Inicialmente recebido como um degrau adiante da evolução iniciada em *Rubber Soul* e continuada em *Revolver*, *Sgt. Pepper* hoje é considerado por alguns críticos inferior a ambos. Não que o material fosse ruim, apenas não havia aquele cancioneiro excepcional de *Revolver* ("Eleanor Rigby", "For No One", "Here, There and Everywhere", "Taxman"), nem de *Rubber Soul* ("In My Life", "Girl", "Nowhere Man", "Norwegian Wood"). Tornou-se um exercício comum para beatlemaníacos e alguns pesquisadores especular sobre que faixas deveriam ter saído para a inclusão de "Strawberry Fields Forever" e "Penny Lane", mas é consenso que com essas duas grandes canções, o título de "melhor álbum de todos os tempos" rotineiramente atribuído a *Sgt. Pepper* não pareceria tão exagerado.

Embora não tenha sido de forma alguma o primeiro disco pensado de maneira unitária, *Sgt. Pepper* formulou o modelo demarcatório da divisão entre o rock adolescente da geração anterior e uma nova música, que trazia em seu bojo aspirações de reconhecimento artístico e de relevância social. Dividir a música popular entre antes e depois de seu lançamento não é, de forma alguma, um exagero. Ademais, se parte do repertório era de qualidade inferior, as tentativas de buscar soluções orquestrais e tecnológicas adequadas à textura de cada faixa sem cair no pastiche lançariam um desafio permanente a qualquer um que tentasse enquadrar os Beatles unicamente no departamento das bandas pop ou naquele espaço reservado aos grandes compositores modernistas do século XX.

Não eram poucos os que, no círculo dos Beatles, temiam que *Sgt. Pepper* não vendesse nada, inclusive o próprio John Lennon. Qualquer dúvida se dissipou imediatamente quando o disco chegou às lojas, numa quinta-feira, 1º de junho de 1967. As reações superaram as expectativas mais otimistas. Logo na primeira semana, 250 mil cópias foram vendidas apenas na Inglaterra e durante 27 semanas nenhum outro disco lhe roubou o primeiro lugar no topo das paradas. Dois meses depois do lançamento, já havia ultrapassado a marca dos dois milhões nos Estados Unidos, além de ocupar o primeiro lugar por 19 semanas.

O tipo de unanimidade que se formou entre crítica, público e intelectuais foi um daqueles fenômenos que raramente acontecem. Allen Ginsberg descreveu o disco como "uma elevada ópera moderna". A *Time* classificou *Sgt. Pepper* como um "barômetro de nosso tempo". Na *Newsweek*, Jack Kroll comparou "A Day in the Life" a "Waste Land", de T.S. Eliot, "o incrível apogeu de sua brilhante e eficaz arte popular". Um ano depois, o crítico da *Rolling Stone* Langdon Winner disse com notório exagero que, "por um breve instante, a consciência irreparavelmente fragmentada do Ocidente foi unificada, pelo menos na mente dos jovens".

Compositores de formação "erudita", como Leonard Bernstein e Luciano Berio, ofereceram suas apreciações. Ned Rorem, discípulo do vanguardista Aaron Copland, afirmou que "She's Leaving Home" era uma canção tão boa quanto qualquer uma composta por Schubert. Não deixa de ser curioso que a legitimação dos Beatles por elementos da chamada "alta cultura" só tenha se realizado totalmente a partir de comparações com outros representantes daquele segmento.

As letras impressas na capa do disco, algo inédito na música popular, eram interpretadas como mensagens em código para adeptos da nova consciência. "Lucy in the Sky with Diamonds", a despeito de todas as negativas de John, ficou marcada pelas iniciais LSD. A intenção pouco importava. A partir de um desenho feito pelo filho pequeno, Lennon despachou para seus ouvintes o relato de uma viagem de ácido em três minutos com sabor de conto de fadas. "A Day in the Life" foi quase imediatamente banida da BBC por causa do trecho *"I'd love to turn you on"*, interpretado como incitação ao uso de drogas. Tudo isso apenas alavancava a reputação dos Beatles como mestres da reinvenção sobre qualquer figurino. *Sgt. Pepper* é um marco do apogeu do otimismo hippie, da crença inocente nas drogas como ferramenta de expansão do conhecimento interior e na alvorada de uma nova era regulada por essa conscientização. Em pouco tempo, o choque de realidade tornaria tal leitura inviável dentro da própria contracultura.

Poucos desafinaram o coro de aprovação. Richard Goldstein, do *New York Times*, reparou que "infelizmente não há desenvolvimento temático aparente na escolha das faixas, exceto pela efetiva justaposição de estilos musicais opostos", e chamou o álbum de "fraudulento", abrindo exceção apenas para "A Day in the Life" como uma ilha de excelência num repertório insatisfatório. Não havia clima para dissidentes. Na época, ninguém falou nada, mas anos depois Bob Dylan admitiu nunca ter gostado do excesso de produção do disco. Lou Reed foi ainda mais incisivo em sua rejeição: "Não teve nenhum efeito sobre mim. Eu nem tenho esse disco. Achava que algumas das piores canções que eu tinha ouvido estavam ali."

A maioria dos músicos, no entanto, mal podia se conter em reverência, de Londres à Califórnia, passando pelos Mutantes e Gilberto Gil no Brasil. Nenhum artista popular antes ou depois conseguiria atingir esse grau de onipotência e aceitação em quase todas as esferas da opinião pública. No domingo, dois dias depois do lançamento, Jimi Hendrix sintetizou a corrente de aprovação geral ao abrir seu show com uma releitura vibrante da canção que dava título ao álbum. Paul McCartney se refere a esse fato como uma das grandes honras de sua carreira.

Paul, sem dúvida, estava mais orgulhoso do que seus companheiros. Enquanto John e George emitiriam comentários depreciativos mais tarde, seu apego a *Sgt. Pepper* foi sempre irrestrito. Além de ter composto a maior parte das canções do álbum e criado o conceito e a capa, começava ali sua ascensão ao posto de líder informal nas decisões sobre novos projetos de trabalho dos Beatles. Paul era o único que morava em Londres, era solteiro, mostrava seus filmes caseiros para Antonioni e se tornara amigo próximo de Allen Ginsberg desde que o poeta fora à Inglaterra em junho de 1965. Seu entusiasmo por novidades e experimentos era ilimitado. *Sgt. Pepper* ainda estava sendo assimilado e o baixista já chamava seus companheiros para fazer um filme com ideias vagamente inspiradas nas viagens de ônibus dos Merry Pranksters.

A consagração de *Sgt. Pepper* deu aos Beatles o cetro e a coroa entre seus contemporâneos. Os Rolling Stones, concorrentes mais diretos, não foram homenageados na capa do disco (entre os colegas de geração, apenas Dylan teve essa primazia), mas uma pequena boneca trazia escrito os seguintes dizeres: "Bem-vindos, Rolling Stones", o que podia ser entendido tanto como uma saudação quanto como um desafio. Apesar de perderem apenas para os Beatles em vendagens de disco, a qualidade da produção ainda era tímida se comparada à dos rivais. Os Stones ainda não contavam no currículo com um álbum do mesmo renome e fôlego de *Rubber Soul* ou *Revolver*.

Em sua célebre entrevista à revista *Rolling Stone* em 1970, John Lennon diria que tudo que os Beatles faziam os Stones copiavam seis meses depois. Um exame rápido do repertório das duas bandas basta para lhe dar razão, embora não faça o menor sentido reduzir o trabalho da primeira fase dos Stones a uma releitura da cartilha beatle. Os Beatles usaram um quarteto de cordas em "Yesterday", os Stones fizeram a mesma coisa em "As Tears Go By"; logo depois de os Beatles introduzirem a cítara no universo pop, com "Norwegian Wood", os Stones usaram o instrumento com proeminência em seu estupendo compacto *Paint It*

Black; a capa do inexpressivo álbum *Between the Buttons* nem sequer se preocupava em disfarçar a semelhança com a de *Beatles for Sale*.

Seis meses depois de *Sgt. Pepper*, os Stones lançavam *Their Satanic Majesties Request*, uma cópia tão explícita que os críticos pareciam incrédulos. O disco merecia avaliações mais cuidadosas, pois trazia soluções instrumentais pouco corriqueiras para algumas ótimas canções ("2.000 Light-Years From Home", "She's a Rainbow"). Mas não restava dúvida de que o grupo estava perdido. O que fazer quando uma banda de rhythm'n'blues tenta sobreviver a uma onda devastadora como o psicodelismo? A falta de direcionamento musical traduzia muito bem a desordem que se abatera sobre os principais componentes do grupo durante um ano caótico.

No dia 25 de junho, menos de um mês após o lançamento de *Sgt. Pepper*, os Beatles deram mais uma demonstração de poder ao cantar "All You Need Is Love" para um público estimado em 400 milhões de pessoas na primeira transmissão por satélite a ligar cinco continentes. Em trajes hippies, o quarteto comandava um coro de celebridades que cantava alegremente *"Love is all you need"* (Amor é tudo de que você precisa), embora todos soubessem que também precisavam muito de dinheiro e quem sabe de um bom advogado, no caso dos Rolling Stones.

Dois dias depois de animar o coral dos Beatles, Mick Jagger e Keith Richards finalmente sentaram no banco dos réus para serem julgados num processo por consumo de drogas que se arrastava desde o começo do ano. O cerco começou a se fechar em janeiro. Sinais de aviso não faltavam. Para abrir 1967 com chave de ouro, os Stones haviam lançado um manifesto sexual explícito com o single "Let's Spend the Night Together", poucas semanas antes de o grupo subir ao palco do tradicional programa *Sunday Night at the London Palladium*, o mesmo que quatro anos antes havia sido o estopim da beatlemania. Ignorando as insistentes solicitações, eles foram os únicos a se recusar a acenar para as câmeras no final. Durante a semana, os jornais receberam centenas de cartas acusatórias de telespectadores irados ("quem eles pensam que são?").

No domingo seguinte, o tabloide *News of the World*, que vendia 18 milhões de exemplares aos domingos na Inglaterra, iniciou a série de reportagens "*Pop stars* e drogas" com um artigo sobre festas selvagens regadas a LSD promovidas por um dos membros da banda Moody Blues. Entre os convidados figurava um certo Mick Jagger. Depois descobriu-se que quem estava na festa era Brian Jones e que o jornalista havia se referido a haxixe como se fosse LSD.

O último fim de semana de janeiro estava reservado para uma festa na recém-comprada casa de Keith Richards em Redlands, no subúrbio de Londres. Ficou combinado que no encontro Mick Jagger experimentaria LSD pela primeira vez. Os outros convidados eram Marianne Faithfull, Michael Cooper — o fotógrafo da capa de *Sgt. Pepper* —, George Harrison, sua mulher Patti, o artista plástico Robert Fraser e David Schneiderman, um traficante que chegara da Califórnia com um suprimento especial de pastilhas de ácido alaranjadas saídas diretamente do laboratório de Oswley Stanley. O grupo chegou na noite de sexta e ficou junto até a ensolarada tarde de domingo, atípica no inverno inglês.

Choveu durante toda a manhã de domingo. Após um passeio pelo campo ao entardecer, George e Patti resolveram ir para casa. Marianne Faithfull subiu para tomar um banho e trocar as roupas sujas de lama. Como não achou nada para vestir, optou por se enrolar num tapete que encontrara num dos quartos. Todos jantavam e escutavam *Blonde on Blonde*, de Bob Dylan, quando às 19h30 alguém tocou a campainha. Um inspetor irrompeu porta adentro, afirmando que tinha um mandado de busca e apreensão. "Pobre Mick", lembra Marianne Faithfull, "ele mal podia acreditar na sua falta de sorte. No primeiro dia em que teve coragem de experimentar LSD, 18 policiais despencam pela porta."

Marianne foi revistada no quarto por uma policial, enquanto os outros abriam caixas, reviravam o açucareiro e caçavam alguma coisa atrás da cortina. Os "suspeitos" foram todos alinhados na sala. Richards começou a rir descontroladamente daquela bizarra cena de autoridade adornada pela trilha sonora de Dylan ordenando na vitrola que todo mundo ficasse chapado ("Everybody Must Get Stoned").

Num dos quartos, um policial apanhou uma jaqueta de Jagger na qual havia um resto de maconha, mas a largou enojado, achando que era apenas sujeira. Em seu escrutínio rigoroso, encontrou quatro tabletes de anfetamina de Marianne que Jagger assumiu como suas com a justificativa de que tinha comprado com prescrição médica para se manter acordado e trabalhar. O único lugar onde havia algum LSD era a caixa de David Schneiderman. Quando um policial se preparou para abrir, ele se salvou gritando que não fizesse aquilo, pois ali havia apenas negativos de filmes que seriam inutilizados pela exposição à luz. Já Robert Fraser estava em pânico, pois em seus bolsos havia heroína. Interrogado, disse que era insulina prescrita por seu médico, mas um dos policiais teve o cuidado de guardar um pouco para análise de laboratório.

Na semana seguinte, o mesmo tabloide trazia a história completa sem mencionar nomes, mas deixando pistas em abundância. Keith Richards atribuía o grande azar dos Stones à saída de George Harrisson da casa, pois os policiais dificilmente fariam uma busca com a presença de um beatle lá dentro. Enquanto se desenrolava o processo, começou a circular por Londres uma história, sempre negada por todos os envolvidos, que entraria para a galeria das lendas envolvendo os Stones. Alguém espalhara o boato de que o inspetor, ao entrar na sala, encontrara Mick Jagger de joelhos sugando uma barra de chocolate Mars da vagina de Mariane Faithfull, versão negada veementemente por todos os presentes.

Sete meses mais tarde, apesar de cantarem alegremente "All You Need Is Love" ao lado dos Beatles, Keith e Mick estavam apreensivos com o julgamento. A audiência do vocalista começou primeiro, e o juiz parecia disposto a endurecer, pois usava de frequentes argumentos técnicos para persuadir o júri. Naquela noite, Jagger dormiu na cadeia, por conta da exigência de que fosse mantido sob custódia. O caso de Keith durou mais tempo e tinha aspectos mais complicados. Tratava-se de processá-lo por permitir drogas em sua propriedade, já que havia sido confirmado que a substância encontrada com Robert Fraser era realmente heroína. Dois dias depois, o guitarrista seria condenado a um ano de prisão e a pagar o equivalente a 1.500 dólares pelos custos do processo.

Com a repercussão do episódio amplamente favorável aos Stones, uma corrente de solidariedade imediatamente se formou. O The Who pagou pela publicação de um comunicado nos jornais e anunciou que gravaria e lançaria canções de Jagger e Richards em singles até que eles estivessem livres novamente. Keith Moon se juntou a duzentos manifestantes em frente ao jornal *News of the World* com um cartaz escrito "LIBERTEM KEITH". O *New Musical Express* ressaltou a humilhação sofrida por um Mick Jagger algemado no trajeto entre o tribunal e a prisão como se ele fosse um criminoso perigoso. A reação de maior impacto, exatamente pela fonte insuspeitamente conservadora, partiu do jornal *The Times*, que publicou um editorial em defesa de Jagger. Segundo o editor William Rees-Mogg, "a hierarquia se ressentia da qualidade anárquica das performances dos Rolling Stones e desgostava da influência nos adolescentes". No dia seguinte, o *Sunday Express* jogava lenha adicional na barulhenta fogueira: "A sentença de três meses imposta a Mick Jagger é monstruosamente fora de proporção à ofensa que ele cometeu." A opinião da imprensa foi decisiva. Os advogados apelaram, a corte acatou e após 24 horas Jagger e Richards saíram da cadeia.

Obviamente a imensa cobertura do caso serviu para dar maior visibilidade à causa da legalização da maconha, que vinha sendo encampada por nomes proeminentes da nova elite londrina. No dia 14 de julho, um comício reuniu cinco mil pessoas no Hyde Park. Dez dias depois, o *Times* publicou anúncio de página inteira, assinado por uma certa entidade autointitulada Soma (Society of Mental Awareness — Sociedade de Conscientização Mental), que afirmava: "A lei contra a maconha é imoral no princípio e irrealizável na prática." A lista de signatários incluía acadêmicos, médicos, o dramaturgo Kenneth Tynan, Brian Epstein e todos os Beatles. O custo de três mil dólares pela publicação saiu do bolso de Paul McCartney, adepto da *cannabis* havia algum tempo, mas o último do grupo a experimentar e o primeiro a declarar à imprensa sua conversão ao LSD. Uma chuva de ataques caiu sobre sua cabeça vinda de setores conservadores. Seus próprios companheiros de banda não ficaram nada satisfeitos, já que não queriam nenhuma autoridade prestando atenção em suas atividades ilícitas.

Apesar da escalada repressiva da polícia, consumia-se drogas com relativa facilidade em Londres, principalmente no primeiro semestre de 1967, quando o LSD começou a se difundir. No meio artístico ninguém parecia estar tão mergulhado nas experiências lisérgicas quanto Syd Barrett. Duas semanas depois de *Sgt. Pepper* chegar às lojas, o Pink Floyd lançava seu segundo single, "See Emily Play", que vendeu mais do que "Arnold Layne", apesar de não ser tão original. Restavam apenas os arremates finais para o lançamento do primeiro álbum, marcado para o fim de julho. Syd assinava sozinho e cantava oito das 11 faixas, além de dividir a autoria em outras duas. *The Piper at the Gates of Dawn* não demonstrava, mas quem frequentava o mesmo círculo da banda já percebia que havia alguma coisa profundamente errada com o *frontman* do Pink Floyd.

Durante a gravação de "See Emily Play", o futuro guitarrista do Pink Floyd, Dave Gilmour, que à época liderava outra banda, apareceu no estúdio para visitar seus conterrâneos de Cambridge e não gostou do que viu. "Syd simplesmente olhou reto, através de mim, mal reparando que eu estava ali", lembra o guitarrista. Impressão semelhante teve Joe Boyd, o produtor de "Arnold Layne", que sempre se impressionara com o brilho que Syd tinha nas pupilas, sinal externo de uma mente em constante atividade. Quando os dois se encontraram na porta do UFO depois de não se verem por algum tempo, já não havia mais brilho nenhum. "Nem uma piscadela. Foi como se alguém tivesse puxado as cordas, sabe como é? Ninguém em casa."

Quando o grupo começou a aparecer na TV para promover "See Emily Play", já corria a notícia de que a saúde de Syd ia de mal a pior.

O empresário do Floyd, Peter Jenner, recorda: "Na primeira vez que Syd se apresentou no programa *Top of the Pops*, ele se vestia como um *pop star*. Na segunda, foi com roupas normais, bastante sujas e sem se barbear. Na terceira vez, estava com as roupas de *pop star* e então mudou para os andrajos na hora da gravação." A explicação para essa atitude era que, semanas antes, John Lennon, seu maior ídolo, havia declarado publicamente que não mais se apresentaria no *Top of the Pops*. Se Lennon não ia, ele também não ia.

Gentileza e charme eram algumas das características comumente atribuídas a Syd antes de as drogas começarem a atacar seu sistema nervoso. O sucesso com as mulheres era enorme. Além de ser o mais talentoso entre os integrantes do Floyd, era também o mais bonito e carismático. Syd sempre cultivara uma enorme curiosidade por artes e filosofia. Sua vida parecia esculpida por algum tardio escritor romântico. O primeiro álbum do Pink Floyd revela o prematuro apogeu de um artista criativo, ainda gozando de plenas faculdades mentais. Quando *Piper* chegou às lojas, Syd já se aproximava da fronteira da sanidade, caminho que lhe custaria a carreira e o lugar na banda que nascera essencialmente de sua visão.

The Piper at the Gates of Dawn registrou com fidelidade o tempo em que foi feito sem apelar em momento nenhum para o oportunismo dos cartões-postais hippie que sobrecarregavam as paradas de sucesso. São vários os triunfos: múltiplos instrumentos criando uma pletora de efeitos num estúdio de apenas quatro canais, o caminho de experimentação sem autoindulgência e principalmente o repertório, esse o triunfo maior. Como complemento à incursão por estruturas musicais fragmentadas, Syd fez de cada temática uma extensão dessa ousadia formal ao propor ângulos inusitados de abordagem.

Piper criava diversas pontes com o universo mitológico britânico em canções repletas de atmosferas e significados que abriam um canal direto com os romances de Lewis Carroll, Tolkien e Kenneth Grahame — autor de *Wind in the Willows*, clássico da literatura infantil inglesa, cujo título de um dos capítulos inspirou o nome do disco. Um universo habitado por fadas, espantalhos, animais falantes, gnomos, unicórnios e cavaleiros das brumas registrados como produtos de um imaginário paralelo. A emancipação da consciência revela-se deslumbrante e aterradora como uma revisita ao quarto escuro da infância. Em "Matilda Mother", a protagonista ouve a mãe narrar um conto de fadas e contrapõe a luz e a fantasia às trevas do mundo real. Quando não trilhava o rumo da mitologia na esfera do inconsciente, Syd equacionava a exploração do espaço sideral com sua própria busca de ampliação das fronteiras de percepção interior ("Astronomy Domine", "Interestellar Overdrive"). Em pouco tempo ele mesmo não saberia mais como se locomover nessa areia movediça feita de delírio e realidade.

Enquanto o grupo labutava no estúdio, crescia a impressão de que algo estava errado com o capitão do navio. Muitos que conviviam com o Pink Floyd ignoravam a fragilidade mental de Syd e continuavam a pressioná-lo por mais singles de sucesso, algo que causaria amargo arrependimento em seu empresário anos depois: "Ele compôs 'See Emily Play' e de repente tudo tinha que ser em termos comerciais. Eu acho que nós talvez o tenhamos empurrado para um estado de paranoia, pela ansiedade de ter que compor outro single de sucesso", lembra Peter Jenner.

Naquele verão de 1967, Syd mudou-se para o conhecido endereço da Cromwell Road, em South Kensington, um dos mais afamados bairros do submundo londrino, pela intensa circulação de drogas e afluência de pirados de todos os tipos. Lá o LSD era distribuído gratuitamente. Os moradores fixos e flutuantes compunham uma tropa peculiar de traficantes, artistas plásticos, músicos e *freaks* em geral dividindo o espaço que inspirou uma canção do cantor de folk psicodélico Donovan, "Sunny South Kensington".

Viajar para os Estados Unidos naquela altura era um passo estratégico, já que o Pink Floyd precisava ampliar seu público para além da capital britânica. Peter Jenner voou para Nova York no primeiro semestre de 1967 para estabelecer contatos e previsivelmente foi avisado por executivos da gravadora Elektra, a mais aberta a apostar em novas sonoridades, de que o único lugar onde o Floyd poderia achar um nicho seria São Francisco. Jenner foi recebido na costa oeste como "um irmão hippie de Londres", mas não se deixou impressionar. Talvez para retribuir as ironias de Chet Helms, considerou tudo "frouxo e ordinário quando comparado às bandas inglesas". Em Los Angeles, Jenner assistiu sem muito entusiasmo a uma sessão de gravação do segundo álbum do The Doors, a banda na qual a gravadora Elektra mais apostava suas fichas. Finalmente, no dia 24 de outubro o Pink Floyd pisou pela primeira vez na América. Duas semanas depois estavam de volta, com Syd em piores condições do que quando embarcara.

Os primeiros três dias de shows no Fillmore transcorreram sem maiores problemas. Syd só começou a exibir alterações de comportamento em Los Angeles, quando, em vez de cantar e tocar, preferiu apenas encarar a plateia em total silêncio. A essa imprevisibilidade se somavam outros desgastes que estavam acabando com o humor do grupo. Os discos do Floyd foram lançados nos Estados Unidos sem qualquer impacto por uma subsidiária da gravadora Capitol que não tinha a menor ideia de como promovê-los. Na falta de um local decente com parafernália adequada para shows psicodélicos, os promotores cometeram a temeridade de agendar datas em típicos programas de TV para adolescentes.

No dia 5 de novembro, o Pink Floyd foi ao programa de Pat Boone, um típico cantor do sul conservador, que disparou um monte de perguntas a Syd e como resposta obteve apenas um olhar fixo e enigmático. No dia seguinte, eles foram escalados para dublar "See Emily Play" no *American Bandstand*, durante anos o mais tradicional programa *teen* na televisão americana. Era preciso sincronizar os movimentos labiais à música, mas, segundo Peter Jenner, "Syd não estava muito a fim de mexer os lábios naquele dia". A solução foi mostrar a voz de Syd dublada na boca de Roger Waters.

Com os prejuízos se avolumando, Syd cada vez mais tresloucado e a gonorreia disseminada entre os quatro integrantes, a única coisa a fazer era voltar para casa de cabeça baixa. Já no avião, Roger Waters e o baterista Nick Mason começaram a tramar as mudanças necessárias para a banda sobreviver. A miniexcursão à Holanda iniciada na semana seguinte sacramentou a certeza de que Syd havia se tornado inviável para apresentações ao vivo. No palco, ele começava a tocar persistentemente uma única corda ou então se sentava no centro com as pernas cruzadas, indiferente ao que acontecia em volta. Peter Jenner recorda que tentou de todas as formas manter Syd no grupo: "As condições pareciam se deteriorar a cada dia. Eles iam para o palco e não sabiam que canções ele iria tocar e, uma vez decidido isso, não sabiam o que iria ser feito. Ele podia fazer um solo que demorava dois minutos ou cinco. Também poderia optar por tocar a mesma canção durante 45 minutos sempre na mesma nota. Os outros tinham que ficar alheios enquanto ele tocava, *boing, boing, boing*... durante horas."

A simples ideia de um Pink Floyd sem seu guitarrista era inconcebível. Quem escreveria as canções? Quem cantaria? Uma nova identidade para o grupo teria que ser reinventada, pois a que existia tinha nascido fundamentalmente do carisma e do talento de Syd Barrett.

Na costa oeste americana, Brian Wilson apresentava sintomas que rivalizavam com as esquisitices do guitarrista do Pink Floyd. O líder dos Beach Boys havia algum tempo só tocava piano com os pés colocados sobre uma caixa de areia e recebia seus convidados sob uma tenda árabe. Estava comendo e engordando prodigiosamente, além do consumo frequente de anfetaminas, sua droga de escolha junto ao inseparável haxixe. Sob essa combinação de substâncias, Brian preparava um novo disco, inicialmente chamado *Dumb Angel*, posteriormente modificado para *Smile* e finalmente abandonado depois que a gravadora já havia mandado prensar quase 500 mil cópias. O projeto mudou várias vezes de formato enquanto Brian passava milhares de horas no estúdio, mas o conceito inicial pretendia elaborar uma resposta à invasão de bandas britânicas, numa perspectiva temática tipicamente americana, com influências de George Gershwin e do produtor Phil Spector, os dois ídolos supremos de Brian Wilson.

O enorme sucesso do brilhante single "Good Vibrations", com sua arquitetura intrincada e estrutura fragmentada, no fim de 1966, encorajou Brian a continuar perseguindo um caminho experimental. Como parceiro da nova empreitada ele substituiu Tony Asher, seu colaborador em *Pet Sounds*, por Van Dyke Parks, um jovem compositor sulista, radicado em Los Angeles, que escrevia letras tão brilhantes quanto obscuras. Ele não tardou a perceber o que o esperava.

Brian decidiu formatar o novo álbum dos Beach Boys em torno dos quatro elementos da natureza. Para gravar a parte dedicada ao fogo, requisitou uma orquestra de cordas e durante a sessão exigiu que todos os presentes usassem um capacete de bombeiro para captar melhor as vibrações necessárias. Não apenas os instrumentistas, mas também sua mulher, o próprio Van Dyke Parks, os engenheiros de som e qualquer um que entrasse no estúdio tinha de usar um chapéu de borracha. Não satisfeito, solicitou ao zelador do estúdio que iniciasse um pequeno incêndio num balde para melhor colorir de realismo sua extravagância.

Brian começou a ficar na defensiva quando ouviu o single "Penny Lane"/"Strawberry Fields Forever". Sua impressão era que os Beatles já estavam executando o que ele apenas elaborava mentalmente. *Sgt. Pepper* estava ainda em fase de mixagem quando, em abril, ao visitar sua namorada, que fazia um filme em Los Angeles, Paul McCartney levou uma fita com tudo que havia sido gravado para checar reações. A primeira parada foi num ensaio do Jefferson Airplane em São Francisco. Mais tarde, ele foi ao apartamento do baixista Jack Casady fumar haxixe e apresentar "A Day in the Life" a Casady e ao vocalista Marty Balin. Os dois ficaram incrédulos com o que escutaram. Para Brian Wilson, o impacto foi muito menos festivo, mas quando se impressionou com a obra-prima de Lennon e McCartney, *Smile* já era um projeto sabotado pela incapacidade do autor de apresentar os trechos de sua ambiciosa jornada num todo coeso e acessível ao mesmo mercado que receberia *Sgt. Pepper* de braços abertos.

    A má reação de seus companheiros aos sons que vinha produzindo alimentou ainda mais a insegurança de Brian. Corria por Los Angeles a notícia de que o compositor dos Beach Boys estava elaborando algo que não tinha precedente nos anais da música pop, mas internamente o vocalista Mike Love, letrista destituído da função por Brian, externava com frequência sua insatisfação com aquela música abstrata e sem possibilidades comerciais. Foi com esse duplo sentimento de rejeição e insegurança que Brian destruiu os tapes nos quais trabalhara obcecadamente por quase um ano, transformando *Smile* na lenda de grande álbum perdido da era do rock. Com a decisão do seu líder, os Beach Boys perderam o bonde do psicodelismo e passaram a ser tratados como uma banda sem relevância diante do novo som que vinha de São Francisco.

    Enquanto os Beatles comprovavam uma impressionante capacidade de adaptação a constantes mutações musicais e comportamentais, os Beach Boys relutavam em abandonar a fórmula baseada em exportar para o mundo a imagem da vida nos subúrbios de uma parcela da juventude branca da Califórnia. Seu público fiel estranhava os experimentos e os hippies ignoravam qualquer coisa que se referisse vagamente à surf music, embora havia algum tempo as ondas saídas da aquarela de Brian viessem carregadas de estranhamento.

    Alguns esforços de ajuste aos novos tempos foram feitos. Quando esteve em Los Angeles, Paul McCartney tomou conhecimento do planejamento de um grande festival que uniria os principais nomes do novo rock nos dois lados do Atlântico e seria coordenado por um colegiado internacional de diretores responsáveis pela indicação dos artistas. Marcado para os dias 14, 15 e 16 de junho, o Festival de Monterey estava sendo montado como a grande atração do "Verão do Amor". Após quase dois anos sem tocar ao vivo, Brian Wilson, um dos convidados para a diretoria do evento, prometeu que os Beach Boys subiriam ao palco no encerramento da segunda noite.

Nada disso aconteceu. Na última hora, os Beach Boys desistiram com uma desculpa qualquer sobre cuidados para evitar a convocação do caçula da banda, Carl Wilson, para o Vietnã. A razão verdadeira era que estavam todos apavorados com a acolhida que os hippies lhes reservariam. A maioria da imprensa especializada e os próprios colegas interpretaram aquela decisão como confissão de incapacidade de produzir música harmonizada com as novas tendências.

A música dos Beach Boys talvez soasse fora de lugar num festival hippie. Se houve um momento em que se operou a transição do termo pop para rock com todas as implicações contidas nessa mudança, o Festival de Monterey deve ser considerado o marco zero. A indústria do disco se inteirou da existência de um produto dirigido não apenas a adolescentes, mas a jovens adultos exigentes ou já inseridos economicamente que, se não eram necessariamente *outsiders*, tinham gostos estéticos e aspirações pessoais totalmente diferentes dos pais e até do irmão mais velho. A exemplo do que ocorrera nos anos 1950, quando surgiu o rock'n'roll, eles também estavam ávidos por uma linguagem compatível com suas convicções e com os paradigmas filosóficos e políticos de sua geração. Os executivos da indústria musical demoraram a acordar, mas foram para Monterey dispostos a tirar o atraso.

CAPÍTULO 7   Verão do amor?

> *By the time that I'm through singing*
> *The bells of schools of wars will be ringing*
>
> Arthur Lee, "A House Is Not a Motel"

Na primeira classe do voo da TWA de Londres para Nova York, na quinta-feira 15 de junho de 1967, Brian Jones, dos Rolling Stones, Eric Burdon, vocalista dos Animals, e Jimi Hendrix se divertiam em uma pequena festa regada a uísque e anfetaminas. Antes de passar pela alfândega, com medo de serem presos, Brian e Burdon foram ao banheiro masculino e consumiram todas as substâncias ilícitas que levavam na bagagem. Não era pouca coisa. Os dois não conseguiram sequer chegar até o quarto do Hotel Mayflower. Passaram a noite no elevador completamente chapados. E sabe-se lá como acharam o caminho até o aeroporto no dia seguinte. Com exceção do The Who, que já estava em São Francisco para se apresentar no Fillmore naquela noite, as principais atrações inglesas começavam a chegar para o Festival de Monterey, uma cidade litorânea no sul da Califórnia que foi entronizada como capital do rock durante três dias.

Brian Jones nem mesmo iria tocar, apenas participaria como espectador privilegiado. Com Mick Jagger e Keith Richards a poucos dias de irem ao tribunal por causa do processo por consumo de drogas, as chances de os Stones conseguirem autorização para se apresentar nos Estados Unidos eram próximas de zero. Os Kinks, enfrentando seu exílio de cinco anos dos Estados Unidos, e o cantor folk Donovan, que não obteve visto, também ficaram de fora do evento. Os Beatles, aposentados de shows ao vivo havia menos de um ano, nem sequer cogitaram ir, mas mandaram gente do seu *staff* com a missão de filmar tudo e principalmente levar para a Inglaterra alguns exemplares da especialíssima fornada de cápsulas purpúreas de LSD que Augustus Owsley Stanley estava preparando para o evento.

O público já se apinhava nos portões para os shows de abertura que aconteceriam naquela noite de sexta-feira. Após cinco longos meses de negociações intermináveis com a prefeitura, a polícia, conselhos comunitários e a agenda dos músicos, tudo estava pronto para o primeiro festival de rock da história.

O projeto pertencia inicialmente a dois empresários do *showbiz* de Los Angeles que pretendiam montar um festival com o simples intuito de ganhar o máximo de dinheiro possível. Eles sabiam que era necessário um terceiro nome com força no mercado para assegurar credibilidade no momento de atrair artistas famosos. Um candidato natural seria John Phillips, compositor e líder do The Mamas and the Papas. Seu grupo estava navegando na crista mais alta com um single atrás do outro entre os mais vendidos desde o sucesso de "California Dreamin'". Abordado, Phillips gostou da ideia, a ponto de se associar ao empresário Lou Adler, outro figurão dos negócios no sul da Califórnia, para comprar o festival por irrisórios oito mil dólares. Monterey seria a partir de então um festival beneficente.

Assim que se estabeleceu que o festival não teria fins lucrativos, Adler e Phillips trataram de articular uma diretoria que contribuiria com um montante inicial de dez mil dólares para tocar o projeto, com direito a opinar na hora de decidir o destino dos lucros eventuais. Na Inglaterra, Mick Jagger foi convidado e aceitou participar. Durante sua viagem para a Califórnia em abril, Paul McCartney também entrou no barco e indicou Jimi Hendrix para se apresentar. George Harrison trabalhou pessoalmente para a inclusão de Ravi Shankar, seu mestre da cítara. Shankar demandou um pagamento de 3.500 dólares em separado, alegando que o dinheiro seria repassado diretamente a instituições de caridade na Índia. Nos Estados Unidos, a diretoria foi composta por Adler, John e sua mulher, Michelle Phillips, também do The Mamas and the Papas, David Crosby, dos Byrds, e o compositor Paul Simon, entre outros.

Desde o início, Phillips e Adler sabiam que a mais árdua tarefa seria convencer a tribo de São Francisco a participar da empreitada. A comunidade da Haight suspeitava antecipadamente de tudo que vinha de Los Angeles. Para eles, o sul da Califórnia era sinônimo de comercialismo atroz, decadência e uma rebeldia plastificada que servia à longa tradição da cidade como templo da cultura de massas produzida em linha de montagem. O escritor Carl Gottlieb, que na época fazia parte do grupo teatral The Committee, um dos mais conhecidos de São Francisco, relembra que "havia uma rixa entre norte e sul. O sul da Califórnia era percebido por nós como uma imitação plástica da coisa real. Nos sentíamos superiores porque, na verdade, estávamos vivendo a coisa. Para o pessoal de L.A., por outro lado, as meninas de São Francisco não raspavam o sovaco e éramos todos cabeças de granola".

Foi nesse ambiente de hostilidade recíproca que as negociações começaram. Aos olhos de seus interlocutores, John Phillips encarnava o consumado oportunista que edulcorava a filosofia hippie para vender, depois bancava o esnobe com carros de luxo, casa com piscina e outros símbolos de indulgência capitalista. Ninguém em São Francisco levava o The Mamas and the Papas a sério, mas passaram à hostilidade aberta depois que Phillips compôs um tenebroso hino à cidade com o intuito de divulgar o festival. "Se você for a São Francisco, tenha certeza de estar usando flores no cabelo", dizia a letra de "San Francisco" gravada pelo obscuro Scott McKenzie. Era voz corrente na comunidade que aquilo não passava de uma tentativa barata de ganhar dinheiro, reduzindo para o consumo das massas um movimento cultural de fôlego e complexidade. "O sul da Califórnia, a indústria de entretenimento de L.A. chegou à cena com aquela atitude de 'São Francisco, use uma flor no cabelo' que era uma completa comercialização antitética de tudo que sonhávamos", lembra Country Joe McDonald.

Um festival de rock na Califórnia sem contar com as bandas emergentes de São Francisco teria credibilidade zero. O Grateful Dead, no início, estava decidido a encabeçar um boicote. Pensaram inclusive em montar um festival alternativo. As idas e vindas de Phillips e Adler a Haight-Ashbury eram marcadas pelo diálogo difícil e momentos de tensão. Como artifício de sedução, o assessor de imprensa, Derek Taylor, deixou escapar que uma parte do dinheiro poderia ser destinada ao grupo de teatro Diggers, que alimentava pessoas de graça na Haight. A prefeita de Monterey protestou de imediato, afirmando que a divulgação daquela notícia atrairia um bando de esfaimados à cidade. O desmentido que se seguiu apenas endureceu as negociações. Adler garantiu que nenhum dinheiro seria destinado a uma comunidade hippie específica. Indignados, os Diggers chamaram os organizadores de "esgoto de Hollywood" e conclamaram um boicote, alegando que as bandas de São Francisco não deveriam se deixar explorar, já que nada seria destinado à comunidade.

Finalmente o nova-iorquino Paul Simon foi mandado a Haight-Ashbury como parte neutra para tentar fechar um acordo. Seu relato a John Phillips sobre a visita à casa do Grateful Dead sugeria alguém que acabara de chegar de um planeta bizarro: "É o lugar mais esquisito em que eu já estive e essas pessoas são as mais estranhas que já vi. Jerry Garcia, Bob Weir, Pigpen — cara, aquilo é muito estranho." Simon parecia particularmente impressionado com a livre distribuição de baseados na Haight a qualquer hora do dia. Na época, quando fumavam maconha em hotéis, ele e seu parceiro, Art Garfunkel, ainda punham toalhas debaixo da porta para o cheiro não escapar.

Se a facção de São Francisco jogava duro, sobravam empresários tentando incluir seus contratados no festival. O telefone do escritório de apoio teve que ser mudado diversas vezes, tantas eram as ofertas. Quando o evento começou a tomar forma, o Jefferson Airplane, que estava em Los Angeles gravando o álbum que sucederia o elogiado *Surrealistic Pillow*, capitulou às investidas por influência direta de Bill Graham, que via no festival uma vitrine para seus negócios. (Consta que ele, secretamente teria sido um dos primeiros a pôr dinheiro na mesa, mas nada revelou, por medo de queimar sua reputação entre as bandas de São Francisco.)

Em vez de marcar posição, a maioria das bandas foi caindo como dominó, com medo de ficar de fora do grande evento do "Verão do Amor". Vários executivos da indústria do disco haviam confirmado presença e bandas desconhecidas que sequer tinham contrato com gravadoras não podiam se dar ao luxo de desperdiçar uma vitrine como aquela. Qualquer utopia de uma cidade do rock isenta das "interferências maléficas" da indústria do disco terminou em Monterey, que foi, segundo as precisas palavras do editor da *Rolling Stone*, Jann Wenner, "o nexus: abrangia aquilo que os Beatles começaram e o que se seguiu". O marco zero da indústria do disco como se conhece hoje, apesar das mudanças da era digital, aconteceu naqueles três dias de festival, combinado com o lançamento de *Sgt. Pepper*, ocorrido duas semanas antes. Pessimista, Robert Hunter, letrista do Grateful Dead, resumiu o sentimento geral pós-Monterey: "Foi feio ter de assistir à eficiência com que aquela cena se desmantelou."

Lamentos à parte, o Monterey Pop não foi um festival de rock no sentido literal do termo, porque a lista de nomes sugeria uma diversidade grande demais para um rótulo tão restrito. A noite de abertura foi dominada por nomes mais ligados ao *showbiz* tradicional do que à nova música eletrificada. Uma série de grupos pop se alternava com atrações como Lou Rawls, cujas roupas e cujo repertório caberiam melhor num palco de Las Vegas. Apenas o show de Eric Burdon lembrava que se vivia o apogeu da cultura psicodélica. Simon e Garfunkel, acompanhados apenas de um violão, fecharam uma noite morna, relaxando ainda mais o público, louco por um pouco de ação.

Uma parte considerável da plateia de 30 mil pessoas encontrou estímulos mais vigorosos quando Owsley Stanley chegou distribuindo a sétima versão do LSD produzido em seu laboratório. A jarra era passada de mão em mão na plateia e cada um catava quanto quisesse. O estoque era ilimitado. O destacamento policial, que englobava a força completa de Monterey, mais efetivos emprestados das cidades vizinhas, optou sabiamente por fazer vista grossa a qualquer substância "esquisita" flagrada nas mãos ou na boca de alguém.

Uma grande expectativa cercava a tarde de sábado, que concentraria o maior número de bandas emergentes de São Francisco, como Country Joe and The Fish, Quicksilver Messenger Service e Big Brother and the Holding Company. Pesos pesados da indústria começavam a chegar, guiados pelo aroma de dinheiro. Não faltavam executivos de gravadora da estirpe de Albert Grossman, ainda dono do passe de Bob Dylan, dispostos a amarrar contratos com novas revelações, nem empresários prontos para seduzir contratados dos outros.

Grossman ficou diretamente interessado na briga que aconteceu nos bastidores durante o show do Canned Heat, de Los Angeles, a primeira das bandas de brancos aficionados por blues a se apresentar naquela tarde. O empresário do Big Brother, Julius Karpen, estava firme na disposição de não deixar que seus contratados fossem filmados no palco, a menos que alguma grana estivesse envolvida. O contrato para a filmagem de um documentário que seria exibido pela rede ABC era uma das expectativas de receita para os produtores, mas a maioria das bandas de São Francisco sentia cheiro de rato na história. Havia desconfiança de que o dinheiro iria para o bolso dos organizadores à custa da exploração da imagem alheia. O diretor escolhido, D.A. Pennebaker, aguardava para os próximos dias o lançamento de *Don't Look Back*, seu documentário sobre a excursão de Bob Dylan à Inglaterra em 1965, e os comentários eram de que Dylan não estava muito satisfeito com o resultado. Não precisava de muito mais do que isso para que ele provocasse desconfiança geral.

A atitude do Big Brother não deixava de ser corajosa, já que nem sequer tinham contrato com uma gravadora. Aparecer em cadeia nacional poderia ser uma arma de divulgação preciosa, mas Julius Karpen

— apelidado de "Julius Verde" por só saber negociar sob o efeito da *cannabis* — não arredava o pé e contava com o apoio (ou desinteresse) dos músicos. As bandas de São Francisco eram famosas por jogar duro e não se permitiam ser exploradas. Pennebaker se limitou a registrar a reação da plateia, com destaque para um notório "uau" saído da boca de Cass Elliott, a Mama Cass do The Mamas and the Papas, que representou com precisão o frisson disseminado. Uma estrela acabava de nascer e seu nome era Janis Joplin.

O Big Brother iniciou sua apresentação com dois números rápidos, enquanto Janis marcava o ritmo no chão com o pé e soltava uma voz nunca antes ouvida na garganta de uma cantora branquela. A combinação de carisma, êxtase convulsivo e domínio de palco sugeria uma intérprete com anos de estrada, mas ninguém conhecia Janis Joplin além da distância percorrida do Fillmore ao Avalon. O clímax da curta apresentação foi a versão de um blues lentíssimo de "Big Mama" Thornton, "Ball and Chain", que deixou a plateia a seus pés. "De onde veio essa mulher?", perguntava um atônito Lou Adler.

O show foi um triunfo. Janis roubou a cena, mas o clima nos bastidores era de frustração. Nada havia sido gravado e o grupo estava furioso com Julius Karpen. Sentindo a oportunidade, John Phillips abordou a banda e prometeu um novo show no dia seguinte se eles aceitassem aparecer no documentário. Quando começou a correr a história de que Albert Grossman estava impressionado com Janis, ela foi procurá-lo para destilar suas frustrações com Karpen e sondar suas chances. Grossman, que também não permitira que sua banda Electric Flag fosse filmada, não teve pudores em aconselhar Janis a aceitar a proposta de John Phillips. Seu principal objetivo era manipular para tirá-la das mãos de Karpen o mais rápido possível.

O terremoto Janis Joplin ofuscou o brilho das bandas que vieram depois, a maioria cozinhando um derivado de blues, rock e soul sem muita imaginação. Como de hábito, a complacência da plateia, que estava em órbita com tanto LSD, ajudou. No fim da tarde, as substâncias purpúreas de Owsley já faziam tanto sucesso quanto Janis, mas um terço da força policial fora dispensada por absoluta falta do que fazer. O escritório de Derek Taylor também estava fechado, com um aviso na porta: "Desculpe, não posso resolver seu problema."

Taylor não resolvia problemas, mas acabou criando um quando, ao responder às insistentes especulações sobre a chegada dos Beatles, disse brincando que eles já estavam lá, só que disfarçados de hippies. Pelo menos um jornal de Los Angeles publicou a história, na segunda-feira, como verdadeira. A confusão foi aumentada pela inclusão no programa do festival de uma "banda sem nome" que muita gente assumiu ser um codinome do quarteto inglês para não chamar atenção. Na verdade, tratava-se de uma banda liderada por Cyrius Faryar — músico iraniano radicado na Califórnia —, que se apresentou no domingo antes do Buffalo Springfield, um mix de vanguarda e folk music que não causou qualquer impacto.

O sábado à noite começou pouco promissor, com uma apresentação do Moby Grape, cujas vendas do ótimo disco lançado duas semanas antes vinham decepcionando a gravadora. Pressionados a se acomodar a um formato de menor duração, eles não empolgaram ninguém, nem com a canja de Janis Joplin. Para finalizar a noite ruim, ainda foram presos por porte de maconha quando voltavam para São Francisco.

Os Byrds, que tinham vendido mais discos do que qualquer atração apresentada até aquele momento, não se saíram muito melhor. A tensão entre os integrantes já era impossível de disfarçar. David Crosby subiu ao palco disposto a politizar a participação de um grupo conhecido não exatamente por ser radical. Começou citando a entrevista recente na qual Paul McCartney afirmava que não haveria guerras se políticos tomassem LSD. Crosby mal conteve seu entusiasmo, estendendo a recomendação a "cada homem, cada mulher, cada criança neste país". Ao introduzir "He Was a Friend of Mine", composta em homenagem ao presidente Kennedy, o guitarrista improvisou um pequeno discurso contra a Comissão Warren, que algum tempo antes havia concluído que Lee Harvey Oswald agira sozinho: "John Kennedy foi baleado de diferentes direções por diferentes tipos de armas. Os fatos foram ocultados, testemunhas assassinadas e este é seu país, senhoras e senhores." Jim McGuinn, o autor da canção, ficou furioso com a tagarelice de Crosby e, naquele clima hostil, o show foi se arrastando até o fim. Meses depois, após uma briga gerada pelo não aproveitamento da canção "Triad", sua bela ode ao *ménage à trois* (gravada pelo Jefferson Airplane), David Crosby foi expulso dos Byrds.

Os dois shows meio mornos não permitiam antever o desastre que se seguiu. Laura Nyro, uma jovem compositora nova-iorquina que vinha recebendo elogios mas ainda era desconhecida pelo público, subiu ao palco usando um longo de noite, mais adequado a uma recepção de gala. Com apenas um ensaio rápido, acompanhada por uma banda sem qualquer familiaridade com seu repertório, o desastre anunciado se consumou. A apresentação foi marcada por vaias estrepitosas. Laura Nyro saiu do palco aos prantos e nos bastidores teve uma crise de nervos. Por muitos anos na indústria da música pop a expressão "quase tão ruim quanto Laura Nyro" funcionava como síntese para uma péssima estreia. Mau começo para uma artista reconhecida pela seminal influência sobre a geração de compositoras que surgiria na virada da década, especialmente Joni Mitchell.

Com mais pose de estrela do que de membro de uma comunidade hippie, o Jefferson Airplane fez uma apresentação competente e deixou a plateia pedindo bis. Não houve tempo para mais nada. Minutos depois, o palco já estava sendo ocupado por cinco músicos vestindo ternos iguais e com cabelos curtos, como se tivessem aterrissado de outra galáxia no meio de incensos, cafetãs, batas e colares hippies. Quatro anos antes, o Booker T. & The M.G. obtivera um sucesso estrondoso com o instrumental "Green Onions", mas naquela noite a melhor banda inter-racial de Memphis ia apenas acompanhar a atração escalada para fechar a noite. Fechar é o termo indicado para o arrasa-quarteirão que foi a presença de Otis Redding.

Um dos grandes cantores do país, embora tivesse apenas 26 anos, Redding nunca havia se apresentado para uma plateia majoritariamente branca e estava apreensivo sobre como seria recebido pela "galera do amor", sua forma de se referir ao público de Monterey. Respeito e credibilidade entre seus pares não lhe faltavam. O que os grupos de São Francisco e de Londres lutavam para entender, aqueles músicos de Memphis criados à base de blues, gospel e soul tinham de sobra correndo nas veias. Janis Joplin repetia para quem encontrasse que "Otis era Deus", e seguia o ídolo para todo canto.

Durante os menos de vinte minutos em que esteve no palco, Otis deu uma lição sobre como deixar uma plateia na palma da mão. Sua soberana vontade dirigiu o público para que respondesse a seu canto, repetiu a mesma sequência três vezes, brincou com os músicos que conduziam o espetáculo com precisão de relógio, apropriou-se de "Satisfaction" — um dos hinos da "galera do amor" — sem sequer se dar o trabalho aprender a letra e ainda se deu ao luxo de acalmar a plateia a pedido de John Phillips para evitar que se cumprisse a ameaça policial de cortar a luz. Phillips virou-se entusiasmado para o empresário de Otis após o show e falou: "Cara, isso foi incrível." "Ele faz a mesma coisa todas as noites", foi tudo o que ouviu como resposta. Seis meses depois de seu triunfo em Monterey, em 10 de dezembro de 1967, Otis Redding morreria num desastre de avião.

O último dia do festival amanheceu chuvoso, deixando apreensivo Ravi Shankar, a única atração prevista para tocar durante a tarde. O indiano não aceitou se espremer entre bandas de rock e chegou mesmo a oferecer seu cachê de volta caso não fosse atendido. O grande músico indiano exibiu seu virtuosismo durante três horas numa tarde morna, tendo como ouvinte atento um Jimi Hendrix em plena viagem de ácido, deitado na grama.

Para um músico oriental de formação erudita como Ravi Shankar, tornar-se popular quase aos 50 anos no Ocidente era algo quase absurdo. Em resposta a um jovem da plateia de um programa de TV sobre o que achava do interesse de grupos americanos e ingleses pela música indiana, Shankar afirmou temer que aquilo tudo fosse apenas um modismo de temporada. Nada o ofendia mais do que a ideia absurda de que os músicos indianos tiravam aqueles sons sob o efeito de drogas. Na época ele falava diplomaticamente dos hippies para aproveitar o vento a favor, já que vários outros músicos podiam se beneficiar do seu sucesso, mas anos depois não tinha nada senão comentários derrogatórios até mesmo sobre seu sucesso em Monterey. E a febre por música indiana, como ele previra, passou quando as bandas de rock se cansaram da cítara e se encantaram com outro modismo.

Janis Joplin sabia que tinha que recriar de alguma forma a espontaneidade da apresentação de sábado para se confirmar como a grande estrela produzida por Monterey. Com um novo vestido de lamê e o diretor Pennebaker dessa vez com as mãos firmes na câmera, Janis arrebatou a plateia com uma leitura ainda mais melodramática de "Ball and Chain". Em pouco mais de 24 horas, passou de uma desconhecida à grande promessa feminina da música pop americana. Sua performance é um dos momentos definitivos da era do rock capturados em celuloide.

A dolorosa rejeição experimentada na vida social antes de partir para São Francisco foi decisiva para que Janis almejasse o tipo de reconhecimento em massa que estava obtendo. Desde a escola, adaptar-se sempre havia sido um problema. Defender a integração racial numa pequena cidade do Texas nos anos 1950 era um convite à hostilidade. Port Arthur, sua cidade natal, de tão sonolenta e pequeno burguesa oferecia poucas diversões às famílias além de ir à agência de correio espiar os cartazes de criminosos procurados. A passagem pela Universidade do Texas revelou um talento de cantora e uma afinidade com a tribo de transviados beatniks, mas também deixou marcas, como o título de "homem mais feio do campus" concedido pela comunidade masculina. Poucos meses depois, ela pegou a estrada rumo à Califórnia com seu conterrâneo Chet Helms.

Janis chegou a São Francisco no início de 1965, após cinquenta horas de viagem e inúmeras caronas. Rapidamente misturou-se à cena boêmia de North Beach, onde identificou montes de desajustados como ela. Dormia onde conseguisse, comia com os trocos que ganhava cantando em bares, transava com homens e mulheres e se acabava em anfetaminas. Em um ano na cidade a dependência do *speed* quase a arrastou para uma morte prematura. Seus amigos, igualmente duros, tiveram de espremer os bolsos para comprar uma passagem e despachá-la de ônibus para casa.

Durante alguns meses, Janis se empenhou em levar uma vida normal de professorinha do interior. Usou coque no cabelo, ficou noiva e se manteve distante de problemas, mas sua determinação se abalou quando um amigo de Chet Helms apareceu por lá convidando-a para voltar a São Francisco. Helms queria que ela assumisse o vocal de uma das novas bandas da cidade, o Big Brother and the Holding Company. A São Francisco que Janis reencontrou tinha mudado bastante. Uma mudança do tamanho da distância entre North Beach e a Haight-Ashbury. Seus jeans apertados e suas botas não combinavam com o novo figurino padrão de garota hippie que ela rapidamente adotou: colares, coletes, bandanas, batas e sandálias.

Sua nova banda não era grande coisa, mas tocava com enorme paixão. Como a maioria dos grupos da Bay Area, o Big Brother mesclava blues e rock e, como a maioria, seus componentes se qualificavam como pouco menos que ineptos no domínio dos instrumentos. Janis era completamente ignorante em rock, só tinha se apresentado até então com instrumentos acústicos e, para se adequar ao volume, começou a berrar mais alto do que a banda.

Quando entrou para o Big Brother, Janis entrou para uma família. Como os outros grupos da cidade, todos viviam juntos em comunidade com namoradas, filhos e cachorros. Como Janis era a única sem parceiro fixo, alternava-se entre homens e mulheres da casa.

No papel de cantora de uma banda e sem namorado, ela ocupava um lugar atípico para uma mulher numa comunidade hippie. Com todo o discurso libertário, as comunas de São Francisco eram verdadeiros templos de patriarcalismo. Esperava-se do sexo feminino pouco mais do que submissão e procriação. O homem era quem punha a comida na mesa. Mulheres hippies tinham filhos quase imediatamente. Acatar as exigências da natureza era uma norma. A pílula anticoncepcional podia ser um sucesso na Universidade de Berkeley, mas não no reduto desses autoproclamados filhos da mãe natureza. Comida macrobiótica e uma hippie amamentando seu rebento eram duas imagens coladas a qualquer comunidade normalmente estruturada. Janis era carnívora, não tinha filhos e ainda por cima detestava LSD. Sua droga de escolha era mesmo uma garrafa de bourbon, entornado como água.

Até pouco antes de brilhar em Monterey, o Big Brother trabalhava num esquema igual ao de uma banda de garagem iniciante. Não havia dinheiro para contratar *roadies* e até Janis tinha que carregar instrumentos, mas sua popularidade imediatamente extrapolou os limites familiares. O Festival de Monterey decretou o fim do senso de unidade coletiva e relegou os músicos a meros acompanhantes de sua vocalista.

Quando Albert Grossman entrou em cena oferecendo um contrato de gravação com a Columbia, os dias de amadorismo estavam contados. Grossman desde o início tinha em mente apostar na divisão do grupo para cuidar apenas de sua estrela. Muito mais lucrativo para ele e para ela, que não precisaria dividir o dinheiro por cinco. Grossman não hesitava em criticar o grupo a cada oportunidade e era ajudado pela curiosidade febril que surgiu na imprensa a respeito de Janis Joplin. Várias publicações, como *Vogue, Glamour, Time, New York Times* e *Village Voice* solicitavam entrevistas. A maioria nem sabia o nome da banda em que ela cantava.

As tensões atingiram um ponto crítico quando o Big Brother foi para o estúdio gravar o primeiro álbum. O produtor escolhido, John Simon, era um inveterado jazzista, filho de maestro, dotado de muita educação musical e zero de paciência com músicos incompetentes. Na sua opinião elitista e excludente, alguém que não dominava mais do que marginalmente seu instrumento estava na profissão errada. Antes de trabalhar com o Big Brother, ele pilotara a produção do disco de estreia do The

Band, ex-banda de apoio de Bob Dylan. Simon adorava trabalhar com músicos que reagiam ao excessos da música psicodélica, eram aplicados, experientes e tinham um repertório próprio de excelente nível. A exata antítese do Big Brother.

    John Simon estava decepcionado até com Janis. *Take* após *take*, ela repetia as mesmas inflexões e os mesmos maneirismos, algo que uma cantora de blues, em sua opinião, nunca faria. Finalmente, exasperado, Simon deixou as gravações e exigiu que seu nome fosse retirado dos créditos. O Big Brother não sabia, mas já tinha perdido Janis Joplin havia muito tempo. Nem mesmo sua "família" seria obstáculo na escalada para o topo.

Enquanto Janis Joplin confirmava naquele domingo, 18 de junho, em Monterey, que a apresentação da véspera não havia sido fogo de palha, nos bastidores Jimi Hendrix e Pete Townshend estavam nariz a nariz para decidir quem deveria subir ao palco primeiro. O tom não era nada amigável. Townshend acusou Hendrix de imitá-lo. Hendrix, que tinha o The Who entalado na garganta desde a infame visita ao estúdio em Londres, chamou Townshend pejorativamente de "branquelo". Ele estava pronto para a primeira grande apresentação em seu próprio país e não iria ceder holofotes para forasteiro nenhum. No impasse, a disputa teve que ir para o cara e coroa e, quando John Phillips jogou a moeda, Hendrix teve a primeira de suas vitórias na noite.

    Apesar das roupas psicodélicas do vocalista Roger Daltrey e do show de luzes ao fundo, a identificação do The Who com o público de Monterey era nenhuma. Sua música tinha a energia latente das ruas de Londres e não servia para acalmar os nervos de ninguém. "Eles estavam forjando um protesto pacífico contra a Guerra do Vietnã, nós estávamos fomentando uma guerra de classes. Nós realmente não nos entendemos. Eles queriam paz e amor e receberam raiva e ressentimento. Eles ainda não estavam prontos para o horror que era o The Who", lembra Roger Daltrey.

    Para uma banda acostumada a shows compactos e a tocar juntos quase todas as noites durante três anos, o The Who começou muito mal, mas se recuperou do meio para o fim, fechando tudo com uma catártica versão de seu maior sucesso, "My Generation". A câmera de Pennebaker flagrou um alucinado Keith Moon perdendo uma das baquetas e continuando a tocar assim mesmo. Logo após o acorde final, Townshend iniciou seu ritual de quebradeira, a primeira e única cena de violência assistida no festival. O resto do grupo já estava fora do palco e Keith Moon continuava lá, chutando e quebrando sua bateria. Ravi Shankar, que já dera um tapa na perna de George Harrison durante uma aula de cítara por julgar que o beatle não estava respeitando o instrumento, ficou desolado com a cena. O público aplaudiu ruidosamente, mas alguns críticos acharam que o The Who estava apenas tentando ao máximo não ser ofuscado por Hendrix. Só que o guitarrista americano tinha os próprios truques na manga. Quando subiu ao palco, ele levava um isqueiro no bolso.

Antes de Hendrix, o Grateful Dead, com toda má vontade em relação ao festival, marcou sua apresentação por incentivar o público que estava do lado de fora a entrar na marra, contra a orientação dos organizadores. Até o fim eles não permitiram nenhuma filmagem e quarenta anos depois os integrantes ainda estavam amaldiçoando os efeitos perniciosos de Monterey sobre a comunidade musical de São Francisco. Enquanto isso, nos bastidores, Hendrix liderava uma *jam* com Janis Joplin, Roger Daltrey, Mama Cass, Eric Burdon e Brian Jones, todos cantando "Sgt. Pepper", até que Bill Graham veio do palco mandar todo mundo calar a boca e acabar com aquele barulho.

Brian Jones, drogado em tempo integral, não tocou uma única nota durante o festival, mas subiu ao palco para apresentar Jimi Hendrix entusiasticamente. Sob efeito do LSD ingerido quarenta minutos antes, Hendrix surgiu usando bandanas, calça vermelha e uma camisa amarela bufante, além de vários acessórios que o faziam parecer um cigano. Ele sabia que naquele momento o importante não era mostrar proficiência, e sim capacidade de incendiar a plateia. O trio começou com uma releitura triunfante de "Killing Floor" — o mesmo blues com que Hendrix roubara o show do Cream oito meses antes — para em seguida atacar com "Foxy Lady", do primeiro álbum, lançado no mês anterior. Os outros músicos olhavam atentos, sentados no canto do palco, na coxia e na plateia. Após "Like a Rolling Stone", a única música de Bob Dylan tocada durante o festival inteiro, sua guitarra zuniu por um número de B.B. King, "Rock Me Baby", passeou por "Hey Joe" e pela bela "The Wind Cries Mary".

Os truques ficaram para o fim. "Wild Things", o único sucesso da banda inglesa The Troggs — recriada num andamento mais lento com uma rápida citação de "Blue Moon" —, virou um trampolim para Hendrix usar todas as suas planejadas pirotecnias. Sem nenhum embaraço, ele simulou fazer amor com seu instrumento, rolou pelo chão, tocou com os dentes e fabricou a imagem mais duradoura do festival ao se ajoelhar no palco e incendiar a guitarra. O documentário sobre Monterey registra a reação da plateia: um misto de surpresa e êxtase. E para mostrar que era ele, e não Townshend, o dono do show em sua terra, Hendrix também deixou sua guitarra em cacos.

Nos bastidores, o guitarrista foi ruidosamente festejado por Brian Jones e Nico — recém-expulsa do Velvet Underground. É difícil acreditar que menos de um ano antes Hendrix estivesse tocando num bar em Nova York, com a carreira estacionada e sem perspectivas. Curiosamente, uma das participações mais aplaudidas do festival foi também das mais criticadas. Alguns críticos não perceberam em Hendrix mais do que um formulador de truques sem consistência. Robert Christgau, da revista *Esquire*, o batizou de "Pai Tomás psicodélico". O estranhamento se explica, em parte, pelo ineditismo de um artista americano chegar de Londres acompanhado por dois músicos europeus para desconstruir a música que os brancos expropriaram dos negros e, como se não bastasse, oferecer uma dança fulgurante em cima da expropriação.

Nenhum desses epítetos raciais jamais era utilizado contra guitarristas brancos tentando mimetizar os *bluesmen* do sul dos Estados Unidos. O próprio vice-presidente da Warner, que havia contratado o Jimi Hendrix Experience só por ouvir que eles estavam arrasando na Inglaterra, sem nunca sequer se dar ao trabalho de escutar a música, confessou-se constrangido. Mas nada disso abalou o que se configurava como um retorno triunfal. Depois de sair rejeitado de seu país com todas as portas fechadas, Hendrix estava agora no jogo com apetite de sobra para quebrar a banca, mas sabia que não seria uma tarefa fácil. Na antevéspera, em Nova York, nenhum táxi respondeu ao seu aceno e até o boêmio Hotel Chelsea o expulsou de suas dependências. Hendrix podia ser um astro na Inglaterra, mas os obstáculos que tinha de transpor nos Estados Unidos teimavam em não se mover.

O festival foi do vinho para água com açúcar quando o The Mamas and the Papas entrou em cena para o show de encerramento. John Phillips pretendia aproveitar a chance para uma apresentação consagradora que definisse o grupo como os líderes da cena californiana, mas o plano falhou com um desempenho abaixo da crítica dos hippies de grife e pela obrigação de ter de entrar no palco imediatamente após o extraordinário show de Hendrix. Para piorar, um dos vocalistas chegou em cima da hora e o grupo, que era brilhante no estúdio mas nunca convenceu ao vivo, ressentiu-se da falta de ensaios. Tamanha era a desafinação que mais tarde tiveram que regravar as partes vocais para o documentário. Michelle Phillips, que consolara Laura Nyro na véspera, teve sua chance de chorar de raiva com o próprio fiasco. O The Mamas and the Papas não se apresentou mais ao vivo e se separou no início do ano seguinte.

As luzes do festival se apagavam, mas os músicos estavam prontos para tocar até o amanhecer e várias *jams* se formaram durante a noite, mantendo o equilíbrio da balança entre o amadorismo e a competição profissional que se formaria após a grande feira de Monterey. Na hora de conferir o material, alguns amplificadores que Lou Adler havia pegado emprestado numa loja da cidade sumiram misteriosamente. Na semana seguinte, apareceram num show ao ar livre gratuito do Grateful Dead em São Francisco. Tempos depois uma carta chegou da direção do festival perguntando se por acaso alguém da banda saberia do paradeiro do equipamento. A carta indicava quando e onde os amplificadores poderiam ser apanhados e terminava com uma nota de fina ironia: "Quando vier, não se esqueça de usar flores no cabelo."

Cinco meses depois, o Festival de Monterey foi a peça central do primeiro número do mais novo jornal de rock em São Francisco. "Onde está o dinheiro de Monterey?", questionava o texto do jornalista Michael Lydon, que estava acumulando a função de redator da Newsweek com o trabalho freelance no novo quinzenário, cuja primeira edição chegou às bancas em 9 de novembro de 1967. O total arrecadado, dizia a reportagem, não havia chegado ao destino combinado. Paul Simon reivindicara que uma parte significativa fosse doada à escola de música para crianças carentes do Harlem, mas o aporte havia sido de apenas 50 mil dólares. Monterey, na realidade, teria dado prejuízo aos organizadores, não fosse o contrato com a rede ABC para o especial de TV. Os custos do festival haviam sido de aproximadamente 300 mil dólares, e não mais do que 200 mil dólares foram obtidos com a venda de ingresso e outras fontes.

Quando viu as cenas de insinuante sexualidade protagonizadas por Hendrix, o presidente da ABC optou por desistir da exibição do documentário em rede nacional. Ficou decidido que o filme seria lançado nos cinemas, mas nenhuma distribuidora ligada aos grandes estúdios apostava no sucesso, o que indica quão distante Hollywood estava da revolução cultural americana. *Monterey Pop* foi lançado em dezembro de 1967 e permanece um dos melhores filmes de rock de todos os tempos, uma dinâmica e precisa radiografia da atmosfera e das melhores apresentações daqueles três dias. A edição faz total justiça aos grandes destaques do festival: Janis Joplin, Jimi Hendrix e Otis Redding. Só não faz justiça à expressão *"cinema verité"* que sempre acompanhou o trabalho do diretor Pennebaker. Não havia muito de verdade numa Mama Cass dizendo "uau" na apresentação de sábado de Janis Joplin e a tela mostrando o show de domingo ou na câmera parada nos movimentos labiais de Grace Slick durante a apresentação do Jefferson Airplane enquanto a bela "Today" estava sendo cantada por Marty Balin, o outro vocalista.

As denúncias do tal jornal de rock não foram muito longe, mas o projeto acalentado por seu jovem fundador continua vivo e atuante. As perspectivas iniciais não recomendavam muita animação. Jann S. Wenner levantou 8 mil dólares de várias fontes para lançar o primeiro número da *Rolling Stone* em outubro de 1967 e imprimiu 40 mil exemplares, dos quais 34 mil ficaram encalhados. Para completar o baixo astral, semanas após o lançamento uma carta chegou do escritório da banda Rolling Stones notificando a empresa de que um jornal com aquele nome poderia gerar problemas judiciais. A premissa era tão ridícula que a ameaça de processo nunca foi adiante. Se os donos do jornal tivessem de pagar *royalties* a alguém seria aos autores do blues que inspirou o grupo inglês a adotar seu nome, e "Rolling Stone" era uma canção tradicional de autor desconhecido.

O título foi um achado do parceiro de Wenner naquela empreitada, Ralph J. Gleason, o crítico de música mais conhecido do país. Já perto dos 50 anos, Gleason havia adotado um ano antes o jovem Wenner quase como um filho e pupilo. Jazz e North Beach formavam a cena na qual ele se firmara profissionalmente, mas em 1965 sua conversão ao rock foi apaixonada após presenciar o histórico evento dançante da Family Dog. Naquele dia Gleason encontrou Jann S. Wenner pela primeira vez. Seu maior atributo era a capacidade de captar a emergência de novos talentos. Durante quase 30 anos de jornalismo, foram poucas gafes, embora notórias. Em 1963, no Festival de Newport, ele desdenhou de Bob Dylan como "outro judeu nova-iorquino imitando Woody Guthrie". Meses mais tarde, pediria desculpas pessoalmente e chegou a comparar Dylan a Shakespeare num artigo. De um extremo a outro, sem meio-termo.

Jann S. Wenner era um dos mais ativos participantes da cena de São Francisco, embora seu papel nunca fosse bem resolvido. Estudante de

Berkeley e colaborador do jornal universitário, deixou a faculdade por falta de interesse na vida acadêmica. Wenner era um apaixonado pela música dos Beatles, dos Rolling Stones e de Bob Dylan. Popularmente, sua figura mais tarde seria associada à de um *star fucker*, o sujeito que faz tudo na vida para estar perto de celebridades. Quando o termo se popularizou, Wenner já era ele próprio uma celebridade. Seu "jornalzinho de rock" cresceu com a indústria do disco como uma marca poderosa, um item obrigatório de interlocução nos eventos que redefiniram o modo de vida político e social americano nos anos 1960 e 1970, não apenas na música, mas em política, comportamento e economia. Hoje a *Rolling Stone* é o típico veículo de corporação resolutamente amparado no gosto médio do jovem americano, mas que se alinha com convicção a várias causas progressistas.

Quando Wenner iniciou seu empreendimento, havia uma cena não inteiramente profissional e mais de vinte publicações disponíveis relacionadas à contracultura em São Francisco. Quase todas eram fanzines impressos sem ambição de lucro, por abnegados que se viam como devotos da nova consciência. A noção de que a música popular merecia ser destrinchada como um fenômeno cultural com parâmetros próprios era completamente nova. Wenner via o rock como bússola de transformação, mas também de diálogo social, não como cultura de gueto. Rock também era *business*. Ele tampouco queria reproduzir o estilo acadêmico da *Crawdaddy* (nome escolhido em homenagem ao primeiro clube onde os Rolling Stones se apresentaram), publicada na costa leste por Paul Williams e historicamente considerado o primeiro jornal especializado em rock. O objetivo de Wenner era não tratar o leitor como um adolescente imbecil nem como um estudante interessado em jargões arcanos e complexos da academia. Linguagem sofisticada, mas direta e acessível — essa seria a linha adotada pela revista, inspirada em publicações como *Esquire* e *New Yorker*.

Wenner tinha um bom parâmetro pelo qual se guiar. Cerca de dois meses antes de o primeiro número da *Rolling Stone* chegar às bancas, o jornal mais importante da cena local, *Mojo Navigator*, encerrou suas atividades por falta de capital de giro. Greg Shaw, editor da mesma idade de Wenner e futuro produtor de discos, chegou a publicar 12 edições, que atingiram a marca aceitável para um jornal *underground* de dois mil exemplares. Por ironia do destino, a mesma popularidade matou qualquer ambição. Quando atingiu a marca dos mil exemplares, Shaw resolveu subir a tiragem para cinco mil. "Fui ao tipógrafo e disse: quero imprimir cinco mil jornais. Ele disse: 'Ótimo. Custa dois mil dólares *cash*, pagamento adiantado.' Dois mil? Eu estava vivendo de vender ácido ganhando 100 dólares por mês. Meu aluguel custava 85 dólares. Ficou impossível continuar."

A primeira edição da *Rolling Stone*, rodada com dinheiro emprestado de sua família e da família da namorada, estabeleceu os trunfos e marcou a diferença em relação às rivais. Wenner queria profissionalismo e fez questão de pagar cada colaborador, embora a soma fosse irrisória. Antes de o primeiro número chegar às bancas, ele mandou uma cópia da revista para Jon Landau — um professor de história em Boston e colunista da *Crawdaddy* que anos depois se tornaria uma figura poderosa do *showbiz* como empresário de Bruce Springsteen e produtor de *Titanic*, entre outros blockbusters. Na primeira edição da *Rolling Stone*, Landau chamou atenção por detonar o primeiro álbum de Jimi Hendrix, *Are You Experienced?*. Numa das edições posteriores, Wenner pediu ao crítico Michael Lydon que elogiasse o mesmo álbum. No número seguinte, a gravadora Warner começou a pagar anúncios na revista. Um olho na linha editorial e outro na carteira. Esse tipo de acomodação seria uma marca da *Rolling Stone*.

Ao se recusar a balizar critérios para avaliações musicais pela ligação com qualquer movimento político, Landau se tornou a epítome do crítico da *Rolling Stone*. Assim como Greil Marcus, outro crítico e pesquisador muito influente, Landau era simpatizante de grupos de esquerda e escrevia para publicações independentes, mas defendia a tese de que a música deveria ser julgada pelos próprios méritos, atitude compatível com a de Wenner, que, apesar de suas simpatias democratas, insistia em que o rock não deveria ser o apêndice de nenhuma subcultura, fossem as drogas, fossem as políticas da "nova esquerda" que ele em menos de um ano não hesitaria em denunciar.

Crítica de rock era algo ainda tão incipiente que seus preceitos careciam de definição. Os jornalistas da *Rolling Stone* estavam criando não apenas um jornal, mas parâmetros de substância e estilo que durante anos vigorariam como modelo. O primeiro artigo do gênero publicado num jornal de reputação estabelecida havia sido assinado por Richard Goldstein no *Village Voice* em outubro de 1966. Goldstein era formado pela Universidade de Columbia e já havia escrito um livro sobre drogas nos campi universitários, mas se tornou mesmo conhecido pela crítica negativa de *Sgt. Pepper* publicada no *New York Times* que gerou uma torrente de cartas de protesto. Naquele mesmo junho de 1967, pouco depois de Monterey, Robert Christgau começou a publicar sua coluna na revista *Esquire*. Por volta de 1969, os principais jornais ingleses e americanos já tinham seus contratados fixos como críticos de rock.

Para viabilizar a impressão do primeiro número da *Rolling Stone*, Wenner foi pessoalmente vender anúncios de porta em porta na Haight-Ashbury. A capa trazia uma foto inédita de John Lennon caracterizado como soldado no filme *Oh, que delícia de guerra* (*How I Won the War*), que entraria em cartaz naquele mês. Poucos números depois, o jornal conseguiu um contrato nacional de distribuição e anunciantes apareciam por todo lado. Algumas gravadoras tornaram mandatória para seu *staff* a leitura da *Rolling Stone*. Entre os músicos, o endosso ou uma crítica devastadora poderia alterar o rumo de uma carreira. Segundo Ginger Baker, Eric Clapton teria decidido acabar com o Cream após se magoar até as lágrimas com um artigo em que Jon Landau chamava seus longos solos de chatos e tediosos.

As bandas mais bem-sucedidas comercialmente ficaram de fora de Monterey porque quiseram, mas uma delas estava contrariada com a exclusão. No início de junho, o segundo single do The Doors, "Light

My Fire", começou a subir rumo ao topo das paradas de sucesso. O primeiro álbum, lançado em janeiro, tivera um começo tímido, mas também deslanchou. Enquanto o burburinho acontecia na Califórnia durante aquele fim de semana de Monterey, o The Doors teve que se contentar com uma apresentação obscura na Filadélfia, pois o clube onde cumpriam uma temporada triunfante em Nova York fechou por três dias exatamente por causa do festival.

Se servia de algum consolo, o Love, banda conterrânea e favorita do vocalista Jim Morrison, já com dois discos na praça, também ficara de fora da festa. A ausência de dois grupos de Los Angeles com tamanha notoriedade apenas reforçava a suspeita de que o empresário Lou Adler queria apenas pôr seus contratados na vitrine. A desculpa oficial de que não dava tempo para mudar o cronograma do festival foi refutada pelo baterista John Densmore, do The Doors: "Porra nenhuma. Eles nos conheciam. Eles tinham medo de nós. Nós não representávamos a atitude do festival: paz, amor e *flower power*. Nós representávamos o lado sombrio."

Há um quê de paranoia nessa afirmativa, pois Monterey não foi composto exclusivamente de artistas em sintonia com a estética hippie, mas o The Doors estava sem dúvida navegando em águas mais sombrias do que a maioria de seus pares. A exclusão não lhes trouxe, porém, qualquer prejuízo. No dia 25 de julho, um mês após o festival, alguém da gravadora Elektra ligou para os empresários do grupo e disse: "Por favor, conte aos garotos que no próximo número da *Billboard* eles aparecerão em primeiro lugar." Só quando os Beatles lançaram "All You Need Is Love", outra antena do "Verão do Amor", no começo de agosto, "Light My Fire" foi derrubada do topo das paradas. Três dos sete minutos da canção, de explícito conteúdo sexual, foram editados para se ajustar ao formato dos singles. Naquele mesmo mês, o The Doors entrava confiante no estúdio para gravar seu segundo álbum, *Strange Days*.

Assim que conquistou o sucesso, o The Doors mergulhou num estilo de vida típico de grandes estrelas, com aeroportos, hotéis, entrevistas e shows em grandes espaços. A revista *Time* publicou uma matéria com destaque para uma frase proferida pelo vocalista Jim Morrison no *press release* da gravadora: "Eu estou interessado em tudo que diz respeito a revolta, desordem e caos." Já havia quem os chamasse triunfantemente de "Beatles americanos". Nada mal para uma autoproclamada banda intelectualizada, cujo nome vinha do livro *As portas da percepção (The Doors of Perception)*, de Aldous Huxley, que, por sua vez, era inspirado num verso do visionário poeta inglês William Blake. Jim Morrison vivia o romantismo autoconsiderado de um Rimbaud psicodélico. Não havia ninguém na Califórnia com tão sólida formação literária. O som da banda também não se assemelhava ao corriqueiro folk misturado com rock de Los Angeles na época. O guitarrista Robin Kruger praticava violão flamenco e o baterista era bem mais ligado em jazz do que em rock. O grupo não tinha baixista, o que favorecia um tom discursivo e monocromático nas apresentações.

O começo foi duro. Desenturmado no ambiente musical de Los Angeles, o The Doors conseguiu ser contratado por um clube da Sunset Strip, mas numa parte menos nobre, numa casa inexpressiva, o London Fog, um ano depois de gramar em pulgueiros. Nenhuma banda que pretendesse alguma coisa em Los Angeles poderia se dar ao luxo de não tocar na Sunset Strip. Por volta de 1965, a larga avenida de Beverly Hills compunha um cenário efervescente. Nos fins de semana, os carros poderiam levar quatro horas para atravessar toda a sua extensão. No meio do caminho, as marquises dos clubes anunciavam shows do Byrds, Buffalo Springfield, Love, Johnny Rivers e Lovin' Spoonful.

O The Doors cumpriu temporada no London Fog tocando para quase ninguém por 10 dólares por noite enquanto uma mulher dançava numa gaiola. "Uma experiência deprimente", segundo o tecladista Ray Manzarek. Todas as gravadoras da cidade recusaram a fita demo que eles produziram na esperança de obter um contrato. Lou Adler escutou o tape pulando de canção em canção para no fim sentenciar: "Desculpe, não há nada aqui que eu possa usar", ao que Jim Morrison respondeu:

"Tudo bem, nós não queremos ser usados mesmo." Um pré-contrato com a Columbia não materializou sequer um single. O produtor não conseguiu convencer nenhum dos mandachuvas da gravadora de que o The Doors tinha algum futuro.

O que salvou a banda não foi tanto sua música, mas o notório apelo sexual de Jim Morrison, imediatamente percebido por Ronnie Haram, funcionária do Whisky a Go Go, o mais notório clube da Sunset Strip. Conforme recordou John Densmore em sua autobiografia, "Ronnie tinha um ouvido para a música e um olho para um amante". Foi ela quem convenceu os donos do Whiskey a contratar o The Doors para preencher a grade de segunda-feira, a única vazia da semana. Recém-demitidos da espelunca onde se apresentavam e já à beira de um ataque de nervos pela falta de perspectivas, o The Doors ganhou fôlego novo com a boa notícia.

Jim Morrison e companhia foram demitidos e recontratados pelo Whisky a Go Go incontáveis vezes. Apesar de serem ilustres desconhecidos, não lhes faltava ousadia, especialmente quando chegava a hora de tocar seu épico edipiano "The End". Um dia, Morrison, na parte que dizia "pai, eu quero te matar", emendou com um "mãe, eu quero te foder". Dessa vez a demissão foi definitiva. Só não foi mais dramática porque eles tinham acabado de assinar contrato com a gravadora Elektra. Na cinebiografia *The Doors*, de Oliver Stone, ao contrário do que ocorreu na realidade, Jac Holzman, dono da gravadora, aparece com o produtor Paul Rothchild para contratar o quarteto no momento em que eles são atirados para fora do clube.

Não seria a última vez que o The Doors correria o risco de abreviar a carreira por causa das atitudes de seu vocalista. Morrison era adepto do descontrole absoluto como filosofia de vida. Muita gente que não o suportava via apenas pose nesse caminho de excessos rumo ao palácio da sabedoria — segundo os "Provérbios do Inferno", de William Blake, que ele venerava. Seu propósito era se legitimar como o poeta maldito da

Califórnia. Formação literária nunca lhe faltou, e sim talento suficiente para ser comparado a Baudelaire ou Rimbaud.

Para Morrison, ser reconhecido como bom letrista não era o bastante. Quando tentava um verso de impacto, ele se arriscava em abominações como "Antes que eu afunde em sono profundo/ quero ouvir o berro da borboleta" ("When the Music Is Over"). Todos os seus livros foram financiados do próprio bolso e as críticas eram sempre arrasadoras. Apesar disso, Morrison jamais aceitou a limitação do estrelato, conforme demonstra uma entrevista da época: "O que nós estamos fazendo é arte, não apenas música popular, e arte é atemporal. Você pode comprar um livro das nossas letras da mesma forma que compra um volume de poesias de William Blake."

Embora tivesse uma presença de palco tão marcante quanto a de Mick Jagger, Morrison estava a léguas de distância em profissionalismo. O desempenho dependia basicamente de seu humor num determinado dia. Sua estratégia mais frequente era provocar a plateia com insultos, incitando uma reação. Quando ele se limitava a cantar, os shows do The Doors eram ditados pela monotonia, já que a música não era lá muito diversificada. Eles não abriam mão de conduzir as ações. O público estava lá para vivenciar as experiências e os improvisos determinados pela dinâmica da banda. Não raro havia buracos de silêncio dentro de cada canção. Certa vez, no meio de "The End", o grupo parou de repente para testar a reação da plateia, que parecia não estar entendendo nada. Não era incomum eles gastarem mais de cinco minutos entre um número e outro decidindo o que iriam tocar. O elemento diferencial no The Doors era mesmo o vocalista. Morrison esbanjava carisma e nas noites mais inspiradas podia ser um *frontman* arrebatador, capaz de exercer enorme controle sobre as reações sensoriais da plateia.

Um adolescente desajustado, Jim Morrison saiu definitivamente da casa de sua família em Miami com o vago objetivo de estudar cinema na Universidade da Califórnia, para contrariedade do pai militar, que,

Newport, julho de 1965. Bob Dylan encara eletricidade, perplexidade e vaias na noite depois da qual o rock nunca mais foi o mesmo. © Michael Ochs Archives/Getty Images

Bob Dylan na Inglaterra durante a atribulada excursão europeia de 1966, poucos dias antes do lançamento do álbum duplo *Blonde on Blonde*. © Cummings Archives/Redferns

Preparando voos. Os visionários The Byrds começaram misturando Beatles e Bob Dylan antes de desenharem um dos mapas do psicodelismo em "Eight Miles High".
© Michael Ochs Archives/Getty Images

Tráfico de perversidades: o Velvet Underground expandiu o universo temático do rock rompendo os limites entre cultura pop e vanguarda. © GAB Archive/Redferns

O casamento entre o Velvet Underground e a Factory produziu o primeiro espetáculo multimídia da era do rock. Na foto, John Cale, Gerard Malanga, Nico e Andy Warhol.
© Herve GLOAGUEN/Gamma-Rapho via Getty Images

Em apenas dois anos, entre a condecoração concedida pela rainha e o lançamento de *Sgt. Pepper*, os Beatles repaginaram radicalmente seu visual e abandonaram os shows ao vivo para se concentrar no trabalho de estúdio, produzindo obras afinadas com a nova estética psicodélica. © Central Press/Getty Images | © John Downing/Getty Images

Os Kinks em plena Carnaby Street no auge da Swinging London. Ray Davies (no centro, de suéter) foi o maior cronista de costumes que a música pop produziu.
© Chris Walter/WireImage

Pink Floyd em seu primeiro *line-up*, a principal atração do underground londrino.
© Andrew Whittuck/Redferns

Meio milhão de pessoas em Woodstock. O mítico festival da paz e do amor foi marcado nos bastidores por ameaças, extorsões e precárias condições que quase transformaram o evento em área de risco. © Hulton Archive/Getty Images

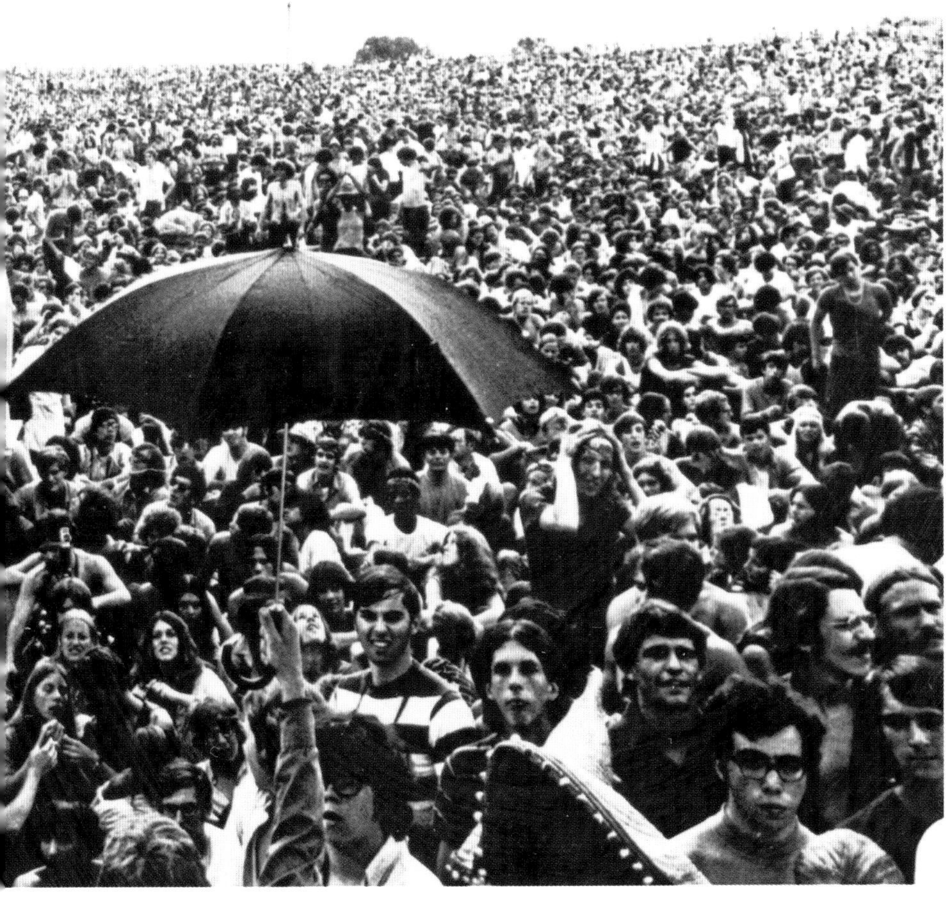

O então desconhecido Carlos Santana (à esquerda), acompanhado por sua banda multiétnica, levanta Woodstock no sábado à tarde com um caldeirão de diversidade musical.
© Bill Eppridge/Time Life Pictures/Getty Images

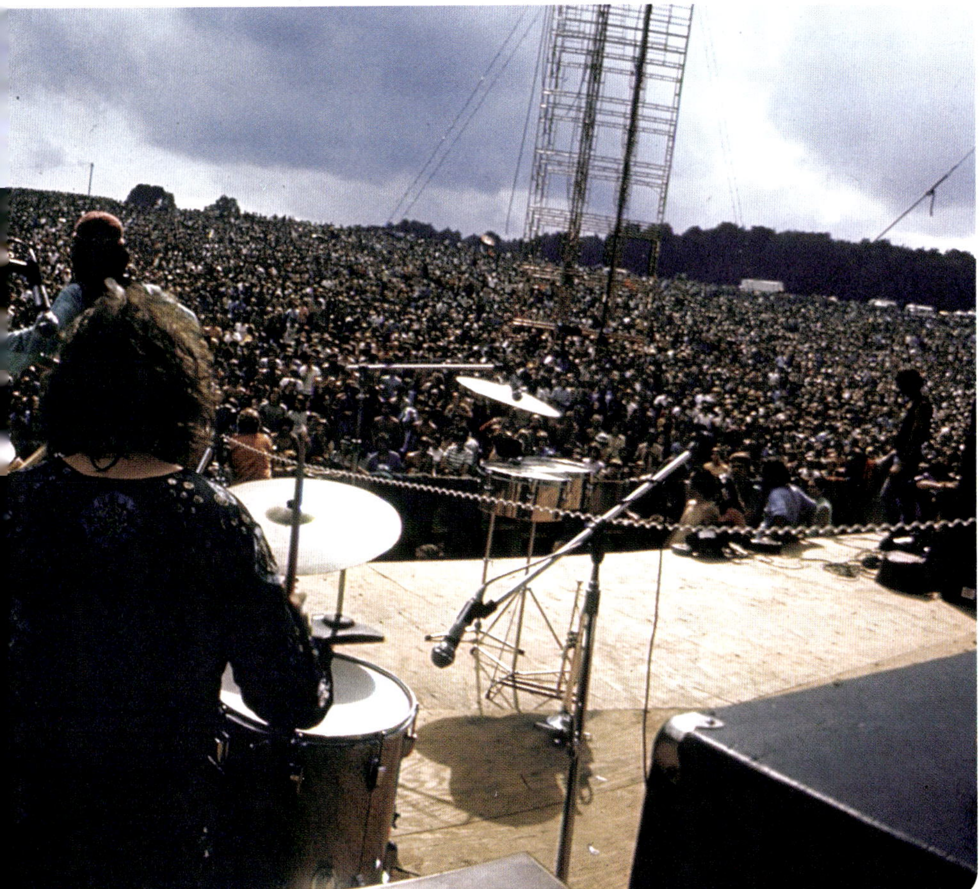

O The Who termina seu show no Festival de Monterey num clímax de destruição, em franco antagonismo com o clima de paz e amor do evento.
© Paul Ryan/Michael Ochs Archives/Getty Images

Militantes radicais do Weather Underground tomando as ruas de Chicago. O nome da facção foi inspirado numa das composições de Bob Dylan. © David Fenton/Getty Images

Os poetas Allen Ginsberg e Peter Orlowski ao lado da banda Fugs, em Nova York, formam a linha de frente do East Village numa das primeiras marchas contra a Guerra do Vietnã.
© Bettmann/CORBIS/Corbis (DC)/Latinstock

Jovens manifestantes fazem o símbolo da paz no Lincoln Park, em Chicago, que horas depois seria violentamente tomado por um batalhão de choque da polícia durante o show do MC5.
© Lee Balterman/Time Life Pictures/Getty Images

O estado-maior do underground em Chicago se reúne para a assinatura do primeiro contrato de gravação do MC5 e dos Stooges (Iggy Pop está de camiseta preta, à esquerda). A gravadora Elektra, de Jac Holzman (de terno, encostado na parede), era considerada o grande celeiro de artistas novos e arrojados. John Sinclair, um dos mais combativos militantes da época, está à esquerda, com seu indefectível bigode, poucos meses antes de ir para a cadeia. © Leni Sinclair/Michael Ochs Archive/Getty Images

Além dos shows em altíssimo volume, a carreira proto-punk do MC5 ficou marcada pelo ultraje e pelo desafio a qualquer forma de autoridade.
© Leni Sinclair/Michael Ochs Archive/Getty Images

Mick Jagger e Anita Pallenberg durante as filmagens de *Performance*, cujo recheio decadente de sexo, drogas e violência adiou seu lançamento em mais de dois anos.
© Andrew Maclear/Hulton Archive/Getty Images

O diretor Jean-Luc Godard no estúdio com os Rolling Stones, documentando a gravação de "Sympathy for the Devil" para o filme *One Plus One*.
© Keystone Features/Hulton Archive/Getty Images

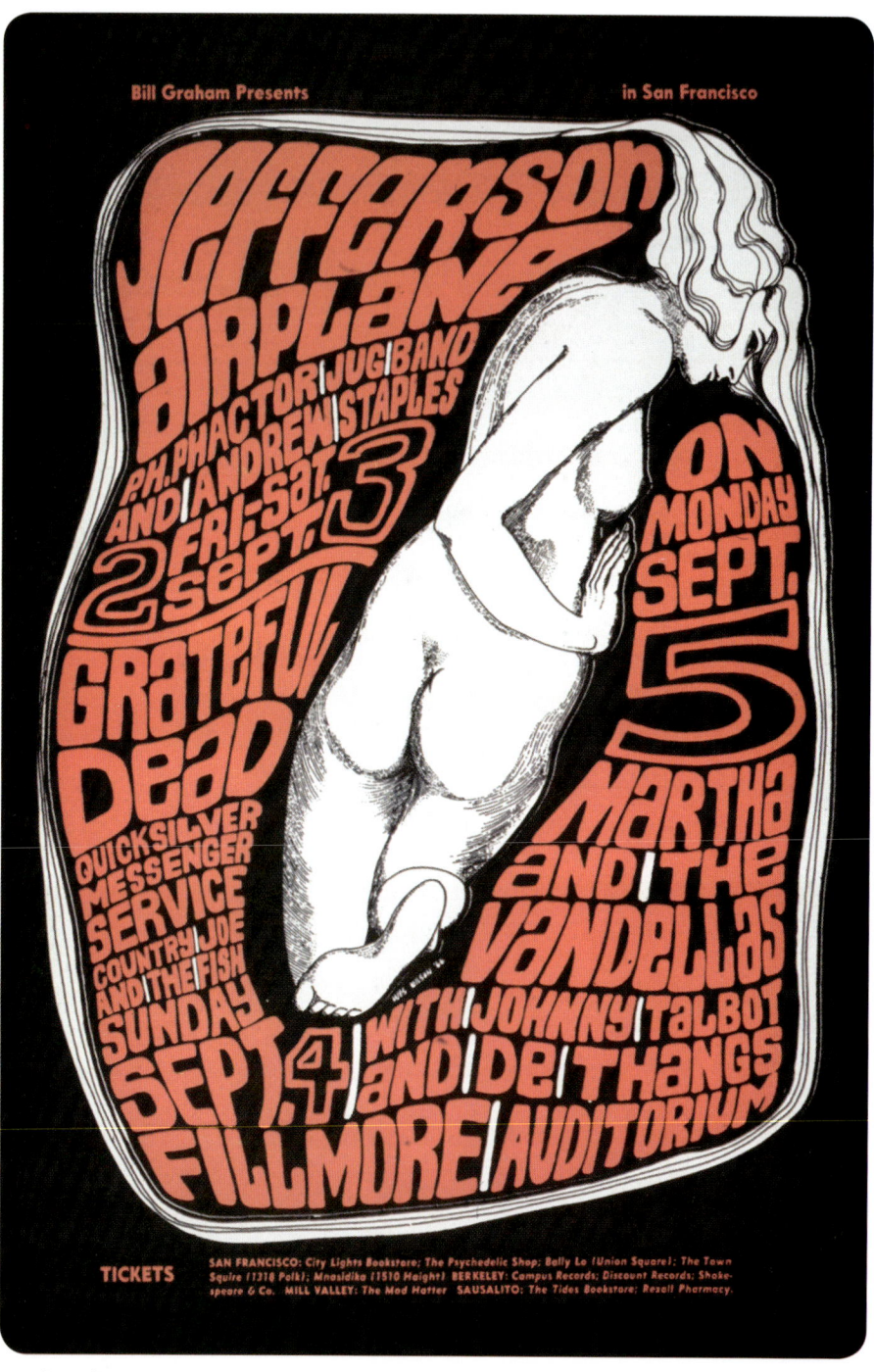

Um dos célebres cartazes desenhados por Wes Wilson para divulgação de shows no Fillmore em 1966, que se tornariam peça de colecionador.
© Blank Archives/Archive Photos/Getty Images

A ascensão ao posto de primeira grande estrela da era do rock foi rápida, mas Janis Joplin teve que enfrentar a misoginia do meio e suas inseguranças.
© Michael Ochs Archives/Getty Images

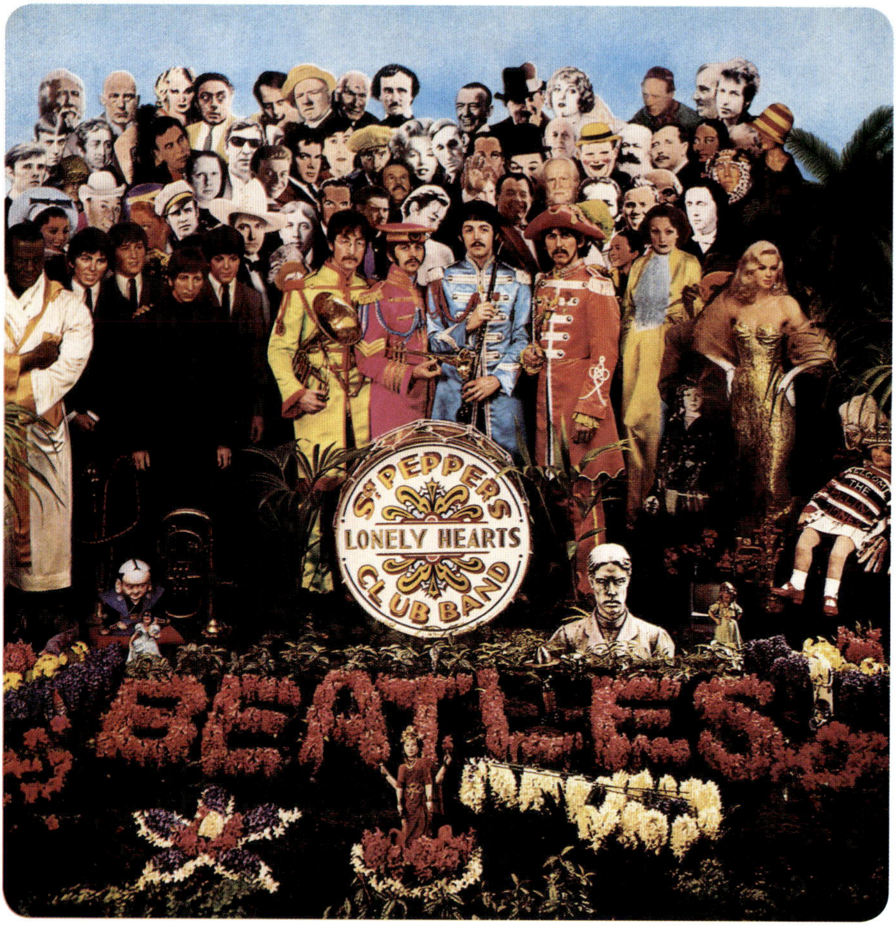
PEPPERS
LONELY HEARTS
CLUB BAND
BEATLES

Poucos ficaram livres da influência de *Sgt. Pepper*. Enquanto alguns se esmeravam em copiar a música, outros tentavam superar o conceito e a ousadia da capa. Frank Zappa driblou o trivial e partiu para a desconstrução absoluta, numa espécie de contracultura do B.
© GAB Archive/Redferns

Eric Clapton, John Lennon (com o filho), Yoko Ono e Brian Jones, durante a gravação do especial de TV "Rock and Roll Circus". Foi a última aparição pública de Brian com os Rolling Stones antes de sua morte em circunstâncias misteriosas. © Hulton Archive/Getty Images

John Lennon terminou os anos 1960 sem os Beatles e em plena cruzada pacifista. Neste show em Londres, Eric Clapton (no centro) e George Harrison (no canto à direita) subiram ao palco como colaboradores. © John Downing/Getty Images

Capa da edição americana do primeiro álbum do trio Jimi Hendrix Experience, com arte gráfica típica do psicodelismo.
© Michael Ochs Archives/Getty Images

O Festival de Monterey marcou o retorno triunfal de Jimi Hendrix a seu país natal. Menos de um ano antes ele havia partido para a Inglaterra por falta de espaço nos Estados Unidos.
© Bruce Fleming/Getty Images

Os Hells Angels usam tacos de sinuca para bater em alguém da plateia em Altamont. O baterista do Jefferson Airplane, Spencer Dryden, definiu o festival como "um buraco no inferno, o começo do fim". © 20th Century Fox/Michael Ochs Archives/Hulton Archive/Getty Images

Durante o show dos Stones, a tensão em Altamont atingiu o limite. A violência se disseminava na plateia e o medo chegava ao palco. © Robert Altman/Michael Ochs Archives/Getty Images

Foto da capa de *Surrealistic Pillow*, o álbum do Jefferson Airplane que levou o som do underground de São Francisco para as paradas de sucesso.
© Bettmann/CORBIS/Corbis (DC)/Latinstock

No epicentro da contracultura em São Francisco, Rock Scully e Jerry Garcia, da família Grateful Dead, conversam com Tom Wolfe, um dos mestres do jornalismo literário.
© Ted Streshinsky/CORBIS/Corbis (DC)/Latinstock

Após o enorme sucesso do primeiro álbum, o som do Crosby, Stills and Nash foi encorpado pelo talento imprevisível do canadense Neil Young.
© Henry Diltz/CORBIS/Corbis (DC)/Latinstock

Syd Barrett, o talento dominante do Pink Floyd, poucos meses antes de entrar na fase aguda da deterioração psíquica que custaria seu lugar na banda.
© GAB Archive/Redferns

Em Londres, no auge do sucesso, Jim Morrison espera com seus companheiros do The Doors a gravação de um programa de TV. © Chris Walter/WireImage

A "família" de Charles Manson posa sem seu líder. Uma face violenta e sombria do flower power seria exposta no bárbaro assassinato da atriz Sharon Tate.

Os testes de ácido eram organizados na Califórnia por uma trupe anárquica liderada por Ken Kesey, autor de *Um estranho no ninho*.
© Ted Streshinsky/CORBIS/Corbis (DC)/Latinstock

apesar de não tão famoso quanto o filho, ficou conhecido por ser o mais jovem oficial promovido a almirante na Marinha americana, aos 47 anos. Morrison chegou a Los Angeles no início de 1964 e montou acampamento em Venice Beach, o grande reduto beatnik do sul da Califórnia. Foi com essa cena de poetas e escritores que ele se identificou e era onde se sentia mais confortável. Suas calças de couro apertadas, que não saíam de seu corpo para a máquina de lavar durante meses a fio, contrastavam com o figurino florido dos hippies que ia aos poucos definindo a nova paisagem da Califórnia.

Na universidade, Morrison estudou com grandes cineastas, como Jean Renoir e Joseph von Sternberg, e foi colega de Francis Ford Coppola, o primeiro diretor americano de renome formado numa escola de cinema. Lia com voracidade crescente, dormia onde conseguisse lugar e tinha como únicos pertences pouquíssimas roupas e seus livros. Foi na UCLA que ele conheceu Ray Manzarek, para quem um dia, ao cair da tarde na praia, cantou os versos de "Moonlight Drive", o que animou o tecladista a lhe propor a ideia de montar uma banda. Nesse ponto, Morrison se assemelhava a seus contemporâneos ingleses que frequentavam escolas de arte. Caso não optasse pela música, terminaria escritor ou artista plástico medíocre. Quando comunicou à família a carreira que tinha escolhido, foi severamente repreendido e sua mãe fez questão de lembrar que ele abandonara as aulas de piano e detestava cantar no coro de Natal. Consta que ele nunca voltou a falar com os pais.

Assim que o The Doors começou a aparecer nas revistas e programas de TV, a imprensa tratou de celebrar a ascensão de um novo ídolo. Harold Smith, do *Village Voice*, via o surgimento do maior símbolo sexual desde Marlon Brando e James Dean e escreveu que "Morrison poderia ser a maior coisa a arrebatar a libido das massas num longo período". Durante uma série de shows em Nova York, a jornalista Gloria Stavers, futura amante de Morrison, realizou a clássica série de fotografias, um tanto kitsch, na qual ele posava como um anjo caído de torso nu e calças de couro. A exemplo da maioria dos jornalistas, seu interesse no grupo era zero. Como editora de uma revista dirigida ao público adolescente, Stavers tinha fama de usar despudoradamente sua posição para transar com quem quisesse. O comentário era que bastava olhar a capa das revistas para enumerar suas conquistas. As fotos se mostraram vitais para que Morrison fosse elevado à condição de símbolo sexual número um da contracultura.

Seus companheiros só não terminaram relegados ao papel de meros coadjuvantes porque Morrison nunca pôs seus interesses à frente dos da banda. Stavers revelaria mais tarde como ele pisava em ovos para não dizer nada que melindrasse seus parceiros. "Quando o assunto era a imagem, o The Doors sabia o que precisava ser feito — colocar os egos atrás e Jim na frente", lembra Jac Holzman, presidente da gravadora Elektra. "Eles eram inteligentes sobre questões que tinham acabado com outros grupos. Por exemplo, todo o dinheiro de apresentações e composições era dividido igualitariamente entre os quatro e os direitos autorais eram listados em nome de toda a banda." Na virada de 1967 para 1968, o The Doors já era a banda mais popular dos Estados Unidos.

Sem chegar nem perto do mesmo sucesso comercial, a banda preferida de Jim Morrison encerrava o ano que estabeleceu o rock como fenômeno cultural com a obra-prima por excelência do psicodelismo californiano. *Forever Changes*, terceiro álbum do Love, ensaio semiacústico, adornado por cordas refinadíssimas, não vendeu quase nada, mas sua consistência e durabilidade se sustentam em comparação com qualquer outro grande trabalho da época, incluindo *Revolver* e *Pet Sounds*. Todavia, a inspiração principal em cada etapa de sua carpintaria veio mesmo do barroquismo conceitual de *Sgt. Pepper*.

Assim como Jimi Hendrix, Arthur Lee, o líder do Love, era negro numa cena dominada por brancos. Autocrático e controlador no gerenciamento criativo da banda, suas virtudes como compositor faziam de cada canção um exercício semiabstrato de aguda percepção sobre uma sociedade que aos seus olhos vivia em estado de transe. Onde todos enxergavam otimismo, amor e renovação, Arthur Lee só via desolação e medo. O cenário de "The Red Telephone", que parecia ter nascido na mesma transitoriedade entre sonho e pesadelo que forjou "A Day in the Life", era uma Los Angeles em colapso (*sitting on the hillside/ watching all the people die* — sentado na colina/ olhando todas as pessoas morrendo), mas o protagonista parecia hipnotizado demais para reagir ou se afastar. A sequência final, com a repetição da frase *"they're locking them all today/ they are throwing away the keys/ I wonder who will be tomorrow/ you or me?"* (hoje eles estão trancando todos/ eles estão jogando a chave fora/ eu me pergunto quem vai ser amanhã/ eu ou você?), adicionava uma conclusão ainda mais fantasmagórica a essa brilhante miniatura de surrealismo pop. As contemplações de Arthur Lee no limiar do tormento e da passividade geraram algumas das mais belas canções que o rock produziu.

    O Love sobreviveu com pouco sucesso comercial até o início dos anos 1970, passando por várias formações, mas nunca mais repetiria o apogeu criativo de *Forever Changes*. O medo de avião de Arthur Lee fazia com que os shows se resumissem praticamente a Los Angeles. Pior era seu apetite insaciável por drogas, que consumiam a totalidade do orçamento concedido pela gravadora. A música piorava a cada disco. Os integrantes iam e vinham, cansados do seu autoritarismo. São inúmeras as bandas, entretanto, que dariam tudo para contar em seu catálogo com uma única obra do quilate de *Forever Changes*. Arthur Lee passou alguns anos na cadeia na década de 1990, por disparar uma arma, numa condenação de notórias implicações raciais. Após ser libertado, excursionou durante um tempo, reproduzindo sua aclamada obra-prima integralmente ao vivo com jovens músicos até morrer de câncer em agosto de 2006.

CAPÍTULO 8   Bad trips

> *The sunshine reminds you of concreted skies*
> *You thought you were flying but you opened your eyes*
>
> Tim Buckley, "Pleasant Street"

No começo de maio de 1968, John Lennon e Paul McCartney voaram de Londres para uma viagem de quatro dias aos Estados Unidos. Na bagagem, levavam o mais novo empreendimento dos Beatles. A apresentação aconteceria em meio a uma série de entrevistas e encontros de negócios agendados para a curta temporada em Nova York e Los Angeles. Após atingir uma unanimidade sem paralelo na história do *showbiz*, os Beatles estavam agora na confortável posição de investir 2 milhões de dólares para transformar a filantropia em um negócio rentável. John Lennon explicou numa entrevista que a ideia era verificar se seria possível manter liberdade total de criação dentro de uma estrutura empresarial. Podia até ser nominalmente essa a intenção, mas os Beatles também precisavam gastar uma considerável quantidade de dinheiro antes que o voraz fisco inglês reivindicasse sua parte.

    A nova empresa, batizada Apple, por inspiração de um dos últimos quadros de Henri Matisse, que pertencia à coleção de Paul, seria estruturada em cinco divisões: música, eletrônica, cinema, moda e publicações. A ideia, bastante arrojada ainda hoje, era viabilizar uma porta de entrada na carreira para jovens artistas e proporcionar total autonomia criativa. Nos Estados Unidos, John e Paul compareceram ao programa *Tonight* para lançar o projeto, mas a dificuldade de comunicação de ambos, provavelmente por terem ingerido alucinógenos o dia todo, aliada à inexperiência do substituto de Johnny Carson, o mais popular apresentador de TV americano, deixou nas entrelinhas que os Beatles tinham dinheiro de sobra para distribuir. No dia seguinte, coincidência ou não, todos os voos de Nova York e Los Angeles para Londres estavam lotados.

Desde a morte de seu empresário, Brian Epstein, por overdose de pílulas em agosto de 1967, os Beatles haviam se envolvido em fiascos artísticos e pessoais que demonstravam nítida desorientação. Um filme realizado para a TV, sem roteiro prévio e com os quatro na direção, resultou em seu primeiro fracasso de crítica. Apesar de alguns bons momentos isolados e da inesquecível sequência de "I Am the Walrus", outra preciosidade psicodélica de Lennon, o filme nada mais era do que uma brincadeira caseira baseada nas viagens de ônibus dos Merry Pranksters. Ademais, o fato de ter sido lançado como parte da programação de Natal da BBC e em preto e branco impediu que *Magical Mystery Tour* alcançasse um público mais receptivo a suas experiências de linguagem. Nos anos 1970, o filme passou a frequentar as sessões da meia-noite nos cinemas americanos, chegando a ficar 35 semanas em cartaz numa sala de exibição do Greenwich Village entre 1976 e 1977, ganhando status de cult.

As filmagens de *Magical Mystery Tour* quase foram adiadas em função de uma viagem a Ásia, que se concretizou no início de 1968. O interesse de George Harrison por meditação transcendental e cultura indiana contagiara a todos. Após o encontro no País de Gales com o guru Maharishi Mahesh Yogi, ficou combinado um curso de dois meses na Índia. Seria uma oportunidade de aprofundar a experiência mística iniciada pelo uso de LSD e ao mesmo tempo refletir sobre a vida e o significado daquele sucesso descomunal num ambiente relaxado e distante do eixo Estados Unidos/Inglaterra. Quando retornaram de Rishkesh, os Beatles estavam convencidos de que haviam sido usados por um vigarista em busca de promoção.

O Maharishi certamente conhecia o valor de uma boa publicidade. Nada mais previsível do que um líder religioso ou político tentar tirar proveito de uma associação com o grupo de rock mais famoso do mundo. Sua passagem por Nova York no começo de 1968 foi um espetáculo de mídia com direito a palestra no Madison Square Garden e entrevistas em rede nacional de televisão, tudo por causa dos Beatles. Na época, vários ativistas apontaram o conservadorismo de sua mensagem, que incluía uma declarada condenação de jovens que se recusavam a combater na Guerra do Vietnã, além de uma mal explicada conexão com políticos de extrema direita na Índia. Mas não foi nada disso que afugentou os Beatles. Meditação transcendental significou pouco além de um interesse passageiro, um hobby a mais para gente talentosa e ansiosa por novidades. Com exceção de George, que continuou com seus estudos, era previsível que a rígida disciplina e a frugalidade mais cedo ou mais tarde perdessem a graça. Resolveram então partir para a atividade de empresários com uma visão socialista.

Os Beatles estavam determinados a não deixar o gerenciamento da Apple nas mãos dos chamados "homens de terno". Os administradores seriam velhos amigos de Liverpool ou pessoas de seu círculo de confiança. Contadores com suas conversas de dinheiro e vibrações negativas teriam de trabalhar em outro lugar, não na sede da empresa. Parecia uma cartilha posta em prática sobre como arruinar um negócio, com várias rédeas e nenhum condutor. John e Paul ainda estavam nos Estados Unidos, a Apple mal tinha sido inaugurada e a gastança já havia começado, com cada nova conta devidamente pendurada no cabide dos Beatles.

Assim que a dupla de compositores alardeou o interesse em financiar o sonho alheio, uma fila começou a se formar em frente à sede da empresa em Londres. A caixa postal ficou inundada de fitas e cartas de pessoas em busca de dinheiro para viabilizar seus delírios. Um americano queria que a Apple comprasse terras no Arizona para três semanas de sexo, drogas e rock'n'roll que culminaria com uma apresentação ao vivo dos próprios Beatles. Outro tinha uma fórmula para uma pílula que o transformaria em qualquer personagem que ele quisesse. Pessoas eram detidas no aeroporto de Londres por estarem sem passaporte e informarem o nome de John Lennon e Paul McCartney como seus patrocinadores.

Antes mesmo de a Apple tomar forma, alguns aproveitadores conseguiram furar o bloqueio e se instalaram na sala de visita dos Beatles. Um trio de estilistas da Holanda (um homem e duas mulheres) autointitulado The Fool (O Idiota) caiu nas graças do grupo após confeccionar os figurinos para a apresentação pela TV de "All You Need Is Love". A responsabilidade pela administração da butique da Apple lhes foi dada de bandeja. Seu gerenciamento foi no mínimo temerário, dada a sangria financeira sofrida. Quando descobriram, os Beatles ficaram tão embaraçados por serem os reais *fools* da história que simplesmente romperam com os holandeses sem maior alarde.

Sem qualquer tino comercial ou inclinação para os negócios, os Beatles bem que tentaram vestir a fatiota de administradores responsáveis, principalmente Paul. Uma ex-funcionária da Apple conta que "ele costumava chegar às 9h30 para ter certeza de que todo mundo estaria trabalhando às 10h. Ele ficava lá o dia inteiro e saía checando tudo, coisas estranhas, como verificar se havia papel higiênico nos banheiros". Sem entender patavina de negócios, Paul pouco podia fazer para deter a sangria de dinheiro. A descoordenação era geral. Quando o alarme nos bolsos soou, pruridos beneficentes foram simplesmente abandonados.

Por mais visionária e inovadora que a proposta pareça hoje, a falta de comando era evidente. Os departamentos especializados exibiam resultados pífios, inclusive o de música, que supostamente deveria ser o mais bem guarnecido. O cantor e compositor americano James Taylor gravou seu primeiro disco pela Apple com vendas irrisórias. Tratou de pedir o boné e se mudar para Los Angeles no ano seguinte, ante a total indiferença demonstrada por seu potencial. O trio Crosby, Stills and Nash, que venderia milhões de discos um ano depois, também não despertou qualquer interesse. A mesma sorte foi reservada a David Bowie.

A Apple lembrava mais um festival de rock do que um local de trabalho. Pode não ter dado certo, mas sobrava diversão. Traficantes de drogas circulavam livremente buscando clientes. Havia uma funcionária cuja função exclusiva era enrolar baseados e preparar coquetéis. Outro era pago apenas para jogar tarô, com previsões que influenciavam decisões empresariais. Um belo dia, um líder da gangue de motociclistas Hells Angels ligou da Califórnia para cobrar a promessa feita por George Harrison quando visitara a Haight-Ashbury um ano antes. Promessa do gênero "se passarem por Londres, avisem". Durante vários dias um bando de motociclistas e agregados se aboletou no chão da sala da empresa enquanto os funcionários, por instrução de George, agiam como se tudo fosse normal. Não deixava mesmo de ser, afinal, quando a turba chegou, já encontrou instalada na sala de visitas uma família de "sem-teto" também da Califórnia.

Em meio à *débâcle* do seu projeto socialista, os Beatles ainda se esmeravam para gravar um disco duplo que serviria para escoar a intensa produtividade dos meses na Índia. Em agosto foi lançado o single *Hey Jude/Revolution*, o primeiro disco com o selo Apple, cuja bela logomarca exibia uma maçã cortada ao meio. Com duas músicas que poderiam ser lado A de qualquer outro grupo, os Beatles inauguraram seu empreendimento com as vendas mais expressivas de seus seis primeiros anos de carreira fonográfica. Mas por estarem atrelados por contrato à gravadora EMI, pouco desse lucro se reverteu para a empresa.

Enquanto o mundo inteiro cantava o coro de "Hey Jude", os Beatles estavam em intensa atividade. A gravação do álbum duplo, finalmente lançado em novembro, consumiria cinco meses. Ao contrário do regime disciplinado e enclausurado de discos anteriores, reinou o individualismo e a superpopulação no estúdio, ao qual antes poucos tinham acesso. E, apesar de toda a dispersão, o disco, intitulado apenas *The Beatles*, que passaria para a história conhecido como *Álbum Branco* por causa da capa minimalista, trazia um repertório superior ao de *Sgt. Pepper*.

A ausência de qualquer busca de coesão proporcionou experimentos em várias direções e a qualidade do material, mesmo irregular, era de primeira. Com "While My Guitar Gently Weeps", George Harrison pela primeira vez contribuía com uma canção à altura do melhor de Lennon/McCartney. Já na gravação de faixas como "Blackbird", "I Will" e "Julia", todas excelentes, havia apenas um ou dois participantes. Os Beatles assumiram o *Álbum Branco* como um gabinete de pastiches sem a menor preocupação com unidade estilística ou temática. Havia espaço para o folk ("Long, Long, Long"), rock pesado ("Helter Skelter"), homenagem aos Beach Boys ("Back in the USSR"), reggae ("Obladi Oblada"), country ("Rocky Racoon") e uma canção de ninar ("Good Night"), precedida por uma colagem abstrata de sons ("Revolution 9") que durava quase dez minutos.

Enquanto estavam na Índia, o único álbum escutado pelos Beatles foi o recém-lançado *John Wesley Harding*, que sinalizava um direcionamento mais acústico e direto na obra de Bob Dylan. Para além das influências, a opção por um som mais cru em algumas faixas do *Álbum Branco* também se explicava pelos atritos cada vez mais frequentes entre os membros do grupo. Para não ter que dar muitas explicações e não negociar com os outros, o compositor de cada canção ia para o estúdio e gravava como bem entendesse. Para deixar o ambiente ainda mais tenso, a nova namorada de John Lennon não desgrudava do seu lado.

Ao trocar uma típica inglesa de Liverpool, loura e sem maiores pretensões fora dos bons serviços domésticos, por um romance com uma japonesa quando era casado oficialmente, John testou a ira do *establishment* inglês. Yoko Ono militara muito tempo em círculos de vanguarda nova-iorquinos de reputação duvidosa, mas era conhecida pela força com que impunha sua presença e por uma habilidade nata para a autopromoção.

O novo casal virou alvo constante de piadas sarcásticas nos jornais. Quando John decidiu bancar o mecenas de uma exposição de Yoko, as críticas destilaram crueldade. Sem pouso fixo, eles passaram uma temporada na casa de Paul até fixar residência num apartamento vago de Ringo Starr, onde começaram durante o verão a tomar heroína inalada, segundo a versão do casal, embora testemunhas confirmassem ter visto seringas jogadas pela casa. Parte da melhor produção de John no *Álbum Branco* ("Yer Blues", "I'm So Tired", "Happiness Is a Warm Gun") pintava um autorretrato de seu encontro com a heroína sempre num tom entre o desespero e o torpor, bem distante dos céus de marmelada de *Sgt. Pepper*.

No início de outubro começou a correr a história de que o mesmo sargento Pilcher (que John "homenageara" como o Semolina Pilcher de "I Am the Walrus"), responsável pela busca que iniciara o processo contra os Rolling Stones no ano anterior, estava agora na captura de Lennon. O beatle tratou de se livrar de qualquer vestígio de drogas no apartamento, mas, na ausência de provas, a polícia tratou de plantar um pouco de fumo num dos casacos que estavam jogados no meio da bagunça. O sargento Pilcher, por sinal, seria anos depois processado e condenado exatamente por forjar provas em missões de busca.

A noite anterior havia sido longa para Lennon e McCartney, ocupados com a tarefa de sequenciar as 30 faixas do álbum duplo. John e Yoko dormiam quando a polícia chegou, no começo da tarde. Assustado, ele ligou para a Apple dizendo que os policiais tinham um mandado e estavam ameaçando arrombar a porta. Segundo relatos dos oficiais, a casa estava um forno, completamente imunda, e os dois pareciam não ver água havia tempos. Lennon saiu logo da cadeia, mas a rede de proteção em volta dos Beatles se rompera. Cinco meses depois, no mesmo dia em que Paul se casava, era a vez de George ir parar na delegacia, também por posse de maconha em casa.

A ostensiva apologia de drogas ilegais colocou vários artistas na vulnerável condição de alvos preferenciais da polícia. A ofensiva estava a todo vapor em São Francisco. Em pleno "Verão do Amor", os bailarinos Margot Fonteyn e Rudolf Nureyev foram presos numa festa, após ter sido encontrada maconha dentro da casa. Poucos dias depois, um destacamento invadiu a casa do Grateful Dead na Haight-Ashbury, território supostamente livre. Acharam um pouco de maconha sobre a mesa e nem perceberam que havia cerca de um quilo num vaso perto da janela. Onze pessoas saíram algemadas em meio às vaias dos transeuntes. Curiosamente, os dois integrantes do grupo que estavam presentes eram exatamente os únicos que não consumiam drogas. Jerry Garcia e sua namorada evitaram a prisão graças ao alerta de um vizinho a poucos metros da casa. Horas depois, o advogado da banda pagou a fiança e libertou a tropa. Na sexta-feira seguinte, o Grateful Dead convocou a imprensa para emitir um documento de repúdio ao encaminhamento do problema das drogas como um caso de polícia: "Se os advogados, os médicos e oficiais de polícia que fumam maconha fossem presos hoje, a lei seria revogada antes do dia de Ação de Graças", dizia a nota.

Já o LSD estava tão incorporado ao cotidiano dos músicos que os não consumidores eram vistos como uma anomalia. Enquanto isso, drogas mais pesadas, como heroína, cocaína e o *speedball*, um fortíssimo composto de ambas, deixavam o núcleo do gueto para se popularizar cada dia mais. Mas se outras drogas tinham adeptos, o LSD tinha apóstolos. Havia um claro viés religioso na tentativa de conceder às vítimas dos excessos lisérgicos a coroa de ícones visionários. Como se cruzar a linha entre lucidez e loucura fosse o preço pago por algum tipo de integridade de ordem artística ou pessoal, só garantida aos que se atreviam a desbravar limites.

Roky Erickson, líder da melhor banda psicodélica do Texas, o 13th Floor Elevators — com um honroso segundo lugar para o ótimo Red Krayola —, não tinha reservas quando o assunto em pauta era sua dedicação aos aditivos químicos. Cada disco e entrevista eram apimentados com alusões explícitas às suas preferências, o que logo despertou a atenção da polícia. Por onde a banda tocasse ou se reunisse havia policiais à espreita. Conforme observou o baterista Danny Thomas, "em Nova York havia crime de verdade para a polícia se preocupar. No Texas eles atendiam a ligações sobre cachorros barulhentos. Receber o crédito por flagrar um dos 13th Floor Elevators era um jeito de ser promovido". Erickson foi preso em flagrante por posse de LSD logo após o lançamento do segundo álbum do grupo. No Texas o ambiente para explorações lisérgicas era bem menos liberal do que na Califórnia ou em Londres.

Na tentativa de livrá-lo da cadeia, seus advogados chamaram um psiquiatra à corte para atestar que mais de 300 viagens de LSD teriam deixado Erickson com a "mente danificada". A estratégia se provou desastrosa. O júri o declarou mentalmente insano e o guitarrista foi mandado ao sanatório de um presídio, onde recebeu tratamento de choque elétrico e sedativos pesados. Permaneceu internado e depois preso por cinco anos, mesmo tendo diversas vezes declarado que havia mentido. Durante um tempo tocou numa banda na penitenciária que incluía assassinos e estupradores. Foi libertado com uma barba enorme, sem dinheiro e com o 13th Floor Elevators havia muito tempo terminado.

Erickson virou objeto de culto, iniciou uma verdadeira obsessão com monstros e com a estética de filmes B em poesias como "Jesus não é um cogumelo alucinógeno" e discos solo independentes. Chegou a declarar e registrar em cartório que era um alienígena. Após anos de recuperação clínica sob os cuidados do irmão, retomou o controle sobre sua vida e continua na ativa escrevendo, lançando música pela internet e realizando shows. Mas é por voos psicodélicos audaciosos como "Slip Inside this House" e torpedos de garagem da estirpe de "You're Gonna Miss Me" dos dois primeiros álbuns do 13th Floor Elevators que Erickson merece ser lembrado.

Enquanto Roky Erickson vivia seu purgatório, o ex-baterista do Jefferson Airplane e principal compositor do Moby Grape, Alexander "Skip" Spence, começava seu processo de desintegração. Expulso do Airplane por abuso de LSD (isso numa banda notória pela apologia das drogas). No início de 1968, Spence tentou atacar o baterista do Moby Grape com um machado. Após ser internado e receber alta, Spence viajou para Nashville, onde gravou *Oar*, uma pequena obra-prima de country psicodélico. Diz a lenda que o álbum foi gravado em apenas um dia e em seguida Spence teria voltado para São Francisco de pijamas numa motocicleta.

Enquanto seu disco cativava inúmeros apreciadores e se mantinha com a vitalidade intacta ao longo dos anos, Spence sumiu completamente, até ser localizado por um jornalista em 1994, numa casa em Santa Clara, uma das cidades satélites de São Francisco, vivendo com uma mísera pensão fornecida pela prefeitura. Em 1999, um CD contendo regravações de *Oar* por ilustres admiradores, como R.E.M, Beck e Tom Waits, foi lançado, confirmando sua durabilidade. O lançamento do tributo praticamente coincidiu com a morte de Spence, em abril daquele ano, vítima de câncer na garganta, aos 53 anos.

Quando se fala das vítimas do LSD e sua monopolização sobre o processo criativo de algum artista, um nome sempre paira acima de todos. Syd Barrett virou quase um *outdoor* ambulante, um sinônimo de *bad trip* e um exemplo típico da destruição que o uso contínuo do ácido lisérgico poderia causar. Os seis meses em que Syd deslizou do apogeu para a obscuridade são ricos em histórias, quase todas na rota de colisão entre ficção e fato.

Quando 1968 começou, a situação do líder do Pink Floyd chegara a um ponto sem retorno. Sinais de desequilíbrio surgiam ininterruptamente. Num de seus últimos shows, ele tentou durante horas em frente ao espelho arrumar um penteado que lhe agradasse. Insatisfeito, esvaziou um vidro de barbitúricos e quebrou as pílulas em pedaços bem pequenos. Em seguida, misturou a pasta com o conteúdo de um vidro de loção capilar, esfregou, passou no cabelo e subiu ao palco. Enquanto tocava, a iluminação fez com que a gosma toda começasse a derreter, deixando Syd com um aspecto que seria cômico se não exibisse o triste diagnóstico de uma mente disfuncional.

Para o Pink Floyd, continuar sem Syd Barrett equivalia a pensar no The Who sem Pete Townshend ou nos Beatles sem John Lennon. Anos depois, Roger Waters, o grande articulador da demissão do seu amigo de infância, justificaria esse ato de improcedente ousadia como uma medida de sobrevivência: "O Pink Floyd jamais teria começado sem Syd, mas jamais teria continuado com ele." Inicialmente, o guitarrista David Gilmour foi convidado a entrar para o grupo como quinto elemento, para aplainar os improvisos dos shows ao vivo. O fato de Gilmour também ser de Cambridge e mais amigo de Syd do que qualquer outro membro do Pink Floyd facilitou a nova formação. A ideia era preservar o sequelado *frontman* como uma espécie de Brian Wilson no departamento de criação, mas suas novas canções eram tão pessoais e impenetráveis no reflexo de sua esquizofrenia que a banda simplesmente não conseguia assimilar o que ele queria.

Em março de 1968, os integrantes do Floyd decidiram que era hora de Syd sair de vez, algo que causava tremendo desconforto entre os que trabalhavam com a banda. "Basicamente nós ficamos do lado de Syd", lembra Andrew King, um dos empresários. "Nós achávamos que o Pink Floyd não tinha futuro sem ele." Até então, ninguém parecia ter certeza do que exatamente fazer com Syd. "A coisa mudava a cada cinco minutos", diz Gilmour. "Naquela altura a banda estava morrendo lentamente. O único lugar onde eles conseguiam tocar era no UFO e no Middle Earth, onde a plateia estava tão chapada que, quanto pior o som, mais eles gostavam."

As boas vendas e críticas favoráveis do segundo álbum, lançado quatro meses após a saída de Syd, foram fundamentais para manter o Pink Floyd funcionando. David Gilmour se mostrou não apenas um guitarrista tecnicamente superior como também capaz de suprir os vocais e compor, embora sem a fagulha de originalidade de seu antecessor. Uma nota oficial no início de abril comunicava que Syd deixara a banda. Na verdade, havia sido deixado no meio do caminho. Nos dois anos seguintes ele ainda lançaria dois discos solo, com canções de beleza pungente, como "Dark Globe", entremeadas com momentos que expunham a fragilidade de sua condição. Seus ex-companheiros produziram os discos, movidos talvez por remorso, ou porque acreditavam que seu talento continuasse intacto.

Demorou pouco tempo para que fossem criados fanzines, sociedades de apreciação e o nascimento de um culto que nunca esvaneceu. Lendas sobre Syd pareciam brotar da terra: ele plantava cogumelos no porão de sua casa, ele pintou a televisão de verde, ele teria voltado de Londres para Cambridge a pé, ele frequenta todos os show do Pink Floyd disfarçado. O escritório do seu ex-grupo quase todo dia recebia telefonemas de pessoas que afirmavam tê-lo visto nos mais diferentes lugares. Entre bandas alternativas da cena *indie*, a partir dos anos 1980, citar Syd Barrett como influência era como ostentar uma grife.

O fundador e primeiro líder do Pink Floyd voltou para Cambridge definitivamente e rompeu todos os vínculos com seu passado. Passava os dias pintando (sua primeira aspiração como artista), vendo TV e sobrevivendo do dinheiro de direitos autorais que recebia todo mês. Recusou todos os pedidos de entrevistas e convites para reencontrar pessoas conectadas com seus anos em Londres até morrer de diabetes, deixando mais de um milhão de libras de herança para seus parentes, no dia 12 de julho de 2006. Quanto aos ex-companheiros, sua obra posterior pode também ser definida como uma tentativa de dialogar com Syd, eximir culpas e confrontar seu legado. Referências são explícitas e declaradas nos álbuns *Wish You Were Here, Dark Side of the Moon* e *The Wall*. O biógrafo da banda Nicholas Schaffner anotou com precisão que a diferença do primeiro Pink Floyd para a era pós-Syd era "a distinção entre uma exploração consciente da loucura por observadores fundamentalmente sãos e o delírio visionário de um artista que estava, na verdade, enlouquecendo". Quando, em 2005, o Floyd com a formação pós-Barrett voltou a se reunir, em caráter beneficente, para o "Live 8", após 23 anos, Roger Waters dedicou a canção "Wish You Were Here" a "todos que não estão aqui, particularmente, é claro, Syd".

O Pink Floyd nunca deixou Syd Barrett.

Em meados de 1968, histórias de excessos decorrentes do uso excessivo de LSD reforçavam um certo mal-estar e a sensação de que a experiência de expansão da consciência começava a se tornar um monstro fora de controle. Enquanto alguns aceleravam a piração, outros criadores da cena preferiram diminuir a marcha antes que fosse tarde demais. Um acidente de motocicleta em 1966 acendeu o sinal vermelho para Bob Dylan, que numa guinada se distanciou radicalmente da roda viva das excursões e das anfetaminas. Casado e pai de um filho, Dylan não pensava em sair de Woodstock, uma pequena comunidade perto de Nova York, nas colinas Catskill. Vários artistas e anônimos de diversas áreas de atuação estavam seguindo o mesmo rumo para tentar fugir das tensões urbanas e viver mais próximos da natureza. Nesse recolhimento de Dylan, vinha embutida também uma tentativa de blindar sua vida e sua música contra qualquer imputação de responsabilidade pela crescente ameaça de ruptura definitiva do tecido social, como se essa atitude bastasse para desfazer possíveis cobranças sobre seu posicionamento pessoal e artístico.

Antes de se retirar provisoriamente, Dylan gravou *Blonde on Blonde*, em Nashville, no Tennessee, a capital da música country. O "som mercurial" que ele tanto procurava foi encontrado no meio de músicos altamente capacitados e profissionais para quem o nome do jovem poeta de Nova York pouco significava. Esse encontro, ou atrito, gerou um resultado possível de ser classificado como qualquer coisa, exceto música country.

No verão de 1967, enquanto milhares de jovens pegavam o rumo da Califórnia e o abismo de gerações recrudescia, Dylan ficou no porão da casa de sua banda de apoio, os Hawks, rebatizada como The Band, para cantar e tocar músicas de raiz americana, blues, country e folk sem qualquer aditivo psicodélico. Essas gravações só seriam lançadas em 1975, sob o nome de *Basement Tapes*, mas circularam amplamente na época, em fitas cassete e discos piratas. Predominavam arranjos simples e diretos que estavam fora de moda desde que a quantidade de drogas ingeridas passara a transformar cada canção numa tentativa de sinfonia ou tratado metafísico.

No fim de 1967, Dylan pegou o caminho de Nashville novamente, dessa vez com planos de esquecer os instrumentos elétricos. Enquanto estava no sul, chegou a notícia da morte de seu herói, Woody Guthrie. Dylan se pôs à disposição para aparecer ao vivo num show-tributo em Nova York, sua primeira apresentação em quase dois anos. O contato com antigos amigos do circuito folk combinado com a perda de sua principal referência artística reforçou o desejo de se ancorar mais no porto seguro da tradição do que arriscar inovações.

Seu oitavo álbum, *John Wesley Harding*, lançado no início de 1968, era rico em imaginário bíblico e elementos historiográficos americanos, já a partir da faixa título, que narrava a saga de uma figura mítica do oeste fronteiriço no século XIX. Dylan buscava conexões com sua história pessoal judaica e com a de seu país. Foi um disco de retomadas. Se musicalmente podia ser considerado um passo atrás em relação aos experimentos do biênio 1965-1966, não deixava de ser também desbravador na forma como recuperava texturas sonoras tradicionais sob um viés contemporâneo. Dylan investia no papel de continuador, não de inovador. A exemplo dos discos anteriores, a mensagem foi assimilada e uma geração de trovadores para quem sua palavra era quase o evangelho começou a afinar os violões para um retorno às raízes.

Maior impacto ainda teve o lançamento do primeiro disco de sua antiga banda de apoio. Com três canções do próprio Dylan, também autor da pintura na capa, combinado com um repertório de composições originais, *Music from the Big Pink* (apelido da casa pintada de cor-de-rosa onde ocorriam as sessões animadíssimas do *Basement Tapes*), do The Band, não vendeu grande coisa, mas teve enorme repercussão entre formadores de opinião e colegas músicos.

Ao final da apresentação de "Hey Jude" num show de televisão, os Beatles começaram a tocar improvisadamente "The Weight", talvez a melhor faixa de um álbum em que a excelência era mantida do início ao fim. George Harrison foi, por sinal, um dos primeiros a declarar seu amor pelo disco. Não conseguiu contratá-los para a Apple, mas assim que terminou de gravar o *Álbum Branco*, cujo despojamento dos excessos psicodélicos se deve muito à influência tanto de *John Wesley Harding* quanto do The Band, ele arrumou as malas e partiu para Woodstock, onde passou um Natal distante do ambiente cada vez mais pesado dos Beatles. Eric Clapton, por sua vez, somou o álbum entre os fatores decisivos para considerar tudo que vinha fazendo uma futilidade e bater em retirada do Cream.

Além de contar com músicos capacitados, com anos de experiência na estrada, o The Band chamava atenção por não ter um *frontman*: o guitarrista e principal compositor Robbie Robertson não cantava e os três vocalistas que se revezavam, Levon Helm, Rick Danko e Richard Manuel, eram excelentes no ofício, donos de vozes de aflorada visceralidade raramente encontradas entre cantores brancos. Já o organista Garth Hudson, com sua formação clássica, formulava contrastes que elevavam a unidade musical a um alto patamar de inventividade. Para além do *hype* exagerado puxado pelo entusiasmo da *Rolling Stone*, o grupo era uma reunião de bases consistentes combinadas. Seguindo a mesma cartilha de Dylan em *John Wesley Harding*, as canções do The Band jogavam passado e presente americano num mesmo caldeirão de referências em autêntica dissecação cultural, só que com um sentido orgânico próximo da perfeição. Curiosamente, o The Band era todo formado por canadenses, com exceção do baterista Levon Helm, um autêntico sulista alimentado desde cedo na fartura de blues, gospel, country e bluegrass.

No primeiro semestre de 1969, chegava a Woodstock o invocado irlandês Van Morrison, que, segundo sua esposa na época, estava determinado a se aproximar de Bob Dylan a qualquer custo. O vocalista, que aparecera na capa do segundo álbum de seu ex-grupo Them exibindo um olho roxo, tinha agora 23 anos, um single de sucesso que ele detestava, *Brown Eyed Girl*, um álbum lançado sem seu consentimento e talento transbordando como compositor e cantor. Morrison lançara no ano anterior, pela Warner, um álbum inteiramente acústico, gravado com músicos do Modern Jazz Quartet.

Astral Weeks, o resultado desse encontro, desafiava classificação. As letras pareciam extraídas de um fluxo abstrato de consciência sobre memórias da sua infância em Belfast, embora noções de temporalidade tenham um sentido difuso no desenvolvimento das ideias que brotavam como um manancial sem fim. A música incorporava as místicas explorações do texto quase sempre de forma pungente, mas nunca impositiva, deixando ao ouvinte inúmeros espaços para construir cenas, cores e texturas. Logo no primeiro trabalho solo, Morrison exibia os vastos recursos que o posicionaram como um dos principais cantores e compositores de sua geração. Exibia também seu reconhecido mau humor a quem passasse pela frente, especialmente contra jornalistas. O certo é que *Astral Weeks*, gravado em apenas três dias, não vendeu mais do que 15 mil cópias quando lançado, mas até hoje é presença constante na maioria das listas de melhores discos de todos os tempos.

Mesmo realizando um trabalho irretocável, o objetivo inicial de Van Morrison nunca foi alcançado. Dylan não permitiu ou não se interessou por uma aproximação e o irlandês era desconfiado demais para se apresentar. Os dois só foram se conhecer sete anos depois, no show de despedida do The Band, que Martin Scorsese transformaria no documentário O *último concerto de rock* (*The Last Waltz*).

Enquanto tudo isso acontecia na costa leste, na Califórnia os Byrds também arriscavam novas sonoridades com seu mais novo integrante, um jovem do sul com rosto de anjo e sem nome na praça, mas herdeiro de uma fortuna no banco. Gram Parsons, substituto de David Crosby, gravou apenas um álbum nos seis meses em que esteve com os Byrds, mas *Sweetheart of the Rodeo*, apesar do fracasso comercial, poderia ter sedimentado a conversão radical para a música country do grupo mais identificado com o folk rock, caso o novo membro tivesse ficado por mais tempo.

A rígida clivagem observada entre dois genêros aparentemente próximos, como folk e country, é fundamental para entender a dramaticidade desse novo direcionamento dos Byrds e de Bob Dylan. Música folk era identificada com os setores esclarecidos da sociedade, a classe trabalhadora, que lutava nos sindicatos, e os estudantes, que frequentavam passeatas pelos direitos civis e pelo fim da Guerra do Vietnã. Era um histórico de resistência e associação com grupos de esquerda que retrocedia aos anos 1930. Seus praticantes eram todos garotos conscientizados de classe média que viam na música country uma espécie de salvaguarda de tudo que combatiam: a expressão cultural por excelência da população branca do sul, reacionária, religiosa e racista.

O modelo estereotipado do consumidor de música country saudava a bandeira americana e achava que cabeludos que protestavam contra a guerra deveriam ser postos na cadeia por traírem o país. Desde a Guerra de Secessão, a chamada "grande divisão" ficou como uma chaga aberta por ressentimentos entre o norte industrializado e o sul mais identificado com os costumes rurais. Com a expansão e vitória de temas importantes da luta pelos direitos civis, o abismo se aprofundou. O conflito agora se estendia a uma guerra de gerações levada a cabo por jovens que abominavam esse pedaço da tradição musical de seu país.

Os motivos para a conversão country de Bob Dylan podem ter sido tanto psicológicos quanto musicais. As tentativas de transformá-lo em profeta da nova era deixavam no seu colo também a bomba de principal fomentador de todo o conflito de gerações que rachava o país. Os Estados Unidos tinham um histórico considerável de líderes cujas ações eram interrompidas à bala. Dylan, sinceramente, não queria liderar ninguém. No momento em que toda forma de tradição parecia estar sob ataque, Dylan se reinventava em direção às suas origens como uma forma de rebelião contra as frequentes tentativas de aprisioná-lo numa categoria política ou comportamental, conveniente para os outros, não para ele mesmo.

Apesar de identificado com o Greenwich Village, da pose *cool* de Rimbaud do século XX, de avisar que os tempos estavam mudando, Dylan crescera ouvindo a música dos Apalaches (região montanhosa que começa em Nova York e se estende até o sul dos Estados Unidos), blues, country e toda a chamada música de raiz, que se dividia em subgêneros formadores do caldo cultural que constituía a gênese do rock'n'roll. Música feita por pessoas das classes menos abastadas, que viviam longe dos centros urbanos e sobreviviam à custa da tradição oral e em precárias gravações, como as que foram reunidas na coleção *Anthology*, do musicólogo, cineasta e agitador cultural Harry Smith. A série de seis álbuns com 84 dessas canções deixou marcas profundas em Dylan e em vários de seus contemporâneos.

Um rastreador de vestígios ainda mais aplicado do que Dylan, Gram Parsons mimetizou como poucos o imaginário das estradas do sul, dos mitos, das lendas e narrativas violentas e espirituais da tradição apalachiana. Nascido na Flórida e criado na Geórgia por uma rica família de fazendeiros rurais, sua história familiar mais parecia uma novela de William Faulkner, com suicídios, traições e alcoolismo. Aos 12 anos já era herdeiro de uma fortuna. Dado o raquítico retrospecto comercial dos poucos discos que gravou, são impressionantes a longevidade e o alcance de sua influência. Parsons certamente ficaria surpreso com o número de devotos que ainda hoje lembram seu nome como fundamental na formação da moderna música americana caso tivesse sobrevivido à overdose de heroína que o matou aos 26 anos, em 1973.

Parsons foi arrebatado pelo rock'n'roll como vários de seus contemporâneos, mas nunca se afastou da música country, sua grande paixão. A primeira banda na qual tocou, International Submarine Band, gravou aquele que hoje é considerado o primeiro disco de country rock já produzido, *Safe at Home*, em 1966. Segundo seu amigo Keith Richards, "Gram provavelmente fez mais do que qualquer um para dar um novo rosto à música country. Ele trouxe o country para o *mainstream* novamente. Acho que aprendi mais com Gram do que com qualquer outro".

Em março de 1968, os Byrds seguiram os passos de Dylan e foram trabalhar em Nashville. Sentindo-se em casa, Parsons dominou as sessões de gravação, escolhendo o repertório e incluindo no álbum algumas de suas mais encantadoras canções, como "Hickory Wind", repleta de reminiscências da infância na Carolina do Sul, e "A Thousand Years From Now". A ideia inicial de Roger McGuinn era produzir um álbum que narrasse a trajetória da música americana desde suas mais longínquas raízes até a era eletrônica, mas Parsons estava determinado a transformar os Byrds numa banda country. Longe de ser um saudosista, ele promovia uma sublime alquimia de informações contemporâneas enquanto mantinha um pé solidamente fincado na tradição.

Durante a permanência em Nashville, por intermédio de sua gravadora, os Byrds apareceram no programa country de televisão mais tradicional do país, *Grand Ole Opry*, que era transmitido em rede nacional às sextas e aos sábados. Além de "Hickory Wind", o grupo tocou uma canção do repertório de Merle Haggard, o mais popular cantor do gênero e ídolo de Parsons. "Ninguém que era parte daquela cena queria a gente ali e você podia sentir no ar o ressentimento", lembra Roger McGuinn. Foi a primeira vez que uma banda de rock rompeu a barreira invisível entre os dois gêneros. Pouco tempo depois, Dylan iria ao programa de televisão de Johnny Cash sacramentar a aproximação do rock com a música country.

Quando *Sweetheart of the Rodeo* chegou às lojas, Parsons já havia deixado os Byrds. Em Londres, na véspera de uma excursão à África do Sul, ele disse que não iria viajar por ser contra o regime segregacionista do *apartheid*. Seus colegas desconfiavam que ele tinha razões menos nobres, tais como fazer parte do círculo próximo dos Rolling Stones ou mesmo ser convidado para entrar no grupo. Não obstante, a excursão foi um fracasso. Os Byrds tocaram apenas para brancos, enfrentaram uma imprensa hostil e por pouco não foram presos por posse de drogas.

Desde uma rápida visita dos Byrds à Inglaterra dois meses antes daquela excursão, Parsons e Keith Richards haviam se tornado grandes amigos, unidos especialmente pelo gosto musical e apetite pelas drogas. "Gram Parsons me ensinou as nuances da música country", lembra Richards, "o estilo de Nashville em oposição ao country de Bakersville, na Califórnia. Nós nos sentávamos ao redor do piano por horas tentando sacar novas notas." Mas o rolling stone sempre negou responsabilidade por Parsons se transformar no *junkie* de tempo integral que selou sua morte prematura. "Eu mesmo ainda estava aprendendo, muito para meu prejuízo. Acho que ambos estávamos na mesma viagem. Nós gostávamos de drogas e gostávamos de drogas de primeira qualidade", recorda.

Enquanto Woodstock virava uma opção de refúgio rural (com intrusos indesejáveis achando rapidamente o caminho), o sonho comunitário da Haight-Ashbury se transformava num pesadelo. Vários moradores começaram a partir já após o superlotado verão de 1967 para se organizar em comunidades rurais. O comercialismo e a ganância de faturar com o slogan "Verão do Amor" atraíram adolescentes, mas também traficantes, criminosos e outros predadores que sentiram cheiro de vítima no ar.

A "seca" de maconha no meio do verão abriu espaço para o *speedball*, que passou a rivalizar com o LSD como a substância mais usada na área. Ao mesmo tempo, ganhava terreno o STP, um alucinógeno muito mais violento, criado no laboratório de Augustus Owsley Stanley, que poderia deixar o usuário viajando três dias a fio. Grace Slick foi quem comparou: "Ácido é como ser libertado de uma jaula, STP é como ser disparado de um canhão." Cinco mil tabletes da droga se espalharam durante a celebração do solstício de verão em junho e vários setores de emergência dos hospitais da cidade ficaram lotados de gente apavorada por achar que nunca mais voltaria ao estado normal. A heroína também começou a se disseminar já em abril.

O alto consumo de drogas combinado com a má nutrição generalizada degenerou em casos de hepatite e outras doenças infecciosas. A Free Clinic mal dava conta das solicitações de atendimento. Não havia moradia nem comida para todos. Em apenas dois anos, o índice de doenças venéreas na Haight havia se multiplicado por seis.

George Harrison, o único beatle a visitar a Haight em plena temporada do "Verão de Amor", horrorizou-se com o ambiente depauperado.

Harrison desceu de uma limusine acompanhado da mulher e de alguns assistentes para uma caminhada pelas redondezas. O cenário que vira de dentro do carro já lhe tinha provocado repulsa: jovens drogados, sujos, maltrapilhos, encostados pelos cantos em total prostração. Centenas desses garotos tentavam se chegar aos empurrões. Alguns pediam dinheiro, outros em coro exigiam: "Toca, toca". George ensaiou uns acordes num violão que lhe foi emprestado, mas se desculpou e tentou abrir caminho para o carro enquanto um bando corria atrás dele. A limusine foi empurrada e sacudida do lado de fora enquanto o motorista tentava desesperadamente dar partida. Uma típica cena da beatlemania que ele acreditava ter deixado para trás.

George ficou tão horrorizado que passou a levantar dúvidas sobre a própria validade do estilo de vida hippie. Também decidiu parar de tomar LSD. "Eu esperava alguma coisa parecida com a King's Road. Esperava que eles fossem legais, limpos, amigáveis, felizes." Para alguém como ele, oriundo da classe trabalhadora inglesa, e que além de tudo vinha se aprofundando na árdua disciplina religiosa e musical do Oriente, esse estilo de vida alternativo era apenas desculpa para preguiça e improdutividade.

A cena também podia servir como um estudo de contrastes. Um *pop star* desce de sua limusine com ideias preconcebidas. Se depara com a realidade de uma comunidade já corrompida pelo tráfico indiscriminado de drogas e pela escalada de crimes. Onde alguns meses antes persistia a harmonia de poucas pessoas dividindo o projeto de um modelo de vida alternativo, o que se via era apenas decadência. George foi apenas mais um turista a chegar atrás de uma cidade inexistente onde todos levavam "flores no cabelo" apenas em letras de música. A imprensa também foi incapaz de estabelecer uma diferenciação e atribuiu ao modo de vida dos hippies a gênese da total desfiguração da Haight.

Alarmados, vários líderes da comunidade tentavam iniciativas sem sucesso. Quando se encontravam para discutir alternativas de melhorias para a área, surgiam muitas ideias, mas nada prático. Alguém sugeria fazer uma procissão pela Haight todos os dias para levar as boas vibrações de volta. Outro achava que deveriam abrir um bordel para os "caretas que não conseguiam trepar e ficavam pela rua espalhando energias negativas". Enquanto isso, vendedores de LSD populares entre a comunidade eram encontrados assassinados com uma bala na cabeça, possivelmente por traficantes de drogas pesadas que encontraram ali o nicho perfeito para seus negócios.

Quando terminou o verão, a Psychedelic Shop, um dos maiores símbolos da comunidade, fechou as portas. A Free Clinic também não aguentou o tráfego intenso, aliado à falta de verbas, e encerrou suas atividades. Logo após a ofensiva da polícia, o Grateful Dead se mudou do número 710 da Haight. O jornalista Don McNeil, destacado pelo *Village Voice* para uma reportagem, observou: "As pessoas que eu encontro, muitas das quais já estavam aqui antes do Human Be-In e do Verão do Amor, estão exaustas e desanimadas. Como um *bartender* contando os copos quebrados depois da farra de uma noite inteira."

No dia 6 de outubro de 1967, sob a ressaca do recém-terminado "Verão do Amor", o grupo de teatro Diggers organizou uma parada na Haight decretando a "morte do hippie". Partia do *front* interno o reconhecimento de que a contracultura já fora desvirtuada e a rebelião começava a virar uma calça velha, azul e desbotada. Quem não podia reclamar eram a indústria de discos e as empresas de publicidade. Os hippies saíam da Haight no momento em que seu estilo de vida era assimilado como modismo por todo o país, embora nas cidades pequenas ainda provocasse reações violentas. A mensagem havia se disseminado. O movimento criado por um grupo de boêmios e poetas, como Thoreau, Walt Whitman e seus seguidores beatniks do século XX, evoluíra para um fenômeno cultural em escala planetária.

As principais bandas de São Francisco tinham agora discos a gravar e uma agenda de shows pelo país inteiro que enfraquecia os vínculos com a comunidade. E ninguém estava mais ocupado do que Janis Joplin. Ela também se despediu da Haight-Ashbury no início de 1968.

Em menos de seis meses, Joplin ascendeu ao status de principal estrela feminina da música americana, sem nenhuma competição à vista. Após o lançamento do disco *Cheap Thrills*, do Big Brother, que vendeu um milhão de cópias em apenas um mês, Janis resolveu que chegara a hora de deixar sua banda para trás. Pesaram na decisão igualmente interesses comerciais e a estagnação musical que a angustiava. Para piorar a situação, Janis carregou junto o guitarrista Sam Andrew e também os arranjos que a banda tinha criado para as canções que a consagraram, "Summertime", "Ball and Chain" e "Piece of My Heart".

Apesar de cartazes colocados na Haight com dizeres do tipo "por favor, Janis, não saia do Big Brother", ela começou a montar sua nova banda com mais ênfase no balanço com sopros e metais do que no rock'n'roll. Seus ex-companheiros estavam furiosos e sentindo-se traídos por mesquinharia. Durante os shows, eram várias as manifestações de hostilidade de ambas as partes. Numa das últimas apresentações, Janis começou a arfar ao microfone, simulando uma pose de rendição total à música. Sem perder a chance, o baixista falou para a plateia: "Estamos agora apresentando nossa imitação da Lassie." Janis soltou um sonoro "vá se foder" e ganhou como resposta um dedo médio em riste do ressentido colega.

O primeiro show escolhido para o batismo de fogo de Janis e seu novo grupo, a Kozmic Blues Band, foi exatamente em Memphis, a capital da soul music americana, da gravadora Stax, cidade onde nascera Otis Redding. Nada deu certo. A plateia, percebendo o nervosismo geral, parecia estar sentada nas mãos. Janis deixou seus números mais conhecidos para o bis, mas ninguém a chamou de volta. Sam Andrew recordou que "era intimidante tocar blues para os negros. Como nos atrevemos a subir lá e tocar a música deles? Naturalmente estávamos muito nervosos. Nós simplesmente fodemos tudo". Presente no local, um crítico da *Rolling Stone* foi sintético e cruel já no título da reportagem: "Janis morre em Memphis".

Janis tinha que enfrentar várias frentes de preconceitos, além de lutar contra os próprios erros. Era uma mulher bem-sucedida num meio masculino e queria toda a birita e o sexo que a rapaziada julgava ser sua prerrogativa. A cobrança sobre ela era infinitamente maior do que sobre Jimi Hendrix, por exemplo, que carregava o estigma de ser um artista negro consumido majoritariamente por brancos. Com Janis era o contrário: havia o ressentimento por uma branca comandar uma banda de negros ganhando mais dinheiro com sua apropriação do que artistas "autênticas", como Tina Turner ou Etta James, apesar de ela, reiteradas vezes, declarar sua admiração incondicional não apenas pelas duas, mas também por Aretha Franklin e Odetta. Janis chegou a pagar metade dos custos de uma nova lápide com uma inscrição em pedra para a cantora de blues Bessie Smith, seu ídolo supremo. Não podem ser desprezados nisso tudo tanto o remorso como um fator desestabilizador, quanto a luta durante a vida inteira para ser aceita. Conforme bem percebeu seu amigo Chet Helms, Janis acreditava que precisava sofrer para obter credibilidade, um artifício para balancear a contrapartida das biografias pesadas e sombrias da maioria das cantoras negras, cujas vidas eram marcadas por álcool em excesso e todo tipo de abusos impostos por homens, negros ou não.

Duas semanas depois do fiasco em Memphis, sem a banda estar ainda bem calibrada, Janis cometeu a temeridade de fazer um show em São Francisco, onde as feridas pela saída do Big Brother, um patrimônio da cidade, estavam bem abertas. O crítico Ralph J. Gleason saiu para o ataque se desfazendo de tudo como "uma pálida versão das bandas de Memphis e Detroit" e sugeriu que Janis voltasse para o Big Brother. O auditório do Fillmore também se manteve indiferente. Naquela mesma noite, angustiada por mais um fracasso, Janis experimentou sua primeira overdose. Foi salva por duas amigas, que a puseram numa banheira de água fria. Heroína era agora parte integral da rotina da maior *pop star* americana.

Enquanto as bandas locais da primeira fornada ganhavam projeção nacional, São Francisco continuava a se garantir como um celeiro de novos talentos. Toda a cena musical vinha falando sobre um adolescente mexicano talentosíssimo que atendia pelo nome de Carlos Santana, filho de um cantor *mariachi*. Pouco antes de ser descoberto por Bill Graham, "Carlito" ainda tocava com o pai nos fins de semana. Santana foi logo reconhecido como garoto prodígio, líder de uma banda que levava seu nome e fanático pelo blues que conhecera e aprendera a amar quando morava em Tijuana, na fronteira com os Estados Unidos.

Durante o Festival de Monterey, o grupo ficou em São Francisco, substituindo os concertos do The Who agendados para a mesma data do festival. Em julho de 1968, fizeram um impressionante show de estreia como principal atração da noite no Fillmore. A plateia entrou em êxtase diante daquela mistura de blues e rock com a música de raiz latina que Carlos Santana cultivava desde a infância. Foi a primeira vez que um grupo fechou uma noite no auditório de Bill Graham sem ter um único disco lançado. Pela mistura étnica que contribuía para o pluralismo sonoro do grupo, Bill Graham batizou o Santana de "primeira banda ONU" do mundo.

Naquele mesmo verão de 1968 entrava no estúdio pela primeira vez uma banda de El Cerrito, cidade vizinha a São Francisco, sem qualquer conexão com a cena da Haight. Apesar do longo nome, bem à moda local, o Creedence Clearwater Revival era uma anomalia. Em pleno apogeu dos solos psicodélicos distorcidos e apologias ritmadas às viagens de LSD com imaginário pseudossurrealista, o Creedence apresentava excelentes canções de dois minutos com economia primorosa. As letras não refletiam nenhuma elevação espiritual pela via das drogas, e sim a realidade inescapável de pessoas comuns: dor, trabalho, injustiça, medo, quase sempre tingidos de um inconformismo dilacerante. Apesar da sincronizada unidade, o Creedence se resumia basicamente a John Fogerty, guitarrista, vocalista e certamente o melhor compositor do norte da Califórnia. Tão fortes eram o imaginário e a sonoridade sulistas presentes em sua música que vários jornalistas pensaram que a banda fosse de Nova Orleans.

Se o som não seguia as receitas prescritas pelas bandas da Haight, os temas do Creedence tinham a cara da América contemporânea. Canções como "Fortunate Son" comentavam com raro poder de síntese as tramoias de classe e os privilégios dos que escapavam da convocação para o Vietnã. Não era uma canção endereçada aos hippies, e sim ao seu público base, os filhos da classe trabalhadora que estavam sendo mandados para o *front* de batalha. Fogerty foi um dos poucos artistas recrutados para a guerra, mas serviu apenas como reservista durante alguns meses em 1966. Em 1969, com três sucessos tocando nas rádios e três álbuns nas paradas, o Creedence se tornou de fato e por direito a mais popular banda americana, batendo o The Doors.

Enquanto São Francisco mantinha intacta sua uniformidade contracultural, como se os artistas fossem soldados de um exército único, que enquadrava ou rejeitava forasteiros, em Los Angeles a realidade multifacetada era um fato do cotidiano, facilmente verificável em aspectos tão distintos como a distribuição geográfica e o próprio mapa musical da cidade.

Já consolidada como capital do mercado fonográfico americano, Los Angeles conseguia abrigar sob suas colinas uma variedade de gêneros ampla o suficiente para abranger desde bandas pré-fabricadas até artistas que não elegiam a venda de discos como prioridade. O leque abrangia desde Frank Sinatra, que se mantinha encastelado como ídolo dos pais da nova geração, até seu xará Frank Zappa, que pretendia reutilizar toda a vanguarda musical do século XX como ferramenta para subverter os limites da música pop. Longe da coesão perseguida por São Francisco, Los Angeles vivenciava um verdadeiro caldeirão de diversidades.

Foi muito curto o tempo que Los Angeles levou para abandonar a periferia rumo ao epicentro da indústria do disco americana. Até 1964, todas as grandes gravadoras, com exceção da Capitol, tinham sede na costa leste. A costa oeste era conhecida derrogatoriamente como a "costa esquerda". Os escritórios de representação das empresas nem sequer abriam depois do almoço, porque não havia o que fazer. Los Angeles era sinônimo de Hollywood, do glamour das estrelas de cinema, não de música. No máximo havia espaço para os Beach Boys e o restante das bandas de surf rock que desapareciam na obscuridade antes do segundo single.

Uma sucessão de circunstâncias foi aos poucos modificando esse panorama. Com o sucesso dos Byrds, do Buffalo Springfield, do The Mamas and the Papas — grupos com pelo menos um nova-iorquino emigrado como integrante —, a cidade viu surgir uma cena vibrante de folk rock enquanto um monte de clubes transformava a Sunset Strip em parada obrigatória dos hippies ao sul da Califórnia e dos adolescentes que viviam nos subúrbios. A cada fim de semana a avenida ficava lotada e as roupas iam ficando mais diferentes e coloridas. Em 1966, a implantação de um toque de recolher na região gerou conflitos entre jovens e policiais que viraram manchete nos principais jornais do país, além do single de maior sucesso do Buffalo Springfield, *For What It's Worth*.

Seguindo as pegadas da Elektra, várias gravadoras começaram a montar sua base de operações na costa oeste. Os singles produzidos em Los Angeles já em 1966 ficaram vinte semanas na primeira posição contra apenas uma entre os produzidos em Nova York. A situação se tornou irreversível. O reinado do Brill Building — o prédio da Broadway que funcionava como principal centro de negócios relacionados à música na costa leste — estava acabado. E nada podia simbolizar com mais exatidão o fim desse ciclo do que a mudança de Carole King, uma das principais compositoras do chamado "som do Brill Building", para o sul da Califórnia, onde iniciaria uma carreira solo coberta de êxitos nos anos 1970. Ainda assim era comum que Los Angeles fosse esnobada e sua música vista apenas como entretenimento descartável. A antiga prática local de manufaturar ídolos de sucesso continuava como um vírus introjetado na cultura da cidade. A urgência agora não se resumia a achar o próximo astro de cinema, e sim a resposta americana aos Beatles ou aos Rolling Stones.

Parecia óbvio para um homem de negócios que se os Estados Unidos não eram capazes de gerar espontaneamente seus próprios Beatles, a saída era inventá-los. O anúncio de uma série de televisão com um grupo fictício batizado antecipadamente de Monkees atraiu quase quinhentos candidatos. Entre os quatro aprovados, apenas o texano Michael Nesmith poderia ser considerado um músico, tanto que depois desenvolveu uma respeitável carreira solo como cantor de country rock. Os outros eram atores buscando um lugar ao sol, porém o sucesso da ousada e divertida série foi tão grande que o grupo de araque começou a lançar discos usando músicos de estúdio.

Os Monkees enfileiraram seis singles entre os dez mais vendidos em pouco mais de um ano, entre 1967 e 1968, alguns banais, outros realmente bons e pelo menos uma peça sublime de pop psicodélico, "Porpoise Song". Mas eram percebidos pelo público mais antenado como descartáveis e fantoches manipulados. Para os músicos de São Francisco especialmente, os Monkees eram pouco mais do que palhaços nas mãos de produtores inescrupulosos. Durante o Festival de Monterey, Peter Tork, um dos integrantes, foi humilhado pelo Grateful Dead quando subiu ao palco para dar um aviso dos produtores para o público. Mesmo em Los Angeles havia lugar para uma antológica diatribe como "So You Wanna Be a Rock'n'Roll Star?" (*Sell your soul to the company,/ Who are waiting there to sell plastic ware* — Venda sua alma para a companhia/ que está esperando para vender produtos de plástico), dos Byrds. Nunca faltavam também paralelos desabonadores com os Beatles, apesar de o próprio John Lennon gostar da série e compará-los aos irmãos Marx. O preconceito enfrentado pelos Monkees não poderia ser mais ilustrativo de como os próprios artistas estavam criando entre si categorias rígidas para o que deveria ser considerado "rock" e aquilo que não passava de pop radiofônico.

Os Monkees ainda filmariam em 1968 "Os Monkees estão à solta" (*Head*), com roteiro do jovem ator aspirante Jack Nicholson, uma joia surreal que incluía colagens violentas sobre a Guerra do Vietnã entremeadas com esquetes do grupo, além de bizarras participações de Frank Zappa e do ator hollywoodiano canastrão Victor Mature. Na tentativa de buscar um público mais adulto e intelectualizado, os Monkees queimaram suas pontes com os adolescentes que assistiam à série na TV e o longa fracassou nas bilheterias, sem agradar nem a um campo nem a outro, embora tenha ganhado uma sólida reputação cult ao longo dos anos e hoje seja citado como um dos grandes filmes de rock já realizados.

A noção de que Los Angeles era uma disneylândia de plástico dominada por empresários que só enxergavam os artistas pelas suas possibilidades comerciais era apenas parcialmente verdadeira. Um cenário musical diversificado começou a despontar exatamente porque havia produtores e presidentes de empresas que genuinamente adoravam música e tentavam conciliar a necessidade de manter o negócio estável financeiramente com a busca de qualidade nos lançamentos. As duas mais notórias entre essas gravadoras, a Atlantic e a Elektra, trabalharam como empresas independentes durante todos os anos 1960, contratando nomes que talvez nunca tivessem oportunidade de lançar um disco. Em 1970, ambas foram vendidas ao conglomerado Time Warner.

Na Atlantic, mandava Ahmet Ertegun, o mais notório entre esses executivos com sensibilidade musical. Turco de nascença, filho de um embaixador, verdadeiro cidadão do mundo e com uma paixão desmedida pela música afro-americana, ele fundou a Atlantic Records em 1947 com o irmão, montando um portfólio básico de artistas ligados ao rhythm'n'blues e ao jazz que foram fundamentais para formatar a explosão da primeira geração do rock'n'roll nos anos 1950. A Atlantic começou a incluir artistas brancos em seu elenco, mas continuaria associada a intérpretes fundamentais da soul music até que, em 1969, Ertegun agregou ao seu elenco o Led Zeppelin, os Stones e o Crosby, Stills and Nash.

Foi também o amor pela música que levou Jac Holzman a criar a Elektra como um empreendimento pequeno, no alojamento da universidade em que estudava, com um capital inicial de 300 dólares. O selo se concentrou em folk music durante a primeira metade dos anos 1960, mas investiu na tendência da fusão desse gênero com o rock a partir de 1965. Desde a chegada do produtor Paul Rothchild, a Elektra começara a operar com força total na costa oeste, contratando nomes importantes da nova cena, como Tim Buckley, Tom Rush e o Love, cujas parcas vendagens eram equilibradas por um lance de sorte grande como a descoberta do The Doors, que dava retorno financeiro suficiente para cobrir vários prejuízos.

Antes de também ser vendida a uma grande corporação, a Elektra era vista como um porto seguro para artistas sem muitas possibilidades comerciais, mas de custo barato. Coube também a Holzman criar o lucrativo selo Nonesuch, especializado em música clássica, que lançava coleções de música de todo o planeta quando o termo world music nem sequer existia. Um conhecedor das técnicas de gravação, Holzman gostava de aplicar a lógica dos filmes na construção de um disco, ou seja, reunir os talentos mais variados para gerar um produto com acabamento de primeira linha. Até 1967 era muito difícil algum artista ser contratado pela Elektra sem passar por seu crivo pessoal.

Produtores como Ahmet Ertegun e Jac Holzman, que eram queridíssimos entre os artistas, entre outros motivos por não tentarem ganhar dinheiro a qualquer custo, contribuíram decisivamente para firmar um ambiente musical em Los Angeles que permitia projetos ambiciosos em convivência com o pop despretensioso dos Monkees. Gradualmente foi se formando uma comunidade com músicos e jovens atores de Hollywood que habitavam uma mesma área, a exemplo do que acontecia no Village e na Haight-Ashbury. A diferença é que, em vez dos clubes e cafés, as reuniões regadas a sexo, drogas e música aconteciam nas muitas casas que formavam um domínio residencial em Laurel Canyon, nas montanhas da cidade, a meio caminho entre Hollywood, ao sul, e San Fernando Valley, ao norte.

Em plena selva urbana, Laurel Canyon era como um refúgio campestre com coelhos e coiotes nas matas, bastante atraente para hippies e músicos, que ainda desfrutavam da vantagem adicional de não estar a mais de dez minutos de carro do burburinho da Sunset Strip. Arthur Lee, líder do Love, foi o primeiro a se mudar para uma casa bem no alto da colina, repleta de guitarras e drogas em abundância, onde se realizavam as mais famosas orgias da cidade. Logo depois chegaram Paul Rothchild, The Mamas and the Papas, Frank Zappa, David Crosby e jovens artistas batalhando um lugar ao sol, como a cantora Joni Mitchell.

Uma parte significativa dos músicos de Laurel Canyon era adepta de um som acústico superdosado em contraponto com a sonoridade eletrificada e urbana da Sunset Strip. Vários deles se criaram na música folk, montaram bandas inspiradas nos Beatles e agora estavam embarcados na viagem de volta às raízes empreendida por Bob Dylan e especialmente pelo The Band, que, não por acaso, saiu de Woodstock para gravar seu influente segundo álbum numa casa nas montanhas de Hollywood.

Vários músicos passaram não apenas a moldar seu som na música country como também a se vestir como caubóis modernizados na busca de um modelo de herói antissocial que espelhasse esse padrão de nostalgia rural. Quase toda a nova safra de cantores-compositores batia ponto no clube Troubadour, onde os Byrds haviam se conhecido em 1965. De antigo reduto folk, o local vinha se convertendo num verdadeiro *saloon* texano, tal a densidade demográfica de caubóis na área. Mesmo com tanta diversidade de estilos, Los Angeles começava a estabelecer a essência do som plangente, acústico e quase sempre insípido que venderia milhões de discos em meados dos anos 1970, o chamado "L.A. sound".

Raros eram os músicos que driblavam as facilidades medíocres do country rock para criar um trabalho de fôlego sem cair no mero pastiche. Nessa lista consta, em lugar especial, Gram Parsons, que se juntou ao ex-colega dos Byrds Chris Hillman para fundar o Flying Burrito Brothers no fim de 1968. A vigorosa fusão de gêneros sulistas, como gospel, country e soul, que Parsons definia como "música cósmica americana", resultou em um álbum de estreia, *Gilded Palace of Sin*, que, apesar de não vender quase nada e de ser precariamente produzido, recebeu elogios de ninguém menos do que Bob Dylan, sempre econômico em suas apreciações.

Apesar do predomínio do som acústico, o horizonte de Los Angeles estava colorido de vários tons. Havia espaço inclusive para alguém como Randy Newman, que tocava temas intimistas num viés satírico temperados na tradição de compositores como Gershwin e Cole Porter. Já casado, com filhos e completamente alheio às badalações de Laurel Canyon, Newman produziria canções de sucesso para outros artistas e álbuns solo fundamentais nos anos 1970 com algum êxito de público.

Outros artistas igualmente autorais tiveram menos sorte no mercado: Don Van Vliet, vulgo Captain Beefheart, gravaria em 1969 *Trout Mask Replica* no selo do seu amigo de infância Frank Zappa, álbum duplo virtualmente inclassificável, com uma aparente estrutura solta que encobria a obsessão com que Beefheart ensaiara o repertório com sua Magic Band. A gravação dos disco demorou oito meses, período no qual, segundo relato do baterista John "Drumbo" French, Don Van Vliet teria beirado a fronteira da psicose, punindo fisicamente os músicos, protagonizando cenas públicas de humilhação, controlando inclusive a dieta alimentar de todos os integrantes até que o disco ficasse inteiramente a seu gosto. O resultado é sem dúvida inovador na colisão de blues, jazz abstrato e música atonal. As evocações do blues do Mississippi rosnadas pela maravilhosa voz de Van Vliet, aliadas ao bizarro senso de humor resumido em títulos como "Pachuco Cadaver" e "Neon Meat Dream of an Octofish", são o ponto alto de *Trout Mask Replica*. A qualidade de som torna sua audição uma aventura à parte. A banda parece estar tocando dentro de um guarda-roupa. Nem a obra-prima apregoada por seus apologistas, nem o pastiche excêntrico descartado por seus detratores, mas sem dúvida um dos trabalhos mais descomprometidos com formatos e estruturas tradicionais lançados no fim dos anos 1960.

Com o mesmo rigor e a mesma consistência, mas seguindo um caminho diametralmente oposto, Van Dyke Parks, parceiro de Brian Wilson no malogrado projeto *Smile*, lançou, já em 1968, *Song Cycle*, um álbum orquestrado, semibarroco, que abria com a belíssima "Vine Street", de Randy Newman, e prosseguia se equilibrando entre a complexidade dos arranjos e o território mais convencional de melodias acessíveis, que não despertaram interesse do público, mas que continuam a influenciar músicos dos mais diferentes matizes até hoje.

Havia ainda aqueles, como Tim Buckley, com vocação para o sucesso pelo talento e pela beleza, que simplesmente viravam as costas para qualquer possibilidade de comercialização. Com uma voz de alcance quase incomparável, que parecia sempre uma oitava acima do resto da humanidade, o talento de Buckley começou a desabrochar já em 1967, no segundo álbum, *Goodbye and Hello*, que, assim como *Forever Changes*, do Love, apresentava a sombria introspecção de uma Los Angeles navegando na distopia de viagens malsucedidas de ácido, em clima de desespero e paranoia. Canções como "Hallucinations" e "Pleasant Street" proporcionavam ao ouvinte um arco de recompensas tão vasto que o talento superior de Buckley não apenas se impunha como abria possibilidades futuras impressionantes.

Buckley poderia ter obtido sucesso comercial, ainda que modesto, se prosseguisse nessa linha, pois sua música, além de excelente, era razoavelmente acessível. Mas, completamente avesso a repetições, no álbum seguinte, *Happy Sad*, ele arriscaria uma incursão bem mais jazzística e experimental, com duas das seis canções ultrapassando os dez minutos em estruturas nada lineares. Algumas gravações, como "Strange Feel", remetiam diretamente ao Miles Davis de "Kind of Blue", outras seguiam um espaçamento único, aberto às improvisações nas quais Buckley se abandonava com mais fervor. A Elektra deu total apoio ao projeto, mas aos olhos da indústria era como se Buckley estivesse se autossabotando. Depois de algum tempo, a própria gravadora se cansou dele. Conforme observou seu produtor, Jerry Yester, "ele tinha resistência a partes de si próprio que eram naturais. Se trazia uma canção que era uma bela balada, ele poderia intencionalmente subvertê-la".

Buckley'e sua banda viam Jerry Yester como um empregado da gravadora, colocado ali para corromper sua criatividade, e não escondiam a hostilidade no estúdio. Os músicos amavam a forma livre de sua música. O guitarrista Lee Underwood lembra que, "depois de 'Goodbye and Hello', Tim parou com os ensaios, esqueceu arranjos memorizados e começou a criar música viva baseada em espontaneidade e improvisação. Ele deixou a esfera do *show business*, passou a servir à música, e não ao diabo, e deu aos ouvintes a coisa real, uma das músicas mais excitantes, comoventes, arrepiantes e sentidas que o *mainstream* jamais vira. Não era sempre que dava certo, é verdade, algumas vezes demorava muito, mas constantemente funcionava e o gênio de Tim tocava fogo no palco". Na opinião de outro produtor da Elektra, David Anderle, Buckley "tinha o demônio do jazz. Certos caras, Charlie Parker, Thelonious Monk, vão atrás dessa coisa inalcançável. A música que Tim estava ouvindo era realmente diferente. E ele tinha demônios que não podia controlar".

Buckley, que detestava se apresentar ao vivo, a ponto de chegar a latir para o público certa vez, também resistia às pressões da Elektra para lançar singles. Nos anos 1970, ele continuou a gravar pelo selo Straight, de Frank Zappa, pelo qual lançou outros álbuns pouco escutados, até morrer por overdose aos 28 anos, em 1975. Semelhante a Gram Parsons, sua reputação póstuma faria justiça a uma criatividade tão atormentada quanto peculiar. Por triste coincidência, seu igualmente cultuado filho, Jeff Buckley, com quem ele quase não conviveu, mas que herdou muito de seu talento, especialmente o timbre de voz, também morreria antes dos 30 anos, afogado no rio Mississippi em 1997, deixando apenas um trabalho para trás, o sublime álbum *Grace*.

Não foi mera coincidência Tim Buckley e Captain Beefheart terem ido buscar refúgio junto a alguém como Frank Zappa, que mantinha suas antenas sempre sintonizadas com subversões estéticas. Por mais que se referisse com sarcasmo a determinados aspectos da cultura musical do sul da Califórnia, o que encantava Zappa na cidade que escolhera para viver era a primazia do individual sobre o coletivo, diferença fundamental entre Los Angeles e São Francisco, onde o agrupamento era, acima de tudo, uma questão filosófica.

Havia outros nomes do *underground* que também não pestanejariam se tivessem que optar. Paul Morrisey, que vira o Velvet Underground ser massacrado em São Francisco apenas por não se enquadrar no figurino hippie, era um dos que não escondiam sua preferência por Los Angeles: "Os degenerados de lá ficam todos separados em suas casas suburbanas. É maravilhoso, pois é muito mais moderno esse isolamento entre pessoas. Eu não sei de onde os hippies tiraram essa ideia de retribalizar em pleno século XX."

Mas se alguém tinha prazer em escarnecer dos hábitos e costumes da Haight-Ashbury era o próprio Frank Zappa. Curiosamente, com sua barba e seu cabelo comprido, além da pouca intimidade com banhos, ninguém parecia mais hippie à primeira vista. Qualquer semelhança, porém, terminava aí. Aquele estilo de vida indolente e contemplativo era inaceitável para alguém tão disciplinado e obcecado por controle, que recusava qualquer tipo de droga, além de trabalhar como um mouro e aproveitar todas as ferramentas tecnológicas disponíveis. Num dia normal, sua jornada de trabalho podia chegar a 14 horas. Tamanha produtividade geraria mais de cinquenta álbuns em 30 anos de carreira.

Zappa não seguia fórmulas de sucesso, nem tinha talento para fabricar hits, mas a personalidade quase caricatural, misturada a um senso de oportunidade e talento marqueteiro, lhe garantiu público suficiente para sobreviver num mercado altamente competitivo. Autodidata desde a mais tenra infância, cresceu adorando rock e desconfiando do jazz como um típico garoto de sua geração, mas a curiosidade precoce logo se ampliaria para além dos três acordes básicos. Como presente de aniversário de 15 anos, ele pediu e ganhou uma ligação telefônica para o compositor francês de vanguarda Edgar Varèse, considerado o pai da música eletrônica. O trabalho de Varèse nunca foi unanimidade, e o de Zappa tampouco seria. Muitos viam no apelo à sátira um artifício para mascarar limitações, apesar do comprovado virtuosismo como guitarrista. Sua reputação variava de gênio a charlatão, dependendo de a quem fosse feita a pergunta.

Após entrar para o Mothers of Invention e prontamente assumir a liderança do grupo, Zappa lançou no biênio 1966-1967 dois álbuns seminais que pavimentaram um caminho inexplorado na música pop. O primeiro deles, o duplo *Freak Out*, exerceu o mesmo fascínio sobre os Beatles que *Pet Sounds* dos Beach Boys. Um ano depois, *Absolutely Free* continuava a exibir uma quase inesgotável imaginação criativa, em colagens intricadas brotadas de um estilo marcadamente autoral, no qual arte de vanguarda e carpintaria pop eram pulverizadas para Zappa orquestrar seu circo de estranhezas.

De volta à Califórnia após uma temporada de shows anárquicos no Teatro Warwick, em Nova York, Zappa começou a trabalhar no projeto que dava continuidade à radicalização sonora dos discos anteriores e ultrajantes investidas contra a complacência da sociedade, porém entremeadas com torpedos de ironia disparados sem sutileza contra os próprios hippies.

We're Only in It for the Money era descontínuo, fragmentado e sofisticado na forma como expunha as contradições entre os nobres ideais da Haight-Ashbury e o capitalismo, que tudo assimilava e transformava em sucesso. O fato de o disco ter sido lançado quando o bairro vivia seu inexorável declínio apenas sublinhava sua contundência. Numa das faixas, "Who Needs the Peace Corps", Zappa reduz a pretensa façanha alternativa ao modismo puro e simples, na caracterização em primeira pessoa de um dos inúmeros hippies de fim de semana que iam a São Francisco para absorver por osmose o ambiente *flower power*.

Não contente, Zappa ainda cravou uma estaca no coração da contracultura ao escolher uma apresentação visual para seu disco que desconstruía cada detalhe da capa de *Sgt. Pepper*. Entre ser ousado e oportunista, ele escolhia ambos. No lugar das indumentárias eduardianas dos Beatles e do nome do grupo ornamentado em flores, os Mothers aparecem vestidos de mulher no meio de um arranjo de melancias, melões e outras frutas. Os heróis do cinema, da música e da literatura que adoraram ter suas fotos estampadas em *Sgt. Pepper* foram substituídos por figuras detestadas pela opinião pública, como o presidente Lyndon Johnson e Lee Harvey Oswald, o assassino de John Kennedy. Num comentário talvez involuntário, mas significativo, apenas Bob Dylan marcou presença nas duas capas.

Reconhecidos pelo seu senso de humor, os Beatles não ficaram nada satisfeitos com a brincadeira, o que desmentia sua sempre propalada qualidade de serem os primeiros a não se levar a sério. Autodepreciação tudo bem, mas ver sua obra magna satirizada por um peso pesado como Zappa numa capa em que se lia claramente "só estamos nessa por dinheiro" era outra conversa.

Quando Zappa ligou para Paul McCartney pedindo autorização para levar sua paródia adiante, ouviu vagamente que não cabia a ele resolver, que para isso existiam os empresários. Zappa devolveu que para isso serviam os artistas: para dizer aos empresários o que fazer. Anos depois McCartney confirmaria a ligação, mas sempre negou que tivesse proibido qualquer tipo de sátira. E de fato poucos ícones da cultura pop seriam tão citados, ironizados e imitados como a capa de *Sgt. Pepper*. Como se isso não bastasse, a própria gravadora censurou vários trechos do disco, considerados obscenos e ofensivos. Demoraria até o lançamento do CD, em 1987, para *We're Only in It for the Money* ser ouvido e visto conforme a rigorosa concepção original de seu criador.

CAPÍTULO 9　Estigmas e danações

> *On the thirty first floor*
> *A gold plated door*
> *Won't keep out the lord's burning rain*
>
> Gram Parsons, "Sin City"

A voz inconfundível na secretária eletrônica avisou: "Não estamos em casa. Se você deixar uma mensagem, ligaremos de volta. Talvez." O ano de 1968 se aproximava do fim e o empresário Allen Klein estava ansioso para sondar John Lennon sobre uma possível participação no especial de TV natalino dos Rolling Stones. Homem de negócios experiente, acostumado aos métodos mafiosos das ruas de Nova York, apesar de não ter ainda chegado aos 40 anos, Klein não tinha dúvidas de que o convite seria aceito, entre outras razões por acreditar que Lennon secretamente sempre quis ser um rolling stone, assim como Mick Jagger sempre quis ser um beatle.

E Allen Klein estava certo. Em fase de total exposição, Lennon topou aparecer com Yoko Ono num espetáculo circense que misturava astros do rock com trapezistas, palhaços e mágicos. O especial era a grande aposta dos Rolling Stones para encerrar um ano altamente produtivo e atribulado, que pôs fim a uma temporada de prisões e lançamentos malsucedidos. *Rock'n'Roll Circus* foi orquestrado para capturar um momento em que os Stones começavam a ocupar o lugar dos Beatles como a banda mais relevante em atividade, aquela que articularia o comentário mais preciso sobre o momento social e político, mesmo quando a música parecia falar sobre outro assunto.

Embora as prisões de Keith Richards e Mick Jagger no outono de 1967 tivessem mobilizado a contracultura londrina e até setores do e*stablishment*, musicalmente as incursões psicodélicas dos Stones haviam sido um fiasco, com raras exceções. Mexer no time que não estava ganhando era a única estratégia possível. O produtor e empresário Andrew Loog Oldham foi demitido, enquanto o nova-iorquino Jimmy Miller e, esporadicamente, o californiano Jack Nitzsche, ambos profissionais de gabarito reconhecido, assumiram o comando do estúdio. Nitzsche era um dos mais brilhantes arranjadores em atividade e Miller desde o começo se preocupou mais em procurar uma sonoridade adequada para a banda do que buscar a perfeição técnica. O rebuscamento de *Their Satanic Majesties Request* atraiu poucos admiradores novos, mas custou a perda de alguns antigos, que não entendiam por que seus ídolos queriam ser confundidos com os piores imitadores dos Beatles.

Logo na primeira sessão de gravação, Jimmy Miller mostrou a que veio com um trabalho determinante sobre "Jumpin' Jack Flash", inicialmente idealizada como uma faixa do álbum seguinte, *Beggar's Banquet*, mas lançada como o single de sucesso de que os Stones tanto precisavam. Com letra narrada na primeira pessoa que conjurava descrições gráficas de violência e destruição, a canção se sustentava sobre um *riff* robusto e funcional como trampolim para a tensão crescente entre as imagens veementes da letra e a performance vocal de Jagger. Não por acaso "Jumping' Jack Flash" seria a música mais ouvida nas rádios francesas durante o levante estudantil de maio em Paris que quase derrubou o governo De Gaulle. Miller trazia a bola novamente para o campo do rock'n'roll puro, onde os Stones jogavam em casa e eram imbatíveis.

Enquanto o single permanecia no topo das paradas, o grupo estava em pleno mergulho musical nas águas escuras do delta do Mississippi. A força estilística unificadora do álbum *Beggar's Banquet* resultava acima de tudo do convívio prolongado de Keith Richards com Gram Parsons, o pai da fusão country + rock. Além de reinventar a música rural do sul americano sob o prisma londrino, os Stones continuavam passeando no terreno alheio, dessa vez mimetizando o Velvet Underground ("Stray Cat Blues", o número mais lascivo que eles gravaram) e Bob Dylan ("Jig-Saw Puzzle"). Qualquer falta de originalidade era compensada por um discurso musical coeso no repertório irretocável de nove ótimas composições originais de Jagger e Richards e o *cover* de um blues obscuro dos anos 1930 ("Prodigal Son").

Outra novidade eram as letras de conteúdo social muito mais explícito. As recentes inclinações esquerdistas de Jagger deram espaço a belas, ainda que cínicas, elegias da classe operária ("Factory Girl" e "Salt of the Earth"). O cantor chegou a pensar seriamente na ideia de deixar os Rolling Stones para se candidatar a deputado, até descobrir que seu padrinho político pretendia, na verdade, levá-lo para a cama, não para o Parlamento. Em março, Jagger estava entre as vinte mil pessoas que protestaram na frente da embaixada americana em Londres contra a Guerra do Vietnã. As demonstrações antiguerra, antiautoridade e antirrepressão pelos quatro cantos do mundo, especialmente em Paris, inspiraram diretamente a convocação veemente de "Street Fighting Man", provavelmente a mais dinâmica peça de rock'n'roll já gravada com instrumentos totalmente acústicos.

Essa bem ajustada unidade de *Beggar's Banquet*, curiosamente, começava desestabilizada na faixa de abertura, um flerte sedutor com o ocultismo que caminhava pelas mesmas linhas de Guimarães Rosa quando escreveu em *Grande sertão: veredas* que "diabo não há, o que existe é homem humano". Só que a matriz investigativa de Jagger passou longe do sertão mineiro e bateu no surrealismo russo do romance *O mestre e margarida*, escrito nos anos 1930 por Mikhail Bulgákov. Tão corrosivo era o arsenal satírico de Bulgákov contra os descaminhos da Rússia pós-revolucionária que o livro ainda continuava censurado em seu país natal quando caiu nas mãos de Jagger como presente dado por Marianne Faithfull.

Na longa letra de "Sympathy for the Devil", o diabo surgia como um cavalheiro de "fortuna e gosto" e arquiteto/testemunha de grandes tragédias ao longo da história. O mal que emana da capacidade humana de destruição e sede de poder aparece como uma força brutal impossível de conter, semeando guerras, crimes e catástrofes. O assassinato de Robert Kennedy, em 5 de junho, um dia após o começo da gravação, acrescentou uma ressonância trágica ao trecho que dizia *I cried who shot Kennedy?* (Eu gritei: quem atirou em Kennedy?). Quando a canção sofreu a metamorfose de folk para samba à inglesa, Jagger já cantava *I cried who shot* the *Kennedys?*, claramente no plural.

No misto de drama e documentário dirigido por Jean-Luc Godard que segue a gravação de "Sympathy for the Devil" desde sua concepção, Brian Jones permanecia nitidamente isolado, tocando discretamente um violão que mal é percebido na ultrapercussiva e latinizada versão final. Ninguém estava muito preocupado em escutar sua opinião, nem ele parece muito entusiasmado com a música. As imagens traduziam fielmente seu encolhimento gradativo no departamento de criação da banda que ele um dia considerou sua. Incapaz de compor canções no formato pop que os Stones pudessem incluir em seu repertório, Brian assistia impotente a Jagger e Richards crescerem como compositores a cada novo álbum.

Graças a uma impressionante habilidade em tirar som de qualquer instrumento, Brian compensava essa limitação tocando flautas, marimbas e cítaras que embelezavam sensivelmente algumas das melhores gravações dos Stones ("Lady Jane", "Paint It Black", "Ruby Tuesday"), mas, quando se deu conta de que estava condenado a ocupar uma posição periférica, sua contribuição se reduziu ao básico. Nos shows, durante "Satisfaction", ele costumava irritar seus colegas tocando o tema do desenho animado *Popeye* como um ato deliberado de desdém. Porém as participações em gravações dos Beatles ("You Know My Name"), o prazer de tocar com outros guitarristas, como Stephen Stills e Jimi Hendrix, além do esforço de registrar num gravador músicos que viviam na área rural do Marrocos, demonstravam que o amor de Brian pela música continuava inabalado. O álbum *Brian Jones Presents: The Pipes of Pan at Jajouka*, lançado nos anos 1970, é considerados um dos marcos iniciais na inserção da chamada world music no cenário da música pop.

Infelizmente para Brian, a experiência marroquina não foi apenas música e descoberta. Sua mais sólida aliança dentro dos Stones se quebrou quando Anita Pallenberg caiu nos braços de Keith Richards durante uma viagem ao norte da África. Cansada das alterações de comportamento do namorado, que se traduziam em surras homéricas, a atriz partiu sem avisar com Keith, Jagger e Marianne Faithfull. Pouco tempo depois, Anita e Keith estavam vivendo juntos.

Não bastasse todo esse psicodrama, quando os Stones iniciaram a gravação de *Beggar's Banquet*, Brian estava consumindo uma garrafa de uísque por dia, além de várias doses de LSD. No estúdio ele protagonizava cenas melancólicas, como cair de rosto num prato de comida numa das vezes em que o grupo interrompeu as gravações para jantar. A polícia, que tinha visto Jagger e Richards escaparem da prisão, passou a mirar nele, levando-o seguidamente às barras dos tribunais. Numa dessas audiências, um promotor se referiu a Brian como "um jovem muito assustado".

Nas gravações, Brian se limitou a tocar guitarra em uma das faixas (a bela "No Expectations"). "Nós estávamos realmente felizes por Brian não estar por perto em *Beggar's Banquet*, porque quando ele não aparecia a gente podia levar o trabalho adiante. Ele era um pé no saco, para ser sincero. Nós não tínhamos tempo de acomodar um passageiro. Essa banda não pode carregar nenhum peso morto. Nenhuma banda pode. Ao mesmo tempo, parecia que Brian queria ferrar com os Stones por não aparecer", conta Keith Richards, que não devia nada a Brian quando o assunto era abuso de drogas, mas não deixava em momento algum isso comprometer seu trabalho com os Stones.

Brian não poderia estar numa posição mais frágil diante de seus companheiros. E, ao contrário dos Beach Boys, que não sobreviveriam sem Brian Wilson, e do Pink Floyd, que arriscou tudo ao demitir Syd Barrett, o que não faltava na Inglaterra eram guitarristas tão bons ou melhores do que o louro dos Rolling Stones.

O ostracismo de Brian Jones é apenas um dos fragmentos de realidade capturados pela câmera de Jean-Luc Godard no documentário *One Plus One*, mais tarde rebatizado de *Sympathy for the Devil*. Com exceção de *Let It Be*, sobre os Beatles, não existe nenhum registro filmado tão significativo do processo de trabalho e dos mecanismos criativos de uma banda de ponta dos anos 1960.

Godard tentara primeiro filmar com os Beatles, mas não teve sucesso em suas investidas. Considerados socialmente mais ameaçadores, os Stones não tinham muita noção de qual era a agenda de Godard, para além de sua conhecida inclinação maoista. A parceria poderia sugerir uma inserção da banda no contexto de movimentos revolucionários que estavam virando de cabeça para baixo a conjuntura política. O problema era que, por mais que o diretor explicasse, sua retórica soava como um dialeto ininteligível. Godard pretendia fazer de seu trabalho uma extensão da dialética política. Na prática, isso resultou num filme confuso, bem distante dos melhores trabalhos do mestre da *nouvelle vague*. Entre a ideia de declarar guerra à cultura ocidental expondo sua utilização pelos agentes imperialistas como ferramenta de dominação e a transição do discurso para a imagem, nada funcionou direito.

Quando chegou a Londres para filmar com os Stones, no dia 30 de maio, Godard havia visto a França fervilhar durante um mês em que as ruas de Paris viraram praças de guerra tomadas por estudantes em fúria num levante contra o governo, a sociedade burguesa e o capitalismo. Aos artistas não era permitido ficar em cima do muro. No Festival de Cannes, Godard e François Truffaut encabeçaram um movimento de apoio aos grevistas que pretendiam derrubar a Quinta República.

Se Godard tivesse filmado uma canção de conteúdo político mais explícito como "Street Fighting Man", o documentário transmitiria a ideia de que os Stones haviam se convertido numa banda pronta para assumir seu posto em alguma trincheira de utopia urbana, o que de forma alguma correspondia à verdade. Eles não pareciam dispostos nem mesmo a cerrar fileiras pelo próprio filme. Quando o título foi mudado para *Sympathy for the Devil* na estreia no Festival de Londres, Godard desautorizou a exibição e tentou organizar um malsucedido boicote entre a plateia. Chegou a sugerir que o dinheiro gasto com o ingresso fosse mandado diretamente para um fundo em defesa do líder militante negro Eldridge Cleaver, que estava preso, acusado de tentativa de homicídio. Os Stones nem sequer se deram ao trabalho de comparecer, nem para assistir nem para endossar um possível boicote, e foram atacados publicamente pelo diretor.

Mick Jagger podia até estar se divertindo no papel de radical chic, mas os Stones eram adeptos de um estilo de vida que não combinava nada com a disciplina e a renúncia exigida por militantes revolucionários. Jagger e Richards estavam interessados em desfrutar seu hedonismo ao máximo e se isso significasse afrontar os valores morais da sociedade, tanto melhor. Muito mais do que doutrinas políticas, a verdadeira curiosidade da dupla se relacionava ao ocultismo e à magia negra, como indicava a letra de "Sympathy for the Devil".

Além do interesse por religiões orientais, discorrer sobre fenômenos ocultos e ironizar o cristianismo era um dos principais divertimentos da elite da Swinging London. O círculo interno dos Stones estava repleto desses *gourmets* do paganismo. Um deles era o cineasta *underground* californiano Kenneth Anger, um dos primeiros homossexuais assumidos dos Estados Unidos e discípulo de Aleister Crowley, o mais célebre bruxo do século XX. Anger considerava os Stones agentes dotados de uma força disruptiva inigualável, capaz de balançar os alicerces sociais, como se Jagger fosse o paralelo moderno de Lúcifer e Keith Richards de Belzebu, na visão religiosa do romantismo. Richards e Anita Pallenberg chegaram a considerar seriamente a possibilidade de se casar numa cerimônia pagã ministrada por Anger.

Esse interesse pelo ocultismo traria Jagger e Richards ao Brasil, acompanhados das namoradas, uma semana antes do Natal de 1968, para lições de magia negra e um réveillon em Copacabana. Antes de viajar, Richards declarou a um jornal inglês, aparentemente sem um pingo de ironia: "Nós estamos planejando encontrar um mago que pratica magia negra e branca. Ele tem um nome longo e difícil que não conseguimos pronunciar, então nós o chamamos de banana para encurtar." Os dois voltaram narrando histórias de uma visita aos trópicos muito semelhantes ao episódio dos Simpsons no Brasil. Em compensação, presos numa fazenda no interior de São Paulo em meio a uma chuva incessante, a dupla compôs "Honky Tonky Women", o próximo single dos Stones.

Outra figura assídua nas festas da Swinging London era o artista plástico escocês Donald Cammell, homem de hábitos refinadíssimos, que bem poderia ter servido de inspiração para "Sympathy for the Devil". Assim como Kenneth Anger, Cammel se orgulhava de suas conexões com Aleister Crowley, sobre quem seu pai chegara a escrever um livro. No meio do ano, ele conseguiu sinal verde da Warner Bros. para produzir e dirigir um filme sem nem precisar apresentar roteiro, já que Mick Jagger estava escalado como protagonista. Os executivos muito provavelmente acreditavam estar comprando uma comédia inofensiva no gênero *Os reis do iê-iê-iê* (*A Hard Day's Night*), dos Beatles. Como não entendia patavina de cinema, Cammell convidou o brilhante diretor de fotografia Nicolas Roeg para codirigir.

O roteiro de *Performance* nada tinha a ver com as estripulias da beatlemania ou com qualquer receita pronta de escapismo fácil. O enredo se desenvolvia em torno de um assassino profissional ligado à máfia (James Fox) que, após matar um companheiro, se refugia dos ex-patrões numa mansão do oeste londrino, onde Turner (Jagger), um *pop star*, vive com suas guitarras e drogas acompanhado de duas garotas (Anita Pallenberg e a francesa Michelle Breton). Inicialmente repelido por tamanha decadência, o gângster inicia um complexo jogo de aproximação e troca de identidades com Turner. As realidades sociais gradualmente se tornam performances de realidade sem esquemas hierárquicos de fronteiras e diferenças de classe ou sexo.

Nessa ciranda de espelhos e jogos de apropriações, Cammell parecia estimular um progressivo rompimento de limites entre ficção e realidade. A atriz Michelle Breton estava envolvida com Cammell e sua esposa fora das telas, da mesma maneira que se relacionava triangularmente com Jagger e Anita no filme. O vocalista, por sua vez, iniciou um caso com Anita no set de filmagem, enquanto se inspirava em Brian e Keith para compor seu personagem. Nem mesmo James Fox, ator de formação rígida, filho da camada privilegiada da sociedade britânica, escapou ileso. Decidido a mergulhar fundo nas metamorfoses do personagem, Fox partiu para a despirocação depois que Jagger e Anita puseram LSD em sua laranjada. Quando as filmagens terminaram, ele se converteu num evangélico, daqueles de pregar de porta em porta, e só voltaria a fazer outro filme dez anos depois de *Performance*.

Uma das cenas mais densas no roteiro exigia que Jagger e Anita simulassem sexo diante das câmeras. A situação gerou um foco de tensão nos Stones. Keith Richards estava apreensivo e evitava o set de filmagem. "E, claro, Anita não ajudou em sua insegurança; ela parecia brincar com Keith sobre querer Mick, do mesmo jeito que brincava com Brian sobre desejar Keith. Enquanto estávamos filmando, Keith raramente ia até a casa. Ele ficava sentado em seu carro mandando recados", recordou Donald Cammell. Pouco tempo depois de o filme ser lançado, alguns fotogramas editados pelo próprio diretor mostrando que Mick e Anita de fato transaram enquanto as câmeras rodavam apareceram num festival de pornografia em Amsterdã.

Não houve confronto. Keith preferiu uma retaliação passivo-agressiva. A canção-tema do filme, que seria gravada pelos Rolling Stones, foi vítima de seu mal disfarçado boicote. "Com Keith jogando contra no estúdio, a canção soava simplesmente terrível, parada e sem vida", disse Donald Cammell, "mas sem a canção nós não tínhamos como terminar o filme. Keith sabia que tinha o poder de sabotar a coisa toda." Jagger então juntou um grupo de músicos e gravou a dylanesca "Memo from Turner" como um número solo. O restante da trilha sonora foi gravado bem longe dali, em Los Angeles, pelo produtor Jack Nitzsche, com artistas ainda desconhecidos, como Ry Cooder e Randy Newman.

Quando finalmente se reuniram para assistir ao resultado de *Performance*, os executivos da Warner se sentiram ultrajados pelo espetáculo explícito de consumo de drogas, sexo grupal e violência. Consta que a mulher de um deles teria vomitado durante a exibição. O estúdio cogitou seriamente apenas destruir os fotogramas. Nem uma carta assinada por Jagger e Donald Cammell conseguiu tirar o filme das prateleiras. Só em 1970 *Performance* chegou às telas, no rastro de outros filmes que tentavam capturar um público mais jovem. A recepção da crítica foi péssima e o público preferiu manter distância. Somente depois de muito tempo o provocador trabalho de Cammell seria reconhecido como uma obra fundamental do cinema britânico e o melhor filme sobre a contracultura rodado quando em seu apogeu.

Além de *Beggar's Banquet*, que foi lançado em dezembro com ótima recepção, restava ainda o especial de televisão para os Stones aproveitarem o ótimo momento. Na data marcada, 10 de dezembro, diversos *pop stars* devidamente paramentados com indumentárias circenses compareceram a um estúdio em Wembley para a maratona de dois dias de gravações. O diretor escolhido, Michael Lindsay-Hogg, já havia dirigido o excelente vídeo promocional de "Jumpin' Jack Flash" e estava contratado pelos Beatles para realizar no início de janeiro um documentário sobre a realização de um show.

O estúdio era uma grande festa, com astros de rock misturados a palhaços, trapezistas, malabaristas e mágicos. Além de John Lennon e Yoko Ono, que chegaram com Mick Jagger, estavam lá Eric Clapton, que havia feito seu show de despedida com o Cream três semanas antes, Marianne Faithfull, o *bluesman* americano Taj Mahal, e o The Who, numa pausa de suas intermináveis excursões. Johnny Cash, ídolo de Keith Richards, foi convidado, mas respondeu não, obrigado.

O recém-criado grupo Jethro Tull, que misturava blues com canções inspiradas no folclore inglês, abriu o espetáculo dublando uma das músicas de seu primeiro álbum, sem causar qualquer tipo de impacto. Só chamou atenção a figura exótica do flautista e vocalista Ian Anderson pulando numa perna só. Logo depois, o palco foi ocupado pelo The Who, que, ao contrário dos Stones, estava na ponta dos cascos, graças a um ano de shows ao vivo quase diários. Numa só tomada a banda se lançou com maestria sobre sua crônica bem-humorada de um adultério — "A Quick One" — em seis inesquecíveis minutos. Desde a introdução *a cappella* até o triunfante acorde final, o The Who parecia empenhado em roubar a festa dos protagonistas. O baixista John Entwistle recordou anos depois: "Aquele era o período em que Brian Jones levava seis horas para afinar a guitarra e eles realmente estavam tendo problemas. Nós aparecemos, fizemos tudo em uma tomada e mandamos eles para o espaço."

John Lennon também não tinha nenhuma intenção de bancar o coadjuvante. Na ausência de outro beatle à vista, uma formação foi improvisada, com Eric Clapton na guitarra, Keith Richards no baixo e Mitch Mitchell, baterista do Jimi Hendrix Experience. A trupe, batizada como Dirty Mac, numa sátira ao recém-criado Fleetwood Mac, esperou no palco alguns instantes, enquanto John trocava brincadeiras desconfortáveis com um Mick Jagger visivelmente nervoso por estar na linha de tiro do famoso sarcasmo lennoniano. A interpretação impecável de "Yer Blues", faixa do *Álbum Branco* dos Beatles, foi acompanhada da inusitada visão de uma figura dentro de um saco preto que pulava pelo palco. Era Yoko Ono, que assumiu o microfone logo depois para conduzir a banda a um improviso esganiçado que contou com a participação do grande violinista clássico francês Ivry Gitlis, convidado especial de Brian Jones.

A madrugada já ia alta quando os Stones finalmente se posicionaram para uma apresentação que a história consideraria abaixo da crítica. Não chegou a ser um desastre, mas eles pareciam enferrujados e sem pegada. A cada música o show tinha que ser interrompido para que o diretor verificasse se outra tomada era necessária. Quando Mick Jagger assistiu ao tape editado, constatou que seu morno desempenho fora ofuscado pela presença arrebatadora de John Lennon, mas especialmente pelo profissionalismo irretocável do The Who. Mais aconselhável era obedecer ao próprio ego e cancelar o programa, afinal eram os Stones, e não a BBC, que estavam bancando tudo. A sucessão de eventos do ano seguinte acabou por atropelar os planos para a refilmagem — desculpa pronta para quem ligasse reclamando que perdera tempo. Demoraria até 1996 para que *Rock'n'Roll Circus* finalmente chegasse ao público, em formato VHS, e outros dez para ser lançado em DVD.

Se o circo de Mick Jagger tivesse entrado na grade de programação da TV naquele Natal, o público inglês veria Brian Jones tocar com os Rolling Stones pela última vez. Durante todo o especial, sua voz só foi ouvida para anunciar os palhaços. Com péssima aparência, ele mal conseguia segurar a guitarra em "You Can't Always Get What You Want". Pete Townshend e Eric Clapton chegaram a chamar Jagger e Richards num canto para perguntar o que estava acontecendo, mas é muito provável que já soubessem. Marianne Faithfull foi sucinta quando disse, anos depois, que "todo mundo sabia que aquela era a última apresentação de Brian com os Rolling Stones. E isso foi muito difícil".

Os Stones ainda não tinham decidido o que fazer com seu problemático guitarrista. Demiti-lo parecia a solução mais simples, porém Brian era um dos rostos mais conhecidos da banda. Além dos laços pessoais, ninguém sabia como o público reagiria ao que poderia parecer a quebra de um conceito inviolável. Alguma providência teria que ser tomada em breve, inclusive porque as chances de Brian conseguir um visto de trabalho para os Estados Unidos eram mínimas, tendo em vista seus problemas judiciais com drogas. E a mais americana entre as bandas inglesas não podia se dar ao luxo de ignorar o maior mercado consumidor do mundo. Richards e Jagger partiram então com suas namoradas para as festas de fim de ano na América do Sul, deixando para trás Brian, os Stones, o *Rock'n'Roll Circus* e o tumultuado ano de 1968, sem desconfiar de que aquilo era nada comparado ao que 1969 lhes reservava.

Além do Jethro Tull, o *Rock'n'Roll Circus* deveria ser palco para a estreia da nova banda de Jimmy Page, mas ninguém no *staff* dos Rolling Stones sabia explicar o que havia sido feito do material enviado para avaliação. Más línguas diziam que Mick Jagger havia recusado sem nem escutar. Não que isso preocupasse Page. Com passagem marcada para os Estados Unidos e um disco pronto para ser lançado, um zepelim de chumbo se preparava para levantar voo. Depois da debandada de sua antiga banda, o guitarrista herdara o nome Yardbirds e um monte de shows agendados para cumprir. Inicialmente batizado de New Yardbirds, o quarteto logo começou a procurar um nome que traduzisse melhor seu som e suas grandes ambições futuras.

Page se lembrou de que dois anos antes quase havia reunido um grupo de amigos em torno de um projeto que atenderia pelo nome de Led Zeppelin. Durante algum tempo, Keith Moon e John Entwistle, cansados das brigas intermináveis do The Who, acalentaram a ideia de montar uma nova banda com Jeff Beck e Jimmy Page. A ideia não prosperou, entre outras razões porque não havia um bom vocalista disponível. Moon e Entwistle disputaram até o fim a autoria do nome Led Zeppelin, embora até hoje pairem dúvidas sobre quem teve a ideia. Como ambos estão mortos, esse dilema nunca será resolvido. O certo é que a expressão "foi para o chão como um zepelim de chumbo" era relativamente comum entre músicos na época para ironizar bandas que fracassavam.

Fracasso certamente não era o que Page tinha em mente enquanto desenhava os espaços sonoros que o Zeppelin iria ocupar: um blues rock modernizado, com mais volume, na mesma vertente do Cream, do Jimmy Hendrix Experience e especialmente do grupo que Jeff Beck montara com um jovem Rod Stewart como vocalista. O álbum *Truth*, do Jeff Beck

Group, pautou o som inicial do Led Zeppelin, mas Page não tinha a menor intenção de colocar seu nome na frente dos outros integrantes. Desde o início sua preocupação foi articular uma formação que se fortalecesse na soma dos talentos individuais. E encontrar um cantor continuava a ser o maior problema para conjuntos formados em Londres.

Page já havia recrutado para o baixo John Paul Jones, músico de estúdio como ele e refinado arranjador, quando partiu para Birmingham, no miolo da Inglaterra, com a intenção de checar uma dica de Terry Reid, um dos vocalistas que recusaram seu convite. O que ele viu num festival estudantil lhe causou ótima impressão, não tanto pela banda, mas pelo magnetismo do garoto com mal completados 20 anos que dominava o microfone. Quando recebeu a proposta, Robert Plant não pestanejou. A sorte dificilmente bateria à sua porta duas vezes. Louro, de cabelos longos, Plant se ajustava perfeitamente à concepção do vocalista como chamariz sexual, na mesma linhagem de Mick Jagger e Jim Morrison. Logo nas primeiras conversas, ficou claro também que ele e Page dividiam os mesmo gostos musicais. Ambos adoravam o Spirit, grupo psicodélico de Los Angeles liderado pelo virtuoso guitarrista Randy California, que lançara um excelente álbum de estreia no começo de 1968, mas no geral Jimmy Page desprezava as bandas da costa oeste. Blues era, obviamente, uma paixão comum, mas também o novo folk britânico de grupos como Incredible String Band, Pentangle e Fairport Convention, que promoviam uma instigante fusão de rock com música celta tradicional.

Além de resolver o problema dos vocais, Plant levou a reboque John Bonham, seu companheiro na extinta Band of Joy, uma das grandes atrações da cena musical de Birmingham. Relutante a princípio, pois vinha ganhando bem acompanhando outros artistas, Bonham se dobrou ao entusiasmo do amigo. Um baterista muscular, menos inovador, porém muito mais preciso do que Keith Moon, ele impressionou Page logo nos primeiros ensaios, em um cubículo onde o Led Zeppelin começou a definir seu repertório com fluência e sintonia evidentes entre seus quatro membros. Pairava no ar a certeza de que algo grande estava para acontecer.

Assim que se espalhou a notícia de que Jimmy Page tinha uma nova banda, várias gravadoras iniciaram um leilão informal por sua contratação. Com um álbum pronto, gravado em ritmo acelerado e com recursos próprios, eles tinham cacife para negociar. Quando ouviu o disco, o presidente da Atlantic, Ahmet Ertegun, fez uma proposta sem precedentes: por um contrato de cinco anos, o Led Zeppelin teria total independência na escolha do repertório, autonomia para decidir sobre as capas dos discos e nenhuma obrigação de lançar singles. A banda controlaria tudo que se relacionasse à sua imagem. A Atlantic apenas bancaria os álbuns e se encarregaria da distribuição por uma porcentagem dos lucros.

Que um grupo estreante pudesse desfrutar de tamanha autonomia apenas indicava como o mercado havia mudado em tão curto período. Havia uma enorme demanda a ser suprida fora do circuito comercial das rádios AM e um eixo de consumidores que se orientava pela programação das FMs. O negócio se tornara grande demais para ser conduzido como entretenimento de adolescentes. Ganhariam a guerra os executivos que compreendessem o fenômeno e se adequassem a essa nova realidade da qual o Led Zeppelin se tornaria a banda símbolo.

Um dos grandes trunfos do Led Zeppelin nos bastidores era a dedicação incansável do seu empresário Peter Grant, um leão que não se dobrava a nada quando estava em jogo o interesse de seus clientes. Grandalhão de hábitos rudes, criado na dureza das ruas londrinas, onde convivera com tipos parecidos com os gângsteres de *Performance*, Grant não arquitetava estratégias de marketing ou golpes de publicidade. Sua estratégia desde o início foi nunca superexpor a banda, e sim deixar a música dar seu recado. Histórias de Grant com subordinados que mais pareciam uma quadrilha de gângsteres invadindo lojas de discos para recolher material pirata viraram lenda. Sua confiança absoluta no potencial da nova banda ficou clara quando decidiu excursionar pelos Estados Unidos antes que eles tivessem um só produto no mercado.

Durante o mês de janeiro de 1969, o Led Zeppelin cruzou os Estados Unidos sempre abrindo shows para outras bandas, muitas vezes por um cachê de menos de duzentos dólares. Com gana poucas vezes vista, eles se atiravam a cada show como se dependessem daquilo para salvar a própria vida. Quando esgotavam seu parco repertório, partiam para *covers* dos Beatles, dos Stones, do The Who e de quem mais existisse. O público reagia num misto de êxtase e surpresa, enquanto as bandas americanas assistiam incrédulas àquela malta inglesa lhes roubar a cena sem nenhuma cerimônia. O Zeppelin parecia um trem desgovernado, pronto para dinamitar qualquer concorrente. "Parecia que havia um vácuo e nós chegamos para preenchê-lo", lembra Page, "dava para sentir alguma coisa acontecendo. Primeiro numa fila, depois na fila seguinte. Parecia um tornado que se espalhava pelo país."

Enquanto viajavam pelos Estados Unidos, o disco de estreia, intitulado apenas *Led Zeppelin*, chegou às lojas para uma lenta e gradual escalada em direção aos primeiros lugares. Embora funcionasse mais como um rascunho de possibilidades, com pouco dos audazes voos de seus trabalhos futuros, o álbum tinha uma qualidade de produção bastante superior aos produtos disponíveis no mercado, por um custo muito menor, graças à larga experiência de Page e John Paul Jones no estúdio. Gravar um álbum inteiro por cerca de cinco mil dólares era muito barato, mesmo para os padrões da época. Page e Peter Grant bancaram tudo do próprio bolso.

As letras fugiam pouco das representações de macho indignado, ora apavorado, ora ameaçador diante de uma mulher, como em "Your Time is Gonna Come" ou "Dazed and Confused", espinha dorsal do disco, que aos poucos foi se convertendo num dos momentos épicos das apresentações do Zeppelin. A banda inaugurava também o péssimo hábito de deixar seu selo autoral em obras que não lhe pertenciam. A faixa instrumental "Black Mountain Side", por exemplo, era um plágio escancarado do arranjo para o tema tradicional "Blackwaterside", do grande violonista do Pentangle, Bert Jansch, uma das influências confessas de Jimmy Page.

Ciente de que não havia produzido nenhuma obra-prima, o Zeppelin esperava pelo menos algum reconhecimento pela competência de seu primeiro trabalho. Mas os críticos tinham outras opiniões. As resenhas variavam da indiferença à franca hostilidade. Em geral, as condenações ressaltavam a nada disfarçada misoginia das letras e a obsessão com o volume, como se a música servisse apenas para embasbacar adolescentes chapados e com recursos mínimos de exigência. A elite crítica já havia consolidado seus parâmetros do que era esteticamente aceitável e o assalto sensorial promovido pelo Led Zeppelin soava como o mais baixo denominador comum entre todas as bandas inglesas que removiam o blues de seu vocabulário original, sem qualquer observação de contexto e história.

A pancada que mais doeu veio exatamente da *Rolling Stone*, pelo seu domínio entre formadores de opinião. O teor negativo inaugurou uma cizânia entre a banda e a revista que se prolongaria por anos. Na década de 1970, quando o Zeppelin se consagrou como a maior e melhor banda de rock do mundo, a *Rolling Stone* teve que fazer das tripas coração para o grupo aceitar aparecer na capa. "Nós recebemos críticas terríveis naquela época", lembra Robert Plant, "ninguém parecia querer saber de nós por uma razão ou outra. Chegamos aos Estados Unidos e lemos a crítica da *Rolling Stone*, que nos acusava de ser mais uma banda britânica movida a *hype*. A gente não acreditava."

Os métodos que o Zeppelin tinha disponíveis para contra-atacar a marola de negatividade não iam além da propaganda boca a boca do público, nada que sugerisse algum tipo de *hype*, ainda mais se consideradas as estratégias de publicidade atuais. O grupo não tinha sequer um assessor de imprensa. Quando o disco foi lançado e a gravadora despachou algumas cópias adiantadas com fotografias para críticos e a algumas publicações, Peter Grant pagou por anúncios em jornais de música ("Led Zeppelin, o único jeito de voar") e foi só. O sucesso do Led Zeppelin mostrou, isso sim, que uma banda poderia, baseada no próprio esforço e contando com a fidelidade de seu público, sobreviver a qualquer má publicidade e a críticas negativas.

E naqueles primeiros dias ninguém era um alvo mais fácil de comentários depreciativos do que Robert Plant, ainda inseguro de seu estilo de interpretação, que muitos confundiam com pura afetação. Keith Richards mais ou menos resumiu o sentimento geral quando declarou que havia gostado do disco, mas a voz "do cara" lhe dava "nos nervos". O posto de Plant andou perigando no começo, mas a ausência de um substituto imediato e o talento recém-descoberto como letrista lhe garantiram o emprego.

O Zeppelin retornou à Inglaterra, onde ainda era totalmente desconhecido, para uma série de shows, não sem antes deixar em Nova York sua última vítima. O grupo Iron Butterfly, de San Diego, na Califórnia, que chegara aos primeiros lugares das paradas com uma extravagância de 17 minutos chamada "In-a-Gadda-da-Vida", era a principal atração em um show no Fillmore que o Zeppelin estava encarregado de abrir. Após duas horas de uma exibição irretocável, que terminou com a plateia incrédula aos pés dos ingleses, o Iron Butterfly se recusou a subir ao palco. Poucos meses depois, eles nem sequer existiam mais. Borboletas de ferro abatidas por um zepelim de chumbo.

Se o The Who conseguiu manter sua sessão rítmica mesmo com o assédio de Jimmy Page, o espírito de camaradagem entre seus membros nada teve a ver com isso. Os quatro integrantes continuavam a não se bicar. Para piorar o clima tenso, eles vinham vendendo poucos discos e sobrevivendo basicamente do dinheiro dos shows. Para manter a máquina girando e uma equipe de 16 pessoas em atividade, o The Who tocava quase todos os dias onde fosse chamado. E o domínio perfeito sobre todos os fundamentos de um grande show de rock era a melhor explicação para a sobrevivência da banda. Numa noite inspirada, não havia quem superasse o The Who em cima de um palco, mas as vendagens insatisfatórias começaram a deixar uma nuvem de ameaça sobre o futuro.

Depois de "Pictures of Lily", sua ode à masturbação lançada em meados de 1967, durante dois anos seguidos o The Who não teve um single entre os dez mais vendidos. O estupendo álbum *Who Sell Out*, lançado no final do mesmo ano, que usava o formato de programa radiofônico para uma ácida crítica à sociedade de consumo, não foi um fracasso, mas também não abalou a terra. Da mesma maneira, o desempenho apagado do single "I Can See for Miles", a melhor gravação da banda até aquele momento, levou Pete Townshend a se declarar decepcionado com o público inglês.

Townshend estava ciente da nova realidade pós-*Sgt. Pepper*. Sabia que os Beatles haviam elevado demais o cacife e que nenhuma banda com altas aspirações podia depender da vendagem de singles para manter a credibilidade. Expandir seu escopo como compositor também era uma ambição natural. Townshend não pretendia passar o resto da vida compondo sobre desilusões da puberdade. Seu esforço estava agora concentrado em produzir o álbum que garantiria a transição do The Who de banda especializada nos conflitos existenciais adolescentes para o mais adulto espaço das FMs, onde o Led Zeppelin começava a largar na frente. Mas a agenda exaustiva de shows interferia na concretização de seus planos. Durante o ano de 1968, o The Who foi aos Estados Unidos três vezes, além de andar pela Europa e pela Oceania deixando um rastro de destruição nos hotéis, graças especialmente aos notórios vandalismos protagonizados por Keith Moon. Em Nova York eles foram expulsos de dois hotéis no mesmo dia, num deles porque o sempre indomado baterista se divertiu atirando morteiros em policiais da janela do quarto. No palco, o grupo reinava. Fora dele reinava a confusão.

Durante a maior parte de 1968, o The Who trabalhou numa obra conceitual idealizada por Townshend sobre um garoto cego, surdo e mudo, baseada nos ensinamentos do guru indiano Meher Baba, que passara 44 anos sem falar. Embora adorado como uma divindade por seus seguidores, o indiano recusava qualquer culto pessoal em sua jornada de pregações, que abrangia basicamente os conceitos de generosidade, amor ao próximo e desapego material. Também não tolerava o uso de drogas, fator decisivo para que Townshend abandonasse o LSD logo depois de retornar do Festival de Monterey para a Inglaterra. Meher Baba coincidentemente morreria três semanas antes do lançamento de *Tommy*, o álbum que inspirara diretamente.

Difícil para Townshend era explicar para seus três colegas de banda o que aquilo tudo significava. O choque cultural ocorrido em Monterey já antecipava a dificuldade de eles se deixarem seduzir pela filosofia de algum guru indiano. Townshend frequentara uma escola de arte, mas os outros eram basicamente garotos de rua, vindos da classe operária, acostumados a tocar basicamente para os adolescentes do sexo masculino que constituíam oitenta por cento de seu público. O sentido de urgência, um dos primados do The Who, desapareceu naquelas gravações, que consumiam meses sem que o compositor se mostrasse satisfeito. Era a síndrome de *Sgt. Pepper* contagiando a todos. O som do grupo parecia também ligeiramente amaciado. Em faixas como "Amazing Journey" e "Sensation", o atrevido Moon tocava com excesso de parcimônia e Roger Daltrey, cantor que apresentava sempre doses exageradas de testosterona, soava quase anódino.

Tommy narra a saga de um garoto nascido durante a Segunda Guerra que ficou surdo, mudo e cego após testemunhar o assassinato do amante da mãe pelas mãos do pai, um oficial dado como desaparecido na frente de batalha. A ordem dos pais de que ele não "viu, ouviu e não deve dizer nada" é tomada metaforicamente como sinal de repressão e incomunicabilidade familiar. Inúmeras tentativas de cura são tentadas por meio de drogas e religião, durante um período em que Tommy sofre abusos de parentes próximos, até sua mãe quebrar um espelho, gesto que simbolizava o rompimento de seu ego na busca de chegar até o filho. Tommy se liberta e recupera os sentidos, convertendo-se numa espécie de guru ou *pop star* que reúne seus seguidores adolescentes num acampamento de férias. Sobravam estocadas no aspecto religioso da contracultura e da própria indústria de celebridades, que, comparada ao que existe hoje, ainda estava em estado embrionário. Townshend estruturou seu roteiro como uma ópera, mas não cogitou deixar de lado a premissa básica do rock de guitarra-baixo-bateria. Sem esquecer, claro, dos toques orquestrais, naquela altura quase obrigatórios num álbum dito conceitual.

Tenso e ansioso por alguma boa propaganda antecipada, Townshend chegou a compor uma música transformando Tommy num campeão de fliperama, exclusivamente para agradar o crítico Nick Cohn, um apaixonado pela matéria. Apesar de detestada pelo próprio compositor, o tempo transformaria o formidável single "Pinball Wizzard" na maior antena do The Who, rivalizada apenas por "My Generation". Cohn não teve dúvidas em sapecar o rótulo obra-prima em "Tommy" antes mesmo de o disco ser lançado, no dia 1º de maio de 1969.

A recepção foi, em geral, positiva, mas a opinião dos jornalistas significava pouco diante da acolhida do público, especialmente o público americano, que compraria mais de dois milhões de discos em um ano, fazendo do álbum duplo um clássico instantâneo. A Inglaterra vinha produzindo álbuns psicodélicos de altíssimo nível, com temáticas marcadamente britânicas, como *Odessey and Oracle*, dos Zombies, ou *Ogdens' Nut Gone Flake*, do Small Faces, mas nenhum deles sequer chegou perto do mesmo impacto, em grande parte porque o The Who começava a se despir do sotaque europeu para entrar de vez no mercado americano. A era dos singles ficava para trás. O que continua entre fãs e pesquisadores é o debate sobre qual é a melhor fase de uma banda cujo âmbito de influência atravessaria mais de quatro décadas: as mininarrativas sobre as angústias da adolescência ou os ambiciosos projetos e as arenas lotadas que se seguiriam a "Tommy", quando o The Who passou definitivamente à categoria dos supergrupos.

Num dos melhores momentos de sua ópera-rock, Pete Townshend contava a história de Sally Simpson, uma adolescente que vai assistir a um dos sermões de Tommy, apesar da proibição dos pais. A analogia entre líderes religiosos e os efeitos de catarse provocados por estrelas do rock sobre o público é habilmente manejada. Quando tenta subir ao palco para abraçar seu ídolo, atendendo ao que parece uma convocação, a garota é atirada lá de cima por um policial, o que lhe causa sérios ferimentos. Houve quem acreditasse que Townshend se referisse a uma passagem bíblica, mas o compositor admitiu inspirações empíricas que remetiam a um show em Nova York no verão de 1968. O The Doors estava no auge de seus poderes como a maior banda americana e o The Who era a atração de abertura. Após uma briga generalizada no auditório, uma garota se machucou e foi pessoalmente assistida por Jim Morrison nos bastidores.

Naquele período, de tanto confrontar o policiamento em seus shows, Morrison colecionava tumultos, chegando a provocá-los quando não aparecia nenhum. No início de 1968 ele ganhou a deferência de ser o primeiro cantor de rock a sair preso do palco por seus xingamentos e desacatos. Um policial havia lançado spray em seus olhos ao pegá-lo transando com uma *groupie* nos bastidores. Quando relatou o fato diante da plateia, o vocalista foi algemado e retirado à força pela polícia. Num outro show ao ar livre em Chicago, Morrison incitou abertamente o público a cometer atos de violência contra qualquer autoridade. Em Nova York, depois de tão fermentado, irrompeu o caos.

Morrison passou a noite encarando uma garota de feições hispânicas, no que parecia um jogo mútuo de sedução. Num intervalo entre uma canção e outra, ele agarrou a calça de couro na altura da virilha e gritou: "Vem chupar meu pau, puta mexicana." O acompanhante da ofendida arremessou uma cadeira no palco, dando o sinal para a quebradeira se disseminar. "Garotos quebravam cadeiras, atirando pedaços de madeira nos policiais, e os policiais iam para cima do público, batendo nos garotos", lembrou mais tarde o tecladista Ray Manzarek.

Poucos dias depois, completamente bêbado, Morisson invadiu o palco durante um show do Jimi Hendrix Experience e se abraçou à cintura do guitarrista, pedindo "eu quero te chupar", enquanto o trio tentava olimpicamente prosseguir com seu show. Na sequência, num concerto em Amsterdã, durante a apresentação do Jefferson Airplane, Morrison novamente começou a dançar maniacamente no palco enquanto a banda, por pura sacanagem, tocava cada vez mais rápido, até o intruso se esbagaçar no chão. Naquela noite, no show principal, o The Doors entrou em cena sem seu vocalista, mas Ray Manzarek, atrás de seus teclados, deu conta perfeitamente do recado, segundo alguns detratores até melhor do que o titular.

Além dessas cenas de exibicionismo explícito, o desleixo com a aparência e a barriga que não parava de crescer eram sinais perceptíveis de que Morrison se sentia cada vez mais desconfortável no papel de *pop star* embrulhado para consumo. No verão de 1968, o The Doors lotava arenas como o Hollywood Bowl e o Madison Square Garden, faturava alto nas paradas com o single "Hello, I Love You", um plágio descarado de "All Day and All of the Night", dos Kinks, e com seu ótimo e subestimado terceiro álbum *Waiting for the Sun*. Em compensação, sua reputação crítica estava em cacos. Os jornalistas de rock não perdiam uma oportunidade de acusá-los de mercenários e traidores do *underground*. A concessão de "Light My Fire" para um comercial de automóvel apenas agravou essa impressão. Mesmo não sendo o autor da canção, o vocalista teve um chilique quando viu o anúncio na TV.

Morrison era geralmente o mais visado, por ser a face pública do The Doors e por suas pretensões em ser admirado como poeta, não como cantor. Jornalistas implicavam com suas roupas de couro, sua ambições literárias, sua teatralidade e seu quase analfabetismo musical. Como nenhum dos integrantes do The Doors cultivava muitas amizades no *showbizz*, poucos saíam em sua defesa, a não ser a massa de adolescentes que os adotara como sua banda favorita.

Os shows haviam se transformado num evento imprevisível. O público parecia sempre esperar de Morrison alguma atitude ultrajante. O que no início surpreendia, agora era teatro calculado: os pulos na plateia, as poses, os colapsos propositais. Morrison gostava de se autodefinir como um xamã da era lisérgica, aquele que iria partir numa jornada mental induzido por substâncias químicas para descrever sua experiência para o restante da tribo. E o que esse xamã transmitia cada vez mais eram visões de confusão e violência que deveriam ser trazidas para dentro do teatro. Um jovem Iggy Pop, que ensaiava seus primeiros passos sobre um palco, ficou impressionado ao ver, na Universidade de Michigan, como Morrison antagonizava ou agradava a plateia conforme sua vontade, mesmo com todas as limitações da banda: "Olhe como eles são terríveis e têm o single número um do país! Se esses caras podem, eu também posso."

Descontados os exageros, era inegável que o psicodelismo do The Doors veio tingido de cores bem mais sombrias do que o de qualquer outra banda californiana. Enquanto a maioria profetizava o nascimento de uma nova república fundada na compreensão e no amor, eles se preocupavam em captar os sentimentos reprimidos de sexualidade e violência disseminados numa sociedade confusa ante tantas mudanças abruptas. E agora, quando 1968 chegava ao fim, o caos social e político parecia querer provar que eles estavam certos desde o começo.

A hegemonia do The Doors como maior banda americana não duraria muito tempo. Ali mesmo em Los Angeles, enquanto Morrison e companhia se debatiam em crises de identidade e na dificuldade de repetir o sucesso do primeiro álbum, começava a emergir um trio cujo som não podia ser mais antagônico a todo aquele circo fantasmagórico. A música de Crosby, Stills and Nash era a um só tempo reflexo e celebração de um estilo de vida em Laurel Canyon, onde o trovador munido de um violão reinava absoluto. Em vez de formar uma banda no sentido estrito do termo, com baixo, guitarra e bateria, como Cream ou Jimmy Hendrix Experience, o interesse dos três compositores era criar um veículo de expressão que reforçasse suas identidades e permitisse o bônus adicional de dois outros talentos comprovados nos vocais e nos arranjos.

Desde o começo ficou claro que o Crosby, Stills and Nash se levava muito a sério. Mais a sério do que o necessário. "É importante que você não fale de nós como um grupo, pois somos três indivíduos", frisou

Graham Nash para um jornalista, quase como se quisesse explicar por que o trio precisava mais de um árbitro de egos do que de um produtor.

Desde que havia sido posto para fora dos Byrds, David Crosby vinha circulando por Los Angeles e São Francisco como um catalisador entre dois polos, sem conseguir entusiasmar nenhuma gravadora para um projeto solo. Com a implosão do Buffalo Springfield, Stephen Stills se viu na mesma situação. Foi em Laurel Canyon que o trio cantou junto pela primeira vez. Graham Nash ainda era naquela ocasião o guitarrista dos Hollies, uma das muitas bandas britânicas que fizeram carreira imitando os Beatles da primeira fase e que se viu sem rumo com a emergência do psicodelismo. Insatisfeito com as limitações de seus companheiros, Nash resolveu apostar tudo na parceria com Crosby e Stills.

Conseguir uma gravadora era apenas questão de tempo. Na Atlantic, Ahmet Ertegun ouviu a magnífica "Suite: Judy Blue Eyes", que Stills compôs para sua namorada, a cantora Judy Collins, e puxou dramaticamente do bolso um talão de cheques, afirmando que pagaria o que eles pedissem. Ertegun, que já ganhara na loteria com o Led Zeppelin poucos meses antes, mostrou mais uma vez por que seus competidores ainda tinham muito que aprender. Faltava apenas livrar o trio de obrigações contratuais prévias com outras gravadoras para trilhar o caminho célere do sucesso.

E que sucesso. Não bastassem as críticas empolgadas, o álbum vendeu mais de dois milhões de cópias e foi tocado maciçamente nas AMs e FMs. Numa quase repetição de *Surrealistic Pillow*, do Jefferson Airplane, que dois anos antes levara o som da Haight-Ashbury para o *mainstream*, as aventuras semiacústicas de *Crosby, Stills and Nash* abriram as portas para outros cantores-compositores de Laurel Canyon cavarem seu próprio espaço. O alcance imediato do álbum foi enorme, afetando desde bandas já estabelecidas, como o Grateful Dead, até jovens que preparavam naquele momento o futuro caminho para o estrelato. Como, por exemplo, os músicos que trabalhavam para pagar o aluguel acompanhando a cantora Linda Ronstadt, mas que nos anos

1970 formariam o superpopular grupo Eagles. Já naquela época, porém, alguns críticos perceberam que o álbum trazia arranjos e técnicas vocais elaboradas para um repertório trivial, com poucas exceções, como as duas canções de Stills "Suite: Judy Blue Eyes" e "Helplessly Hoping" e a elusiva "Guinevere", de Crosby, mais tarde gravada por Miles Davis.

Desde o começo ficou bastante claro para todos os envolvidos que Stills pretendia, pelo menos informalmente, assumir o comando do trio. Depois da separação traumática do Buffalo Springfield, o guitarrista estava com o ego em órbita por ter se tornado um grande vendedor de discos. Metade do repertório do álbum *Crosby, Stills and Nash* era seu. Stills só pensava em botar o bloco na rua, mesmo tendo percebido que o trio não funcionava como banda. A ideia de promover espetáculos totalmente acústicos no estilo Simon and Garfunkel foi prontamente descartada. Partiu de Ahmet Ertegun a sugestão do nome de Neil Young como solução não apenas para resolver o problema dos shows ao vivo como também para injetar alguma inquietude num trio de técnica impecável, mas basicamente sem alma.

A resistência inicial de Stills, por conta de disputas homéricas dentro do Buffalo Springfield, cedeu ante à chance real de poder dialogar criativamente mais uma vez com seu parceiro e antagonista. Neil Young deixou claro desde o começo que não aceitaria perder seu tempo como músico de apoio de ninguém. O trio teria de se transformar num quarteto, com espaço igualitário na divisão do repertório e dos lucros.

Desde os primeiros dias com os novos parceiros, Neil Young mostrou que estava interessado mesmo era em promover seu segundo álbum solo, gravado com a banda Crazy Horse, cujos componentes eram mais conhecidos pela qualidade das drogas que traficavam do que pela excelência como músicos. Enquanto Crosby, Stills and Nash tinham Laurel Canyon no DNA, Neil Young estava naquele momento em pé de guerra com a cena musical de Los Angeles. Seu senso de inadequação se expressava num canal de nostalgia pelo Canadá em canções como "Helpless" (incluída no primeiro disco do Crosby, Stills, Nash and Young) ou na rejeição visceral de "Everybody Knows This Is Nowhere" (Todo Mundo Sabe que Isto Aqui É Lugar Nenhum). Sem disfarçar a falta de polimento, pontuado por lentas e vertiginosas passagens instrumentais, o disco era antitético ao que se vinha fazendo em Laurel Canyon, especialmente a Crosby, Stills and Nash.

Para alguém como Neil Young, que tinha um projeto pessoal de sucesso e credibilidade de sobra, a chance de utilizar uma estrutura já estabelecida para divulgar seu nome era tentadora demais para resistir. Dinheiro e reconhecimento sempre foram prioridades desde sua partida do Canadá rumo a Los Angeles na primavera de 1966, num carro cheio de amigos que foram ficando pelo caminho. Quando chegou à Califórnia restavam apenas ele e o baixista Bruce Palmer.

Natural de Toronto, Young ouviu "rock'n'roll" apaixonadamente na adolescência, antes de se converter num ativo participante da cena folk canadense, que ele mais tarde relembraria na bela "Ambulance Blues". Duas semanas em Los Angeles sem conseguir encontrar Stephen Stills, seu único contato na cidade, quase o fizeram desistir de tudo. Com a fome apertando, Young e Palmer se preparavam para pegar a estrada rumo a São Francisco quando, parados num engarrafamento, viram Stills dirigindo em sentido contrário. Ainda felizes com a coincidência, os três decidiram fundar o Buffalo Springfield ali mesmo, em plena Sunset Boulevard.

Stills e Young começaram a brigar pelo controle da banda quase imediatamente. Muito mais introspectivo, mas teimoso como uma mula, Young descobriu logo ao chegar a Los Angeles que era epiléptico, o que lhe causava bloqueios ocasionais, especialmente depois das disputas milimétricas de poder com o explosivo Stills. Após dois anos de grandes canções e brigas que chegaram à troca de socos pura e simples, o Buffalo Springfield se desfez nada amistosamente, com Young abandonando o grupo às vésperas de uma apresentação num programa de TV e do Festival de Monterey. Depois disso, ele nunca mais se envolveria em nenhum projeto sobre o qual não tivesse absoluto controle, a não ser que servisse aos seus interesses, como era o caso do Crosby, Stills, Nash and Young.

Até mesmo geograficamente, Neil Young fazia questão de manter distância da base de operações musicais de Los Angeles. Sua casa ficava em Topanga Canyon, um enclave rural no meio do espaço urbano, no caminho para a praia de Malibu e distante 25 quilômetros de Hollywood. Grande parte de seus habitantes era formada por jovens músicos e comunas hippies, como a que se instalou num sítio abandonado onde funcionara um set de filmagem no início de 1968. O líder da casa era um diminuto trovador de cabelos e barbas longos que parecia egresso da banda de Frank Zappa. Poucos sabiam seu verdadeiro nome, mas todos o conheciam como Charles Manson.

Neil Young chegou a frequentar a casa dessa autodenominada "família" algumas vezes. As canções que escutou o impressionaram suficientemente para indicar o nome de Manson para a gravadora Warner, que naquele período estava contratando qualquer um capaz de pelo menos arranhar um violão. O sítio era um chamariz para a ala masculina. Segundo Young, Manson se portava como um rei no meio de "mais ou menos oito garotas que ficavam por ali limpando a casa, cozinhando e dando para todo mundo".

Quando se instalou com seu grupo de desajustados em Topanga Canyon, Charles Manson já tinha mais de 30 anos, metade deles passados na cadeia ou em instituições correcionais. Quando foi libertado pela última vez em Los Angeles, no verão de 1967, pediu ao diretor do penitenciária que não o deixasse sair, pois temia não conseguir se ajustar mais à vida em sociedade. Sua infância em Ohio, no meio-oeste americano, havia sido uma visita sem tréguas ao inferno. A mãe, prostituta e alcoólatra, o vendera por uma garrafa de cerveja. Manson cresceu em reformatórios, onde era repetidamente estuprado por meninos maiores. Na adolescência, nos anos 1950, morou pela primeira vez em Los Angeles, ganhando a vida como jovem cafetão e estelionatário. Sua sobrevivência era garantida à custa de pequenos golpes, cheques sem fundos, achaques e furtos que o levaram continuamente para trás das grades. Foi na cadeia que Manson aprendeu a tocar violão e começou a compor seu estranho repertório de canções.

Apesar de não possuir educação formal, Manson era um leitor ávido, tinha grande carisma, um Q.I. altíssimo e capacidade irrestrita de liderança. Só mesmo um extraordinário poder de persuasão pode explicar tamanha facilidade de arrebanhar jovens, quase todos de classe média, ansiosos por deixar seus lares infelizes, pais incompreensivos, e uma vida acinzentada, para segui-lo. Manson tinha pouco a seu favor além de uma salada filosófica eclética o bastante para incluir ocultismo, magia negra, pornografia, apocalipse e racismo.

Manson foi um dos muitos predadores que pôs sob sua mira os meninos que chegavam diariamente a Haight-Ashbury no "Verão do Amor", vindos de todos os cantos. Seu objetivo não era vender drogas, e sim conquistar novos seguidores. Raramente era malsucedido. Sua "família', quase um harém, sobrevivia à custa de esmolas e pequenos furtos, até finalmente se mudarem para Los Angeles.

Determinado a conseguir contrato com uma gravadora, Manson acreditou ter tirado a sorte grande quando o destino pôs um beach boy em seu caminho. A amizade começou por puro acaso. Enquanto dirigia pela praia de Malibu numa tarde de verão em 1968, Dennis Wilson deu carona para duas garotas integrantes da "família". Durante o caminho elas mencionaram Charles Manson pela primeira vez como um grande artista e um profeta que Wilson deveria conhecer. O baterista levou as duas para sua casa no Sunset Boulevard para um *ménage à trois*, depois saiu para uma sessão de gravação, pedindo às garotas que o esperassem.

Quando retornou, no meio da madrugada, quem abriu a porta foi o próprio Charles Manson. Dennis a princípio se assustou com a figura imunda e de barba enorme, como se tivesse saído de um filme B de terror, mas uma das moças o apresentou como o poeta e filósofo de quem falara mais cedo. A família toda, cerca de 12 pessoas, já havia se instalado na casa, começado a fazer uso generoso da geladeira e dos quartos enquanto ouviam Beatles no volume máximo.

O receio inicial do don-juan oficial dos Beach Boys não resistiu à visão de quase uma dezena de garotas semidespidas. Naquela mesma madrugada, ele participou de sua primeira orgia com a "família", cuidadosamente dirigida e encenada por Manson, a quem as mulheres obedeciam cegamente. Ele distribuía os alucinógenos antes da função começar, depois cuidava de todos os arranjos e coreografias como um diretor de filme pornô.

A chegada de Charles Manson coincidiu com um período turbulento na vida de Dennis Wilson. Prestes a se divorciar, a dinâmica de sua participação nos Beach Boys também passaria por alterações. Sua voz grave não causava tanta admiração quanto a do caçula Carl e a de seu irmão mais velho Brian, cujo talento assombroso como compositor parecia capaz de inibir qualquer iniciativa nessa área. Dennis tampouco era levado a sério como baterista, já que em muitas gravações um músico de estúdio assumia seu lugar. Sua presença no grupo era garantida pelos laços familiares, além da grande popularidade, pois era o único entre os integrantes que se parecia com um legítimo surfista californiano.

Desde o fiasco do abortado projeto *Smile*, as condições psicológicas de Brian só pioravam. O grupo chegou a instalar um estúdio em sua casa, mas a produtividade era mínima. Pesando 120 quilos, só saía do quarto para comer e fumar maconha. Se havia salvação no futuro dos Beach Boys, era preciso que todos participassem como compositores, inclusive Dennis. As perspectivas não recomendavam muito otimismo. Rejeitados como símbolo da América suburbana e pequeno-burguesa pelos hippies, fora de sintonia com seu público tradicional, que absorvia mal as inovações musicais implementadas por Brian, o sucesso não lhes sorria desde o visionário single "Good Vibrations", lançado dois anos antes. O tempo de concorrência direta com os Beatles pertencia ao passado. A gravadora não parecia minimamente interessada em renovar o contrato prestes a expirar. O recém-lançado 12º álbum, *Friends*, havia sido simplesmente ignorado pela crítica e pelo público.

Pouco antes de Dennis e Manson se conhecerem, os Beach Boys haviam embarcado numa desastrosa turnê em conjunto com o Maharishi Mahesh Yogi, aquele mesmo guru dispensado pelos Beatles. O vocalista Mike Love, que participara da malfadada viagem para a Índia com os *Fab Four*, continuou devoto da elevação espiritual em harmonia com as posses materiais, perfeita para sua hedonista filosofia de vida. Completamente sem rumo, os outros embarcaram na canoa. Os shows foram um fracasso. Assim que o guru começava sua pregação, o auditório se esvaziava. Várias apresentações agendadas foram canceladas. Segundo o guitarrista Al Jardine, só os floricultores lucraram com a excursão, pois o palco tinha que estar sempre parecendo um jardim, por exigência do Maharishi. O saldo final da desastrosa empreitada foi um prejuízo de 500 mil dólares, pendurado na conta dos Beach Boys, já que o Maharishi sempre pegava sua parte antecipadamente.

Uma experiência desse tipo manteria qualquer pessoa normal a distância de gurus, mas Dennis Wilson estava por demais impressionado com Charles Manson. Os Beach Boys precisavam de material novo e chegaram a pensar em algumas de suas composições, mas, mal-acostumados com o padrão elevado das criações de Brian Wilson, logo torceram o nariz para aquelas peças de estrutura rudimentar que o "profeta" escrevia.

Mesmo assim Dennis não apenas prometeu que o grupo gravaria uma de suas canções como apresentou Manson a figurões de Los Angeles, entre eles o ex-líder do The Mamas and the Papas, John Phillips, e Terry Melcher, misto de cantor e produtor, mais conhecido por ser filho de Doris Day e marido da jovem atriz Candice Bergen. Melcher foi o único a fazer algumas vagas promessas que não se concretizaram. Furioso pela enrolação, Manson jurou se vingar.

Enquanto isso Dennis Wilson começava a sentir no bolso o peso de sustentar uma "família" de 12 pessoas. Seu prejuízo já chegava a 100 mil dólares, além de uma gonorreia contraída com as meninas da casa.

Os hóspedes rasgavam suas roupas e as transformavam em robes para uso coletivo, além de atacarem a despensa com voracidade. Sem coragem de expulsá-los, Dennis simplesmente se mudou e parou de pagar o aluguel. Como ninguém na "família" tinha dinheiro, foram despejados e passaram a morar em outro rancho abandonado, dessa vez no Vale da Morte, um dos lugares mais quentes da face da terra, em pleno deserto californiano.

Manson estava de volta à estaca zero e se sentindo traído por seus "contatos" na indústria, inclusive pelo próprio Dennis, que gravou sua canção "Not to Learn Not to Love" num compacto dos Beach Boys e sem cerimônia modificou o título para "Cease to Exist", mexendo na letra toda e se autoproclamando parceiro. Foi jurado de morte por um Manson transtornado ao ver todas as suas tentativas fracassarem. A única coisa que permanecia intocável era a devoção de sua "família". Enquanto 1968 terminava, Manson ouvia insistentemente o recém-lançado *Álbum Branco* dos Beatles e tinha a certeza que seus ídolos estavam lhe mandando mensagens cifradas.

Mesmo sem dinheiro, Charles Manson era um caso raro de aspirante a *pop star* que mantinha sua cota particular de *groupies*, um harém de seguidoras capaz de matar e morrer por ele. Mais do que músico, suas admiradoras o viam como o messias, algo não tão atípico numa época em que todo mundo parecia buscar um mediador na terra para alguma realidade elevada. As verdadeiras *groupies* que corriam atrás de *pop stars* já estabelecidos talvez não tivessem o mesmo grau de devoção, mas não economizavam na abnegação aos seus ídolos, cuidando de tudo relacionado a cama e mesa, especialmente cama.

Tietes sempre existiram, mas a era do rock as tirou da condição de figurantes para jogá-las no centro da cena como coadjuvantes indispensáveis, já que a quantidade de *groupies* era um ótimo termômetro para medir o status de uma banda. Jimi Hendrix as chamava de "damas elétricas" (*eletric ladies*) e batizou seu terceiro e melhor álbum em sua homenagem. Em 1969, Jenny Fabian, ex-namorada de Syd Barrett, publicou seu livro *Groupie*, uma *pulp fiction* sobre seus tempos no meio musical londrino. Vários integrantes da cena aparecem no livro disfarçados em codinomes como Ben (Syd Barrett), Satin Odissey (Pink Floyd), Jacklin Event (Jimi Hendrix) e The Savages (The Animals).

Em Londres, as *groupies* mais devotadas eram chamadas desdenhosamente de *Apple Scruffs* — algo como "maçãs mal-ajambradas" —, pois montavam guarda em frente à gravadora dos Beatles sem conseguir qualquer tipo de interação. Paul McCartney, o último solteiro da banda, casou-se em março de 1969 com Linda Eastman, uma bem-nascida *groupie* americana, herdeira de uma das bancas de advocacia mais celebradas de Nova York. Apesar de constantemente esnobadas, as *Apple Scruffs* ganharam uma homenagem de George Harrison em seu primeiro disco solo e duas delas foram convidadas, no início de 1968, a fazerem vocais de fundo em "Across the Universe", a última obra-prima psicodélica de John Lennon. Uma das garotas era a brasileira Lizzie Bravo.

Nos Estados Unidos, em Chicago, havia Cynthia Plaster Caster, que tinha o hábito de moldar em gesso o pênis de todos os homens que levava para a cama. Mas o grande reduto das tietes era mesmo Los Angeles, já que em São Francisco o termo carregava conotação pejorativa. Não obstante, a Haight-Ashbury era um ambiente altamente sexista. Homens eram criativos e aventureiros. Das mulheres se esperava que guardassem a fortaleza. "Elas faziam a comida, elas limpavam. Elas cuidavam dos bebês enquanto nós tomávamos ácido", lembra Sam Andrew, guitarrista do Big Brother.

Em Los Angeles o jogo era para profissionais. As *groupies* se dividiam por status e hierarquia conforme o grau de acesso ou a competência em mobilizar por mais tempo as atenções de um *pop star*. No topo da pirâmide estava Pamela Des Barres, ex-babá da filha de Frank Zappa, que chegou a montar uma banda apenas com suas amigas *groupies*, as GTOs (Girls Together Outrageously). Algumas delas, por sinal, aparecem na capa do primeiro álbum do Flying Burrito Brothers. A carreira foi curta, pois, além de nenhuma delas saber cantar ou tocar, Pamela iniciaria logo no início de 1969 uma ligação duradoura com Jimmy Page. As relações entre o Led Zeppelin e suas *groupies* em breve ganhariam status de lenda.

Para meninos do interior da Inglaterra como Robert Plant e John Bonham, que nunca haviam visto um guarda armado antes de pisar nos Estados Unidos, a disponibilidade daquelas garotas douradas pelo sol da Califórnia equivalia a soltar uma criança na Disneylândia. Mas uma fama desabonadora havia viajado bem antes de o grupo desembarcar no aeroporto de Los Angeles. A intimidade que a banda estabeleceu com suas fãs apaixonadas levaria o conceito de *groupie* a outra dimensão. Parte desse relacionamento inspiraria diretamente o ex-jornalista da *Rolling Stone* Cameron Crowe a criar os personagens de *Quase famosos* (*Almost Famous*), sua visão edulcorada sobre o mundo do rock.

O fato de grande parte das mulheres que circulavam naquele meio não poder aspirar a mais do que a tietagem, não era indicativo apenas do alto grau de misoginia, mas também de uma posição periférica feminina na sociedade, mesmo com conquistas como a pílula anticoncepcional e mais espaço no mercado de trabalho. Era uma geração educada nos anos 1950 e pega na encruzilhada entre a afirmação do feminismo e as ruínas de uma sociedade patriarcal. Naquele mundinho de *pop stars*, poucas mulheres, mesmo entre as que tinham talento de sobra para cantar e compor, mereciam a consideração de ser tratadas como iguais. "Eu costumava ir para Laurel Canyon e limpar a casa daqueles caras", recorda Pamela Des Barres, "nós estávamos mais do que contentes em ser exploradas. O importante era estar ali com o sol entrando pela janela e os caras na outra sala tocando guitarra."

Em adição à indiferença de seus ídolos, as *groupies* eram ainda vistas pelas integrantes do movimento feminista que queimaram sutiãs no concurso de Miss Estados Unidos em 1968 não como símbolos de mulheres que romperam tabus sexuais e familiares para se lançar numa vida mais divertida do que um casamento prematuro, mas com a condescendência dirigida às vítimas de sexismo ou com a intolerância de quem se sente moralmente superior. O escárnio era uma via de mão dupla. Quando uma repórter lhe mostrou um jornal feminista, Janis Joplin disse: "Caramba, parece que essa mulherada não se diverte há meses."

Durante muito tempo a única mulher com poder para se impor naquele meio foi Grace Slick, a autoridade máxima no Jefferson Airplane. Mesmo Janis Joplin, a maior estrela da música americana, quase sempre reatualizava para uma plateia branca canções de sofrimento e submissão à vontade masculina enquanto sofria por traumas de rejeição e complexo de inferioridade. À medida que os anos 1950 viravam uma referência distante, novas mulheres se incorporavam à paisagem musical, trazendo junto uma mudança radical no discurso e uma vontade férrea de jogar pelas próprias regras. Cantoras-compositoras, como Laura Nyro, em Nova York, Joni Mitchell, Jude Sill e Carole King, na Califórnia, e Sandy Denny, na Inglaterra, deixavam de lado a vitimização para escrever canções de cunho confessional e pequenos comentários sobre a inserção feminina num mundo em mutação. Quase todas eram oriundas da música folk, na qual as mulheres desfrutavam de muito mais autonomia criativa. Mesmo enclausurado no discurso e na prática sexista, o rock não ficou imune aos novos paradigmas de pensamento e ação enunciados por vozes femininas em todos os segmentos sociais.

CAPÍTULO 10 Trincheiras de concreto

Sisters and brothers daddys mothers
standin' 'round cryin'
When I reached the scene
the flames were makin' a ghostly whine

Jimi Hendrix, "House Burning Down"

As bruxas estavam soltas no auditório do Grande Ballroom em Detroit naquele Halloween de 1968: 15 mil pessoas aguardavam o mestre de cerimônias terminar a já famosa introdução que abriria espaço no palco para a presença da banda mais popular da cidade. "São cinco segundos para você decidir", desafiava o apresentador "Brother" C. Crawford, enquanto o público respondia se esgoelando com fervor apostólico a cada frase. "Cinco segundos para você decidir se vai ser o problema ou a solução. Eu quero saber se você está pronto para encarar esta. Eu quero saber se você está pronto para testemunhar. Eu lhes dou um testemunho: MC5." Ao ouvir o chamado, cinco garotos de 20 e poucos anos entraram no palco abrindo caminho entre cabos e microfones, dispostos a transformar o show daquela noite no maior de suas vidas.

Havia motivos de sobra para o MC5 buscar reservas de adrenalina que sustentassem tanta ambição. Seu álbum de estreia seria integralmente gravado ao vivo naquela noite, iniciativa ousada, porém justificável, pois em nenhum estúdio do mundo eles sentiriam tanta segurança como naquele palco, onde sua história se confundia com a própria história do rock em Detroit. Durante dois anos, o Grande Ballroom significou para o MC5 o mesmo que o Cavern Club, em Liverpool, significou para os Beatles: era o seu domínio conquistado em noites de shows eletrizantes, surpreendentes e impiedosamente pesados, investidas sonoras constantes que não permitiam devaneios acústicos.

Outras bandas podiam até passar por ali, mas o Grande Ballroom pertencia ao MC5; os outros eram, no máximo, ocupantes ocasionais. E no momento em que eles antecipavam o grande salto para sua reputação avançar além do estado de Michigan, a plataforma de lançamento só poderia ser aquele antigo salão de bailes do centro da cidade, que dois anos antes se convertera num dos principais espaços para shows de rock no país.

O MC5 abriu o show de Halloween com "Rambling Rose", um dos números já clássicos de seu repertório. Ao acorde final do solo de guitarra de Wayne Kramer, a banda inteira se jogou no chão ao mesmo tempo, causando frisson na plateia. Foi apenas o tempo de tomar fôlego antes de o vocalista Rob Tyner soltar o alerta: "Agora é hora de *kick out the jams, motherfuckers.*" Antes que o público se preparasse para uma catarse absoluta, o grupo atacou com euforia redobrada sua canção-assinatura, uma das mais incisivas e regravadas peças de rock'n'roll já escritas.

Mais do que um grito de guerra, "Kick Out the Jams" resumia a concepção territorialista e desafiadora do MC5. Era um "bota para foder" que a banda emitia em seus shows para energizar o público e nos shows alheios contra concorrentes que se atrevessem a não honrar aquele palco. Desde a introdução do mestre de cerimônias, que mais parecia um pastor do Harlem pregando para os fiéis, até esse "bota para foder ou saia do palco", a música, na visão do MC5, era assunto de vocação missionária, semirreligiosa. Numa cidade como Detroit, onde o proletariado suava em bicas na linha de montagem, a produtividade deveria ser sempre absoluta. Alice Cooper disse certa vez, nos anos 1970, que Detroit tinha a melhor plateia do mundo: "Em qualquer outro lugar as pessoas saem do trabalho, põem suas jaquetas pretas e jeans e vão para o show. Em Detroit as pessoas já saem do trabalho assim."

Para o MC5 o palco não era um direito adquirido. Era uma conquista permanente, como o salário de cada dia. Quando decidiram produzir ao vivo seu primeiro álbum, o modelo que eles tinham em mente era o *Live at the Apollo*, de James Brown, um clássico de excitação, de vísceras transbordantes, de comunhão integral entre um artista e seu público, realizado pelo homem que dizia trabalhar mais do que qualquer um no *showbiz*. Não por acaso, a primeira coisa que se ouvia no álbum de estreia do MC5 era um esforço de duplicar a atmosfera, a entonação e a vibração clássicas do *godfather* da soul music.

MC5 era uma sigla para Motor City 5. Motor City define Detroit assim como Cidade Maravilhosa define o Rio de Janeiro ou Big Apple define Nova York. É o apelido institucional. Um dos maiores polos industriais americanos e centro automotivo mundial, Detroit criou sua identidade como uma cidade de trabalhadores de fábrica, grande parte deles migrados do sul, o que deixou marcas profundas na cultura musical, fundada basicamente no rhythm'n'blues e no jazz. O rock começou a ganhar força após a invasão britânica, que teve efeito imediato na proliferação de bandas de garagem por todo o meio-oeste americano. Centenas surgem da noite para o dia e algumas poucas, como o Unrelated Segments e os Whoolies, emplacaram um único sucesso antes de desaparecer na obscuridade.

Filhos de uma cidade com tamanha tradição operária, os cinco integrantes do MC5 certamente terminariam, como seus colegas e familiares, numa linha de produção da Ford ou vivendo do seguro-desemprego se não tivessem se unido em torno de uma banda de rock. Se em São Francisco as bandas eram um espelho dos hippies de classe média, em Detroit o MC5 se via como um legítimo representante da classe operária, um espelho no qual se refletia a cara de seus amigos e parentes.

Um dos diferenciais da banda logo no começo foi a preocupação em tocar num volume mais alto do que os concorrentes. A precária conta bancária dos primeiros dias já começou no vermelho, quando eles importaram da Inglaterra um conjunto de amplificadores Vox de última geração usado pelos Beatles e pelas principais bandas britânicas. O MC5 usava e abusava de *feedbacks*, distorções, mas também tentava emular o formato livre do jazz de vanguarda, paixão do vocalista Rob Tyner — dono desse sobrenome de fachada em homenagem ao pianista do trio de John Coltrane, McCoy Tyner. Rechonchudo, de cabelo afro, óculos de aro e agressivamente dinâmico no palco, Rob formava com os entrosadíssimos guitarristas Fred "Sonic" Smith e Wayne Kramer o núcleo central do MC5.

Embora não tão capazes como músicos, a agressividade do MC5 lembraria muito a beligerância exibida pelo The Who, não fosse o conteúdo político explosivo no discurso e na postura. A música dos ingleses vinha carregada de ressentimento de classe, rejeições, incomunicabilidades e angústias que faziam de Pete Townshend uma espécie de Sartre para adolescentes. O MC5 mirava exclusivamente no confronto e na subsequente eliminação de qualquer autoridade ou ordem constituída, além de ser inequivocamente heterossexual. Em sua música não havia um pingo de fragilidade ou espaço para questionamento. Era bater na polícia e comer a mulher mais próxima. Já o The Who não queria nada com o enfrentamento político. Pete Townshend chegou a fazer uma propaganda de rádio para a Força Aérea americana sobre a glória que esperava quem se alistasse, com o cuidado de não mencionar que uma passagem para o Vietnã vinha incluída no pacote.

Quando conseguiu seu contrato com a gravadora Elektra, o MC5 estava integralmente ligado à comuna hippie Trans-Love, liderada por John Sinclair, ex-estudante com mestrado em literatura na Universidade de Michigan que, com seus quase dois metros de altura e bigode proeminente, chamava a atenção imediata de quem cruzasse seu caminho. Amante do jazz e dos beatniks, marxista convicto, Sinclair era venerado pelos garotos do MC5 como figura expoente da contracultura local, mas não tinha tempo nem interesse por rock'n'roll. Aos poucos suas resistências caíram ante tamanha vitalidade e descomprometimento com fórmulas comerciais. "Eu vi que eles estavam fazendo o mesmo tipo de coisas que Coltrane e outros artistas do free jazz. Tudo bem, eles estavam tocando rock'n'roll, mas com muito mais criatividade e improvisação", recorda Sinclair.

Poucas semanas depois de assumir formalmente o posto de empresário do MC5, Sinclair foi procurado pelo DJ Russ Gibb, seu ex-colega na Universidade de Michigan, interessado em abrir uma casa de shows nos moldes do Avalon e do Fillmore, em São Francisco. Sua ideia era arrendar um salão de bailes abandonado no centro da cidade para transformá-lo num espaço para bandas locais e nomes nacionais que não tinham onde se apresentar em Michigan. O MC5 aceitou o emprego de banda residente ganhando 125 dólares por semana. No show de inauguração, em outubro de 1966, havia 300 pessoas num espaço em que cabiam 15 mil. Um ano depois, o Grande Ballroom tinha a casa lotada todas as sextas e sábados. Russ Gibb ficou rico e o MC5 se consagrou como a banda de rock número um de Detroit.

A transformação do MC5 em celebridade local se consolidou pela voz ativa de Sinclair no *underground* como agitador e colunista de jornal. Em cima do palco, eles mantinham a atitude confrontacional de quem veste suas credenciais alternativas como um distintivo de honra. Nenhum deles tinha um discurso político articulado, mas os shows eram temperados com palavras de ordem, indução ao consumo de drogas e um antagonismo declarado a todos os símbolos patrióticos. Quando o Grande Ballroom recebeu o Cream em sua última excursão americana, o MC5 foi para o show de abertura decidido a tocar fogo no circo. No *grand finale*, Rob Tyner queimou uma bandeira americana, exibiu uma faixa vermelha escrito *freek* enquanto um dos técnicos de luz se sentava no palco nu e de pernas cruzadas para entoar um triunfante "ommmm" em uníssono com os acordes finais de um show que entraria para a história da cidade.

A atitude de Tyner teve o peso de uma declaração de guerra. Àquela altura, Sinclair e o MC5 já eram alvos preferenciais da polícia local. Uma semana antes, durante apresentação em outro auditório, enquanto aguardavam o fim do show de abertura, o baterista Dennis Thompson saiu com Sinclair para fumar um baseado no estacionamento. Um segurança chamou a polícia no ato. Ao saber da notícia, um *roadie* da banda tomou o microfone e incitou o público a ir ao estacionamento cercar os "porcos" ou o MC5 não poderia se apresentar. Dois policiais o tiraram à força do palco enquanto as saídas eram bloqueadas para evitar um confronto. Em meio ao tumulto, temendo pelo pior, o dono do estabelecimento suplicou às autoridades que liberassem os dois infratores.

O MC5 emergiu triunfante após a vitória inquestionável contra os "porcos", determinado a inflamar ainda mais o público. A cada vez que anunciavam que iam terminar o show, os protestos eram ruidosos. Quando o proprietário tentou abreviar a euforia desligando as luzes, Fred "Sonic" Smith iniciou um coro de *"power, power"* que tanto poderia significar uma declaração triunfante de poder como um clamor para que as luzes não se apagassem e aquela noite de glória nunca terminasse.

O MC5 não estava contente em fazer do palco seu templo de rebelião. Todo o dinheiro que ganhavam era canalizado diretamente para o caixa comum da Trans-Love. Com a mulher, Leni, Sinclair idealizara a comuna como uma organização sem fins lucrativos que sobreviveria à custa de panfletos, livros, produção de shows e poesia mimeografada, além de cursos especiais de aconselhamento sobre, por exemplo, a melhor maneira de se desfrutar uma viagem de LSD. Mas se o discurso era revolucionário, a coerência já era assaltada na própria relação entre os homens e as mulheres da casa, tratadas como amantes e serviçais. Iggy Pop, vocalista dos Stooges, recorda-se de deixar suas calças na comunidade porque sabia que as garotas costuravam as roupas da rapaziada sem reclamar.

Outros dilemas precisaram ser encarados, como a necessidade de equacionar os ideais revolucionários com as exigências da indústria do disco. O rock dominava o mercado de tal forma que as gravadoras estavam contratando primeiro e só depois perguntavam o nome da banda. Difícil era passar pela peneira do primeiro disco. Danny Fields, um olheiro recrutado pela Elektra para trazer novidades do *underground*, recomendou o MC5 e os Stooges após sair extasiado de um show no Grande Ballroom. Para poder competir com os vastos recursos das grandes gravadoras, a Elektra dependia de alguém bem conectado para ampliar seu portfólio. Não era fácil lutar a bordo de um selo independente contra as verbas ilimitadas das corporações. Jac Holzman deu autorização para Fields fechar o contrato, por telefone, sem nem mesmo escutar que tipo de música as duas bandas faziam.

Logo após pegar sua comissão (*finder's fee*), Danny Fields foi a campo para criar algum *hype* em torno do MC5. Ex-aluno de Harvard, de onde saíra para trabalhar com música, ele considerava seu conterrâneo Jon Landau, crítico que ocupava o posto de editor de resenhas da *Rolling Stone*, a figura mais influente do rock na América. Sem deixar por menos, em um telefonema Fields pintou o MC5 como a maior banda do mundo. Landau estava convidado a voar para Detroit e ver com os próprios olhos. Guitarrista frustrado e nerd de carteirinha, Landau era crítico veemente dos excessos do rock psicodélico, como havia demonstrado já no primeiro número da *Rolling Stone*, ao desdenhar do primeiro álbum de Jimi Hendrix. Seus heróis eram os Stones, Byrds, Dylan, Beatles, as feras da soul music, além dos ícones da primeira geração do rock'n'roll nos anos 1950.

O intenso carisma e a vibração do MC5 não lhe passaram despercebidos, mas para Landau parecia óbvio que o grupo necessitava de algum polimento antes de ambicionar ser mais do que um fenômeno de Detroit. Quando começou a tecer suas considerações logo após o show, Fields o interrompeu, pedindo que tudo fosse anotado. A Elektra pagaria por suas opiniões. Landau não apenas aceitou o dinheiro como semanas depois não viu nenhum conflito de interesses ao assinar uma matéria sobre o MC5 com Rob Tyner na capa — a primeira vez em mais de um ano de publicação que alguém ganhou a capa da *Rolling Stone* sem ter um único disco gravado. Resmungos sobre *hype* exagerado já começavam a ser ouvidos.

Com o álbum ao vivo engatilhado para lançamento em março de 1969, a Elektra aproveitou para agendar uma miniturnê do MC5 na virada do ano, com shows em Boston, Cleveland e Nova York. A primeira apresentação foi marcada para o Boston Tea Party, um dos grande espaços para show no país, apesar da pouca representatividade das bandas locais. O auditório onde antes funcionava uma sinagoga recebeu esse nome por causa de uma revolta no século XVIII que turbinou a revolução pela independência americana. Consta que colonos ingleses teriam destruído uma enorme quantidade de chá importado da Inglaterra, no porto de Boston, que seria vendido nos Estados Unidos com isenção fiscal e à custa de prejudicar os produtores locais. Subliminarmente havia ainda o hábito naquela região de usar *tea* (chá) como uma das gírias preferidas para a maconha.*

Sem perder tempo, John Sinclair tratou de aproveitar a maré a favor para atrair atenção para suas atividades políticas. Inspirado nos Black Panthers (Panteras Negras) da Califórnia, ele criou o partido dos White Panthers (Pantera Brancas), que pregava resistência pela força para impor uma agenda política que incluía a legalização da maconha e do LSD, o fim do recrutamento militar, o fim da propriedade privada, a libertação de todos os presos do país e o fim do dinheiro. Entre a esquerda radical de Michigan, os Black Panthers reinavam soberanos. Na letra de "Motor City Is Burning", o MC5 prestava tributo explícito à milícia negra. A exemplo de outros núcleos de extrema esquerda, Sinclair tinha ambição de intervir decisivamente no debate político e cultural que dividia a nação, só que como maoista convicto seu foco era muito mais no proletariado do que nos estudantes universitários. Empresariar uma banda de rock servia como meio para um fim de envergadura muito maior: conscientizar as massas.

---

*Quarenta anos depois, um movimento conservador de oposição radical ao presidente Barack Obama também se inspiraria nos rebeldes de Massachusetts, demonstrando a força do nome "tea party" para se ajustar a diferentes matizes ideológicos e sua longevidade em tempos de fermentação política.

No Boston Tea Party o MC5 foi escalado para abrir os shows do Velvet Underground durante três dias no fim de semana após o Natal de 1968. O público foi imediatamente arrebatado pelo habitual volume e pela competência que Detroit conhecia tão bem. O MC5 estava em ótima forma, detonando seu *kick out the jams* com mobilização incondicional do auditório lotado. A jornada só não foi triunfal porque no domingo antes do show John Sinclair foi procurado nos camarins pelo representante de uma agremiação radical de Nova York, autodenominada Up Against the Wall Motherfuckers, espécie de jargão com que a polícia da Big Apple saudava seus suspeitos quando queria encostá-los na parede com as mãos para cima. Em nome da síntese, todos conheciam a tribo como "Motherfuckers". Eles se apresentavam como embaixadores da comunidade do East Village, embora sua representação autoritária não admitisse o contraditório e carecesse do humor e da vibração que sempre caracterizaram uma das regiões de maior agitação cultural nos Estados Unidos.

Os Motherfuckers reivindicavam cinco minutos do tempo do show do MC5 para coletar uma quantia em dinheiro que seria utilizada na defesa de um membro do grupo, preso por esfaquear um marinheiro. O pedido foi prontamente aceito, já que intervenções desse tipo eram comuns no Grande Ballroom. Mas os feios, sujos e malvados do East Village tinham outras ideias.

Violência era prática corriqueira no cotidiano dos Motherfuckers. Segundo o filme *Eu matei Andy Warhol* (*I Shot Andy Warhol*), teria sido com eles que Valerie Solanis — outra figura proeminente das ruas de Nova York e autora do manifesto *Scum* (Escória), que pretendia erradicar todos os homens da face da terra — conseguiu a arma que alvejou e por pouco não matou o rei da pop art em junho de 1968. Ao abrir o flanco, Sinclair e o MC5 começavam a fabricar a corda com que iriam se enforcar.

No final do show, enquanto a plateia ainda se recuperava do curto-circuito causado pela investida sônica do MC5, um dos líderes dos

Motherfuckers pegou o microfone para pedir contribuições. Decidido a caprichar na veemência retórica, começou a incitar um quebra-quebra total do auditório para levar a revolução para as ruas. Seu microfone ficou mudo e os seguranças começaram a empurrar os Motherfuckers para fora do palco, enquanto um foco de baderna se instalava na plateia. Quando, no meio de toda a balbúrdia, o Velvet Underground entrou no palco, Lou Reed anunciou: "Eu só quero deixar uma coisa clara: nós não temos nada a ver com isso que aconteceu. Este é nosso lugar favorito para tocar em todo o país e nós detestaríamos ver alguém destruí-lo."

Em Nova York, o compromisso do MC5 seria no Fillmore East, de Bill Graham, que vinha tendo problemas com os Motherfuckers desde que o auditório fora aberto, no verão de 1968. Para Graham, expandir sua rede de negócios de São Francisco para a costa leste era uma consequência natural, visto que o rock se convertera numa indústria milionária em franca expansão e havia um público em Nova York esquecido pela falta de espaços para bandas de pequeno e médio porte, que não tinham musculatura para encher o Carnegie Hall ou o Madison Square Garden. Prova disso era que o Velvet Underground não tocava na cidade havia quase três anos. Graham procurou bastante antes de optar por um teatro abandonado no East Village, exatamente o território dos Motherfuckers. A comunidade negra progressista também era forte naquela região, e os ânimos estavam para lá de exaltados depois do assassinato de Martin Luther King, em março. Graham já se instalou sabendo que teria de negociar. Na primeira reunião com os Motherfuckers ele foi intimado a abrir o Fillmore todas as quartas-feiras para a comunidade. De graça. Sua resposta negativa veio firme e inequívoca.

Acostumado a lutar pela própria sobrevivência desde a infância como um menino judeu na Alemanha nazista, Graham sabia o momento certo de recuar. Se as milícias de rua do Village incitassem um boicote contra o Fillmore com piquetes na porta, tudo estaria perdido. Relutantemente, ele aceitou abrir o teatro uma vez por semana, mas deixou uma brecha perigosa para aqueles que pretendiam socializar o espaço à sua custa.

Graham estava longe de ser um reacionário. Shows beneficentes e comícios eram comuns já no Fillmore de São Francisco. Apesar de ser acusado de inescrupuloso capitalista por detratores, era no Fillmore, e não no Avalon do hippie "não estou nem aí para dinheiro" Chet Helms, que ocorriam quase todos os eventos de natureza política. Em Nova York, o grupo de teatro Living Theatre usou o espaço gratuitamente para se apresentar com todos os recursos arrecadados revertidos em seu benefício. Parte da renda de vários shows também foi doada para estudantes grevistas da Universidade de Columbia. Só que havia uma linha intransponível. Ninguém iria dizer a Bill Graham como gerenciar seu estabelecimento.

No dia seguinte, o produtor declarou furioso ao *Village Voice* que a "comunidade" poderia ocupar o teatro toda quarta quando contratasse os músicos, pagasse pelos equipamentos e pelo trabalho de seus empregados. Mas o problema estava longe de ser contornado. Na reunião seguinte, cansado de debater, ele teve que ouvir do líder dos Motherfuckers: "Foda-se sua porra de encontros comunitários. Nós não precisamos de conversa, nós não queremos papo. Aqui é pau dentro, cara. Estamos aqui para nos divertir. Aqui é o nosso muquifo neste inverno, sacou?"

A contragosto, Graham liberou o Fillmore às quartas-feiras para que a "comunidade" o utilizasse como bem entendesse, com todas as despesas por conta da casa. Já na primeira noite o local foi tomado por uma desinibida congregação de viciados, traficantes e outras notoriedades do submundo, que inauguraram ali, sem muita cerimônia, uma zona de livre comércio de entorpecentes, enquanto eram exibidos documentários sobre Cuba e comunas agrícolas. A polícia entrou em cena, ameaçando cassar o alvará de funcionamento do auditório se a feira não fosse suspensa. Graham não apenas cancelou o benefício como determinou que o Fillmore ficasse sempre fechado às quartas-feiras.

Foi nesse ambiente carregado de mútua hostilidade que o MC5 chegou a Nova York para sua primeira série de shows. Graham estava contrariado pela promessa de 600 ingressos feita por Sinclair para os

Motherfuckers. Imaginando evitar o pior, alegou que os ingressos haviam sido perdidos, típica desculpa esfarrapada que só fez aumentar a raiva de quem ficava com raiva até sem motivo.

Em meio a toda a tensão, o MC5 subiu ao palco decidido a não dançar em cima do vulcão. Rob Tyner começou dizendo que estavam lá apenas para tocar rock'n'roll, mas sua mensagem não caiu nada bem entre os revoltados Motherfuckers, que já ficaram irados só de ver o grupo chegar para o show num luxuoso Cadillac. Tão logo a apresentação terminou, uma turma subiu ao palco e começou o quebra-quebra, vandalizando equipamentos e rasgando as caríssimas cortinas de Bill Graham. Na confusão, um jovem porto-riquenho foi esfaqueado. A mesma faca foi usada para atingir Wayne Kramer, enquanto os cinco integrantes da banda eram acossados em direção ao meio do auditório. Na base dos empurrões, aos tropeços, eles conseguiram chegar até o Cadillac alugado. Enquanto o motorista dava partida, um grupo furioso se atirava em cima do carro chutando, batendo e xingando: "Bastardos, porcos, babacas, vendidos."

Bill Graham responsabilizou o MC5 diretamente pela baderna no Fillmore e chegou a espalhar que Rob Tyner o acertara com uma corrente. Arcou com os prejuízos, mas avisou a outros empresários do ramo para manterem distância de problemas. Contratar aqueles malucos de Detroit seria comprar encrenca na certa. O dono do Boston Tea Party também vinha contribuindo com sua antipropaganda boca a boca. O MC5 queimou seu filme com os dois maiores produtores do país antes mesmo de lançar o primeiro disco. E a débâcle estava apenas começando.

Uma banda como o MC5, que se pretendia protagonista e não apenas comentarista da "revolução", ainda era um caso isolado no mercado de discos. À medida que o discurso se radicalizava, um novo personagem passou a disputar espaço no cenário político da contracultura. O líder estudantil pacifista que batalhara por direitos civis ao som dos violões de Bob Dylan e Joan Baez dava lugar a um indivíduo de hábitos agressivos, que apostava no acirramento de conflitos e via qualquer forma de concessão como uma solução de comprometimento. Esse autodenominado *freek* foi buscar seu nome num trocadilho com o termo *freak* (expressão pejorativa que designa deficientes e desajustados sociais) para enfatizar ainda mais seu desprezo pela sociedade burguesa. O volume da música se elevava até a emissão vir tão distorcida quanto a voz incômoda desse novo guerrilheiro das metrópoles, para quem a mensagem de paz e amor era ingênua, na melhor das hipóteses, e, na pior, contraproducente. Seus parâmetros de atuação eram Che Guevara e outros guerrilheiros revolucionários do terceiro mundo, não *pop stars*.

O antigo racha entre os universitários de Berkeley, adeptos de uma insurreição organizada contra a sociedade burguesa, e os hippies da Haight-Ashbury, que só queriam cuidar da própria horta e fumar maconha, crescia num impasse de escala nacional. As várias células da contracultura permaneciam ligadas de forma difusa, com o vínculo firmado apenas na contrariedade ao sistema, mas com severas discordâncias sobre quais métodos de reação deveriam ser empregados. Como a maioria dos hippies estava migrando para as comunidade rurais, os *freeks* passaram a tomar conta do espaço urbano.

Para os expoentes dessa nova tendência de organização política, o modelo partidário já se esgotara. O governo americano a cada mês mandava mais tropas para morrer e matar civis no Vietnã; líderes que pregavam a dissensão sem violência, como Bob Kennedy e Martin Luther King, estavam sendo assassinados. Quando, no final de 1968, Richard Nixon foi eleito com um discurso altamente reacionário, a perspectiva era o agravamento de tensões que permaneciam não resolvidas.

O recado da América conservadora era claro: a maioria silenciosa se cansara de tanta confusão e queria ver alguma ordem minimamente restaurada. A eleição de alguém como Richard Nixon fomentou uma reação robusta o suficiente para pôr em evidência nomes como John Sinclair, Jerry Rubin, Abbie Hoffman e Bernardine Dohrn, do Weather Underground, uma organização que representava a contrapartida da direita xiita. Se fossem músicos em vez de militantes, todos certamente tocariam no MC5 — a banda síntese desses novos tempos, assim como o Jefferson Airplane dois anos antes se enrolara na bandeira de "paz e amor" difundida pelas comunidades hippies.

Em reação ao resultado das eleições de 1968, essas células de esquerda começaram a mirar na própria classe média conivente com as ações perpetradas pelo governo americano. Abbie Hoffman, cabeça dos *yippies* (grafado assim para marcar a diferença com os hippies), definiu o perfil desse novo militante como o de "um maluco combatente das ruas, um dissidente que carrega um revólver na cintura. Tão feio que a sociedade de classe média fica assustada só de olhar para ele. Um cabeludo, barbudo, louco *motherfucker* cuja vida é teatro, a cada momento criando uma nova sociedade enquanto destrói a velha".

Não faltava ambiguidade na relação desses rebeldes com o rock. A música alta e eletrificada era inegavelmente uma ferramenta adequada aos novos tempos. A maioria dos líderes estudantis via no rock o maior canal de interlocução possível entre arte e uma nova sociedade. No entendimento de várias autoridades, não havia como diferenciar quem tocava numa banda de rock daqueles que protestavam e xingavam policiais de "porcos" nas ruas. Eram dois alto-falantes que se fundiam como gêmeos siameses para os conservadores.

No verão de 1968 em Seattle, a polícia, sem nenhuma explicação, invadiu um festival de rock e saiu distribuindo cassetadas em quem estivesse pela frente. Como resposta a esse ato de barbárie, estudantes protagonizaram dois dias de depredações e saques que receberam adesão entusiasmada de negros, latinos e outras minorias discriminadas. A nova ordem mandava responder violência com violência e, em alguns casos, atacar primeiro. Só não havia uma tática organizada sobre a melhor maneira de atacar porque cada facção de guerrilha urbana acreditava que sua estratégia era melhor do que a do vizinho. O movimento ostentava múltiplas faces e os grupos se achincalhavam mutuamente.

Isso não impedia que vários líderes de esquerda vissem com contrariedade a relação indissociável do rock com o capitalismo. Como era possível uma mensagem transgressora se atrelar a interesses corporativos que fomentavam a própria guerra do Vietnã? Ao mesmo tempo, tanta energia sexual envolta em um discurso tão claramente libertário credenciava alguns músicos como subversivos de primeira ordem. Mas razões para desconfiança não faltavam. Os esforços do mundo corporativo em capitalizar em cima da rebelião jovem eram notórios. A gravadora Columbia, dona do passe de Bob Dylan, lançou uma campanha publicitária com o slogan "Os revolucionários estão na Columbia", vastamente ridicularizado pela falsa postura anti-*establishment* que pretendia simplesmente vender qualquer tipo de música conservadora na forma e no conteúdo, embalada em falsa transgressão.

Os artistas alimentavam essa ambivalência quando se esquivavam de qualquer comprometimento fora do conteúdo explicitado no som ou no texto. Muitas vezes negavam até mesmo esse compromisso. Jim Morrison ficou incomodado com a letra de "Tell All the People", que incitava o ouvinte a pegar uma arma e segui-lo. David Crosby, um dos mais estridentes críticos da Guerra do Vietnã, também não queria nada com o uso da força. "Quando se chega a ponto de ver sangue nas ruas eu saio e vou pescar." De fato, uma das canções do Crosby, Stills and Nash, "Wooden Ships", nada mais era do que uma fantasia sobre hippies milionários navegando para um paraíso utópico e dando uma banana para o resto da sociedade (*We are leaving, you don't need us* — Estamos partindo, vocês não precisam de nós).

Quando se apresentou na Alemanha, Frank Zappa foi visitado por um grupo de estudantes que pleiteava sua adesão a um ato de vandalismo ao prédio da Otan. A recusa provocou a reação de cerca de 200 estudantes revoltados, que decidiram sabotar o show. Um deles subiu ao palco e tomou o microfone, tentando inflamar a plateia, mas a banda imediatamente começou a promover uma cacofonia ensurdecedora, até que Zappa decidiu simplesmente deixá-lo falando sozinho.

O pior é que quando davam um aceno simpático a distância, a cobrança por um engajamento mais explícito era imediata. A execração vinha exatamente de quem eles tentavam agradar. Aconteceu com o Jefferson Airplane. Plenamente identificado com os princípios de não violência e consciência cósmica pregados pela Haight-Ashbury, em 1968 o grupo estava decidido a se engajar para valer na campanha presidencial de Bob Kennedy, o único candidato com uma clara plataforma anti-Vietnã que tinha chances concretas de vencer.

Depois do assassinato do jovem senador em junho, a música do Airplane começou a expressar claramente o programa de luta dos novos militantes. Seu excelente álbum de 1969, *Volunteers* é um dos mais explícitos manifestos políticos daquele fim de década. A faixa de abertura, "We Can Be Together", foi quase toda tirada de um panfleto que circulava pelas ruas de Nova York, escrito pelos Motherfuckers. Sob a vestimenta de um refrão que soava como um slogan, o Airplane construiu uma verdadeira conclamação de união aos vários segmentos da contracultura, um apelo por uma bandeira unificadora entre todos que eram "foras da lei aos olhos da América". *In order to survive we steal, cheat, lie, forge, fuck, hide and deal/ we are obscene, lawless, hideous, dangerous, dirty, violent and young* (para sobreviver nós roubamos, enganamos, mentimos, falsificamos, fodemos, escondemos e negociamos/ nós somos obscenos, foras da lei, dissimulados, perigosos, sujos, violentos e jovens). Na canção-título, a mensagem era imperativa, *got a revolution* (façam uma revolução), com a banda se proclamando voluntária para a luta.

Mas se o Jefferson Airplane acreditava que boas intenções limpariam sua barra com os extremistas, estava muito enganado. Mal o disco chegou às lojas, o grupo foi duramente criticado como um bando de burgueses que incitavam jovens para a linha de frente enquanto se mantinham seguros dentro de suas limusines. Se eles queriam tanto ver a revolução, por que não assumiam uma posição mais ativa? Paul Kantner, o autor de "We Can Be Together", defendeu-se afirmando que propagar a mensagem também era importante e que o Airplane estava cumprindo sua parte. Em 1999, foi revelado que o Airplane representava uma ameaça real à sociedade pelo menos do ponto de vista do FBI, que os colocou oficialmente sob vigilância, assim como o Grateful Dead. Essa medida explica por que durante o primeiro semestre de 1969 três integrantes da banda foram presos em diferentes circunstâncias.

A rusga dos militantes de esquerda com o Airplane tinha raízes mais profundas. Havia um desagrado fomentado desde o ano anterior pela recusa das bandas de renome a comparecer ao "Festival da Vida" em Chicago — evento organizado pelos yippies para tumultuar a convenção do Partido Democrata no verão de 1968. A *Rolling Stone* atacou a estratégia de confronto numa reportagem de capa que apoiava a debandada das bandas do centro de operações montado por Abbie Hoffman, chamado na manchete de "explorador político". Outros expoentes da contracultura, como Allen Ginsberg (que acabou indo a Chicago) e Timothy Leary, também recomendaram a não adesão.

O Festival da Vida nasceu como tentativa dos dois principais líderes yippies, Abbie Hoffman e Jerry Rubin, de sabotar a convenção que escolheria o representante do Partido Democrata nas eleições presidenciais. Os setores à esquerda não se conformavam com a indicação de um candidato que recusava qualquer compromisso de acabar com a Guerra do Vietnã. Politicamente enfraquecido por ter aumentado a participação americana no sudeste asiático, o presidente Lyndon Johnson abrira mão de concorrer a um segundo mandato. O senador Eugene McCarthy, apoiado maciçamente pelos estudantes, saiu-se bem nas primeiras prévias, mas foi perdendo fôlego ao longo da disputa. Com o assassinato do senador Bob Kennedy, restava apenas a candidatura do vice-presidente Hubert Humphrey. Apoiar um representante da mesma administração que se elegera prometendo acabar com a guerra e que nada fizera além de agravá-la estava fora de questão, assim como votar em Richard Nixon, o candidato republicano. Acusando a falta de opções, os estudantes resolveram melar todo o processo.

Abbie Hoffman e Jerry Rubin anunciaram aos quatro ventos um contraponto à "convenção da morte" dos democratas, uma festa anárquica movida a drogas, música e boas vibrações. A polícia de Chicago foi instruída pelo prefeito a reprimir com violência qualquer tentativa de ameaça à ordem pública. Dois dias antes da convenção, os yippies chegaram à cidade prometendo, entre outras coisas, se infiltrar em hotéis como carregadores de malas para molestar as mulheres dos políticos e jogar LSD na caixa d'água da cidade (o prefeito de Chicago achou que isso fosse realmente possível e designou guardas para policiar os reservatórios). No primeiro dia, eles levaram para a rua um porquinho de estimação para ser indicado como seu candidato, espalharam cocô de cachorro no tapete do Hotel Hilton, onde vários delegados partidários estavam hospedados, jogaram bombas de traque no lobby de outro hotel e hastearam a bandeira do Vietnã do Norte no Grant Park, onde fica o chafariz que é um dos cartões-postais de Chicago.

Num cenário tão polarizado, as bandas de rock com contratos e compromissos públicos a cumprir preferiram se fingir de mortas. Só apareceram mesmo o MC5, que àquela altura nem tinha conseguido ainda gravar um disco; o cantor folk Phil Ochs, um dos artistas mais participativos dos anos 1960, contemporâneo de Bob Dylan, com quem sempre manteria uma relação de amor e ódio; sua colega Judy Collins e a banda nova-iorquina de ativistas radicais United States of America, autora de um único e excelente álbum, verdadeira joia oculta do psicodelismo, que incluía a belíssima "Love Song for the Dead Che", em homenagem ao ícone maior da esquerda, morto no ano anterior nas selvas da Bolívia.

Sem ter muito a perder e fiel às orientações de John Sinclair, o MC5 plugou suas guitarras no chão do Lincoln Park, próximo ao lago Michigan, em meio a cinco mil pessoas, pois nem sequer havia um palco disponível. Minutos depois, helicópteros começaram a sobrevoar o local. Dennis Thompson se recorda de ter pensado: "Jesus Cristo, se isto é a revolução, perdemos."

O MC5 se apressou a desmontar os equipamentos enquanto a polícia de Chicago avançava com escudos preparando o ataque. Até mesmo o microfone usado por Abbie Hoffman para discursar em protesto contra o cerco que se fechava teve de ser guardado. John Sinclair achava que se a música continuasse os soldados não avançariam sobre a multidão, mas quando o ataque começou não havia mais o que esperar. Todo o equipamento foi jogado num caminhão, enquanto a polícia abria sua caixa de ferramentas, batendo em quem aparecesse, inclusive transeuntes inocentes. Um dos que apanharam só por estar passando por ali foi o dono da revista *Playboy*, o folclórico Hugh Hefner. A brutalidade indiscriminada se repetiu nos três dias seguintes, atingindo o ápice na noite de quarta-feira, 28 de agosto, quando os democratas indicaram Hubert Humphrey como seu candidato a presidente. Nos telejornais, as cenas de selvageria protagonizadas pela polícia foram exibidas ao vivo para todo o país, provocando revolta e condenação até dos âncoras mais conservadores. Já as pesquisas de opinião indicavam que a maioria da população adorava ver os yippies apanhando.

E o que faziam os nomes mais estabelecidos do rock naquele momento de intensa fragmentação social? Aquele que para muitos era identificado como líder e inspirador de todo o fluxo de mudanças vinha compondo músicas sobre tortas campestres e preparando um disco de música country. Bob Dylan, que quatro anos antes escrevera uma canção mirando diretamente no complexo industrial militar, que preconizava a mudança dos tempos, se compadecera do racismo e da injustiça social, querendo desmitificar de uma vez por todas sua imagem de fomentador de turbulências. Se sua música era usada para identificá-lo como um revolucionário, a solução era empreender um recuo radical.

Dylan não participava de um comício desde a Marcha pelos Direitos Civis em 1963, mas era tão intrinsecamente associado à revolução que o Weather Underground — uma das células de estudantes de esquerda mais radicais, partidária da deposição do presidente americano pelas armas — buscou inspiração para seu nome na canção "Subterranean Homesick Blues", que abria o álbum *Bringing It All Back Home*, particularmente no trecho "*You don't need a weatherman to know which way the wind blows*" (Você não precisa de um meteorologista para saber de que lado sopra o vento). Os fundadores dos Black Panthers ouviam exaustivamente a obra-prima "Ballad of a Thin Man" enquanto imprimiam as diretrizes do movimento de resistência à opressão branca, identificando no personagem Mr. Jones uma imagem-símbolo da classe média afluente, que não tinha o mínimo conhecimento da experiência negra além de interpretações ajuizadas em mesas de bar, artigos de revista ou teses acadêmicas.

Dylan não podia controlar quem falava em seu nome ou como suas músicas seriam interpretadas, mas podia investir na árdua tarefa de desvincular sua imagem de uma vez de tudo aquilo. Ainda em 1968, ele concedeu uma entrevista à revista *Sing Out*, especializada em folk, com viés nitidamente esquerdista, na qual falava ceticamente sobre qualquer compromisso revolucionário, além de deixar no ar a possibilidade de ser, pasmem, a favor da Guerra do Vietnã.

Enquanto isso, na Inglaterra, nem Beatles nem Rolling Stones estavam com megafones incitando qualquer revolta, mas permaneciam sintonizados com as ruas o suficiente para escrever canções pensadas tanto como comentário reflexivo sobre o momento político global quanto como instantâneo fotográfico do turbulento verão de 1968.

No fim de maio, com as ruas de Paris ainda em chamas e Praga festejando as reformas democráticas em sua primavera antes da chegada dos tanques russos, os Beatles entraram no estúdio para gravar "Revolution", canção de teor pacifista que acabou contaminada pela urgência dos fatos. John Lennon não pretendia compor uma antena de mobilização pró-revolução porque suas ideias sobre o assunto permaneciam ambivalentes, mas as notícias que chegavam das barricadas pareciam gritar em seu ouvido que o momento da retórica já havia sido ultrapassado. A revolução estava no ar. A gênese acústica de "Revolution" se transmutou aos poucos num rock agressivo, o mais pesado até então no catálogo dos Beatles.

Durante a gravação, a letra foi reescrita várias vezes, e na hora de cantar John continuava indeciso se concluiria o trecho *"when you talk about destruction*" ("quando você fala sobre destruição") com um "*count me in*" ou "*count me out*". Dois registros diferentes foram feitos. Curiosamente, os Beatles pediam para ser excluídos na versão roqueira que saiu como um lado B do single da superior e muito mais palatável "Hey Jude" e se incluíam como revolucionários na versão desplugada que mais tarde apareceu como uma das faixas do *Álbum Branco*. A solução pode ter gerado um contraste interessante entre forma e intenção, mas para os críticos e militantes de esquerda John Lennon estava se debatendo em contradições e tentando agradar a todo mundo. Os julgamentos negativos vieram com uma agressividade rara em se tratando dos Beatles. Um ressentido Lennon terminou trocando acusações em cartas com o jornal socialista *Black Dwarf* (Anão preto), que o acusava de contrarrevolucionário burguês acomodado. John também recebeu ataques de veículos importantes da "nova esquerda", como a revista *Ramparts*, de São Francisco, e o jornal londrino *New Left Review*, que o chamou de "burguês mesquinho".

As investidas contrárias não vinham apenas do *underground*. Ellen Willis, na revista *New Yorker*, sintetizou o pensamento geral entre formadores de opinião ao escrever que "os Beatles procuraram refúgio na autoconfiança e no otimismo fácil. É preciso muita cara de pau para um milionário vir nos garantir que tudo vai ficar bem", uma alusão à letra que concluía cada verso com a frase afirmativa, *you know it's gonna be all right*.

Em seu livro *Contracultura através dos tempos*, Ken Goffman e Dan Joy traçam um instigante paralelo entre a postura de Lennon e outros luminares da contracultura, como Ken Kesey e Timothy Leary, desconfiados dos métodos convencionais de revolução, com a atitude dos transcendentalistas da Nova Inglaterra no século XIX, que rejeitavam o engajamento apaixonado à causa abolicionista com a alegação de que a transformação individual era muito mais eficaz para a transformação coletiva do que qualquer reforma política. Mas o fato é que, se não fosse o ativismo organizado de grupos empenhados no reformismo, a escravidão teria sido tolerada por muito mais tempo, da mesma forma que o vergonhoso *apartheid* que sobrevivia no sul dos Estados Unidos um século depois só seria erradicado por causa das marchas, passeatas e ações coletivas dos militantes.

Exatamente cinco dias depois de "Revolution", e uma semana após iniciada a batalha campal de Chicago, os Stones lançaram "Street Fighting Man" como lado A de um single, provocando inevitáveis paralelos entre as duas canções. A foto provocativa da capa mostrava policiais e manifestantes em confronto. O ritmo quase marcial e a letra conclamatória pareciam não alimentar nenhuma dúvida sobre a necessidade de um engajamento que despontava afirmativo na constatação de que "o verão chegou e é a hora certa para lutar nas ruas". Mas o clássico trecho *"but what can a poor boy do except to sing for a rock'n'roll band? Cause in sleepy London Town there's no place for a street fighting man* ("Mas o que pode fazer um pobre garoto a não ser cantar numa banda de rock'n'roll?, pois na sonolenta cidade de Londres não há lugar para um combatente das ruas") deixava espaço de sobra para diferentes questionamentos: os Stones queriam participar mas não estavam no lugar certo? Não seria uma postura muito acomodada simplesmente esperar que os eventos nas ruas de Paris, Chicago ou da Cidade do México se repetissem em Londres? Ou os Stones estavam apenas confessando a total impossibilidade de uma banda de rock mudar alguma coisa?

"Street Fighting Man" deu a Mick Jagger uma espécie de credenciamento extraoficial como porta-voz de uma nova ordem social que se impunha contra a antiga. Nessa configuração esquemática, quem não estava a favor estava contra e os Stones foram recebidos como verdadeiros militantes, em contraponto à acomodação do *"you know it's gonna be all right"* dos Beatles. Mas seu hino revolucionário é muito mais cético do que esperançoso sobre a relevância da música pop no enfrentamento político. Assim como "Satisfaction", "Street Fighting Man" era uma confissão de impotência que soava como um chamado às armas. Mas, aos olhos dos ativistas, aquilo bastava para que os Stones fossem saudados como aliados revolucionários, papel que o tempo se encarregaria de esvaziar completamente.

Numa das passagens mais contundentes do excelente documentário *Weather Underground*, Mark Rudd, um dos principais líderes da organização, declara que a Guerra do Vietnã foi a força motriz inspiradora de sua participação num núcleo terrorista disposto a derrubar o governo americano. A consciência de que milhares de inocentes estavam morrendo por causa de uma política de Estado de seu país era uma informação por demais perturbadora, que eles e seus colegas líderes estudantis não conseguiam processar. Milhões de pessoas no mundo todo sentiam o mesmo.

O conflito no sudeste asiático sustentou um elo entre todos os segmentos progressistas do Ocidente. A grande força catalisadora, a maior causa comum, o emblema sob o qual se abrigavam quase todas as lutas. De Daniel Cohn-Bendit, líder do maio de 1968 francês, até Martin Luther King, passando por John Sinclair, os principais atores dos movimentos sociais concordavam que interromper a Guerra do Vietnã era uma questão prioritária, mas ninguém conseguia concordar sobre como isso deveria ser feito. As marchas de protesto que reuniam centenas de milhares de pessoas galvanizavam até donas de casa que não queriam ver seus filhos recrutados à força. Para os apóstolos da Nova Esquerda, nada poderia simbolizar mais a falta de sensibilidade de políticos e governantes e o abismo que separava duas gerações com visões de mundo antagônicas do que a intervenção americana no conflito fratricida de um país que era visto inicialmente como mais uma peça no xadrez da Guerra Fria, mas que se tornou a disputa política central de toda uma geração.

No final de 1968, havia 500 mil soldados americanos no Vietnã, apesar de um em cada dois cidadãos desaprovar a guerra. O custo da operação era de aproximadamente 40 milhões de dólares por dia. Em oito anos de guerra, os Estados Unidos despejariam mais bombas num único país do que o total lançado durante toda a Segunda Guerra Mundial. As baixas civis entre vietnamitas cruzaram a barreira do milhão.

Acuado pelos protestos infindáveis, pela pressão diária de uma guerra que ele mais do que ninguém colaborara para intensificar, no início de 1968 o presidente Lyndon B. Johnson abriu mão de disputar a reeleição, uma primazia tradicional entre chefes de governo nos Estados Unidos. Todos os dias, ao ir para o trabalho, antes de entrar na Casa Branca, Johnson escutava o coro implacável de militantes que se revezavam mas nunca deixavam de cantar: *"Hey, hey, LBJ, how many kids did you kill today?"* (Hey, hey, LBJ, quantas crianças você matou hoje?). Estava aberta a caixa de pandora que expôs todas as rachaduras de uma sociedade acostumada a se unir em torno de grandes causas nacionais, como o combate à depressão econômica nos anos 1930 e a Segunda Guerra Mundial nos anos 1940. Permanece em discussão se a intervenção americana no sudeste asiático apenas evidenciou essa cisão ou se foi a força que pulverizou qualquer possibilidade de consenso.

Num contexto global, a Guerra do Vietnã pode ter sido parte integrante da Guerra Fria e das lutas anticolonialistas que fizeram da ONU seu fórum global, mas para os Estados Unidos o Vietnã foi um divisor de águas, uma história completa que quando terminou de ser contada deixou marcas profundas na própria percepção do povo americano sobre o mundo e sobre si mesmo. Quarenta anos depois, o desenrolar da Guerra do Iraque e as inevitáveis comparações são a prova viva de que o velho drama social coletivo continua longe de ser superado. Quando a invasão patrocinada pelo governo Bush vivia seus piores momentos, o padrão de referência negativo era sempre o Vietnã.

A maioria dos americanos não parecia ter muita noção do que acontecia até a ofensiva do Tet, em 1968, talvez por que os relatórios otimistas das Forças Armadas agissem como um eficiente anestésico. Mas o conflito vinha se desenrolando com a participação dos Estados Unidos desde 1954, quando os franceses foram fragorosamente derrotados pelos guerrilheiros anticolonialistas na Indochina — região que abrangia Laos,

Vietnã e Camboja. Um acordo previu que o Vietnã seria dividido em dois por um período de dois anos, até a realização de eleições unificadoras. A trégua servia mais aos interesses dos católicos conservadores do sul, que eram apoiados pelos países ocidentais, do que aos vietcongues do norte, que recebiam apoio da China de Mao Tsé-tung. Como a vitória dos comunistas nas eleições era dada como certa, as lideranças políticas do sul romperam o tratado e logo operações militares se iniciaram na fronteira. Quase imediatamente o governo americano, temendo a formação de um novo bloco comunista, começou a desembarcar tropas na região.

Os Estados Unidos só entraram oficialmente na guerra após o incidente do Golfo de Tonkin, no verão de 1964, quando supostamente os vietcongues teriam aberto fogo contra navios de guerra americanos no sul do mar da China (o pai de Jim Morrison era um dos militares em serviço no local). Estudos posteriores puseram em dúvida se o ataque havia realmente ocorrido, mas na época foi o que bastou para o governo americano declarar guerra ao Vietnã do Norte, sustentado pela aprovação incondicional da imprensa e da maioria da população, que, provavelmente, com os brios patrióticos feridos, não tinha a mínima ideia de onde estava se metendo.

A esquerda americana repudiou a Guerra do Vietnã desde o início. O primeiro comício antiguerra promovido pela entidade Students for a Democratic Society (Estudantes por uma Sociedade Democrática) foi realizado ainda em 1965. Os campi universitários armaram imediatamente uma barricada contra a política intervencionista. Muito por interesse próprio, já que estudantes eram um dos alvos preferenciais nos recrutamentos obrigatórios a partir de 1967, quando a dispensa automática para universitários foi cancelada.

Enquanto isso, a imprensa teve uma margem de atuação que expunha a total falta de preocupação do Departamento de Estado em cercear seu trabalho, certamente por minimizar o impacto da cobertura na opinião pública. No começo, os principais jornais e redes de TV faziam pouco mais do que reverberar as posições do governo para o grande público.

Com o recrudescimento da guerra, os telejornais noturnos passaram a exibir imagens diárias que levaram a violência para dentro dos lares. Não os gráficos e edições cuidadosamente selecionados da invasão do Iraque quase quarenta anos depois, mas a realidade de um combate sangrento: assassinato de crianças e civis vietnamitas, execuções a sangue-frio, fuzileiros navais americanos mutilados, cadáveres repatriados em caixões.

A visível falta de sucesso das tropas americanas, aliada ao questionamento sobre a própria validade da intervenção no conflito, provocou uma gradual reviravolta na opinião pública. Marchas de protesto começaram a se multiplicar, assim como cerimônias coletivas de queima de cartões de convocação. A indignação estava nas ruas. Alguns jovens buscavam refúgio no Canadá, outros iam para a cadeia por se recusar a atender ao recrutamento, caso de David Harris, marido de Joan Baez.

Quando os militares não conseguiram mais escamotear o elevado número de fuzileiros mortos, os protestos foram se expandindo por toda a sociedade. Logo no início de 1968, ocorreu a ofensiva do Tet — comemorações que celebram o ano-novo vietnamita. O ataque deflagrado pegou as unidades militares americanas desprevenidas em quase todas as cidades no sul, mas resultou em pesadas baixas para os vietcongues. Em compensação, foi uma vitória política decisiva para virar a opinião pública americana contra a guerra.

Quatro meses antes, um gigantesco protesto havia paralisado Washington, quase numa reedição da Marcha pelos Direitos Civis em agosto de 1963. A diferença entre os dois eventos não poderia ser mais ilustrativa do quanto haviam mudado aqueles Estados Unidos contaminados de LSD e rock'n'roll em relação ao bem-comportado protesto dos universitários movidos a folk music.

A marcha sobre o Pentágono no outono de 1967 deu origem a um clássico do chamado "novo jornalismo" de impacto comparável a *A sangue-frio (In Cold Blood)*, de Truman Capote, no ano anterior. *Os degraus do Pentágono (The Armies of the Night)* condensava uma mistura de ficção e relato jornalístico narrado parcialmente na primeira e na terceira pessoa, com o próprio escritor Norman Mailer como protagonista, descrevendo suas impressões e a participação na manifestação que parou Washington durante um fim de semana. Conforme observou o documentarista francês Chris Marker em seu registro *A sexta face do Pentágono* (*La sixième face du Pentagone*), o momento não era mais de demonstrar, e sim de confrontar. Uma das mais instigantes passagens no livro de Mailer era a descrição minuciosa de um ritual de exorcismo coletivo do Pentágono comandado pelo anárquica banda Fugs, do East Village, também exibida rapidamente no filme de Marker. Antes do evento toda a imprensa *underground* já vinha divulgando que um grupo de hippies iria encabeçar uma cerimônia de mentalização para fazer levitar o prédio do Pentágono. Abbie Hoffman e Jerry Rubin chegaram a fazer o anúncio em rede nacional de TV.

Bizarro como possa parecer, um requerimento de autorização foi enviado ao diretor de Serviços Gerais do Pentágono para a celebração que tentaria erguer o prédio a cem metros do chão. O burocrata do Departamento de Defesa despachou favoravelmente, alegando que semelhante pedido estava além de seus poderes administrativos. Hoffman e Rubin eram mestres em usar os efeitos midiáticos a favor do movimento. Dias antes, na bolsa de valores de Wall Street, eles haviam jogado dinheiro para o alto, criando alvoroço entre os operadores, que se atracavam para recolher as notas. A performance foi notícia em todos os telejornais noturnos.

O grupo encarregado de animar toda a atividade de exorcismo estava muito mais interessado numa interferência anárquica sobre a lei e a ordem do que em cantar e tocar. Com o passar do tempo, as questões sobre sonoridade e arranjos receberam mais atenção, mas no começo os Fugs eram como um Mothers of Invention sem a mesma aplicação e disciplina musical. O nome Fugs fora emprestado de um neologismo criado por Norman Mailer em cima da palavra *fuck* em seu romance de estreia, *Os nus e os mortos* (*The Naked and the Dead*). Os discos eram gravados em esquema independente e continham comentários ultrajantes sobre a moral sexual e política dos Estados Unidos, além de sátiras mordazes sobre o Vietnã, como a hilariante "Kill for Peace". Sua agenda consistia em misturar o humor mais corrosivo com guitarras elétricas para amplificar a anarquia em estado puro. Paul McCartney era um fã declarado, um dos poucos a ter uma cópia importada do primeiro álbum que não chegou a ser lançado na Inglaterra.

Quase todos os membros dos Fugs eram basicamente atores e agitadores culturais vindos de áreas externas à música, a começar pelo próprio líder, Ed Sanders, poeta e cria do ambiente boêmio e radical do East Village, com profundas ligações com os *beatniks*. No dia da manifestação, 26 de outubro de 1967, os Fugs ocupavam um lugar de destaque entre as cem mil pessoas que se reuniram no Lincoln Memorial Center para marchar sobre o Pentágono.

Segundo descrição de Norman Mailer, os Fugs "vestiam-se de laranja, amarelo e rosa, com vistosas capas coloridas, e pareciam ao mesmo tempo gurus indianos, mosqueteiros franceses e capitães da cavalaria sulista". Enquanto Ed Sanders declamava seu ritual de exorcismo invocando poderes do além, os outros músicos começaram a gritar "fora, demônios, fora". "Em nome do poder gerador de Priapus", recitava Sanders, "em nome da totalidade, intimamos os demônios do Pentágono a se livrarem dos tumores cancerosos dos generais, de todos os secretários e soldados que não sabem o que estão fazendo, toda a burocracia da intriga, todos os vômitos conjugados com câncer de próstata no leito funerário." Ao fundo crescia o coro: "Fora, demônios, fora."

O plano inicial era sobrevoar o Pentágono para jogar pétalas de margarida lá de cima, mas a polícia negou a autorização. Os Fugs se aboletaram então em cima de uma caminhão alugado. "Foi muito louco", lembraria Sanders anos depois, "tinha um cara de extrema-direita com uma Bíblia em cima de outro caminhão com uma cruz e gritando 'arrependa-se', 'arrependa-se', enquanto os Fugs respondiam fazendo uma cruz com os dedos."

No meio da celebração, um grupo de cerca de cem pessoas, portando a bandeira vermelha, dourada e azul da Frente Nacional de Libertação Vietcongue, se dirigiu resolutamente para uma das portas laterais para tentar forçar a entrada no prédio. A polícia não precisava de mais nenhuma justificativa para dar aos manifestantes um pouco do próprio remédio. Na correria e no tumulto, várias pessoas apanharam para valer e 647 foram presas, entre elas o próprio Norman Mailer. No entanto, a maior parte permaneceu lá durante a noite. Os soldados formaram uma linha instransponível, mas os garotos se encostavam, chegavam perto, conversavam, despertavam simpatia e punham flores nas baionetas, como o mundo todo pôde ver numa das fotos emblemáticas dos anos 1960. Pelo menos dois soldados largaram a farda para ficar ao lado dos manifestantes.

O rock conjurou os sonhos e desesperos tanto de quem protestava em marchas como de quem foi combater na selva asiática. Os artistas respondiam a essa inspiração recolhendo histórias das passeatas, da angústia de estar no campo de batalha e de jovens soldados mortos para montar crônicas musicais sintonizadas com o assunto que monopolizava as principais cabeças pensantes daquela geração, à esquerda e à direita. Por volta de 1968, músicas sobre a guerra estavam em toda parte. Referências diretas ou oblíquas podiam ser ouvidas em canções do Jefferson Airplane ("Lather"), The Doors ("Unknown Soldier"), Buffy Saint-Marie ("Universal Soldier"), Tim Buckley ("No Man Can Find The War"), Phil Ochs ("I Ain't No Marching Anymore", "The War Is Over"), Steppenwolf ("Monster"), Rolling Stones ("Citadel"), Eric Burdon ("Sky Pilot"), Byrds (a bela "Draft Morning"), Creedence ("Run Through the Jungle", "Fortunate Son") e até dos Monkees ("Circle Sky", que integrava a trilha sonora do filme *Head*).

A mais contundente crítica às políticas da guerra saiu diretamente de Berkeley, pelas mãos de Country Joe McDonald, ainda em 1967. "I Feel Like I'm Fixin' to Die Rag" exaltava a invasão americana como se a experiência da guerra se resumisse a uma grande festa patriótica, inclusive na festiva conclusão *"Woope, we're all gonna die"* (Oba, nós todos vamos morrer). O contraste entre aquela euforia incontida e o inferno descrito na letra é brutal. Country Joe aponta os lucros fabulosos produzidos pela carnificina enquanto desconstrói com precisão o discurso oficial da paz obtida pela guerra. No fim a própria complacência dos americanos recebe o tiro de misericórdia: *"Be the first one in your block to have your boy come home in a box"* (Seja o primeiro em seu quarteirão a ter seu filho voltando para casa num caixão). Poucas vezes o humor negro serviu como ornamento tão requintado a uma canção de protesto.

"Fortunate Son", do Creedence, talvez a melhor entre todas as canções anti-Vietnã, conta a história desse "garoto que vinha para casa num caixão", não da perspectiva dos que se manifestavam em passeatas, mas de quem era obrigado a pegar em armas por pura falta de opção. Como Country Joe, John Fogerty também mirava a hipocrisia daqueles que não tinham pudores em utilizar o argumento do patriotismo para manter a engrenagem da guerra em movimento e descrevia com precisão como os filhos do privilégio passavam longe do recrutamento graças às boas conexões (muitos deles depois se tornariam grandes apologistas da Guerra do Iraque), enquanto aos outros não restava outra opção além de combater e morrer.

As bandas de rock podiam ser maciçamente contra a guerra, mas isso não impedia que aqueles que empunhavam baionetas em vez de guitarras se agarrassem à música pop com um de seu raros consolos enquanto esperavam nas barracas de campanha ou matavam tempo nos bordéis de Saigon. Se os filmes de Hollywood sobre o Vietnã forem tomados ao pé da letra, os soldados americanos tinham pouco mais que fazer no delta do rio Mekong além de fumar maconha e ouvir música até uma granada lhes explodir um braço ou uma perna. Os combatentes tinham suas próprias preferências, geralmente pelo soul da Motown e da Stax, a guitarra de Jimi Hendrix, The Doors e o próprio Creedence Clearwater Revival. Além de "Fortunate Son", o Vietnã inspirou o CCR em "Run Through the Jungle" (que parecia um curta-metragem sobre a experiência de combate, apesar de Fogerty dizer que a canção era antiporte de armas, e não antiguerra) e, já nos anos 1970, na maravilhosa "Who'll Stop the Rain", que utilizava a imagem simbólica da chuva constante da selva vietnamita como uma metáfora do inferno sem fim.

Apesar de seus membros se alinharem majoritariamente contra a guerra, a música do The Doors era como uma lenta e lânguida submersão num pesadelo, semelhante à realidade palpável feita de lama, sangue e tiros no *front* de batalha. O diretor Francis Ford Coppola captou essa proximidade com maestria ao usar "The End" na trilha sonora de *Apocalypse Now*, equacionando o mergulho americano no coração das trevas à linha transposta da insanidade. "Hello, I Love You", um sucesso nas *jukeboxes* de Saigon, foi utilizada na trilha sonora de *Platoon* e também numa das cenas de *Pecados de guerra* (*Casualties of War*), de Brian De Palma, a mais devastadora e gráfica representação ficcional sobre o Vietnã.

Ainda que a música do The Doors tivesse a cor e a cara do sudeste asiático, o tema só foi tratado de forma não figurativa uma única vez em seu repertório. "Unknown Soldier", lançada como um single em meados de 1968, tomou forma como uma canção genericamente antiguerra, mas no filme promocional dirigido por Jim Morrison várias imagens do Vietnã foram inseridas. Morrison aparecia atado a uma estaca numa praia, sangrando profusamente pela boca como um animal sacrificado, o "soldado desconhecido" da letra. Quando a canção era apresentada ao vivo, o solo de bateria do miolo da gravação se ampliava e o guitarrista Robby Krieger simulava atirar no vocalista, que caía teatralmente no palco.

No âmbito da memória coletiva, nenhuma canção foi tão marcante para ex-combatentes quanto "We've Gotta Get Out of this Place" na gravação dos Animals. Durante anos em encontros de veteranos a banda encarregada de animar a festa tinha que atender a pedidos insistentes, obrigatoriamente naquele momento em que mãos se levantam socando o ar e pessoas se abraçam num único fluxo de memória. A forma como o significado de "We've Gotta Get Out of this Place" se modificou ao longo do tempo serve para validar a tese de que a atribuição de qualquer significado a uma canção depende muito mais do ouvinte do que do compositor. Composta no início de 1965 pelo casal fabricante de hits Barry Mann e Cynthia Weil, seu conteúdo era uma referência direta à vida nos guetos pobres de Nova York, mas, nas mãos de um grupo inglês de Newcastle, refletiu o cotidiano sufocante numa cidade industrial no norte da Inglaterra. Ninguém esperava que os fuzileiros navais no Vietnã se apropriassem de seu conteúdo, reinventando a canção como um hino da busca de redenção ao inferno da guerra. Nenhuma banda improvisada por soldados em Saigon estava completa sem um *cover* de "We've Gotta Get Out of this Place".

Curiosamente, o vocalista dos Animals, Eric Burdon, pacifista de carteirinha, compôs e gravou como trabalho solo "Sky Pilot", na qual denunciava a Igreja e o Exército como hipócritas e cúmplices na engrenagem de funcionamento da guerra. A letra descrevia um capelão abençoando soldados momentos de antes de partirem para uma patrulha noturna. O single tem lá seus admiradores, mas é por sua comovente interpretação de "We've Gotta Get Out of this Place", o hino extraoficial dos boinas verdes, que Eric Burdon costuma ser lembrado.

A ligação das Forças Armadas com a cultura pop ganhou um capítulo curioso e perverso quando um grupo de soldados apareceu num dos shows de Frank Zappa no Teatro Warwick, em Nova York, no começo de 1967. As apresentações dos Mothers of Invention naquela temporada foram coloridas de absoluto desvario, com a plateia preparada para o que pudesse acontecer, inclusive ser convidada a tocar algum instrumento, mesmo que não soubesse nem segurá-lo. Durante seis meses, Zappa liderou o Mothers no Warwick duas vezes por noite, seis dias por semana. Numa tarde, enquanto ensaiava, ele viu do palco três fuzileiros navais uniformizados sentados na plateia. Intrigado, resolveu convidá-los para participar do show daquela noite já com uma ideia sinistra na cabeça. Os soldados não apenas aceitaram como afirmaram que sabiam cantar "House of Rising Sun", dos Animals, e "Rainy Day Women", de Bob Dylan, à qual eles se referiam como "Everybody Must Get Stoned".

Zappa combinou que durante o show, assim que fosse dado o sinal, o trio de convidados iria ao microfone para gritar: "Mata". Tudo saiu conforme ensaiado, mas Zappa ainda não estava satisfeito. Para a segunda apresentação da noite, o guitarrista pediu à esposa que fosse à casa deles pegar uma das bonecas de sua filha. Enquanto os fuzileiros navais cantavam "Everybody Must Get Stoned", acompanhados pelo Mothers, Zappa anunciou: "Nós agora teremos treinamento básico. Senhoras e senhores, este é um bebê vietcongue e os fuzileiros vão mutilá-lo perante seus olhos", e em seguida deu a voz de comando "Mata!", entusiasticamente obedecida pelos soldados. Quando o pano se esfacelou, Zappa segurou o brinquedo pelos cabelos, apontando todas as partes mutiladas como se a boneca estivesse viva. "Tinha um cara na fila da frente", recordou Zappa anos depois, "um negro que havia acabado de voltar do Vietnã, e ele estava chorando. Foi horrível e eu terminei o show ali."

CAPÍTULO 11 A artilharia anti-rock

> *This wheel's on fire*
> *Rolling down the road*
> *Just notify my next of kin*
> *This wheel shall explode*
>
> Richard Manuel e Bob Dylan, "This Wheel's On Fire"

O movimento antiguerra ganhou um reforço de peso quando John Lennon decidiu esquecer os dilemas teóricos de "Revolution" e botar a mão na massa. Em março de 1969, durante sete dias, sua lua de mel com Yoko Ono no Hotel Hilton, em Amsterdã, se transformou num encontro multimídia pela paz mundial. Quando ficou sabendo que o evento se chamaria Bed-In, a polícia holandesa ameaçou prender todo mundo se o casal resolvesse transar em público para dar seu recado, mas em nenhum momento sexo ao vivo fora planejado.

Aos olhos das autoridades, razões para suspeitar de um atentado ao pudor não faltavam. Poucos meses antes, a dupla havia lançado *Two Virgins*, álbum duplo pseudovanguardista com ambos nus na frente e no verso da capa. A foto que revelava provocativamente dois corpos fora de forma vinha encoberta por um plástico, mas para muita gente John Lennon parecia ter consumado núpcias com a insanidade. Depois de um adultério público, a gravidez de Yoko quando os dois ainda continuavam oficialmente casados e uma prisão por drogas, tirar a roupa era o único escândalo que lhe faltava.

Além de esticar o dedo médio para a sociedade britânica, havia sinais de que John já considerava os Beatles parte do seu passado. Cada atitude era uma tentativa de romper com a bolha protetora que ele via como um grilhão em suas aspirações como artista.

O ambiente nos Beatles era o pior possível. Além da Apple se consumir num caos financeiro, os quatro passaram as frias manhãs de janeiro de 1969 trabalhando num projeto "de volta às raízes" intitulado *Get Back*, que consistia no documentário de um show ao vivo registrado desde o ensaio do novo material até sua realização. O que as câmeras apanharam em flagrante foi um grupo em franco processo de desintegração, com agressões e ironias trocadas o tempo todo e um mau humor generalizado que evidenciava a frustração de todos por não poderem estar longe daquele ambiente carregado e hostil.

Dois meses antes, os Beatles ainda estavam gravando o exaustivo *Álbum Branco*, em meio a vários atritos internos. A última coisa de que precisavam era começar um novo projeto às pressas. Se durante seis meses ou um ano os quatro se dedicassem apenas a tirar férias, produzir novos artistas, gravar discos solo ou fazer filmes, voltariam renovados e talvez continuassem juntos por mais algum tempo. Mas o conceito de grupos encerrarem provisoriamente as atividades não existia nos anos 1960. Além disso, Paul McCartney temia exatamente que uma separação temporária se tornasse definitiva, pela crescente influência de Yoko Ono e a frustração de George Harrison, sempre relegado ao papel de coadjuvante. Aliado a esses detalhes, Paul, que nunca esquecia o foco na música, vivia uma fase produtiva, repleta de excelentes canções ("The Long and Winding Road", "Let It Be", "Get Back") que ele queria gravar o mais rápido possível.

Para seu desgosto, George Harrison teve de interromper as férias com Bob Dylan e o The Band em Woodstock, onde fazia música num ambiente descontraído, bem longe das tensões da Apple. Quando se reuniram às oito da manhã do dia 2 de janeiro para começar a filmar, o guitarrista logo descobriu que Paul queria mais uma vez chamar para si a prioridade nas gravações. Não demorou para os dois entrarem em aberta picuinha, com as câmeras flagrando tudo.

No dia 10, uma sexta-feira, George perdeu a paciência e resolveu deixar os Beatles, repetindo o que Ringo Starr fizera temporariamente durante as gravações do *Álbum Branco*. Dessa vez a briga nada tinha a ver com música. George estava furioso por causa de uma entrevista de John, publicada na véspera, sobre a péssima saúde financeira da Apple. Além disso, assim como Paul e Ringo, ele mal conseguia disfarçar a exasperação de ver Yoko Ono no estúdio o tempo todo, dando palpites e seguindo o marido até no banheiro masculino. John, ressentido pelas críticas que ouvira sobre a mulher, chegou a sugerir que Eric Clapton, sem banda desde o fim do Cream, fosse contratado caso George não voltasse até a segunda-feira seguinte.

Quando esfriou a cabeça, George voltou, mas com a condição de que o projeto do show ao vivo fosse abandonado. Ninguém mais do que ele abominava a ideia de uma volta às cenas de histeria coletiva dos anos de "beatlemania". O tema do documentário mudou para a gravação de um novo álbum. Mesmo assim a tensão não se dissipou nos vinte dias restantes e o grupo continuava errando sem parar, tocando a esmo, sem nenhuma direção. O concerto inicialmente programado para um anfiteatro na Tunísia foi realizado no terraço da própria Apple, numa gelada manhã de inverno, e durou 40 minutos, antes de a polícia acabar com a festa. George, que era contra o minishow até cinco minutos antes de começar, apenas tocou sua guitarra, entrou mudo e saiu calado, sem cantar nenhuma canção. Dias depois os Beatles já queriam distância daquele volumoso material gravado e filmado que eles consideravam quase inútil. "Ninguém consegue nem olhar para aquilo. Eu simplesmente não suportava", lembrou John. O opaco documentário daqueles dias de tortura, rebatizado de *Let It Be*, só seria lançado um ano e meio depois, quando os Beatles nem sequer existiam mais.

Se Paul ainda carregava o estandarte beatle e George acumulava ressentimentos, John era o próprio retrato da indiferença. Qualquer coisa parecia despertar sua criatividade, menos tocar com os velhos companheiros. Ele e Yoko se mantinham a pleno vapor, armazenando discos e filmes experimentais que ninguém consumia e viajando o mundo como uma espécie de embaixadores informais dos pacifistas. Num dia estavam mandando sementes de carvalho para os líderes mundiais plantarem em favor da paz; no outro apareciam em Viena enfiados num saco em performance batizada de *bagism* ("saquismo") para protestar contra a hipocrisia, a ignorância e o culto às aparências, e num terceiro lançavam alguma novidade no mercado.

Em sua cruzada pacifista, John recebia acusações de oportunismo, embora fosse duvidoso imaginar um beatle precisando de autopromoção. Talvez a necessidade de se afirmar como um indivíduo desligado do mais bem-sucedido projeto coletivo da música popular tenha sido um estímulo igual ou maior do que a preocupação com a paz. Com os Beatles, nenhum comentário sobre política se aprofundava por causa do olhar vigilante de Brian Epstein, sempre a postos para vetar qualquer opinião mais comprometedora, temeroso de reações negativas do público mais conservador.

Com a morte do empresário e a quase simultânea entrada de Yoko Ono em sua vida, John se sentiu livre para falar e fazer o que bem entendesse. Encampar uma mensagem pacifista não deixou de ser também uma forma de confrontar sua personalidade violenta e intempestiva sem recorrer à terapia. Já para o movimento antiguerra, a adesão de um dos rostos mais conhecidos do mundo garantia holofotes constantes, talvez mais interessados em John do que no que ele tinha a dizer. Mas nem todo mundo estava impressionado com aquele exibicionismo pacifista. O quadrinista americano conservador Al Capp, criador da Família Buscapé e de uma corrosiva sátira de Joan Baez, apareceu no Bed-In de Montreal para desancar o casal com ácidos torpedos de ironia. As opiniões expressas nos jornais eram majoritariamente negativas.

Desafiando céticos e reacionários, John não se abalava. Mais do que qualquer performance ou manifestação, sua maior contribuição para o movimento foi criar o hino definitivo que sobreviveria ao Vietnã para ser cantado em qualquer marcha de cunho pacifista ao redor do mundo mais de quarenta anos depois. John pretendia gravar seu mantra, "Give Peace a Chance", em Nova York, mas não obteve o visto, por causa da recente prisão por porte de drogas. O casal optou então por Montreal, no Canadá, terra do primeiro-ministro Jean Pierre Trudeau, a quem John admirava. O aparato de gravação consistiu de um gravador de rolo, violão, coro e palmas entusiasmadas de anônimos e celebridades da contracultura, como Timothy Leary e Allen Ginsberg. A letra era repleta de expressões soltas que faziam parte do vernáculo dos debates da época, em contraste com a simples mensagem do refrão, que repetia exaustivamente *"all we are saying is give peace a chance"* (tudo que estamos dizendo é dê uma chance à paz). Primoroso pela síntese e funcionalidade, o primeiro single solo de um beatle chegou aos primeiros lugares na Inglaterra e ficou entre os vinte mais vendidos nos Estados Unidos logo no começo do verão de 1969.

Enquanto John agitava em Montreal, chegava às lojas no fim de maio o single dos Beatles "The Ballad of John and Yoko", uma espécie de crônica sobre os agitados dias do primeiro-casal do rock. Era quase um número solo de alguém empenhado em fazer da vida pessoal algo inseparável de sua arte. A capa de seu segundo álbum experimental, lançado poucos dias antes, trazia uma foto de John deitado no chão enquanto Yoko jazia no leito hospitalar após o aborto involuntário, ocorrido no fim do ano anterior. Na contracapa, o casal aparecia cercado por guardas durante a prisão por drogas, uma maneira clara de expressar como eles se julgavam marginalizados socialmente.

No refrão de "The Ballad of John and Yoko", que incomodou bastante Al Capp, John se compara a Cristo novamente, três anos depois da caça às bruxas que quase resultou num atentado contra os Beatles. O mundo se acostumara a tantas cenas ultrajantes que dessa vez os fanáticos religiosos nem sequer prestaram atenção, a não ser algumas rádios do sul dos Estados Unidos, que baniram o single da programação.

Havia alguns indícios de que John estava realmente construindo algum tipo de mecanismo de identificação de sua trajetória com a de Jesus Cristo, alguém em missão para salvar o mundo de si próprio. Durante todo o ano de 1969, ele deixou crescer uma barba enorme e manteve intacta sua vasta cabeleira. Os produtores de *Jesus Cristo Superstar* certamente fizeram a associação quando o convidaram para interpretar o papel-título da ópera-rock de Andrew Lloyd Webber. O problema era que os convites a John agora precisavam ser extensivos à esposa, e ninguém parecia disposto a bancar Yoko Ono no papel de Maria Madalena.

John continuava recebendo uma saraivada de críticas da imprensa tradicional. Alguns o consideravam um bobo da corte, outros apenas um inglês com atitudes excêntricas, como ficar uma semana na cama de pijama em favor da paz ou aparecer nu na capa de um disco. Mas a foto de seu pênis em tamanho real não obteve a metade do impacto da exposição de outro pênis ao vivo e em cores. Ninguém sabia ao certo se vira aquele pênis, mas a simples suspeita de ter sido mostrado quase acabou de vez com a mais popular banda americana. Depois da guerra santa forjada contra os Beatles em 1966, os setores conservadores assistiram perplexos à cultura rock modificar de forma inédita e irreversível o comportamento da juventude americana. Num show em Miami, Jim Morrison deu de bandeja a razão procurada para o início de uma ação organizada anti-rock. Chegara o momento da revanche ansiosamente esperada.

Jim Morrison também estava cultivando uma barba, mas, ao contrário de um Lennon emagrecido pelo uso de heroína, ele engordava a olhos vistos. Muitos interpretavam sua atitude como uma espécie de declaração de guerra à imagem de símbolo sexual, outros como simples desleixo sem qualquer intenção subliminar. O certo é que o The Doors tinha um vocalista disposto a detonar sua imagem e a própria banda se fosse preciso. A oportunidade chegou no fim do inverno de 1969.

Após dois anos viajando pelo país, o The Doors fora contratado pela primeira vez para um show na Flórida, onde Jim Morrison nasceu, cresceu e para onde nunca mais havia voltado desde que partira para Los Angeles em 1965. No dia marcado para a viagem, 1º de março, Morrison perdeu o avião que o levaria ao encontro dos companheiros em Miami. Enquanto esperava o próximo voo, começou a encher a cara ali mesmo no aeroporto de Los Angeles. Durante uma escala em Nova Orleans, houve tempo para mais um pit-stop no bar, e bebendo ele continuou até a aeronave pousar em seu destino final.

Quando Morrison chegou ao local do show, todos perceberam a extensão de sua embriaguez. O auditório mais parecia uma panela de pressão. O calor fervia os miolos de 15 mil garotos que se espremiam numa espelunca onde não cabia nem a metade. Não havia ar-condicionado no prédio e os assentos haviam sido retirados exatamente para entupir o espaço com o máximo de pagantes. O empresário do The Doors protestou que aquilo não estava no contrato e ameaçou tirar os equipamentos do palco. O produtor do show respondeu sem achar a menor graça: "Você acha que vão tirar estes equipamentos daqui? Vocês vão fazer o show."

Como de hábito, a bebida afogava as ansiedades de Morrison em crueldade e virulência. Enquanto a banda tocava, a plateia não tardou a ser metralhada com uma torrente de insultos: "Deixar todo mundo te dizer o que fazer. Vocês são um bando de idiotas da porra. Deixar todo mundo te empurrar para os lados. Talvez vocês gostem de ser empurrados. Talvez vocês adorem. Talvez vocês gostem de ter a cara enfiada na merda. São um bando de escravos. Bando de escravos."

Provocar seu público era um recurso a que Morrison recorria com frequência para turbinar o show e para expelir de seu sistema a condição de *pop star* que se sentia apenas uma atração de circo observada por curiosos. Mas dessa vez ele estava decidido a forçar os limites. Figuras próximas justificaram sua atitude naquela noite como uma decisão filosófica de atacar a plateia até que fosse impossível conter a erupção do caos, mas é duvidoso afirmar que alguém tão bêbado ainda pudesse ter controle sobre qualquer coisa. Os que defendem a tese da provocação deliberada enfatizam que na última semana de fevereiro Morrison comparecera a uma retrospectiva do grupo de teatro experimental Living Theatre. Todas as noites, o vocalista se sentava na plateia extasiado com aquelas múltiplas possibilidades de encenação desafiadoras que elegiam o confronto como a mais contundente forma de interação com a plateia. (Logo depois dessa série de espetáculos, os líderes da trupe, Julian Beck e Judith Malina, vieram morar no Brasil, onde foram presos pela ditadura militar em Ouro Preto.)

Já que havia sido atirado naquele pardieiro quente como o inferno, Morrison resolveu transformar seu espetáculo num implacável teatro de agressão, promover uma festa em que todos os mecanismos de repressão fossem simplesmente abolidos. Durante os números ele continuava incitando o público com xingamentos e a plateia respondia aos urros, meio na expectativa do que iria acontecer. Até que veio o clímax inevitável: "Vocês querem ver meu pau, não querem? Foi para isso que vocês vieram, não foi? Yeeeah." Ray Manzarek ainda teve tempo de pedir a um dos assistentes que não o deixasse abaixar as calças. Morrison foi segurado por trás.

O que aconteceu em seguida nunca ficou exatamente claro. Muitos afirmam que Morrison realmente abaixou as calças e mostrou o pênis para a plateia. Outros juram que ele abaixou mas não mostrou e um terceiro grupo, que incluía seus companheiros de banda, garante que ele não chegou a fazer nada. Segundo Ray Manzarek, o que houve foi uma espécie de alucinação coletiva, uma projeção da plateia que criou um artifício inconsciente de ligação entre os répteis da Flórida e o próprio Jim Morrison, um filho da terra que se definia como o "Rei Lagarto". "Eles queriam ver o réptil fundamental", segundo a teoria de Manzarek.

Assim que a banda começou a tocar "Light My Fire", Morrison passou a incitar o público a subir ao palco. Cerca de cem pessoas atenderam ao chamado, enquanto o som continuava a todo vapor no meio da balbúrdia e os organizadores pressionavam pelo término do show, pois a estrutura estava começando a ruir. Morrison andava pelo palco empurrando quem estivesse pela frente, simulando uma masturbação até descer e começar a puxar um "trenzinho" no meio do auditório. Ele foi seguido por centenas de meninos e meninas, até parar na parte superior do teatro e desaparecer subitamente para dentro dos camarins.

Quando tudo acabou, o lugar parecia uma praça de guerra, com o palco totalmente destruído e o auditório coberto de saias, blusas, meias, calcinhas, cuecas e sapatos. Ninguém entendia como aquela molecada conseguira voltar para casa sem as peças de roupa. Morrison atingiu o objetivo de conduzir sua plateia ao limite num show de rock, mas o preço a pagar seria alto.

No dia seguinte, o grupo partiu de férias para o Caribe sem desconfiar da comoção que deixava para trás. Uma matéria publicada no principal jornal de Miami fez um relato devastador do que tinha acontecido no auditório Dinner Key. Para fermentar mais ainda o factoide, o repórter resolveu repercutir o caso ligando para políticos locais, que não hesitaram em assumir um discurso escandalizado. O assunto rendia sucessivas manchetes sob os mais variados ângulos e cartas de pais indignados com o tipo de obscenidades a que estavam expostas suas "crianças".

Perguntada sobre a razão por que Morrison não havia sido detido, a polícia explicou que "uma prisão naquela hora poderia causar um sério incidente civil". O mais provável é que não tivessem visto nada de errado. Mas, instigada pelos gritos de indignação geral, a polícia abriu investigação e solicitou à imprensa que fornecesse qualquer prova relevante para colocar Morrison na cadeia. O show virou o assunto do momento na Flórida e logo começou a repercutir para o resto do país.

A ausência física da banda cedeu espaço a todo tipo de boatos, inclusive de uma suposta fuga, apesar de aquelas férias no Caribe terem sido marcadas muito tempo antes. Não demorou para o FBI entrar no caso. Quatro dias após o concerto, a cidade de Miami expediu um mandado de prisão contra James Douglas Morrison.

O escândalo ganhou dimensão nacional. Do dia para noite, o The Doors virou o inimigo público número um dos pais de classe média que procuravam um bode expiatório no qual descontar a aridez das relações familiares e a incapacidade de acompanhar uma mudança tão brusca de comportamento na sociedade e dentro de suas próprias casas. Uma excursão nacional foi imediatamente cancelada, pois o grupo se viu sitiado, sem ter onde tocar. No total, houve banimento em regiões de 16 estados. Um porta-voz anunciou que as atividades da banda estavam suspensas por tempo indeterminado. Além dos ataques da mídia tradicional, Morrison tinha que encarar as críticas da própria imprensa especializada, que supostamente deveria estar ao seu lado contra o *establishment*. Sua atitude era igualada à de um idiota exibicionista por chamar desnecessariamente a atenção das autoridades. Se o rock fosse alvejado pela artilharia pesada dos conservadores que agora tinham um presidente na Casa Branca, a perseguição poderia sobrar para muito mais gente.

Inflamada por se ver no epicentro de uma grande discussão moral nacional, partiu de Miami a primeira reação organizada de vulto. Um grupo de jovens locais organizou, com o apoio da Igreja Católica, um evento batizado de "comício da decência". O panfleto de divulgação deixava claro que "cabeludos e gente de roupa esquisita" não eram bem-vindos. No total, 30 mil pessoas compareceram para assistir a uma manifestação coletiva liderada por um universitário de 17 anos, principal porta-voz de um discurso articulado que não se dizia contrário a nada, e sim a favor de cinco virtudes: Deus, patriotismo, família, sexo e a igualdade entre os homens. Pelo menos os dois últimos itens poderiam constar da agenda do Weather Underground ou dos yippies. Mas o teor das angustiadas exposições orais era recuperar a América de mãos subversivas.

O comício durou quatro horas, com distribuição de dez mil bandeiras americanas. Três dias depois, Mike Levesque, o líder adolescente da nova cruzada moral, recebeu um telegrama de congratulações enviado pelo próprio presidente Nixon. A imprensa acolheu a novidade, satisfeita por um protesto que não fosse antiguerra, antigoverno ou anti-Estados Unidos, e anunciou que os organizadores já tinham proposta de mais quatro cidades para organizar assembleias do mesmo gênero. Até o governo se encorajou a planejar seu próprio evento, uma "Semana de Unidade Nacional", que se realizou em novembro com adesões pífias.

De fato, não havia mais nenhuma novidade em passeatas e protestos que responsabilizavam o governo americano e o capitalismo por todos os males da humanidade. Os conservadores estavam insatisfeitos com aqueles espasmos de rebeldia deflagrada em blitzes incessantes, mas nem de longe possuíam a mesma capacidade de mobilização. Suas manifestações em defesa da religião, da pátria e da família não conseguiam reunir mais do que uma centena de pessoas.

Restavam os porta-vozes no mundo do entretenimento, como John Wayne, a ex-criança prodígio Shirley Temple e Ronald Reagan, que foi de ator a governador em pouquíssimo tempo. Uma de suas mais notórias atitudes no comando do executivo na Califórnia foi ordenar, em maio de 1969, a invasão por tropas estaduais do People's Park (Parque do Povo) de Berkeley, um espaço concebido como santuário da livre expressão (leia-se protestos contra a guerra). Durante duas semanas, em estado de emergência, a Universidade de Berkeley foi cercada por arame farpado e o corpo docente e o discente tiveram negado o direito a assembleia ou reunião. No que vieram os protestos, a borracha agiu sobre os manifestantes e um estudante morreu. Quando Reagan foi confrontado com a acusação de ter sangue nas mãos, respondeu simplesmente: "Ótimo, vou lavar com detergente."

Uma grande passeata foi marcada para o dia 30 de maio em repúdio às arbitrariedades. Dois dias antes, um show beneficente para o Parque, promovido por Bill Graham em São Francisco, contara com a presença do Creedence, Jefferson Airplane e Grateful Dead. No dia seguinte, John Lennon, que estava no conforto de sua cama de hotel em Montreal, ligou para o comando de resistência do Parque sugerindo que eles evitassem qualquer confronto violento com a polícia. "Não afrontem os porcos", foi sua sugestão, amplamente criticada entre os setores de esquerda que pregavam soluções mais radicais.

Apesar de distante das ruas, a chamada maioria silenciosa, que não apoiava a Guerra do Vietnã mas também não tolerava desordens e assistia decepcionada ao declínio dos valores morais e ao acirramento do conflito de gerações, deu seu recado com apoio maciço à ação de Reagan e elegeu Richard Nixon para presidente. O fato de que menores de 21 anos ainda eram proibidos de votar em todo o país certamente contribuiu para a vitória apertada dos republicanos, mas não pode ser desprezada a necessidade de uma certa ordem restaurada por quem se sentia ameaçado pela emergência de sublevações, marchas e de uma vilipendiação de costumes considerados tão normais cinco anos antes e que passaram a ser vistos como instrumento de dominação em uma configuração social arcaica e ultrapassada. Embora isso hoje seja difícil de assimilar pelas imagens-clichê da época, nos anos 1960 a maior parte dos americanos não foi a nenhum show de rock, nem queimou símbolos patrióticos na rua, nem viajou de ácido. Viram a história passar da janela e preferiram desaprovar de longe.

Grande parte da classe média "não dormiu no *sleeping bag*", como cantava Gilberto Gil, mas nadou na rebarba da revolução sexual e do afrouxamento de antigas imposições religiosas. Outros segmentos se mostravam muito mais resistentes a qualquer mudança, especialmente nas pequenas cidades. Esse segmento tão amplo da população cultivava os próprios ídolos, cantores e atores que se apresentavam como se os anos 1950 nunca tivessem acabado. Mas os temas políticos ficavam em segundo plano até que um astro como John Wayne viesse a público bradar contra os "vermelhos" ou "comunas", ou uma canção como "Ballad of Green Berets" (Balada dos Boinas-Verdes), cantada por um sargento do Exército, avivasse antigos sentimentos patrióticos em plena era Vietnã.

Em 1969, vários brancos de meia-idade indignados tiveram sua revanche com uma autêntica conclamação anti-hippie, a beligerante "Okie from Muskogee", que chegou ao primeiro lugar das paradas. *Okie* é uma forma depreciativa de chamar alguém de caipira na linguagem americana. Muskogee era apenas uma daquelas típicas cidades do antigo sul segregado que viviam como se a guerra civil nunca tivesse acontecido. De repente, seus habitantes se viram na condição de unidade-símbolo da indignação conservadora nacional.

A letra era um verdadeiro panfleto às avessas: "Nós não fumamos maconha em Muskogee/ e não fazemos viagens de LSD/ não queimamos cartões de convocação na rua principal/ nós gostamos de viver direito e ser livres." Merle Haggard, autor e intérprete dessa carta de princípios, um dos grandes modernizadores da música country, estava longe de ser o namorado que quaisquer pai e mãe sonhariam para sua filha. Bêbado e arruaceiro, durante dois anos ele cumpriu pena na Penitenciária de San Quentin, em Los Angeles, onde em 1958 assistiu a uma apresentação de Johnny Cash. Foi Cash quem o encorajou anos depois a tornar público seu tempo no presídio com a intuição precisa de que nada encanta mais o público americano do que histórias de redenção.

Como muitos outros grandes cantores country, Haggard se equilibrava entre as farras do sábado à noite e a redenção do domingo de manhã, dilema que Kris Kristofferson descreveu belamente em "Sunday Morning is Coming Down". E como bom sulista da classe operária, Haggard fervia de indignação quando alguém se metia a conspurcar sua religião ou seus símbolos patrióticos. Ninguém mais apropriado para compor a "Blowin' in the Wind" dos conservadores. Nos anos 1980, em *Platoon*, Oliver Stone usou as diferenças musicais para separar as facções do bem e do mal em sua trama faustiana ambientada no Vietnã. A turma do bem ouvia Motown e fumava maconha. A do mal ouvia "Okie from Muskogee" no alojamento e assassinava crianças vietnamitas a sangue-frio.*

A maior parte das bandas de rock podia fazer ouvidos de mercador aos apelos de grupos insurgentes que pressionavam por uma participação mais ativa e também contribuições financeiras, mas para alguém como

---

*Em benefício de sua divisão esquemática, Oliver Stone tomou a liberdade de usar uma canção de 1969 numa trama que se passava em 1967.

Jimi Hendrix, que era negro e cujo público era composto majoritariamente de brancos, a carga de acusações e pressões vinha em doses redobradas. Quando decidiu deixar Londres definitivamente, no final de 1968, para retornar a Nova York, o guitarrista se viu totalmente exposto ao assédio dos Black Panthers, a maior milícia organizada da população negra.

Hendrix encontrou um país bem diferente daquele que deixara para trás dois anos antes. Vários dos ativistas de sua raça pregavam a conquista da igualdade mesmo que fosse pela força. Em defesa da tese argumentavam que a violência seria apenas uma forma de reação aos atentados contra seus líderes e à agonia social que vitimava sua gente. Tanto Malcolm X, expoente da estratégia que pregava a reação proporcional à violência supremacista, quanto Martin Luther King, que fazia da não violência o cerne da sua representação, foram assassinados a bala num período de três anos.

Grande parte dos negros que não se envolviam diretamente na luta pelos direitos civis via no assassinato de Luther King, em março de 1968, o equivalente a uma declaração de guerra. A violência racial nas grandes cidades americanas atingia índices cada vez mais alarmantes, com a bandeira do separatismo empunhada por um número crescente de militantes. Só no verão de 1967, exatamente o tal "Verão do Amor", 127 cidades foram palco de revolta ostensiva contra policiais e autoridades.

A cada dia crescia um movimento de valorização das origens africanas que se refletia nas roupas, na aparência física e na música, especialmente entre jazzistas e na soul music. O Black Power se firmava como movimento de alcance global. Seu gesto característico, os punhos levantados em afirmação, ganhou notoriedade instantânea quando, nas Olimpíadas de México, em 1968, o atleta Tommie Smith fez a saudação em pleno pódio durante a execução do hino nacional americano. Smith foi mandado de volta para casa mais cedo e execrado pela imprensa americana.

Com a saída de cena de Martin Luther King e Malcolm X, o vácuo foi preenchido por novos líderes, como Rap Brown, Fred Hampton e Huey

Newton — comandante dos Black Panthers. A influência dos Panthers se espalhou por quase todas as milícias urbanas, empenhadas em desempenhar a versão esbranquiçada da mais proeminente força organizada de igualdade racial dos Estados Unidos. Registrados como partido político, os Panthers seguiam o comunismo pela linha maoista, andavam armados — ato justificado como medida preventiva e de autodefesa — e eram organizados militarmente. Foram eles que começaram a chamar os policiais de "porcos", antes de a expressão se popularizar em campi universitários e marchas de protesto. Alguns dos alvos preferenciais da agremiação eram personalidades negras de expressão que não queriam se comprometer diretamente com a causa. Entre eles, *pop stars* como Jimi Hendrix vinham no topo da lista.

Apesar de adorado pelos soldados negros que combatiam no Vietnã, inclusive pelo passado na Aeronáutica, Hendrix tinha um notório problema de credibilidade com a própria raça. Quando circulou pelo Harlem metido em trajes hippies, cheio de lenços e bandanas, a visão parecia mais bizarra do que se ele estivesse envergando uma indumentária de caubói. Vários *brothers* lhe dirigiam o epíteto pejorativo de Tio Tom, por seus artifícios pirotécnicos no palco, que eram vistos apenas como truques para deixar boquiaberta a plateia branca. Hendrix era um negro tocando blues pela vertente que muitos classificavam como bastardizada, com dois europeus na sessão rítmica. Num momento em que a luta racial também tratava da defesa incondicional de costumes e valores, a reinvenção de suas origens musicais era vista como uma forma de traição. Pior, Hendrix era empresariado por brancos e fora lançado nos Estados Unidos num evento para brancos, o Festival de Monterey. Seus detratores afirmavam que era mais difícil encontrar um negro na plateia de seus shows do que em filmes hollywoodianos.

O fato de nunca ter militado em passeatas ou lançado uma música de protesto explícita contra o racismo também não ajudava em nada sua reputação. Na Inglaterra, vários contemporâneos se lembram de sua posição inicialmente favorável à presença americana na Guerra do Vietnã, na qual morriam dez soldados negros para cada branco. No dia da morte de Martin Luther King, Hendrix atendeu a um pedido da polícia e não fez qualquer comentário do palco em que tocava em Newark, Nova Jersey. Menos de um ano antes, 26 pessoas haviam morrido ali em confrontos de rua entre negros e policiais. Dias depois, Hendrix participou quase anonimamente de um tributo no Madison Square Garden em homenagem póstuma ao mais influente líder afro-americano.

Hendrix estava confuso com tantas cobranças num momento em que sua própria vida se virava do avesso. O ano de 1968 foi quase inteiramente consumido numa excursão pelos Estados Unidos que passou por cerca de cem cidades. Enquanto o país ardia em chamas, com assassinatos e manifestações de rua, Hendrix se reconectava com suas raízes. Mudança de empresários e mudança de país se somavam às ambições de expandir sua música para territórios não mapeados, enquanto tinha ainda de atender às expectativas que recaíam sobre um *pop star* com dois milhões de discos vendidos.

Sempre que podia, Hendrix encontrava tempo para tocar com outros músicos, numa demonstração clara de que o pop arrojado, porém permeado de limitações do Experience já não o satisfazia inteiramente. O terceiro álbum, gravado parcialmente em Londres e Nova York, refletia essa cisão interna. As canções registradas em Londres tinham um formato mais conciso pela pressão de Chas Chandler, que impunha alguma disciplina ao guitarrista e detestava sua insistência em regravar exaustivamente cada faixa. Foi na Inglaterra, logo no começo de 1968, que Hendrix gravou "All Along the Watchtower", quatro epifânicos minutos que preservavam o elusivo senso de ameaça e mistério da monocromática versão original, enquanto enchia de camadas de cores vivas a apocalíptica canção de Bob Dylan.

Em Nova York foram gravadas as faixas mais extensas, intrincadas e visionárias de *Eletric Ladyland*, o álbum duplo lançado em dezembro de 1968, que sintetizou como nenhum outro trabalho o alcance transcendente da música de Hendrix, sua habilidade em imprimir confiança e densidade tanto em incursões mais ambiciosas, como os quase 15 minutos de "Voodo Chile" — resultado de uma *jam session* que durou uma noite inteira —, quanto nas fulminantes canções de três minutos ("Burning of the Midnight Lamp", "Crosstown Traffic"). Entre todos os itens que constituem o legado de Hendrix, nenhum exibe mais a exuberância de seu talento do que *Eletric Ladyland*.

Chas Chandler estava cansado de acompanhar a rotina de drogas, mulheres e amigos parasitas que em sua opinião só tiravam o foco e minavam a carreira de Hendrix. Depois de dois anos, ele queria simplesmente cair fora daquilo tudo. Sua parte como empresário foi vendida a Mike Jeffery, o encarregado das finanças que detinha a outra metade dos direitos contratuais de Hendrix. Para Jeffery, música era apenas um negócio. No que lhe dizia respeito, o guitarrista podia fazer o que bem entendesse, desde que não deixasse de entrar dinheiro.

Naquela altura, o notório apetite de Hendrix por drogas atingira níveis críticos. No início de maio de 1969, enquanto passava pela alfândega em Toronto, a polícia encontrou heroína em sua bagagem. Na corte, ele alegou que um fã pusera a droga na mala. Libertado para responder ao processo em liberdade, Hendrix voltou ao Canadá um mês depois para nova audiência, poucos dias antes do Festival de Newport, na Califórnia. Nenhum *pop star* de renome havia sido preso antes portando heroína. Hendrix acreditava que poderia entrar em outro país com entorpecentes na bagagem, o que dava bem a medida de sua desorientação.

A convivência com os dois componentes de sua banda de apoio também não ia nada bem. O baixista Noel Redding tinha ambições próprias como compositor e guitarrista, mas só conseguia ganhar uma faixa em cada álbum — invariavelmente, a mais fraca do repertório. Muitas vezes, impaciente, Hendrix assumia o baixo nas gravações, quando Redding, cansado de tanto perfeccionismo, se ausentava do estúdio. Montar uma nova banda era inevitável, mesmo porque os novos sons que visitavam sua mente exigiam bem mais do que uma sessão rítmica com o DNA roqueiro.

No Festival de Newport (não confundir com o festival folk realizado na cidade homônima), Jimi foi cercado no camarim por líderes dos Black Panthers atrás de dinheiro. Pouco tempo antes eles já haviam sido expulsos do Fillmore por Bill Graham quando tentaram achacar o guitarrista pela primeira vez. Hendrix cheirou cocaína segundos antes de subir ao palco, mas a droga parecia apenas desconcentrá-lo ainda mais. O trio estava totalmente desencontrado, produzindo uma desagradável cacofonia, a ponto de Hendrix e Redding não escutarem o que o outro tocava. Logo o guitarrista começou a insultar a plateia. "Segura a onda aí", disse ele, "porque vocês estão nos deixando inquietos." Logo depois soltou um "vai se foder" antes de apresentar "Vodoo Chile" como "uma canção militante negra, nunca se esqueça disso", uma espécie de recado direto para os Panthers. A maior parte do show Hendrix permaneceu de costas para a plateia. O ambiente geral do evento também não ajudava a levantar o astral de ninguém. Houve constantes choques da polícia com o público de 50 mil pessoas, que resultaram em 300 feridos e 75 presos.

Noel Redding deixou o trio após o show em Newport. Hendrix estava livre para formar sua Band of Gypsies, com quem pretendia investir num som mais inclinado para o funk e para o jazz. Era também uma forma de responder às críticas ferinas que o qualificavam como "negro de alma branca" ou um "coco", segundo os Black Panthers (preto por fora, branco por dentro). Sua vida pessoal, no entanto, prosseguia em constante oscilação, com shows maravilhosos entremeados com outros péssimos e a heroína cada vez mais presente em seu cotidiano.

Em dezembro de 1969, num julgamento de oito horas em Toronto, Hendrix foi inocentado das acusações de porte de drogas. Ironicamente, se tivesse sido condenado à prisão, provavelmente não teria morrido nove meses depois.

Enquanto se acirrava o confronto político entre as forças conservadoras e a "nova esquerda", o MC5 continuava como a única banda contratada por uma gravadora que não aceitava impor limites entre sua música e sua atitude política. Os negócios da banda e da Trans-Love se unificaram num único interesse, e ao grupo não era facultado usufruir de nenhum bem material. Não lhes faltava comida e um teto, mas todo o dinheiro era direcionado a um caixa comum que sustentava muita gente. E o momento do grupo não era nada bom.

Após a viagem desastrosa para Boston e Nova York, eles resolveram ampliar os horizontes em direção à Califórnia. À sua espera estava a habitual xenofobia da Haight-Ashbury, que torceu o nariz para o som ríspido e barulhento. Bill Graham fez sua parte, avisando aos produtores locais que consideraria uma afronta pessoal se algum deles contratasse os baderneiros de Detroit. Tudo que o MC5 conseguiu foi tocar com outras bandas num show beneficente no Parque Golden Gate, sem causar nenhuma grande impressão. Assim como o Velvet Underground, rejeitado três anos antes, o MC5 só encontrou hostilidade em São Francisco. "Os hippies da costa oeste simplesmente não se conectaram com o MC5", lembra Wayne Kramer. "Nós tínhamos uma energia de macho, nossas roupas eram muito apertadas, nossos amplificadores eram muito grandes. Nós estávamos fora de sincronia com a costa oeste."

O MC5 também parecia fora de sincronia com sua gravadora. A muito custo, John Sinclair concordou em lançar "Kick Out the Jams" como um single, sem a palavra *motherfuckers*, com a condição de que a versão original fosse mantida no álbum. Mesmo assim alguns radialistas pediram boicote, alegando que a venda do single poderia estimular os consumidores a comprar também o álbum. A Elektra decidiu então fazer nova prensagem do disco ao vivo com a versão semelhante à do single, sem o *motherfucker*, o que deixou Sinclair furioso, por temer pela credibilidade do grupo junto ao público *underground*.

A essa altura vários estabelecimentos comerciais estavam se recusando a vender "Kick Out the Jams", entre eles a Hudson, maior cadeia de lojas de departamentos de Michigan. O MC5 retaliou da forma que sabia, pagando um anúncio de página inteira num jornal alternativo de Detroit em letras garrafais: "Foda-se Hudson". Por sua conta incluíram entre os signatários a própria gravadora Elektra. Jac Holzman, calculando imediatamente os danos que um anúncio desses poderia acarretar, ligou enfurecido para Sinclair e demitiu a banda por telefone. Eles vinham escutando boatos falsos de que o MC5 estava defecando nos palcos como uma forma de protesto cultural e decidiram se livrar do problema antes que os negócios da empresa ficassem comprometidos. Anos depois foi revelado que parte desses relatos partia do próprio FBI, de onde saíam cartas falsas subscritas por "cidadãos preocupados" endereçadas às autoridades das cidades onde o MC5 se apresentava.

Por lealdade, Danny Fields também resolveu sair da Elektra. O apoio garantido a Jim Morrison no episódio de Miami foi negado ao MC5. Todos de volta à estaca zero e John Sinclair atolado até o pescoço em problemas com a Justiça. No fim de julho, ele foi sentenciado a dez anos de cadeia por vender dois cigarros de maconha a um policial infiltrado na Trans-Love, sem direito a fiança, num julgamento escandalosamente político no qual suas ideias e não a infração pareciam estar em pauta. As despesas com honorários estavam correndo unicamente por conta do dinheiro dos shows do MC5.

Enquanto isso, Danny Fields conseguiu um novo contrato para o MC5 na Atlantic e tratou de recrutar Jon Landau para substituir Sinclair como produtor. Seguindo a linha editorial da *Rolling Stone*, Landau era crítico ferrenho da vinculação obrigatória do rock com a luta política. Seu primeiro objetivo foi tentar tirar o grupo da órbita dispersiva da Trans-Love. Assim que assinaram seus contratos, todos trataram logo de comprar carros com o adiantamento. Landau não perdia oportunidade de incentivá-los a almejar o estrelato. Bens materiais não são aspirações legítimas de quem trabalha duro? Qual é o problema de ser um *pop star* e ter carros de luxo e mansões se todas as bandas, mesmo as de discurso mais extremista, fazem exatamente o mesmo?

John Sinclair se sentia traído. Na época das vacas magras ele havia ajudado aqueles meninos a carregar instrumentos, abrira para eles a portas do Grande Ballroom, fizera contatos e erguera do zero o nome da banda em Detroit. E agora estava jogado numa cela, sem que ninguém se dignasse a lhe escrever ao menos uma carta. Assim que deixou a Trans-Love, o MC5 interrompeu o escoadouro de dinheiro exatamente no momento em que as despesas de Sinclair com honorários cresciam. Nenhum dos integrantes da banda foi visitá-lo na prisão. Sua mulher, que estava grávida, não recebeu do grupo qualquer assistência. Amargamente, Sinclair lembraria anos depois que, em situações como aquela, cuidar da família de um dos seus era algo que até os mafiosos faziam.

Enquanto Sinclair penava na cadeia, a cena que ele contribuíra tanto para consolidar em Detroit partia célere para uma profissionalização nos moldes de Los Angeles. A forma avassaladora com que a cidade saiu do amadorismo para uma estrutura organizada poderia sugerir um balanço pendular radical, não fosse o equilíbrio entre extremos exatamente uma das características da capital do automóvel. Em Detroit, o calor pode ser úmido e infernal no verão, da mesma forma que o inverno congela os ossos. Apesar de localizada na fronteira com o Canadá, Detroit mais parecia uma cidade do sul, tal a inserção da comunidade negra que migrara em busca da farta oferta de emprego da indústria de automóveis. E também, paradoxalmente, foi nesse aparente éden de prosperidade para a classe trabalhadora que eclodiu o mais sangrento conflito racial de rua dos anos 1960.

Durante três dias no verão de 1967, Detroit virou uma terra conflagrada, com vários prédios queimados, a polícia atirando e matando indiscriminadamente e saques disseminados, numa revolta urbana incontrolável. O que começou como um protesto num bairro de maioria negra contra os abusos de policiais quase botou ao chão um dos centros econômicos do país. *"I can hear my people screaming/ sirens fill the air"* (Eu posso ouvir meu povo gritando/ sirenes enchem o ar) dizia a letra de "Motor City Is Burning", uma das faixas-chave do primeiro álbum do MC5. Após cinco dias em que Detroit esteve sob intervenção federal, o saldo final contabilizava 43 pessoas mortas, quase todas negras, 347 feridos, 1.300 prédios destruídos e 2.700 estabelecimentos saqueados. O prejuízo era estimado em mais de 500 milhões de dólares. No meio daquele cenário de ruínas, o prefeito declarou que se sentia diante de Berlim logo após a Segunda Guerra Mundial.

Curiosamente o Grande Ballroom foi um dos poucos lugares poupados pela multidão enfurecida. Tim Buckley, que tinha um show previsto para o primeiro dia dos tumultos, correu com sua banda para o auditório morrendo de medo de que os instrumentos tivessem sido quebrados e que eles fossem mortos no trajeto, mas nada aconteceu. De alguma maneira o Grande Ballroom foi elevado acima de todos os focos de tensão e divisão que lançaram a cidade no caos, apesar de raramente um artista negro se apresentar naquele palco.

E Detroit sempre produzira, acima de tudo, grandes artistas de blues e soul, como Jackie Wilson e John Lee Hooker, embora todos saíssem da cidade para brilhar nacionalmente. O cenário começou a mudar quando a gravadora Motown, o mais bem-sucedido empreendimento de um empresário negro nos Estados Unidos, ganhou projeção nacional fabricando um sucesso atrás do outro a partir de 1960. A empresa revelou nomes como Smokey Robinson, Marvin Gaye, Stevie Wonder, Temptations e Michael Jackson, quase um compêndio da nata da música pop que dominaria as paradas americanas durante mais de trinta anos.

A gravadora resistia como uma espécie de trincheira do conceito de assimilação da música negra para todos os tipos de plateia. Era como se as diretrizes de integração racial, de não violência, de busca de respeitabilidade imprimidas por Martin Luther King continuassem em seu último e mais diligente portador. Nos estúdios da Motown as divisões raciais, a violência, o suor da linha de montagem eram realidades esquecidas em favor de uma carpintaria destinada a seduzir qualquer cidadão americano, independentemente de classe ou religião. Mesmo uma mensagem explícita a favor das passeatas pelos direitos civis como "Dancing In the Streets" tinha que vir embrulhada de uma forma que atraísse o consumidor.

No momento em que o MC5 ganhou notoriedade nacional, Detroit se firmou como celeiro de novas bandas nem um pouco politizadas, mas que tocavam um rock'n'roll sem enfeites, anti-intelectualizado e vigoroso, quase unanimemente detestado pela crítica especializada. No meio dessa efervescência, o jornal *Creem* surgiu em março de 1969 como uma espécie de anti-*Rolling Stone*, voltado para o suporte às bandas locais e a artistas que estavam à margem do *mainstream*. Essa vertente se radicalizou quando Lester Bangs — que com o passar dos anos ganharia a reputação de mais influente crítico americano, ao lado de Greil Marcus — assumiu o cargo de editor em 1971. Dois anos antes, Bangs era apenas uma garoto da Califórnia que amava rock e mandava críticas pelo correio para a *Rolling Stone* escritas com verve e originalidade. Sua primeira análise foi exatamente uma diatribe contundente sobre o *hype* criado em torno do MC5, que, ironicamente, seria eleita uma de suas bandas favoritas.

Essa explosão de consumo musical e fomento de novas bandas durou até a crise do petróleo, em meados dos anos 1970, quando a economia local entrou em profunda recessão. Da noite para o dia o centro de Detroit virou uma zona fantasma, com criminalidade ostensiva e desemprego galopante. Os nomes locais que conseguiram espaço no mercado nacional também desertaram rapidamente. "Eu acho que você pode olhar para o que estava acontecendo com o MC5 àquela altura como uma alegoria do que acontecia com Detroit", lembra Wayne Kramer. "A cidade saiu da riqueza para as armas, a heroína e o assassinato. Um pesadelo urbano." Quando o segundo álbum do MC5 fracassou, a Atlantic os botou na rua como alguém que se livra de um empregado falastrão e indesejável. Problemas com heroína e com a polícia viraram rotina para os integrantes da banda. Após uma desastrosa excursão à Inglaterra em 1972, não havia um único caco a juntar. Nenhuma gravadora queria saber deles.

O MC5 permanece como uma das mais influentes bandas dos anos 1960. Seu legado é perceptível em gêneros que ganharam proeminência depois de 1976, como o punk, além de ramificações pela cena indie, hardcore e até pós-rock. Nenhuma outra banda ligada ao mercado de discos na época teve uma participação política tão incisiva, mas a frustração pelo custo desse ativismo deixaria sempre amargas lembranças de uma grande oportunidade perdida. Até morrer de parada cardíaca, em 1990, enquanto dirigia, o vocalista Rob Tyner culparia sua associação com John Sinclair por todos os infortúnios do MC5.

A outra banda que Danny Fields ofereceu à Elektra como uma espécie de contrapeso ao MC5 estava bem menos interessada em política. Na verdade, não tinha interesse nenhum. Fields gostava do MC5 (apesar de anos depois afirmar tê-los detestado), mas ficou hipnotizado mesmo pelos Psychedelic Stooges, a outra banda residente do Grande Balroom, especialmente por causa do vocalista, que se comportava como um maníaco sobre o palco, espalhando manteiga de amendoim no peito, rolando sobre cacos de vidro e se atirando sobre a plateia, a quem seguidamente insultava, enquanto um liquidificador cheio de água ficava ligado com um microfone embaixo para acrescentar mais volume ao som, que já era extraordinariamente alto. "Eu nunca havia visto alguém dançar e se mexer como Iggy Pop. Era a música que eu tinha esperado ouvir por toda a minha vida", conta Danny Fields. Segundo John Sinclair, "Iggy não se parecia com nada já visto, não era como Jeff Beck, não era como porra nenhuma. Não era rock'n'roll."

Iggy Pop observara as performances de palco de Mick Jagger e especialmente Jim Morrison o suficiente para logo perceber que com aquela concorrência sua única chance seria estabelecer um novo limite para o ultraje ou então simplesmente eliminar qualquer limite de vez. Cada show dos Psychedelic Stooges, que logo seriam apenas Stooges, em homenagem aos Três Patetas (The Three Stooges), era um espetáculo avassalador e imprevisível. Iggy Pop parecia pronto para um dia sair morto do palco.

Antes de ser Iggy Pop ele foi Jim Osterberg, um representante daquele segmento de despossuídos americanos, identificados na linha de pobreza derrogatoriamente como *white trash*. Seus pais trabalhavam em colégios de Ann Harbor, no interior de Michigan, mas com o salário que recebiam o máximo que podiam era morar em um trailer, num daqueles estacionamentos que sobrevivem na periferia de qualquer cidade americana de médio porte. Iggy começou sua carreira tocando em bandinhas nas escolas, demonstrando grande potencial na bateria, segundo testemunho de Wayne Kramer, que o considerava o melhor da cidade. O apelido Iggy veio como herança de uma das bandas, The Iggys (Os Iguanas). Apaixonado pelo blues, decidiu se profissionalizar como baterista, partindo para Chicago com o objetivo de conhecer seu ídolo, Sam Lay, que tocara com Bob Dylan no célebre Festival de Newport em 1965.

Após meses de frustração por não conseguir absolutamente nada, totalmente quebrado, Iggy ligou para dois ex-colegas de colégio, os irmãos Ron e Scott Asheton, que vinham de uma temporada em Londres, para convencê-los a ir buscá-lo em Chicago de carro e montar uma banda de rock. Durante a viagem de aproximadamente seis horas, os três decidiram o que fariam da vida.

Apesar das sérias limitações como cantor, Iggy largou a bateria e foi para a frente do microfone, pois não conseguia se conter sentado atrás das baquetas. Os Stooges começaram a ensaiar sob forte influência de Ravi Shankar, Frank Zappa e especialmente Jimi Hendrix, cujo primeiro álbum eles tocaram até gastar a agulha do toca-discos. Como nenhum deles tinha a destreza necessária para executar arranjos tão intrincados, os Stooges se converteram numa azeitada banda de garagem, com ênfase especial no volume e na performance. O método de composição quase nunca variava. Nascia de um *riff* da guitarra de Ron Asheton e os outros esticavam a corda até onde fosse possível, com resultados vigorosos o bastante para derrubar os indiferentes. O Stooges dividiram com o MC5 o posto de banda titular do Grande Balroom a partir do começo de 1968, mas em vez de se mudarem para Detroit, Iggy, Ron, Scotty e o baixista Dave Alexander continuaram a viver juntos num pardieiro de aluguel mais barato em Ann Arbor, sede da Universidade de Michigan (e de uma das classes estudantis mais combativas do país), que ficava a 60 quilômetros da capital do automóvel.

Quando, um ano depois, os Stooges foram para Nova York gravar seu primeiro álbum, a Elektra ainda estava as costas queimadas pelos problemas causados pelo MC5. O repertório integral consistia de seis canções tocadas interminavelmente nos shows, enquanto Iggy maquinava seu ritual sensual e violento. Quando a gravadora perguntou se aquilo era tudo que tinham, eles responderam "claro que não" e correram para produzir algo a toque de caixa que fosse suficiente pelo menos para encher meia hora de disco.

Para pilotar a produção, a Elektra escalou John Cale, expulso do Velvet Underground um ano antes por Lou Reed. Bastou assistir a um show em Detroit para Cale se apaixonar pelos Stooges. Nico ficou ao seu lado na sala de controle durante as gravações, observando aqueles meninos de 20 anos inventarem o rock do futuro. De acordo com Iggy, os dois pareciam ter saído de um episódio da Família Addams. "Cale usava uma capa de Drácula com uma gola enorme. E Nico ficava tricotando. Durante toda a gravação ela ficou lá tricotando alguma coisa. Um suéter, talvez." Antes de as gravações terminarem, Nico e Iggy já haviam se tornado amantes.

Dois meses antes de os Stooges entrarem em estúdio, Nico havia lançado, também pela Elektra, com produção de Cale, seu segundo disco solo, *Marble Index*, um trabalho de beleza espectral e austera, completamente fora de lugar na Era de Aquarius. Na capa, a cantora, numa foto em preto e branco, de cabelos tingidos de negro, parecia uma dama saída de algum romance gótico do século XIX. As canções de aguda melancolia, compostas e executadas num harmônio, davam ao disco uma sensibilidade marcadamente europeia, reforçada pela presença de Cale, quase um coautor do álbum, com o som intermitente de sua viola e seus arranjos de cordas. Infelizmente o público manteve distância de tanta tristeza, optando pela música ensolarada que vinha da Califórnia ou por novas bandas psicodélicas. Com escassa vendagem,

Nico tampouco tinha convites para se apresentar. Quando se queixou a Cale de seus infortúnios, ela ouviu de volta: "Nico, você acha possível vender suicídio?"

O envolvimento de Iggy Pop com uma mulher experiente, ex-amante de outros *pop stars*, foi um aprendizado constante. Segundo o vocalista, Nico lhe apresentou sexo oral, vinho Beaujolais e o *Inferno* de Dante. Com o passar dos anos, sua admiração não diminuiu: "Nico tinha mais a dizer do que a maioria das pessoas que compõem música, mas não lançava mão de nenhum daqueles truques que nós usávamos constantemente para emplacar nossas canções junto a um público mais amplo. Ela estava num completo vácuo, mas teve a coragem de permanecer ali."

A insólita ligação desse misto de diva do *underground* e cidadã do mundo com um jovem cantor do interior não se restringiu a algumas tórridas noites nova-iorquinas. Nico se entusiasmou a ponto de ir morar com a banda em Ann Harbor. Certa de que precisava cuidar dos garotos, foi destituída da cozinha quando despejou um vidro de pimenta inteiro no primeiro jantar. Os Stooges não queriam mulheres na casa. O *affair* durou três meses e deixou como herança, além de todos os ensinamentos cosmopolitas, a primeira gonorreia de Jim Osterberg.

Os Stooges e John Cale passaram boa parte do tempo discordando sobre quase tudo, num clima de aberta hostilidade no estúdio. Para reproduzir a pegada de palco, eles queriam o volume de seus amplificadores Marshall ligado no máximo, mas o ex-Velvet respondia com condescendência que as coisas não funcionavam assim. O impasse gerou uma greve. Quando voltaram a Nova York para ouvir a mixagem, eles quase choraram de raiva, porque o som abafado desperdiçava toda a adrenalina que era esbanjada ao vivo. A Elektra bancou a remixagem de Iggy, mas mesmo assim as vendagens foram pífias.

Apesar de inicialmente ignorado, o álbum de estreia dos Stooges se cristalizaria como um dos pilares formadores do punk rock. Três instrumentistas limitadíssimos e um vocalista sem muitos recursos comprovaram que não há nada mais insondável do que o segredo por trás de uma grande banda de rock. Tosco, semianalfabeto, mas transpirando libido e agressividade, quase todo o repertório de clássicos instantâneos é parte de qualquer compilação do que de melhor o rock já produziu: "I Wanna Be Your Dog", "1969", "No Fun" e "Not So Right" trilhavam acintosamente um caminho oposto a tudo que vinha sendo feito naquele ano. Não por acaso a Elektra não tinha a menor ideia do que fazer para comercializar o álbum.

Já que não estavam vendendo discos, os Stooges tinham de sair a campo para cavar um lugar ao sol. Quando apareceu a oportunidade de uma sequência de quatro shows dobrados com o MC5 no Ungano's, um auditório no Queens, em Nova York, eles se atiraram à chance sem nenhuma rede de proteção. Três anos depois de Andy Warhol virar Nova York do avesso com o show Exploding Plastic Inevitable, os Stooges plantariam uma semente duradoura na sensibilidade de quem pretendia seguir uma carreira na música mas não tinha coragem nem certeza de que essa era sua vocação. Iggy lhes deu de bandeja uma rota e um mapa de navegação.

Naqueles quatro dias, Iggy Pop se expôs como um artista sem compromisso com nada e sem medo de perder contrato, credibilidade ou venda de discos. Ele definia seu público como espelho de si próprio e o que via no espelho eram marginalizados como ele, "gente com problemas de pele, problemas sexuais, problemas de emprego, problemas de peso, problemas mentais". Alan Vega, futuro criador da inovadora e radical dupla Suicide, surgida na cena nova-iorquina nos anos 1970, passou por um momento de transformação, uma epifania: "Eu não sabia qual era a do Iggy. Mas o que eu vi naquela noite estava além de qualquer coisa que eu tivesse visto ou ouvido antes. Era como uma forma de arte, além da música, porque a separação entre artista e plateia terminava. Eu tinha de ir aonde Iggy estava." No mesmo mês em que um festival no interior de Nova York celebrava o auge e o fim precipitado dos anos 1960, numa espelunca da metrópole, Iggy Pop começava a escrever o capítulo futuro de toda a cultura pop.

CAPÍTULO 12   Empreendimentos na hippielândia

Well, I hear that Laurel Canyon
Is full of famous stars
But I hate them
Worse than lepers
And I'll kill them in their cars

Neil Young, "Revolution Blues"

Num quarto de hotel em Nova York, Joni Mitchell estava inconsolável. Enquanto assistia pela TV, em pleno domingo, às imagens do festival que reunia naquele fim de semana 400 mil pessoas nos arredores de Bethel, uma cidadezinha ao norte do estado, a compositora tinha a sensação de que o mundo inteiro estava lá, menos ela. Naquele momento, seus amigos Crosby, Stills e Nash já se preparavam para sua segunda apresentação ao vivo desde que Neil Young se juntara ao trio. Apesar de não ter sido convidada para cantar, Joni Mitchell queria desesperadamente ir ao festival, mas seu empresário, David Geffen, temia que ela ficasse presa no trânsito e não conseguisse voltar para gravar um programa de TV na segunda-feira à tarde.

Naquele verão de 1969, Mitchell estava a um passo de ser reconhecida como a mais importante compositora de sua geração. Com dois álbuns lançados de pouca repercussão, a canadense era mais uma habitante de Laurel Canyon, integrada à comunidade de artistas e lutando pelo reconhecimento de seu talento. Quando, no dia seguinte, seu namorado, Graham Nash, contou com detalhes o que vira no festival, Joni Mitchell se emocionou. Era um relato como muitos que se ouviriam anos a fio, com ênfase nos aspectos míticos de uma multidão dividindo uma área de convivência durante três dias, ouvindo música, expandindo a consciência, sem pudor do próprio corpo. Qualquer contratempo era editado para não interferir na construção da lenda de um jardim ideal acima de todas as mesquinharias e ganâncias de uma sociedade apodrecida. Nem bem terminara e Woodstock começava a colocar seu nome entre os momentos decisivos da cultura ocidental no século XX.

Foi inspirada nessa visão edulcorada de um dos artistas que não enfrentaram a lama, o calor sufocante, a falta de medicamentos e os banheiros repugnantes do festival que Joni Mitchell compôs um sumário de todas as visões construídas sobre um modelo social perfeito. Anos depois, a acadêmica Camille Paglia incluiria a letra de "Woodstock", a canção escrita por Mitchell, entre os 49 maiores poemas da língua inglesa, junto com trabalhos de Robert Frost e William Shakespeare: *By the time we got to Woodstock/ We were half a million strong/ And everywhere there was song and celebration/ And I dreamed I saw the bombers/ Riding shotgun in the sky/ And they were turning into butterflies above our nation* (No momento em que nós chegamos a Woodstock/ Éramos meio milhão/ E por toda parte havia canções e celebração/ E eu sonhei que vi os bombardeiros/ Disparando no céu/ E eles se transformavam em borboletas nos céus da nossa nação).

A nação a que Joni Mitchell se referia não eram os Estados Unidos da América, e sim a "Nação Woodstock", que se materializou durante três dias como um sólido cordão entre pessoas de pensamento convergente que acreditavam na sedimentação de uma nova mentalidade guiada pelo pacifismo, pelo amor à música e pelo desprezo a qualquer sintoma da sociabilidade decadente formulada por seus pais. O discurso vinha se fortalecendo durante alguns anos, mas agora o mundo via uma demonstração maciça dessa unidade criativa como uma utopia possível.

Mas contar a história de Woodstock somente por esse ângulo significaria ignorar que seu imenso palco não foi erguido apenas sobre nobres ideais. Apesar de a maioria absoluta do público ter entrado gratuitamente, o festival não teve caráter beneficente. Se o lucro foi sempre um fator colateral da contracultura, um apêndice da mobilização pela revolução de costumes, Woodstock elevou essa dicotomia a um patamar nunca antes sonhado e poucas vezes superado.

A síntese desse encontro entre o devaneio hippie e o empreendimento capitalista começa na diferença de perfis dos quatro principais articuladores e realizadores do festival. De um lado, estavam dois yippies — antes de essa palavra sequer existir —, John Roberts e Joel Rosenman, jovens bem-nascidos, em busca de uma ideia que alavancasse sua vida profissional no mundo dos negócios. Do outro, Artie Kornfeld e Michael Lang, hippies apaixonados por música e drogas, envolvidos com produção de shows e com a indústria de discos, ansiosos por serem protagonistas da revolução cultural que sua geração vinha promovendo. Nenhum deles tinha ainda 25 anos quando se encontraram pela primeira vez.

O caminho desses quatro personagens se cruzou por intermédio de Miles Lourie, advogado ligado à indústria do entretenimento, representante de nomes como Paul Simon e Ray Charles, que tomou conhecimento de um anúncio de jornal no qual John e Joel prometiam recursos ilimitados a quem apresentasse a melhor ideia para investimento. Um dos clientes de Lourie planejava construir um estúdio de gravação na cidadezinha de Woodstock e tudo que o jovem cabeludo pedia era alguns minutos do tempo dos dois aspirantes a empreendedores para expor sua ideia.

Naquele dia frio de fevereiro de 1969 em que abriram as portas do seu pequeno apartamento em Manhattan para Artie e Michael, John Roberts e Joel Rosenman eram amigos inseparáveis havia quase dois anos. O agora falecido nova-iorquino Roberts, reservista do Exército, tinha pouca experiência profissional além de uma apagada passagem pelo mercado financeiro, mas estava sentado numa herança de quatro milhões de dólares, que seria recebida em três etapas até que ele completasse 35 anos. Seus pais eram ligados à indústria farmacêutica e fabricantes de pasta de dente, mas Roberts buscava algo mais excitante.

Quando esteve na Universidade da Pensilvânia, em 1967, fazendo um curso de literatura, ainda decidindo no que iria se especializar, Roberts conheceu, durante um torneio de golfe, Joel Rosenman, advogado recém-formado. Várias afinidades foram descobertas, além de suas abastadas famílias e a formação educacional que os classificava como Ivy League — o minúsculo segmento da sociedade formado nas melhores instituições de ensino superior. Em pouco tempo, os dois estavam procurando um apartamento para dividir em Manhattan, onde Joel iria trabalhar no escritório de advocacia de um tio. O que realmente queriam eram oportunidades em algum ramo no qual pudessem se estabelecer e obter reconhecimento profissional. Sem nenhum contato interessante, resolveram pôr um anúncio no jornal e esperar para ver o que acontecia.

Por incrível que pareça, os dois hippies que tinham ideias, mas não tinham dinheiro, estavam mais bem situados no mercado de trabalho do que seus interlocutores engravatados. Artie Kornfeld era o mais jovem executivo da indústria do disco americana, responsável pelo escritório nova-iorquino da gravadora Capitol, que tinha sede em Los Angeles. Michael Lang empresariava uma banda obscura e, na busca por um contrato de gravação, acabou conhecendo Artie e posteriormente se mudando para o apartamento em que vivia com a esposa e a filha. Assim como no caso de John e Joel, a amizade entre Artie e Michael envolvia desde o começo o objetivo de firmar uma parceria profissional.

Nascido e criado em Nova York, Michael Lang passou um tempo em Miami como proprietário de uma lojinha ao estilo da Psychedelic Shop em São Francisco e envolvido na produção de shows, inclusive o Miami Pop Festival, antes de morar brevemente em Woodstock, para onde mudara atraído pelas notícias de que uma cena de jovens artistas e boêmios começava a se consolidar desde a chegada de Bob Dylan e do The Band. Logo depois vieram Al Kooper e sua nova banda Blood,

Sweat and Tears, John Sebastian, líder da extinta Lovin' Spoonful, Van Morrison, Jimi Hendrix e o cantor folk Tim Hardin.

A tradição de Woodstock como uma vila boêmia datava do fim do século XIX, mas ela era ocupada basicamente por pintores e grupos de teatro. Michael antevia que a presença de músicos poderia transformar a cidadezinha numa espécie de posto avançado do Greenwich Village, em sintonia com a onda generalizada de trocar a metrópole pelo campo que vinha empolgando hippies e intelectuais. A cena nunca desabrochou totalmente, mas a concentração de músicos na área abria a possibilidade de inaugurar um estúdio de gravação, que funcionaria também como um chamariz para outros artistas ávidos por realizar seus trabalhos longe das gravadoras e das pressões urbanas.

John e Joel não ficaram exatamente exultantes, afinal, estavam ouvindo apenas um plano vago e mirabolante, mas como não tinham nada melhor em vista resolveram não fechar todas as portas de vez. Eles queriam que Artie e Michael retornassem na semana seguinte com um projeto escrito e detalhado que abrangesse custos, prazos, viabilidade e perspectivas de lucro, provavelmente achando que nunca mais veriam a dupla pela frente.

Para sua surpresa, três dias depois Michael e Artie voltaram levando um relatório que não avançava muito, mas com um detalhe não mencionado na primeira vez: uma festa de inauguração com os artistas locais que amortizaria uma parte do investimento inicial e garantiria publicidade de graça para o estúdio. O projeto do estúdio nunca foi oficialmente abandonado e constava do contrato que foi assinado pelos quatro. John se recorda de Michael no próprio fim de semana do festival comentando sobre o assunto, mas todo o foco do empreendimento repentinamente mudou. Ninguém sabe ao certo até hoje de quem partiu a ideia, mas o fato é que no final do segundo encontro a tal festa de inauguração havia se convertido num festival que consumiria três dias e atrairia um público suficiente para deixar todos eles ricos (ou ainda mais ricos, no caso de John Roberts). Desde o primeiro momento, dinheiro sempre esteve na pauta de Woodstock.

A segunda reunião deixou alinhavadas várias estratégias de ação. Cada um deles teria 25% de participação na Woodstock Ventures, uma empresa que produziria o festival e comercializaria todos os itens derivados do evento. A ideia de buscar patrocínio de alguma grande corporação foi imediatamente descartada. Nenhum deles queria homens com visão empresarial ortodoxa lhes dizendo o que deveriam fazer. Uma linha de crédito seria aberta no Bank of North America, onde estava depositada a herança de Roberts, para que a empresa pudesse arcar com os custos totais do festival, estimados em 500 mil dólares. Ficou combinado também que o nome Woodstock seria mantido para aproveitar a força da marca que começava a ganhar lastro junto ao público apreciador de rock. "Nós nunca pretendemos fazer aquilo na cidade de Woodstock, porque lá não existia terra suficiente. Aquilo foi ideia de Michael: vamos usar o nome", recorda Artie Kornfeld.

Tudo estava indo muito bem, mas a primeira e mais urgente providência era arranjar um local para o evento, ou toda aquela conversa não sairia do papel. O festival tinha de acontecer no verão, para aproveitar as férias escolares. Até a data estabelecida para a abertura, 14 de agosto, trabalho era o que não faltava, mas trabalhar sem definir onde seria o festival equivalia a fazer planos detalhados para uma viagem a lugar nenhum. Michael pensava ter encontrado o terreno perfeito, mas o proprietário recuou assim que tomou conhecimento do que pretendiam fazer em sua terra. A comunidade local lhe avisou que nem cogitasse receber vagabundos tocando aquela música nefasta nas imediações.

Com o escritório da Woodstock Ventures montado e corretores mobilizados na busca de um local, o próximo passo era arregimentar uma equipe experiente e de confiança para trabalhar sob a supervisão de Michael Lang. O primeiro recrutado foi Stanley Goldstein, um hippie típico, já na faixa dos 30 anos, que trabalhara com Michael no Festival de Miami. Sua missão seria articular toda a logística necessária para que o evento saísse do papel, além de cuidar pessoalmente da administração do local. Quase simultaneamente chegou Mel Lawrence, também veterano na produção de shows e conhecido como um dos mais fiéis seguidores de L.R. Hubbard, o criador da igreja da Cientologia. Dois ex-funcionários de Bill Graham, ainda considerado o papa naquele ramo, se juntaram à equipe: Chip Monk, um expert na parte técnica, cuidaria dos equipamentos do palco, da luz e da eletricidade; e John Morris, que vinha cultivando o sonho de montar um resort nas Ilhas Virgens, levaria toda sua experiência em lidar com artistas e contratos para ajudar a viabilizar um elenco de atrações de primeira linha para o festival.

A equipe foi reforçada também com a participação da Hog Farm (Fazenda de Porcos), um das mais conhecidas comunas hippies americanas, formada por cerca de setenta pessoas. Quando estavam em Nova York, todos se amontoavam num apartamento de um único quarto no centro da cidade. Comandados por Hugh Romney, ou "Wavy Gravy", conhecida personalidade do Village sem um único dente na boca e um dos primeiros amigos de Bob Dylan em Nova York, eles viajavam o país em caravana de oito ônibus pintados com cores psicodélicas no estilo dos Merry Pranksters, vivendo de pequenos trabalhos e apresentações de esquetes de teatro, com divisão rigidamente igualitária de todas as posses. Segundo o próprio líder, a Hog Farm era "um show de luz, uma banda de rock, uma pintura, um poema, uma alucinação móvel, um experimento sociológico, um exército de palhaços, um comício antiguerra, uma antena por liberdade e mudança". Quando passou um tempo em Los Angeles, a trupe recebeu a visita de Charles Manson a bordo de um ônibus cheio de mulheres. A filosofia da tribo era integrar qualquer um pelo prazo experimental de três dias, mas quando o sátiro barbudo propôs trocar uma de suas garotas pela esposa de Wavy Gravy, foram todos expulsos no dia seguinte à chegada.

Goldstein queria que a Hog Farm funcionasse como uma interface da organização do festival com o público num trabalho básico de integração, providenciando comida para quem estivesse sem dinheiro e orientando com dicas de sobrevivência pessoas que nunca tinham acampado. Apesar de desconfiados de que aquilo não passava de uma exploração capitalista de seus ideais, eles aceitaram participar quando receberam a garantia de que teriam total autonomia, inclusive orçamentária, para fazer o que bem entendessem. Sem o trabalho incansável da Hog Farm o desastre que parecia estar sempre à espreita em Woodstock provavelmente teria se consumado.

Aos poucos surgiram as primeiras rusgas e diferenças entre os quatro cabeças do empreendimento, causando fofocas e desconfianças. John e Joel não tinham interesse em drogas e sabiam pouco de rock. Michael Lang insistiu para que sua base de operações encarregada da montagem do show e de assuntos correlatos ficasse separada do escritório central, na 57th Street, onde funcionava a parte financeira e administrativa. O motivo alegado era necessidade de espaço para criar, mas Michael temia que a imagem engravatada e certinha dos dois sócios afugentasse artistas, empresários e jornalistas do meio musical. John não ficou satisfeito, mas aquilo era nada comparado à facilidade com que seu dinheiro era gasto sem maiores preocupações. Quando perguntado, a resposta padrão de Michael era "não se preocupe, cara, tudo vai dar certo". O problema maior, contudo, estava longe de ser resolvido. O calendário já marcava a entrada no mês de abril e eles ainda não tinham encontrado um pedaço de terra viável para sediar o evento.

Cansado de esperar, John Roberts resolveu tomar as rédeas da situação. Um corretor o procurou com a proposta de alugar sete acres de terra a 25 quilômetros da cidade de Woodstock, próximo a uma localidade chamada Wallkill, que tinha pouco mais de mil habitantes. Havia planos para que o local sediasse um parque industrial, mas nada tinha sido construído e o dono, Howard Mills, estaria disposto a alugá-lo por tempo limitado enquanto os lotes não fossem colocados à venda. John e Joel chegaram ao local quando já era noite e, apesar da falta de área verde e de o terreno ser basicamente um descampado, acharam que não conseguiriam nada melhor. Era pegar ou largar.

Quando visitou o local, Michael não escondeu a decepção. Nada ali sugeria o ambiente de energia e boas vibrações necessárias para que o festival fosse bem-sucedido. "Era um lugar muito feio, mas tinha água, energia elétrica e um proprietário que queria alugar." Na falta de uma alternativa e com a produção correndo contra o relógio, Michael teve de ceder.

Antes mesmo de fecharem negócio, o dono da propriedade já estava temeroso de que a conservadora comunidade local não aceitasse uma invasão de hippies em sua área. Para tentar aparar as arestas, uma reunião foi marcada com o Comitê de Zoneamento de Wallkill. John e Joel resolveram comparecer sem falar nada para Artie e Michael, receosos de que os cabelos grandes e o figurino hippie gerassem uma repulsa imediata. Os dois foram vestidos com ternos de grife, munidos de seus modos educados de aristocratas. Durante a reunião, o quadro descrito sobre suas pretensões para o festival mais sugeria uma assembleia cristã de jovens. Nenhuma menção a drogas, música barulhenta ou sexo foi feita. Woodstock seria uma espécie de feira com música folk e exibição de arte. Um ou outro cidadão levantou dúvidas sobre detalhes específicos, mas nada indicava qualquer obstáculo aos jovens empreendedores.

Estava bom demais para ser verdade. Mal os caminhões começaram a estacionar na cidade e os galpões passaram a funcionar como escritórios avançados, os murmúrios de desaprovação cresceram numa revolta eloquente demais para ser ignorada. Começou com telefonemas nada sutis: "Se vocês não saírem da cidade, cabeludos, vão virar presunto." Um novo encontro teria de ser marcado com o comitê antes que os dentes rangidos evoluíssem para a hostilidade aberta.

Dessa vez quem compareceu foi Stanley Goldstein, e o humor da plateia bem menos receptiva piorou quando se deparou com sua barba e seus cabelos compridos. O município todo já sabia que cem mil pessoas parecidas com ele iam invadir sua pacata comunidade em busca de sexo, drogas e rock'n'roll. Goldstein teve de ouvir comentários ofensivos e xingamentos, enquanto pacientemente tentava explicar como a cidade se beneficiaria com esse investimento na forma da geração de empregos e benfeitorias que permaneceriam depois que a caravana hippie partisse. Nada funcionou. Um dos moradores disse, sem meias-palavras, que se sentaria na porta de sua casa e o primeiro hippie que passasse seria recebido a tiros.

Os organizadores sabiam que uma comunidade revoltada poderia articular várias formas de sabotagem. O dono do terreno já estava apavorado, com medo de retaliações contra sua família. Nesse clima tenso, o *staff* foi todo reunido no escritório e instruído a obedecer a algumas normas mínimas de conduta. Era terminantemente proibido a qualquer um usar drogas em horário de trabalho e a ala masculina deveria manter distância das filhas dos figurões locais. Ambas as proibições começaram a ser desrespeitadas já no dia seguinte.

Não bastasse as pressões da comunidade de Wallkill, Michael Lang ainda tinha de confrontar o achaque de representantes da própria contracultura. Abbie Hoffman pediu 50 mil dólares para que seus amigos radicais ativistas não fizessem nada desagradável contra o evento, tipo piquetes na porta ou uma campanha de difamação pela imprensa. O processo contra Hoffman e sete militantes dos conflitos em Chicago no ano anterior se realizaria um mês após o festival e eles precisavam de todo o dinheiro possível para a defesa.

Michael fez uma contraoferta de 10 mil dólares, após consultar John e Joel, que estavam horrorizados com esse comportamento mafioso no meio de hippies que desprezavam visceralmente o capitalismo. Mas na lógica de Abbie Hoffman, se a rebelião seria mercantilizada e embalada para consumo em massa, nada mais natural que os verdadeiros rebeldes recebessem pelo menos uma porcentagem dos lucros. Ninguém cogitava mais a possibilidade de fazer uma revolução sem recursos financeiros. Em compensação, ficou acertado que não haveria nenhuma atividade política no palco do festival. Os militantes interessados em propagar alguma mensagem deveriam andar no meio do público e se instalar num setor reservado batizado de "Cidade do Movimento". Em resumo, os organizadores compraram o direito de banir a política de Woodstock.

A grade de atrações do festival se solidificava, mas não chegava nem perto de reunir a nata da aristocracia do rock, como Michael Lang pretendia. Entre as baixas estavam o The Doors, que recusava todos os convites para concertos ao ar livre por insegurança de Jim Morrison, e os Rolling Stones, que planejavam sua excursão pelos Estados Unidos para o outono.

Bob Dylan, que dera origem a toda aquela movimentação na vizinhança, recebeu Michael Lang em casa, mas não se comprometeu a participar. Sua ideia era ganhar tempo com algum malabarismo verbal, pois desde o começo não tinha a menor intenção sequer de passar perto daquele circo. Se dissesse não imediatamente seria pressionado e assediado de todas as formas. John Lennon, a outra grande estrela pretendida, queria cantar com Yoko Ono e uma banda improvisada, já que os Beatles estavam fora de questão, mas os mesmos problemas de visto que o impediram de gravar "Give Peace a Chance" em Nova York o deixaram de fora de Woodstock. No auge de sua cruzada pela paz, era previsível que o Departamento de Estado criasse todas as dificuldades para não deixá-lo incendiar centenas de milhares de pessoas com seu credo antiguerra.

Bill Graham não tinha ilusões de que um empreendimento daquele tamanho pudesse dar certo e também temia possíveis consequências negativas para o próprio negócio. Ingressos para o fim de semana inteiro do festival estavam sendo vendidos a 18 dólares. Quem iria pagar 5 dólares para assistir a um único artista? Alguma providência precisava ser tomada. "Bill me ligou e ameaçou sabotar o show", lembra Michael Lang. "Ele estava tentando nos intimidar. Eu disse que ele podia ameaçar o tanto que quisesse, mas ninguém ia recuar. Nós temos contratos, pagamos do nosso dinheiro e estamos a negócios aqui." John Morris sabia que seu ex-patrão detestava festivais, por acreditar que a segurança era sempre insuficiente e qualquer incidente de graves proporções poderia comprometer todos os profissionais do ramo. Graham chamava festivais de "piqueniques caros demais". "Você precisa entender que antes de o sol nascer no primeiro dia de Woodstock, o maior concerto de todos os tempos havia reunido 55 mil pessoas para ver os Beatles no Shea Stadium. A ideia de 400 mil a 600 mil pessoas num único show era ridícula", argumentaria Morris anos depois.

Mesmo sem ceder às provocações, Michael sabia que Bill Graham era influente o bastante para com meia dúzia de telefonemas comprometer drasticamente a grade do festival. O melhor seria acertar os ponteiros para não ganhar um inimigo poderoso numa hora imprópria. Sem pestanejar, o jovem empresário garantiu que os nomes contratados para o Fillmore East durante o verão só seriam anunciados como atrações em Woodstock um mês antes da realização do festival, quando Graham já tivesse vendido a maior parte dos ingressos.

O veterano produtor tinha uma exigência adicional: a banda liderada por seu protegido Carlos Santana tinha acabado de lançar o primeiro álbum e precisava de toda a visibilidade possível. Michael relutou a princípio, pois queria preferencialmente nomes já estabelecidos, mas Bill Graham não estava disposto a ceder. Ou o Santana ganhava sua chance em Woodstock ou ele interferiria diretamente para que o Grateful Dead e o Jefferson Airplane batessem em retirada.

Àquela altura, as chantagens de Bill Graham eram o menor dos problemas. No dia 14 de julho o Comitê de Zoneamento de Wallkill se reuniu para deliberar em caráter definitivo sobre a aprovação do festival. A audiência aconteceu em clima de guerra, com Michael Lang fazendo ameaças de um incidente de graves proporções se todos aqueles garotos chegassem à cidade e descobrissem que haviam viajado à toa, mas suas palavras sumiram ante a algazarra muito maior dos locais. No dia seguinte os cinco membros do conselho vetaram por unanimidade a realização do festival no município. O passo seguinte foi conseguir uma ordem judicial para banir o evento.

Se houve um momento em que o projeto Woodstock por pouco não se desintegrou foi quando John Roberts recebeu em Nova York a notícia do veto. Faltava um mês para o festival começar, o imenso palco já estava quase pronto, contratos estavam sendo fechados, mais de 50 mil ingressos haviam sido vendidos e os custos de produção já batiam na casa de um milhão de dólares. Aquela decisão praticamente zerava todo o trabalho e deixava os organizadores com a missão de encontrar outro local que atendesse às estritas condições necessárias para a realização do evento, além da igualmente árdua tarefa de convencer algum proprietário a ceder sua terra para sediar três dias de celebrações proibidas para menores. Todo o investimento inicial fora por água abaixo, o que reduzia consideravelmente a possibilidade de algum lucro. Com o pouco tempo restante, questões básicas de infraestrutura ficariam seriamente comprometidas.

Para alguém como Michael Lang, tão propenso a acreditar em conspirações cósmicas, a solução se apresentou de forma quase milagrosa. Entra em cena o escritor Elliot Tiber, ativista gay e principal personagem do filme de 2009 *Aconteceu em Woodstock* (*Taking Woodstock*, de Ang Lee), que detinha uma licença para realização de um festival em White Lake, uma pequena comunidade da cidade de Bethel, no Condado de Sullivan. Mas seu terreno foi considerado inadequado após rápida visita. A salvação veio quando um dos corretores contratados informou que Max Yasgur, um fazendeiro que fornecia laticínios havia anos aos moradores da região, tinha colocado à disposição um pedaço de suas terras. A distância da cidade de Woodstock havia crescido 40 quilômetros, mas a marca continuaria valendo.

Quando visitaram as terras de Max Yasgur, Michael e Mel Lawrence mal podiam acreditar em sua sorte. A área era toda verde, com bosques cercados por colinas, três lagos nas imediações e uma elevação perfeita para a construção do palco. Não obstante sua simpatia e seu desejo de embarcar numa aventura dessas aos 60 anos, o proprietário queria todas as garantias de que sua propriedade lhe seria devolvida nas mesmas condições em que fora entregue. E queria dinheiro também. Conforme se recordou Joel Rosenman, "eu acho que nós precisamos pôr 50 mil dólares em seu bolso. Em dinheiro de hoje, meio milhão de dólares pelo uso de três dias de sua fazenda. Mas Woodstock nunca teria acontecido se Max não aparecesse". A bem da verdade, Max não queria apenas o dinheiro, queria fazer algo diferente em sua vida e ajudar um bando de garotos a realizar seu festival. Parecia divertido. Woodstock, o grande monumento à geração que não confiava em ninguém com mais de 30 anos, só foi construído por causa do espírito aventureiro de um sexagenário.

Antes de o primeiro acorde de guitarra ser ouvido em Woodstock, o verão de 1969 já havia sido tão colorido de grandes histórias jornalísticas que ninguém podia antever um festival de música como um de seus fatos marcantes, possivelmente o maior deles. Havia nas salas de redação uma fartura de grandes temas capaz de cobrir praticamente todas as editorias. Rara era a semana em que a mídia não trazia alguma novidade forte o suficiente para monopolizar as atenções da opinião pública, quase sempre com o entrelaçamento das agendas políticas, culturais e comportamentais. Tudo parecia bombástico, grandioso e definitivo. Como classificar, por exemplo, a chegada do homem à lua, que mobilizou mais de um bilhão de pessoas em frente à televisão no dia 20 de julho, um domingo? Para alguns era o pináculo da trajetória da humanidade, a notícia para acabar com todas as outras, enquanto os mais sóbrios viam apenas mais um degrau vencido na corrida tecnológica, uma das grandes obsessões dos anos 1960, com reflexo em várias vertentes, das artes à filosofia, e, principalmente, na divisão política bipolar do mundo entre União Soviética e Estados Unidos.

Se a chegada do homem à lua galvanizou atenções de todas as raças e credos, havia fatos periféricos que ganhavam as primeiras páginas, carreando atenções para diferentes subculturas à margem do *mainstream*: o movimento gay entrou numa etapa sem retorno de ativismo após a eclosão dos protestos em Stonewall, no Greenwich Village — um ato de resistência contra todas as provocações e brutalidades policiais, quando ser homossexual ainda era considerado ilegal em vários estados americanos. (Não foi coincidência para muitos historiadores a insurreição ter ocorrido três dias após a morte de Judy Garland — o maior ícone gay de todos os tempos.) Enquanto isso, a revolução sexual chegava com enorme sucesso ao circuito teatral off-Broadway na peça *Oh! Calcuta*, uma coleção de esquetes de diversos autores como John Lennon, o cartunista Jules Feiffer e um jovem Sam Shepard, encenado por atores e atrizes totalmente nus. Perto dali, em Massachusetts, estouraria dias depois um escândalo político com ingredientes sexuais envolvendo Ted Kennedy — o caçula do mais influente clã político americano — que praticamente sepultou suas chances como candidato presidencial em 1972 e culminou com a morte de sua secretária num acidente de carro. Enquanto isso, o mundo do rock via em Las Vegas a volta aos palcos de Elvis Presley após um afastamento de dez anos e a morte de Brian Jones, dos Rolling Stones, em circunstâncias estranhas, mas não mais estranhas do que o bárbaro assassinato de cinco pessoas na casa do diretor Roman Polanski.

Havia novidades nas telas de cinema também, e não apenas nos filmes suecos de temática abertamente sexual que invadiam o mercado. Os hippies, que não se identificavam nem um pouco com os insossos filmes hollywoodianos, apaixonaram-se surpreendentemente por um desenho de Walt Disney da década de 1940 que inicialmente fracassara, mas fora relançado com uma apreciação muito mais positiva quase 30 anos depois: *Fantasia*. Segundo o escritor William Zinsser, "Disney estava nos dando uma experiência sensorial, o primeiro acontecimento lisérgico da América". A plateia incomum que se aboletava para viajar na superimposição de cores da sequência inicial da "Tocata e Fuga em Ré Menor", de Bach, levou a associação nacional de cinemas a mandar uma estranha carta aos donos das salas de exibição: "Não fiquem tensos em relação à plateia potencial. Eles são boa gente, cidadãos maconheiros pouco ligados em banho. A galera pirada. Eles estão aqui para uma viagem. Eles se encaminharão para as poltronas da frente, se deitarão nos corredores e em cima uns dos outros, mas bem na frente. Fumarão um baseado e oferecerão conselhos ao Mickey Mouse."

O grande sucesso dos cinemas naquele verão de 1969 foi também o primeiro *blockbuster* produzido pela contracultura. Seu impacto sobre Hollywood foi tamanho que alterou totalmente a configuração interna de poder nos estúdios, abrindo caminho para uma nova geração de diretores e produtores. O custo inicial de 500 mil dólares investidos em *Sem destino* (*Easy Rider*) foi recuperado em apenas uma semana num único cinema. O lucro só no primeiro ano chegaria a 18 milhões de dólares. A velha ordem, que vinha resistindo a mudanças disseminadas por toda a sociedade, finalmente tombou sob seu próprio peso como um castelo de cartas. *Sem destino* sepultou velhos cabeças de produção que continuavam a tirar de um forno enferrujado musicais inócuos e divertimentos familiares sem a percepção de que o próprio núcleo familiar havia se segmentado.

Novos escritórios começavam a ser ocupados por barbudos recém-saídos das escolas de cinema, com suas bolsas a tiracolo, cabelos compridos e discurso antissistema. Jovens diretores vinham assimilando recursos narrativos do cinema *underground* e dos grandes cineastas europeus. Ao mesmo tempo, chegava ao fim o código de censura que regulamentava as produções desde os anos 1930, abrindo espaço para uma enxurrada de filmes que lidavam de forma muito mais adulta com sexo, política e religião. Hollywood se mantivera alheia à grande terapia coletiva que não poupou nenhum segmento social, mas mesmo atrasada chegava disposta a recuperar o tempo perdido.

Os dois principais nomes por trás de *Sem destino*, Peter Fonda (produtor e ator) e Dennis Hopper (ator e diretor), pertenciam a uma nova geração de atores de Hollywood que frequentava o Troubadour e convivia com os maiores nomes do rock da Califórnia na época. Ambos já tinham sido parceiros num filme B sobre LSD, *Viagem ao mundo da alucinação* (*The Trip*), com roteiro de Jack Nicholson, à época apenas um expoente do cinema de baixo orçamento, que deslancharia para o sucesso após uma breve participação em *Sem destino*. Fonda estava com os Byrds quando John Lennon e George Harrison tomaram LSD pela segunda vez, em 1965, numa mansão alugada em Beverly Hills. Seu pai, o grande ator Henry Fonda, era um dos ícones da velha Hollywood. Já Dennis Hopper começara atuando com James Dean em *Juventude transviada* (*Rebel Without a Cause*) aos 19 anos, e desde cedo caprichou na fama de ator difícil e temperamental, sempre às turras com diretores mais antigos.

A trama quase inexistente de *Sem destino* servia como cortina de fumaça para radiografar um país dissimilar no qual promessas de liberdade eram confrontadas com intransigências reiteradas. Dois hippies, Hopper (com maneirismos quase insuportáveis hoje) e Fonda, vendem uma quantidade de cocaína na fronteira da Califórnia com o México para um figurão (o produtor Phil Spector numa ponta), compram duas Harley-Davidson com o lucro e saem numa jornada para assistir o carnaval em Nova Orleans. No caminho se deparam com personagens intolerantes do mundo rural que não os aceitam como hóspedes em hotéis baratos e zombam agressivamente de seus cabelos compridos. No final abrupto, uma dupla de caipiras à bordo de um caminhão assassina os dois a tiros. Hoje o filme parece irremediavelmente envelhecido e até risível em algumas partes, vítima da ação do tempo, ao contrário de outros produtos dos anos 1960, como *Os reis do iê-iê-iê* (*A Hard Day's Night*), *Performance* ou *Gimme Shelter*, que conservaram sua vitalidade.

A trilha sonora de *Sem destino*, com os Byrds, Jimi Hendrix e Electric Prunes, contava ainda com a então desconhecida banda canadense que atendia pelo nome de Steppenwolf, em homenagem ao livro homônimo de Herman Hesse (*O lobo da estepe*). Apesar de esses canadenses nunca mais emplacarem outro sucesso, "Born to Be Wild", ouvida nos créditos iniciais, quando a dupla se lança na estrada após Dennis Hopper atirar fora seu relógio, virou uma daquelas canções iconográficas tocada quase sempre num tom de paródia quando motoqueiros de meia-idade aparecem em filmes hollywoodianos. É impossível existir uma banda de bar nos Estados Unidos que não a conheça de trás para a frente.

Na sequência final, Dennis Hopper queria usar o contundente folk-rap "It's Allright Ma", mas estava tendo problemas em convencer Bob Dylan a ceder a gravação original. Dylan viu o filme ainda sem a trilha sonora e não gostou nada do final com a morte dos protagonistas. Ele queria que o personagem de Peter Fonda saísse em disparada com sua moto e matasse os dois caipiras. Mas Hopper não cogitava mudar seu filme para agradar ninguém, nem mesmo Bob Dylan. Após muita insistência, a canção foi cedida, mas não na gravação original, e sim numa releitura cantada por Roger McGuinn, dos Byrds, que teve ainda a incumbência de finalizar a bela "Ballad of Easy Rider", iniciada por Dylan porém não creditada a ele, que se ouve nos créditos finais.

Um final mais otimista seria inadequado a um filme tão desiludido com os rumos da sociedade americana e com a própria ideia de liberdade que vicejava no âmbito da contracultura. Apesar do discurso vagamente libertário saído da boca do personagem de Jack Nicholson, um advogado alcoólatra que é assassinado a pauladas por um grupo de interioranos, os dois personagens centrais são completamente incapazes de articular uma única justificativa para suas escolhas. Sua liberdade é comprada com dinheiro arrecadado com a venda de cocaína, uma droga cujo consumo era associado a um rito individual e autossatisfatório, vendida por traficantes predadores da cena hippie, ao contrário do caráter coletivista da maconha e do LSD. A última frase de Peter Fonda no filme, "nós estragamos tudo", em um tom entre desiludido e conformado, embrulhava a frustração num sentimento de torpor e de fastio crônico que se disseminava como autocrítica partindo das entranhas do movimento. Havia um baixo astral e um perceptível aroma de morbidez no ar. "Nós estragamos tudo" seria uma boa frase síntese para toda a violência estúpida que aguardava aqueles meses crepusculares dos anos 1960.

Dez dias antes de *Sem destino* começar a lotar os cinemas nos Estados Unidos, do outro lado do Atlântico chegavam as notícias da primeira baixa fatal nas hostes daquela geração de músicos. Até então, prisões, *bad trips*, pirações e interdições eram fatos aceitáveis como efeitos colaterais de quem se permitia deitar e rolar nos excessos. O certificado de imunidade virou fumaça quando o cadáver de Brian Jones, guitarrista dos Rolling Stones, foi encontrado no fundo da piscina de sua casa na madrugada do dia 2 para o dia 3 de julho. Dois anos depois, outros contemporâneos, como Jimi Hendrix, Janis Joplin e Jim Morrison, todos coincidentemente com a letra J no nome e todos com 27 anos, exatamente como Brian, também estariam mortos, mas naquele momento, quando a festa já apontava para o fim mas ainda rolava animada, a palavra morte não fazia parte do roteiro.

Nick Kent, célebre crítico inglês, uma vez definiu Brian Jones como a quintessência do *pop star*. Seu companheiro de banda, o baterista Charlie Watts, o considerava mais uma celebridade do que um músico. Brian era, antes de tudo, um típico *pop star* inglês, um dândi na perfeita acepção da palavra, pois não tinha origens aristocráticas mas sabia vender a imagem de elegância e zelo com a aparência não como um artifício para ser aceito pela elite britânica, mas como um método de desafio, de ruptura, de subverter padrões. Não por acaso, os garotos do britpop dos anos 1990 tinham por ele verdadeira adoração. Em Brian, arrogância e vitimização eram mutuamente determinantes, funcionavam como aspectos contraditórios de sua identidade. Mas nos últimos tempos até mesmo essa característica que o distinguia exemplarmente foi desaparecendo. Tudo aquilo que se desenhou como uma ameaça durante todo o ano de 1968 teve o desfecho trágico no começo do verão de 1969.

Um mês antes de morrer, Brian ouviu na beira da mesma piscina onde se afogaria que os Stones já não contavam com seus serviços. Mick Jagger, Keith Richards e Charlie Watts foram até sua casa, em Sussex, a 30 quilômetros do centro de Londres, para comunicar que o grupo ratificaria qualquer justificativa apresentada para sua saída. Brian não se mostrou disposto a contestar ou discutir. Aceitou a proposta de 20 mil libras anuais enquanto os Stones existissem como forma de compensação e depois que seus ex-companheiros foram embora chorou sozinho sentado no mesmo lugar.

Charlie Watts, que morava nas imediações, ia de vez em quando visitá-lo e sempre o encontrava animado a formar uma nova banda e sem demonstrar qualquer ressentimento. Outros visitantes tinham a mesma impressão. Jagger ganhara a batalha interna, mas no meio dos músicos londrinos não havia discussão sobre quem era mais popular. Todos adoravam Brian. Por isso foi com misto de surpresa e horror que a secretária dos Stones recebeu uma chamada da polícia no meio da madrugada com um comunicado de morte. A notícia chegou rapidamente ao estúdio onde os Stones faziam uma de suas primeiras sessões de gravação com Mick Taylor — guitarrista de 20 anos também louro e também apaixonado por *blues* —, que recebera o convite para substituir Brian com a felicidade de quem ganha um bilhete premiado de loteria.

As circunstâncias que cercaram a morte de Brian Jones permanecem ainda hoje envoltas em mistério, prato cheio para teorias conspiratórias, segundo as quais o guitarrista teria sido assassinado ou se suicidado. O laudo necrológico registrou afogamento associado a álcool, drogas e deterioração do fígado. Em contraponto a essa interpretação, vários livros, a maioria de caráter sensacionalista, e até um fraco filme de 2003, *Rolling Stone (Stoned)*, chegaram ao mercado na tentativa de decifrar o mistério.

Segundo a namorada do guitarrista, a sueca Anna Wohlin, o mestre de obras Frank Thorogood, que vinha trabalhando na reforma da casa, foi o responsável pelo homicídio não premeditado. Ameaçada, ela teria mantido silêncio até a morte de Thorogood, que segundo outras testemunhas confessou a autoria do crime em seu leito de morte em 1990.

A favor dessa versão pesa o fato de nenhuma droga ter sido encontrada no corpo de Brian, além de sua reputação como excelente nadador. O guitarrista sofria de asma, mas seus companheiros de banda nunca o viram passar por uma crise. Ademais, Brian devia dinheiro a Thorogood e o tratava frequentemente com sarcasmo e brincadeiras cruéis, que sempre aludiam a suas origens rudes. Contudo, nem a família nem os Rolling Stones jamais contestaram a versão oficial da polícia. Mick

Jagger e Charlie Watts até hoje acreditam, pelo menos publicamente, na versão de acidente. Já Keith Richards sempre achou que ali havia algo obscuro demais para ser descoberto e que a verdade nunca viria à tona. O certo é que Brian havia se transformado num pesadelo ambulante de paranoia, drogas e ressentimentos. A verdade sobre sua morte, qualquer que tenha sido, ficou na piscina com ele.

Passado o choque inicial, não havia sinal de que o fantasma de seu ex-guitarrista deixaria os Stones em paz tão cedo. Os problemas já começavam com o megaconcerto marcado para dois dias depois no Hyde Park, a primeira apresentação ao vivo da banda na Inglaterra em mais de dois anos. Quando a óbvia hipótese de adiamento foi levantada, Jagger retrucou que o contrato de patrocínio com a TV Granada já estava fechado e não haveria datas disponíveis, uma vez que ele estava de viagem marcada para a Austrália logo depois do show para estrelar um filme (*Ned Kelly*, possivelmente a pior atuação de um *pop star* no cinema). Prosseguir com os planos, por outro lado, poderia deixar os Stones vulneráveis a acusações de insensibilidade ao protagonizar uma celebração enquanto a família e os amigos de Brian ainda se recuperavam do impacto da notícia. Foi Charlie Watts quem apresentou a solução ao sugerir que o evento se convertesse numa espécie de memorial para o ex-companheiro.

Quando viu o Blind Faith mobilizar um público de 60 mil pessoas no Hyde Park no começo de maio, Mick Jagger imediatamente calculou quantas pessoas uma marca estabelecida como os Stones poderia atrair. O novo grupo de Eric Clapton mais parecia um clone do Cream. Contava inclusive com Ginger Baker na bateria, mas tinha também o reforço excepcional de Stevie Winwood, recém-saído do Traffic. Após uma tumultuada excursão aos Estados Unidos, durante a qual uma briga de Baker com a polícia deflagrou uma quebradeira generalizada num dos shows, um único álbum, que incluía a belíssima "Can't Find My Way Home", de Winwood, mas também um exagerado solo de bateria de nove minutos, entre outras extravagâncias, o grupo debandou por causa da insatisfação de Clapton. Mas coube ao Blind Faith a primazia de inaugurar a era dos grandes concertos ao ar livre.

No sábado, 5 de julho, ao meio-dia, com 250 mil espectadores presentes num Hyde Park enfeitado por um lindo dia de verão londrino e várias celebridades na plateia — inclusive os Beatles, subtraídos de John Lennon, que havia sofrido um acidente de carro —, Mick Jagger subiu ao palco de branco com um livro nas mãos anunciando que gostaria de dizer alguma coisa sobre Brian Jones. Em tom solene, leu um trecho do poema "Adonais", escrito por Percy Shelley em homenagem póstuma a seu contemporâneo John Keats, outro grande poeta romântico. Quando terminou com o fatídico verso "paz, ele não morreu, apenas acordou do sonho da vida", centenas de borboletas presas num saco foram libertadas, mas a maioria já saiu morta diretamente para o chão ou foi pisoteada no palco. Em seguida os Stones iniciaram um dos piores shows de sua carreira, para o qual não faltavam justificativas: muito tempo sem tocar ao vivo, o impacto da morte de Brian Jones e o nervosismo pela estreia de seu substituto.

Começava extraoficialmente naquele dia um segundo ciclo da carreira dos Stones marcado por três anos de apogeu criativo que os alçariam à fama global de "maior banda de rock'n'roll do mundo", mesmo quando isso não era mais verdade. Os laços da banda com a Inglaterra começavam a ser cortados. Em menos de dois anos, todos estariam morando na Riviera Francesa para escapar do apetite severo do fisco inglês e seus mais memoráveis shows se realizariam no eixo Nova York-Los Angeles. A morte de Brian Jones demarcou o fim dessa primeira fase de sotaque indistintamente britânico e estreita identificação com Londres. A poesia lida por Jagger foi também uma cerimônia de adeus extraoficial dos Stones à Swinging London, às namoradas louras de sensibilidade e sofisticação europeias e às roupas extravagantes, características que de alguma forma tinham a cara e um pouco do sotaque de Brian Jones. Foi uma transição tão rápida e imperceptível quanto a mudança de Londres de capital do agito e das novas tendências para a cidade sonolenta descrita em "Street Fighting Man".

Uma semana depois do concerto, Brian foi sepultado. Apenas Charlie Watts e o baixista Bill Wyman compareceram como representantes da banda que ele fundara e batizara. Jagger estava na Austrália e Keith Richards não queria incomodar ninguém com sua presença de amigo da onça que roubara a ex do defunto. As homenagens continuaram pelos gestos de amigos como Pete Townshend, que, num pungente poema escrito para o *Times* dizia que o dia da morte fora um dia normal para Brian, e Jimi Hendrix, que, do outro lado do Atlântico, num programa nacional de televisão, tocou "Lover Man", um clássico do repertório de Billie Holiday, com dedicatória póstuma ao seu melhor amigo em Londres.

Se a morte de Brian Jones teve um impacto notório na cena musical, a contracultura produziria ainda naquele verão um fato mais sensacional para monopolizar por meses a fio os corações e as mentes dos Estados Unidos. Numa manhã de sábado de agosto, a polícia de Los Angeles se defrontou, na casa do cineasta polonês Roman Polanski, em Benedict Canyon, com uma carnificina capaz de revirar o menos sensível dos estômagos. Cinco pessoas jaziam mortas, brutalmente assassinadas com requintes de crueldade, inclusive a atriz Sharon Tate, de 26 anos, mulher do diretor, que estava grávida de oito meses. Polanski escapou da chacina por estar em Londres trabalhando no roteiro para um novo filme.

Na noite anterior, sexta-feira, 8 de agosto, um grupo de três garotas e um rapaz, membros da "família" de Charles Manson, havia invadido a mansão alugada por Polanski em 10050 Cielo Drive, um dos locais mais altos de Los Angeles, para a execução do assassinato coletivo: Sharon Tate teve seu bebê arrancado barbaramente da barriga; o cabeleireiro Jay Sebring, um dos mais renomados de Hollywood, foi degolado; uma herdeira milionária, Abigail Folger, e um amigo polonês de Polanski receberam cinquenta facadas cada um. O caseiro, que tentou fugir, foi alcançado e também retalhado. Quando entrou na casa no dia seguinte, no meio de um cenário do mais puro horror, a faxineira encontrou na parede, escritas com sangue, as palavras *pig* (porco) e *rise* (levante).

Em estado de choque, Polanski retornou no mesmo dia para os Estados Unidos, enquanto a imprensa entrava em polvorosa com o assunto do ano. Jornais e noticiários não tinham tempo para mais nada, nem mesmo para o retorno à Terra dos astronautas da Apolo 11, os primeiros a pisarem na Lua. Los Angeles foi tomada por uma onda de paranoia sem precedentes. A identidade desconhecida do criminoso bastava para transformar várias celebridades em suspeitos e alvos em potencial. Mais de 200 armas de fogo foram vendidas na região no dia seguinte ao crime.

Na noite daquele sábado, enquanto a polícia quebrava a cabeça para entender o que acontecera, os mesmos membros da "família" se deslocaram para Los Feliz, um distrito de Los Angeles próximo a Hollywood, e sem nenhuma razão aparente repetiram o ritual sanguinolento contra um casal de executivos de supermercados. Charles Manson, que não havia ido à casa de Polanski, dessa vez esperou no carro enquanto seus pupilos sujavam as mãos por ele. A mulher, Rosemary La Bianca, foi encontrada com um garfo enfiado na barriga e mais de sessenta facadas. Na geladeira foi escrita com sangue a expressão *"Helter Skelter"*, que dava nome a um brinquedo de parque de diversões e a uma das faixas do *Álbum Branco* dos Beatles.

A polícia estava tão desnorteada em busca de pistas que, a princípio, nem sequer estabeleceu uma ligação entre os dois crimes. Até mesmo Polanski entrou na relação dos suspeitos, enquanto a vida do casal era devassada pela imprensa. O diretor polonês assinara um dos grande sucessos do cinema em 1968, *O bebê de Rosemary (Rosemary's Baby)*, sobre uma jovem que carrega o filho do demônio no ventre. Para boa parte da opinião pública, aquilo bastava para fazer de Polanski um adepto do satanismo. A maior parte das publicações que entraram num frenesi de cobertura em tempo integral tratou o caso como um ritual de magia negra que dera errado e acrescentou drogas e sexo a esses ingredientes.

Impaciente, Polanski começou sua própria investigação. No desespero, chegou a se disfarçar de hippie e frequentar a Sunset Strip em busca de alguma pista. A verdade estava mais próxima do que ele supunha. A polícia foi tão incompetente em suas investigações que prendeu vários membros da "família" uma semana depois de uma série de roubos de carros, mas os libertou em seguida por falta de provas, sem suspeitar de nada. A conexão só foi descoberta porque Susan Atkins, uma das garotas que estavam em Cielo Drive naquela noite, contou a uma colega de cela sobre a autoria dos crimes.

Charles Manson foi preso em dezembro e formalmente indiciado como principal responsável pelos assassinatos. De imediato, alguns jornalistas especularam se os crimes seriam represália contra o produtor Terry Melcher, que residia com Candice Bergen no mesmo endereço de Polanski até o começo do ano. Sem se conformar com as falsas promessas de contrato e gravação de um álbum, Manson teria cometido os assassinatos para mandar um recado a Melcher, conforme diria Susan Atkins em depoimento. A versão surgida durante o processo era muito mais bizarra. Era como se Charles Manson estivesse filmando um roteiro de filme *trash*, mas coletando vítimas reais de sua sociopatia. O líder da "família" estava convicto de que o fim dos tempos descrito na batalha do Armagedom estava próximo e os Beatles eram os quatro anjos do apocalipse enviados por Deus para entregar a mensagem a ele, o quinto anjo, que a Bíblia citava como o exterminador. O novo Livro das Revelações e portador das mensagens era o *Álbum Branco*, que tocava durante horas a fio em seu toca-discos.

A versão hippie da batalha do fim dos tempos seria travada na forma de um conflito racial entre brancos de um lado e negros liderados pelos Black Panthers do outro. A canção "Blackbird" seria um chamado a essa revolução na forma figurativa do pássaro negro que canta na calada da noite (a tradução literal seria "na morte da noite"). "Piggies", a sardônica crônica orwelliana de George Harrison, apropriava-se da expressão antiburguesa e antiautoridade usada pelos Panthers para descrever a metódica aplicação dos atos de violência inevitáveis nesse combate. A batalha pelo controle da terra, o juízo final, o apocalipse propriamente dito seria chamado de "Helter Skelter", o rock mais brutal, sujo e pesado gravado pelos Beatles. E a informação sobre a contagem regressiva para o caos vinha na forma de um recado em "Revolution 9", num assalto cultural em dez minutos arquitetado por John Lennon com sons desconexos, palavras de ordem, gemidos de dor, tiros de fuzil e frases enigmáticas como "você fica nu" e "pegue isto, irmão, pode lhe servir bem". Referências subliminares também foram ouvidas por Manson em outras faixas, como "I Will", "Honey Pie", "Glass Onion" e "Rocky Racoon".

Durante essa guerra racial, a "família" permaneceria escondida num buraco no meio do deserto, esperando a vez de intervir, pois os negros vitoriosos se mostrariam incapazes de governar o mundo. Caberia a Manson arrebatar o comando da terra e reinar como novo messias, fazendo jus à profecia embutida em seu falso sobrenome (Manson quer dizer literalmente "filho do homem").

Mesmo para os padrões de alguém acostumado a navegar em milhares de viagens lisérgicas, a historinha de Manson chamava atenção pela ingenuidade e pela conotação nitidamente racista, semelhante à de outros cultos que se espalhavam pelos Estados Unidos preconizando o juízo final e clamando por cordeiros de sacrifício. Mas antes de começar o processo judicial nenhum desses detalhes era ainda de conhecimento público.

Não era de se estranhar, portanto, que no miolo da contracultura Manson fosse visto como um bode expiatório. Algumas vozes intercederam de imediato em seu favor. Paul Kantner e Neil Young deram declarações de simpatia, pondo em dúvida sua responsabilidade na autoria dos crimes. Young chegou a visitá-lo na cadeia. Jerry Rubin declarou sempre ter simpatizado com a "face de querubim" de Manson. Quando ocorreu a prisão, o *Tuesday's Child*, um dos mais renomados jornais alternativos de Los Angeles, proclamou Manson "o homem do ano" e publicou sua foto com a legenda "HIPPIE" em baixo. Bernardine Dohrn, uma das líderes do Weather Underground, mal continha seu orgulho e congratulou Manson por "matar aqueles porcos, jantar na mesma sala e ainda lhes enfiar um garfo no estômago", palavras que ela se arrependeria profundamente de ter proferido anos depois, já em sua fase de respeitada professora universitária.*

Na imprensa especializada havia também uma percepção disseminada de que Manson caíra numa armadilha. David Felton e David Dalton, os dois jornalistas da *Rolling Stone*, escalados para uma matéria investigativa sobre a "família", partiram para a missão com enorme boa vontade. Jann S. Wenner chegou a imaginar uma capa com o título "Manson é inocente". Duas horas de conversa nas quais "o filho do homem" narrou sua trajetória e descreveu com detalhes como os Beatles haviam construído o arcabouço de seu banho de sangue bastaram para que o título da reportagem fosse modificado bombasticamente para "O mais perigoso homem vivo".

Todos os membros da "família" que participaram dos crimes foram a julgamento em julho de 1970. Seis meses depois receberam a pena máxima como sentença. Só escaparam da cadeira elétrica porque meses antes do término do processo a Califórnia aprovara uma lei abolindo a pena de morte e convertendo as já existentes penas capitais em prisão perpétua.

Desde que fora posto em evidência como uma aberração para aterrorizar o sistema e constranger a contracultura, Manson nunca deixara de ser uma figura-chave da cultura pop, adorada por desajustados e garotos problemáticos no período transitório da adolescência para a vida adulta. Bandas indies, como Sonic Youth e Lemonheads, gravaram suas canções rejeitadas. O diretor John Waters dedicou seu *Female Troubles* a Tex Watson, um dos membros da "família" que participou diretamente das chacinas. Axl Rose, vocalista do Guns'n'Roses, certa vez subiu ao palco com uma camiseta que tinha seu rosto estampado. Os websites feitos em sua homenagem são incontáveis.

---

*Bill Ayers, marido de Bernardine, outro membro da organização, viu-se metido numa polêmica mais recente quando setores da mídia americana transformaram sua suposta amizade com Barack Obama em tema da campanha presidencial de 2008.

Manson sempre declarou ser apenas um espelho da América. Dizia que não podia fazer nada se as crianças rejeitadas ou filhas de um sistema familiar disfuncional o procuravam em busca de algo que lhes preenchesse um vazio incomensurável. Catalogá-lo na lista dos *freaks* como um vírus contagioso ou subproduto social bizarro oferecia uma resposta mais fácil do que encarar questões desconfortáveis. Manson foi a incômoda dialética inoculada no seio de um projeto coletivo ligado a anseios de desrepressão e liberdade que jamais conseguiu se livrar de outra face indistinguível de violência e intolerância. De certo modo, sua pregação também era antissistema, também se sustentava no dualismo das seitas que só entendiam o mundo como uma batalha do bem contra o mal. Por mais perversa que pareça, a retórica milenarista e apocalíptica apontando uma única porta de salvação era uma amplificação, não completamente antagônica, de vários aspectos religiosos da filosofia hippie. Manson personificou o encontro extremado entre a facção que pregava o retorno pacifista à terra e os grupos que projetavam a destruição pela violência daqueles que não se enquadrassem, ambos radicais na prática e nos princípios.

CAPÍTULO 13 Muito além de um jardim

> *Discuss what's real and what is not*
> *It doesn't matter inside the gates of Eden.*
>
> Bob Dylan, "Gates of Eden"

Uma semana depois de os crimes cometidos pela "família" monopolizarem as atenções da sociedade americana, quando ninguém no mundo tinha ainda a menor ideia de quem era Charles Manson, o esforço daqueles quatro jovens de organizar um festival erguido do nada no começo do ano se materializou como a maior celebração massificada da contracultura. Na essência, Woodstock foi uma evolução natural de todo o movimento tramado no *underground*, nos shows do Fillmore e do Avalon, no Festival Trips, que começou a ver luz do dia com o Festival de Monterey, foi celebrado pelos Beatles em *Sgt. Pepper* e teve ramificações em outras concentrações de caráter não estritamente musical, como a marcha sobre o Pentágono e a batalha da Convenção do Partido Democrata em Chicago. Seguiu-se, em resumo, a trajetória natural de toda subcultura em seu caminho natural do *underground* para o centro. Woodstock foi a consolidação de um fenômeno que afetaria os quatro cantos do planeta, influenciando e subvertendo culturas e comportamentos em escala mundial. O que aconteceu naqueles três dias rapidamente saiu da esfera da realidade rumo ao reino das lendas, algo impossível de ser repetido, imune às contradições e portanto quase intocável. A própria definição de mito formulada por Claude Lévi-Strauss. Antes disso, contudo, vieram os fatos...

Para a equipe que tentava desesperadamente tocar um festival com infraestrutura precária em bases semiamadoras não havia a mínima preocupação de fazer história. Ninguém tinha mais qualquer ilusão de que apenas cem mil pessoas acampariam ali, mesmo com a venda antecipada de apenas 60 mil ingressos. O primeiro show estava marcado para começar apenas na sexta-feira, dia 15 de agosto, à tarde, mas as instalações para acampamento estariam abertas desde o dia anterior. Uma multidão começou a chegar na quarta, armou suas barracas, sacou seus violões e acendeu seus baseados. Na noite de quinta-feira o trânsito já estava bloqueado em todas as vias de acesso ao local do festival por pelo menos 30 quilômetros.

O próprio Artie Kornfeld ficou preso com a mulher no meio da estrada, pois estava em Nova York até quarta à noite negociando com o grupo Time Warner a venda dos direitos sobre o documentário do evento. A prática de simplesmente largar o carro no meio da estrada virou quase uma norma. A maioria das pessoas que não conseguiam carona seguia mesmo a pé. A ausência de controle no tráfego só agravava o problema. Os organizadores contrataram 300 policiais de Nova York que estariam de folga para trabalhar a cinquenta dólares por dia, mas, pressionados por seus superiores, vários decidiram não aparecer. No começo da semana, os Motherfuckers haviam passado um panfleto no East Village avisando aos malucos que haveria policiais à paisana aos montes em Woodstock e convocando todo mundo a dar "calorosas boas-vindas" aos "porcos desarmados".

Na quinta à noite, John Roberts e Joel Rosenman saíram de moto para dar uma geral nas imediações e verificar se havia alguma pendência de resolução urgente. Em cima de uma colina, a mais ou menos 2 quilômetros da área principal, eles se depararam com a impactante visão de milhares de fogueiras. "Nós dois sentíamos como se aquilo fosse um exército descansando antes de uma enorme batalha. Era muito quieto, você meio que podia ouvir música e barulho a distância. Foi um momento realmente bonito que ficará comigo para sempre", recorda Joel.

Esses interlúdios de calmaria seriam raros para quase toda a equipe de produção durante o fim de semana. À medida que se aproximava a hora de o primeiro acorde de guitarra ecoar pelas montanhas Catskills, os problemas se avolumavam numa velocidade maior do que nos quatro meses de preparação. Os gastos já passavam de um milhão e a expectativa era de que as despesas de última hora dobrassem esse valor.

Além dos custos inevitáveis, os organizadores tinham ainda de lidar com terceirizados lhes encostando a faca no pescoço. A concessão de venda de alimentos fora cedida à empresa Food For Love em troca de 50% dos lucros. Na última hora, os donos resolveram romper o acordo e prometeram deixar o festival sem água, cerveja e comida se não abiscoitassem o lucro integral. Mesmo contrariado por ceder à chantagem, John Roberts estava de pés e mão atados. Era renegociar o contrato ou abrir as portas para o caos.

Na sexta-feira de manhã, o ex-policial responsável pela segurança, Wes Pomeroy, já dava entrevista ao jornal *New York Post* em tom alarmista, pedindo que ninguém mais se dirigisse a Bethel, pois as áreas de controle estavam operando no limite da capacidade. O público chegava num volume tão grande, de tantas direções diferentes, que a organização não teve remédio a não ser franquear a entrada. Muita gente cortava os arames farpados com alicate ou simplesmente passava por baixo. Era impossível qualquer medida para deter a invasão. O crítico da *Rolling Stone* Greil Marcus teve de andar 10 quilômetros para conseguir chegar. No fim da tarde a polícia simplesmente fechou a Thruway, a principal artéria que ligava Nova Jersey e Nova York ao festival. Cerca de um milhão de pessoas ainda tentavam chegar, mas a maioria simplesmente voltou para casa.

A decisão de "liberar geral" não foi consenso entre a produção. Artie Kornfeld ainda estava preocupado com um colossal prejuízo, já que a principal fonte de renda imediata seria eliminada, mas John Morris argumentou que o esforço empregado para impedir a entrada dos penetras precisava ser canalizado para outros setores que apresentavam problemas muito maiores. "Era como se preocupar com seu portfólio enquanto você estava sob ataque ou tentando escapar de um furacão. Foi uma medida preventiva que nos deu o luxo de ter uma preocupação a menos", recorda Morris.

O lucrativo contrato fechado por Artie com a Warner também pesou a favor da tolerância. Com os gastos elevados de última hora, ninguém esperava que o festival desse lucro apenas com a venda de ingressos. Assim que John Morris anunciou do palco que Woodstock era agora um evento gratuito, a maior ovação do fim de semana inteiro se alastrou pelo acampamento.

A contraindicação desse gesto de boa vontade (ou de sobrevivência) era arcar com sérios problemas de infraestrutura que já seriam críticos com metade do público. Logo que raiou a sexta-feira, o escritório central recebeu uma chamada do gabinete do governador Nelson Rockefeller avisando que informações seguras sobre uma catástrofe iminente forçaram um deslocamento da Guarda Nacional para Bethel. Um sinal positivo da organização bastaria para o acampamento ser ocupado e todos os presentes retirados. A ameaça foi contornada, mas continuou a pairar durante todo o fim de semana, como a nuvem negra que horas depois despejaria uma tempestade sobre Woodstock.

Alheios a tudo isso, os hippies só queriam saber de celebrar e confraternizar. Muitos se reencontravam de festivais passados, caravanas chegavam e novas amizades e casais iam se formando enquanto se erguiam as barracas. A equipe encarregada do documentário, que contava com um jovem Martin Scorsese como assistente de direção, andava pela área recolhendo depoimentos de pessoas e grupos vindos dos mais diferentes cantos. Traficantes de LSD circulavam como vendedores de picolé na praia, em meio a uma intensa troca de informações. O alto-falante tocava *Crosby, Stills and Nash* e o segundo álbum do Led Zeppelin. Os três lagos logo se tornaram uma parada obrigatória em meio ao calor de quase 40 graus. Rapidamente as roupas foram caindo até que a nudez na água virou mais uma comodidade do que um manifesto. Desnecessário dizer que a imprensa destacada para cobrir o festival não queria fotografar mais nada a não ser meninos e meninas peladas. Em outra parte do acampamento, sessões coletivas de ioga eram conduzidas enquanto o pessoal da Cidade do Movimento distribuía panfletos pedindo colaboração para as mais diferentes causas. A música ainda nem começara, mas Woodstock estava a todo vapor. Vista de cima pelos helicópteros, a multidão mais parecia um mar de gente cercando a pequena ilha do palco por todos os lados.

Por mais que os shows tivessem se tornado apenas um acessório em meio àquele gigantesco parque de diversões social, os organizadores tinham pressa de colocar logo alguém no palco, ou não haveria como cumprir o cronograma a tempo de encerrar as atividades no domingo à noite. Seguindo a fórmula consagrada em Monterey, Michael Lang planejara um dia de abertura mais suave, cheio de violões, deixando as bandas mais pesadas e famosas para o sábado, de forma que o festival chegasse ao clímax. A primeira complicação surgiu quando o obscuro grupo de Boston Sweetwater, agendado para abrir os trabalhos, ficou preso com seus equipamentos no trânsito, sem condições de acesso.

Houve defecções de última hora. O Jeff Beck Group, em pleno processo de esfacelamento, cancelou a participação. Os ingleses do Moody Blues, também em meio a desavenças internas, desistiram de participar. Vindo de San Diego, o Iron Butterfly ligou do aeroporto exigindo que um helicóptero fosse mandado para que eles chegassem, tocassem e voassem de volta imediatamente. John Morris respondeu com um telegrama que formava o acróstico FUCK YOU — *For reasons I can't go into. Until you are here. Clarifying your situation. Knowing you are having problems. You have to find Other transportation. Unless you plan not to come.* (Por razões que não posso detalhar. Até vocês chegarem. Esclarecendo sua situação. Sabemos que vocês estão tendo problemas. Vocês têm que encontrar outro transporte. A menos que planejem não vir.)

O excepcional compositor Tim Hardin, morador das redondezas, autor de peças belíssimas como "If I Were a Carpenter" e "Black Sheep

Boy", pensou em antecipar seu show, mas uma longa recuperação do vício de heroína vinha drenando suas forças. Ser o primeiro a encarar a maior plateia de todos os tempos não era exatamente encorajador para alguém naquelas condições. O jeito foi apelar para o menos conhecido Richie Havens, membro da comunidade folk do Greenwich Village, amigo de Jimi Hendrix e originalmente programado para aparecer como quinta atração. Havens tinha um talento original para recriar canções e adaptá-las ao seu estilo no violão, muito admirado, entre outros, por John Lennon, que adorou sua releitura de "Strawberry Fields Forever". Mesmo temeroso — afinal, poucos além dos limites do Village o conheciam —, Havens aceitou ir para o sacrifício. Às 17h07 de sexta-feira, dia 15 de agosto, uma hora depois do horário de abertura prometido, subia pelo elevador que dava acesso ao palco a primeira atração de Woodstock.

Richie Havens tocou seu repertório quase inteiro durante uma hora, mas sempre que ameaçava terminar a apresentação alguém lhe gritava da coxia que cantasse mais uma, pois não havia ninguém para substituí-lo. Após mais de duas horas, sem ter mais nada para tirar da cartola, o violonista começou a improvisar algo sobre a tradicional canção "Motherless Child", com variações em torno da palavra *freedom* (liberdade), para marcar em grande estilo sua aclamada despedida de cena.

Michel Lang ainda não abandonara a esperança de Bob Dylan aparecer de repente para um show de surpresa. Afinal, se não houve uma resposta afirmativa, Dylan também não fechara as portas completamente. Mas tocar em Woodstock estava completamente fora de seus planos. Mesmo com sua casa distante 70 quilômetros do local, ele previu que não teria sossego o fim de semana inteiro se ficasse na área. Quando surgiu um convite para o show de encerramento no Festival da Ilha de Wight, no sul da Inglaterra, marcado para a última semana de agosto, Dylan aceitou sem pestanejar, com a condição de que os organizadores pagassem passagem e hospedagem para toda a sua família e que ele saísse dos Estados Unidos o mais rápido possível.

Enquanto os hippies se refestelavam em Woodstock, Dylan empreendia sua estratégia de fuga para a Inglaterra, mas o desmaio de um de seus filhos, quando se preparava para embarcar de navio, forçou uma mudança de planos. A solução foi remarcar a viagem para alguns dias depois. Durante todo o fim de semana, enquanto 500 mil pessoas se amontoavam nas imediações de sua casa, várias na expectativa de seu súbito aparecimento, Dylan permaneceu num hospital em Nova York prestando assistência ao filho.

Com ou sem Dylan, Michael Lang tinha uma agenda para cumprir. Além dos atrasos, a forte chuva chegou ao cair da noite como a mais indesejada das visitas. A Incredible String Band, um duo folk escocês que realizava uma instigante fusão de formas musicais celtas tradicionais com bem-humoradas letras recheadas de teosofia e ocultismo, preferiu trocar seu show para o dia seguinte por causa da tempestade, decisão equivocada, pois no sábado ninguém aguentava mais shows acústicos. Estava aberto o espaço para a primeira grande revelação do festival.

Antes de Woodstock começar, Melanie Safka era uma insípida cantora folk do Queens, em Nova York, indistinguível de centenas de outras. Tão indistinguível que teve de se oferecer para cantar no festival. Mesmo intimidada pela multidão, ela aproveitou a brecha deixada pela Incredible String Band e corajosamente foi em frente com seu violão. Naquela altura, a área do acampamento estava se transformando num lamaçal. Melanie cantou aterrorizada em meio a relâmpagos incessantes, enquanto o público saudava a chegada da noite e sua voz suave (ainda que meio esganiçada) com isqueiros acesos e aplausos entusiásticos.

A procissão de violões na sexta-feira acústica de Woodstock prosseguiu noite adentro, com uma breve pausa para a cítara de Ravi Shankar. Era uma e meia da manhã quando Joan Baez, grávida de seis meses, subiu ao palco para o momento mais explicitamente político do festival. Mesmo com a certeza de que a maioria dos presentes se opunha à Guerra do Vietnã, política era um tema completamente fora de pauta até aquele momento. Mas, ao contrário de Dylan, Joan Baez mudara quase nada desde a época da campanha pelos direitos civis. Continuava uma convicta ferrenha no poder da voz e de um violão como ferramenta de transformação social. Até a chamarem para cantar, ela ficou misturada ao público, distribuindo comida aos muitos que chegavam sem nada e cantando no palco livre reservado para os amadores e poetas desconhecidos, que eram aplaudidos mais pela intenção do que pelo talento.

Enlameado até os cabelos, já exaurido pelo esforço de tentar chegar ao festival e pela maratona de sol e drogas com tempestade no fim do dia, o público ouviu respeitosamente as referências de Baez a seu marido preso por resistir à convocação para o Vietnã, mas, assim que ela terminou de dar seu recado, todos foram cuidar de coisas mais imediatas, como arranjar o último baseado da noite ou tentar dormir no meio daquele atoleiro. Do palco, Mel Lawrence avisou: "Bem, é isto por hoje, turma. Tenham todos uma boa noite de sono e eu vejo vocês amanhã, por volta de dez horas. Paz e boa noite."

Enquanto as luzes do festival se apagavam, as atividades continuavam intensas no hotel Holliday Inn, que hospedava a maioria dos artistas e de onde partiam os helicópteros, única forma possível de deslocamento em direção ao acampamento. Além da interminável fila do *check-in*, o bar do hotel estava previsivelmente lotado. Alguém tinha posto cinco dólares em moedas num *jukebox* que repetiu "Hey Jude" sessenta vezes, enquanto um coral de músicos levantava os braços e entoava "lá, lá, lá, lá, lá, lá, lá, hey, Jude". Era dado como certo que, por causa do temporal, o festival seria interditado e o local oficialmente proclamado "área de calamidade pública". Em outro canto, um grupo de artistas programados para cantar no sábado à noite, a faixa mais nobre do evento, entre eles Janis Joplin, o Grateful Dead e o The Who, estavam ensaiando uma rebelião contra a organização do evento, que não queria pagar ninguém em dinheiro vivo. Os boatos sobre a intervenção do governo no festival chegavam de mãos dadas com a informação sobre um suposto calote dos organizadores. Sem recursos para honrar seus compromissos, eles estariam passando adiante um monte de cheques sem fundo.

Assim que acordou, cedo no sábado, Mel Lawrence imediatamente começou a andar pelo acampamento para verificar, à luz da manhã, o tamanho do estrago provocado pela chuva. "Eu vi todos aqueles corpos jovens embolados em lama e lixo. Havia lixo espalhado por todo o lugar e eu não tinha certeza se todo mundo estava dormindo ou morto." Por onde ele passava as dificuldades e falhas estruturais pareciam um aviso de que aquilo tudo poderia acabar muito mal. Quatrocentas mil pessoas precisavam se virar com 600 banheiros portáteis. Quase todos já estavam inundados. A reação de Lawrence ao visitar um deles foi quase vomitar.

Naquele momento, dois caminhões carregados de dejetos permaneciam atolados na lama, sem conseguir abrir caminho no meio da multidão. Se a maioria dos banheiros realmente entupisse, as consequências seriam desastrosas. Um engenheiro sanitarista recomendou que uma enorme fossa fosse cavada para atirar os dejetos. Quando Lawrence perguntou se não se poderia tentar uma solução alternativa, o engenheiro perguntou com ironia se ele preferia carregar tudo para fora de helicóptero. E ainda avisou que se voltasse a chover e nenhuma providência fosse tomada, a possibilidade de o acampamento nadar em merda era bastante factível.

A falta de material adequado para atendimento médico também começava a chegar a níveis alarmantes. À parte o fato de que não havia água em canto nenhum, apenas nos lagos e estocada em plásticos, havia alta demanda por utensílios necessários para curativos, cada vez mais escassos. Como era previsível, meninos e meninas com corte no pé não paravam de pedir socorro. Os médicos voluntários de um comitê de direitos humanos ameaçaram ligar para o escritório do governador exigindo que o local fosse declarado área de calamidade pública se não houvesse uma reposição imediata de remédios e instrumentos adequados para curativos e infecções. No final do sábado já havia vinte médicos e cinquenta enfermeiras no local. A maioria dos helicópteros foi mobilizada no ato para remover doentes em estado grave e transportar suprimentos médicos. Segundo o produtor Joe Boyd, que acompanhava a Incredible String Band, aquilo se tornara "uma colisão de ideais hippies com a realidade. Parecia uma microcosmo de todos os problemas que confrontavam a Haight-Ashbury e o East Village".

Ainda naquela manhã, os organizadores receberam a notícia de que Woodstock fizera sua primeira vítima. Um garoto que adormecera longe do acampamento, provavelmente sob o efeito de drogas, fora esmagado por um trator. Ninguém em sã consciência imaginava que com 400 mil pessoas aglomeradas no mesmo local durante três dias não haveria pelo menos um incidente fatal (na verdade foram três mortes durante os três dias, contrabalançadas por três nascimentos), mas a notícia, acumulada com tanto estresse e incerteza, chocou a todos, especialmente John Roberts, que quase teve um colapso nervoso.

Bill Graham apenas observava as cabeças se batendo em total amadorismo. O Fillmore ficara fechado a semana toda por causa do festival, o que elevava ainda mais sua irritação com tudo, até com a garotada, que parecia não dar a menor bola para tanta incompetência. Logo no começo do documentário ele aparece dando um depoimento sobre a melhor forma de manter o público excedente a distância e sugerindo, sem um pingo de ironia, que se acendesse uma grande fogueira para evitar a passagem, como se as pessoas fossem formigas. Sua única vontade era bater em retirada dali o mais depressa possível, nem que fosse preciso atormentar seus ex-subordinados para conseguirem um helicóptero. John Morris pediu encarecidamente que ele ficasse, pois sua presença daria segurança a todos, especialmente com tantos abacaxis na fila para serem descascados, mas o veterano produtor estava irredutível. Não queria ter nada a ver com Woodstock.

Sem um helicóptero para se locomover, Graham ficou no festival o tempo suficiente para testemunhar a apresentação de seus protegidos. Às vésperas do lançamento do seu primeiro álbum, que trazia na capa o desenho de um leão rugindo, o futuro deles dependia bastante da recepção que teriam naquele começo de tarde. Tendo à frente o guitarrista que dava nome à banda chapado de mescalina, o Santana subiu ao palco por volta de duas da tarde decidido a mostrar que não estava ali a passeio. A formação pluriétnica vinda dos guetos de São Francisco era quase toda composta por garotos da mesma idade que seu líder, Carlos Santana, então com apenas 22 anos. Não importava que a qualidade do som estivesse péssima por causa da chuva ou que o sol abrasador do horário não desse tréguas. Não importava nem mesmo que grande parte do público estivesse chapada demais para discernir se alguém tocava bem ou mal. O leão iria rugir e ninguém ficaria indiferente quando o show terminasse.

Repetindo sua performance de estreia um ano antes no Fillmore, o Santana arrebatou Woodstock com um show impecável. Enquanto passeava por cada número instrumental com uma coesão invejada por veteranos, o grupo inventava uma serenata diurna percussiva de alta voltagem e musculatura virtuosística. À frente de tudo, dando régua e compasso, a guitarra do jovem mexicano tecia comentários precisos e imprevisíveis. No meio da salada de salsa, rock, jazz e blues, os 400 mil garotos sacudidos de sua letargia se rendiam, completamente seduzidos. O encerramento, com o número instrumental de oito minutos "Soul Sacrifice", seria um dos pontos altos do documentário sobre o festival. Ao contrário de várias revelações de Woodstock que sumiriam dois anos depois, o Santana carimbou naquela tarde seu passaporte para a longevidade.

Enquanto o show rolava no palco, John Roberts e Joel Rosenman se viravam no escritório para dar conta dos problemas acumulados e sem solução à vista. Já Michael Lang e Artie Kornfeld só queriam saber da festa, dos artistas e da plateia. Como os dois estavam consumindo drogas abertamente, vários membros da equipe não esperaram convite para fazer o mesmo. Artie estava tão fora de controle que os médicos tiveram de lhe administrar uma dose de clopromazina, antipsicótico utilizado para cortar os efeitos de alucinógenos, embora sua eficácia não fosse unanimidade entre especialistas por causa das sequelas deixadas no paciente.

Artie não estava sozinho. Os casos de consumo de alucinógeno que atiravam o usuário num pesadelo se multiplicavam num galope assustador. Ao fim do festival seriam mais de 500, uma média de quase sete por hora. Quem se curava era recrutado para ficar na tenda e ajudar na assistência aos novos pacientes. Evitar o consumo de drogas já não bastava, pois os alucinógenos podiam vir diluídos em qualquer coisa, da Coca-Cola ao pão integral. Assim que chegou ao local, Abbie Hoffman, filho de um fornecedor de aparelhos médicos, se engajou diretamente no trabalho com os enfermeiros e com a Hog Farm, desalojando jornalistas de uma tenda para utilizá-la como posto de primeiros socorros. Segundo o fotógrafo oficial do festival, Henry Diltz, o local parecia um circo de Fellini. Alguns artistas, como Rick Danko, do The Band, e John Sebastian, ex-Lovin' Spoonful — que se apresentara completamente chapado na véspera —, colaboravam tocando e cantando músicas suaves para apaziguar os nervos dos pacientes.

Os problemas críticos envolvendo consumo de drogas e as condições médicas e higiênicas cada vez mais deterioradas levaram os organizadores à conclusão de que não poderiam repetir o esquema da véspera, que deixara 400 mil garotos no escuro sem nada para fazer durante a madrugada inteira. Tudo poderia sair do controle rapidamente, o bastante para arruinar o evento ou mesmo provocar uma tragédia. Foi John Morris quem teve a ideia apropriada de pedir aos artistas do sábado que dobrassem o tempo dos shows para que a música não parasse até o dia clarear.

Imbuído desse espírito de defesa coletiva contra uma possível tragédia, Morris resolveu ligar logo para seus amigos do Grateful Dead. A resposta do *roadie* Rock Scully veio sem hesitação: eles não tocariam nem mesmo por um minuto se não recebessem o pagamento em dinheiro antes de subir ao palco. Cheques não iriam resolver. Razões para o Dead se preocupar com dinheiro não faltavam, já que deviam mais de 60 mil dólares em adiantamentos para a gravadora. Seus discos não vendiam nada e eles continuavam a manter uma comunidade de quase cinquenta pessoas com o dinheiro dos shows como única fonte de renda. Se hippies recém-convertidos estavam querendo ganhar dinheiro explorando sua imagem, eles não iriam trabalhar de graça. O problema foi solucionado quando John Roberts conseguiu que uma agência bancária fosse aberta em pleno sábado para sacar o dinheiro necessário ao pagamento dos protogrevistas.

John Morris viu sua boa ideia de manter música constante no palco esbarrar no atraso do Grateful Dead. O show demorou três horas para começar, pois Augustus Owsley Stanley cismou de trocar os cabos do palco em cima da hora. No início dos anos 1970, a banda se reinventaria com dois belíssimos álbuns de country rock, mas ao vivo sempre predominaram as longas improvisações puxadas por seu carro chefe, "Dark Star', cuja gravação durava pouco mais de dois minutos no disco, mas poderia se estender por mais de quarenta se dependesse da animação dos músicos. O problema era que, por causa da iniciativa malsucedida de Stanley, Jerry Garcia tomava choques sucessivos de 15 volts toda vez que tocava as cordas de sua guitarra. Bob Weir se recorda de que quando tentava cantar "havia uma grande descarga azul que me erguia para trás e me atirava de encontro aos amplificadores. Quando eu voltava para o microfone estava com o lábio inchado". Alguém no fundo não parava de gritar que o palco ia desmoronar. No fim da apresentação, após duas horas intermináveis, Garcia parecia conformado: "É bom saber que você pode foder com o show mais importante da sua vida e isso não ser importante", disse a um dos seus amigos.

Se Garcia estava tranquilo, quem vinha depois era só irritação. John Fogerty não gostou nem um pouco de começar o show do Creedence Clearwater Revival às 23h, já que a previsão inicial era que eles tocassem às 21h. Uma pena, porque o Creedence estava no seu auge artístico e comercial. Só naquele ano eles lançariam três álbuns, além de grandes singles ("Proud Mary", "Lodi", "Fortunate Son"), mas apesar do alto profissionalismo de uma banda que primava pela coesão, nada parecia animar a plateia, nem mesmo "Bad Moon Rising", que tocava o tempo todo nas rádios. Desapontado, John Fogerty interferiu pessoalmente para excluir o Creedence do documentário sobre o festival.

Janis Joplin, que desistira de aderir ao boicote, chegou ao acampamento de helicóptero, assustada com o tamanho da multidão. Com sete meses de estrada, sua banda não conseguia deslanchar na proposta de um som mais balançado e salpicado de negritude, o que a deixava duplamente insegura. A não ser por uma breve excursão pela Europa, os shows eram sempre ruins ou irregulares. O guitarrista Sam Andrew, seu único vínculo restante com o Big Brother, fora demitido dois meses antes de Woodstock enquanto os dois se picavam com heroína. O primeiro álbum da Kozmic Blues Band estava em vias de ser lançado e os resultados não entusiasmavam ninguém. Grande parte do problema estava na própria Janis, agora uma *junkie* em tempo integral, que continuava sua sólida aliança com a garrafa. Mas a banda, com 12 integrantes, também não se entrosava nem convencia.

Ao descer do helicóptero, Janis foi com a namorada, Peggy Caserta, procurar um banheiro para aplicar uma dose de heroína. Tivesse sido filmada ou fotografada, a cena da rainha do rock sentada na privada de um banheiro nauseabundo esticando o braço para se picar dispensaria qualquer legenda para explicar a rapidez com que Janis decaíra numa espiral de dor e insegurança em relação a seu talento e seus demônios pessoais.

No caminho para o palco, ela se encontrou com John Morris, que havia lhe emprestado uma casa de praia nas Ilhas Virgens para duas semanas de férias. Ansioso para saber notícias, ele escutou apenas: "Foi como qualquer outro lugar, cara. Eu trepei com um monte de estranhos", em uma voz desinteressada. O show não foi uma catástrofe, apesar de não ter gerado a recepção positiva tão necessária para que ela recuperasse a confiança em si mesma e em sua banda de apoio. O repertório foi quase o mesmo que conquistara Monterey dois anos antes, mas o contraste entre o show apagado na noite fechada de Woodstock com a exuberância daquela tarde de sábado na Califórnia não poderia ter sido mais flagrante. Ela depois definiu a plateia, pela sua imensidão, como "abstrata demais".

Mal desceu do palco, Janis foi em busca de mais um pico. No caminho, sua amiga e futura biógrafa Myra Friedman (*Enterrada viva*) tentou interceptá-la para uma rápida entrevista com um jornalista da revista *Life*, mas Janis não estava a fim de papo: "Foda-se ele, cara, e foda-se o mundo." A partir daí, sua trajetória descendente foi constante. Dois meses depois do festival, Janis encontrou uma amiga de São Francisco na piscina de um hotel em Los Angeles e contou que havia passado a noite anterior no banheiro do quarto com uma seringa espetada na perna. Como não bastasse a heroína, ela não queria ver sobrar uma garrafa cheia. Um médico que a examinou nessa época ficou chocado ao constatar como o fígado de uma mulher de 20 e poucos anos podia estar tão devastado pelo álcool.

Enquanto Janis tentava desesperadamente agregar alguma energia e balanço a sua performance, a atração seguinte parecia ter sido especialmente convocada para administrar um contraveneno a qualquer impostura. O que se seguiu mais parecia um *flashback* de dois anos antes, quando o falecido Otis Redding botara Monterey na palma da mão. Outro negro no meio de uma plateia branca estava a minutos de realizar o mais excitante e transcendente show daqueles três dias de festival. A espera acabou se estendendo por mais de uma hora, pois o artista em questão começara a desenvolver cedo o hábito de se atrasar em seus shows. Isso quando aparecia para se apresentar. John Morris teve de incorporar Bill Graham com ameaças ou a plateia continuaria esperando horas.

Sly, ou Sylvester Stone, seu verdadeiro nome, era um texano radicado na Califórnia que começara a carreira como produtor de discos do selo Autumn da Haight-Ashbury e como DJ na rádio KPMX. Quando assinou um contrato para gravar, seu principal propósito era confundir todas as expectativas de quem pretendia vender sua música como soul ou rhythm'n'blues. Sly pegou a estrada hendrixiana e deixou a imaginação filtrar toda combinação sonora que suas mãos alcançassem. Seu som não se amparou em guitarras distorcidas, mas redimensionou totalmente o aparato de sopros e metais numa canção pop, enquanto a Family Stone, tão multirracial quanto o Santana, mas igualmente multissexual, flutuava sobre o palco como se cada movimento compusesse uma refinadíssima coreografia. As letras das composições de Sly Stone evocavam a mensagem explícita de integração racial, embora da perspectiva dos guetos, não de jovens de classe média que tocavam folk music.

Todo de branco, com uma corrente em volta do pescoço, Sly fez um show irrepreensível, atraindo a plateia para seu campo desde o primeiro momento com as pérolas extraídas dos quatro primeiros álbuns da Family Stone "M'Lady", "Everyday People", "Dance to the Music", "Stand" e "I Wanna Take You Higher", que abriu o show, envolvendo o público num sedutor jogo de chamada e resposta para cumprir à risca a proposta do título da canção. Todos pareciam seduzidos pelo mesmo mantra, inclusive Grace Slick e Janis Joplin, que juntas na coxia gritavam "Higher" a cada convocação. A plateia estava "alta", mas não o bastante para a Family Stone, que pretendia levar Woodstock à estratosfera.

Quando a alvorada já se prenunciava, o The Who subiu ao palco furioso. Alguém da produção fora ao hotel no meio da tarde alarmado, pedindo que eles se apressassem, pois subiriam ao palco em 15 minutos. O carro que os transportava atolou na lama e quando eles chegaram ao acampamento descobriram que havia sido um "engano", ele iriam se apresentar não em 15 minutos, e sim 15 horas depois. Muito provavelmente, os organizadores tinham medo de que o The Who cumprisse a promessa de não tocar sem receber antes e tentaram um golpe emocional. Junte-se a isso o desdém da banda pelos hippies, uma laranjada com LSD dissolvido servida para Pete Townshend e não é difícil adivinhar a quantas andava o humor dos quatro quando começou o show.

Irritado ou não, o The Who era um exemplo de profissionalismo. E, assim como o Creedence, eles estavam em lua de mel com o público americano, graças a *Tommy*. Mesmo cansados pelo fim de uma exaustiva espera, eles fizeram um show extraordinário, baseado quase totalmente no repertório de seu megassucesso. Quando chegou o momento da litania "See Me Feel Me", que encerrava o álbum duplo com altos teores místicos, e o sol começou a nascer no acampamento, os hippies tiveram certeza de que os céus estavam mandando uma bênção coletiva sobre Woodstock.

Enquanto isso, ao lado do palco, Abbie Hoffman estava inquieto. A mulher de John Sinclair, Leni, chegara com os agregados da Trans-Love, graças a 200 dólares emprestados por Hoffman, não com o objetivo de curtir o festival, mas de arrecadar dinheiro para seu marido, que continuava preso por causa de dois cigarros de maconha. Os pedidos para transmitir sua mensagem do palco foram sistematicamente negados pela produção. Há quem conteste essa versão, alegando que as pausas entre shows eram enormes e não faltaria espaço para um pronunciamento desses, mas havia a norma estrita de banir mensagens políticas do festival. Em todo caso, é difícil imaginar que causa poderia ser mais convincente para um público tão comprometido com a transgressão do que doar dinheiro para o processo de defesa de um dos líderes da contracultura, condenado por um tribunal claramente tendencioso.

Após passar o dia ajudando os garotos em seus pesadelos de LSD, era Hoffman que estava louco de ácido. Indignado com a ganância dos organizadores e o conformismo da plateia e dos músicos, ele manifestou para quem quisesse ouvir sua indignação pela letargia daquelas 400 mil pessoas chafurdadas na lama durante três dias, aceitando tudo que lhes era atirado por músicos e produtores. Não dava para esperar mais.

Enquanto o The Who fazia uma pausa logo depois de tocar "Pinball Wizard", Hoffman se apossou do microfone de Pete Townshend e começou sua diatribe: "Este festival não faz sentido enquanto John Sinclair estiver apodrecendo na prisão." Nesse momento, o microfone foi desligado e Townshend gritou "vá se foder", enquanto partia para cima dele, atingindo-o com sua guitarra. Atônito com a violência do ato, Hoffman, apesar de seu enorme tamanho, simplesmente não reagiu e desabou em cima dos fotógrafos. A plateia, que não queria nada interrompendo sua lua de mel com as guitarras e o LSD, aplaudiu entusiasticamente o ataque do estressado guitarrista. Momentos antes, Townshend já havia chutado no peito o diretor do documentário do festival, Michael Wadleigh, irritado com a câmera que o seguia o tempo todo.

A agressão de Townshend, analisada em retrospecto, é emblemática da cisão entre o rock e a militância política. Ainda havia quem acreditasse que as duas coisas se misturavam. Várias lideranças já sabiam que era impossível fundamentar uma revolução no apoio de *pop stars*, mas faltava uma atitude explícita como essa para sacramentar a certeza. Townshend se contradisse várias vezes quando relembrava o assunto. Em algumas entrevistas, se disse orgulhoso de seu gesto, elegendo a "guitarrada" como o ato mais político de sua vida. À medida que ficava mais velho, suas reflexões se revestiam de um misto de arrependimento e generosidade com Hoffman: "Minha reação foi mais intuitiva do que reflexiva. O que Abbie disse era correto em muitos sentidos. As pessoas em Woodstock eram realmente um bando de hipócritas proclamando uma revolução cósmica só porque ocuparam um terreno, derrubaram umas cercas, tomaram drogas de má qualidade e tentaram fugir sem pagar as bandas. Tudo enquanto John Sinclair apodrecia na cadeia depois de uma fraudulenta prisão por drogas." No concerto comemorativo de 30 anos de aniversário do festival, o líder do The Who confessou consternação por sua atitude, lamentou nunca ter podido encontrar Abbie Hoffman depois daquela noite e dedicou "Behind Blue Eyes" aos revolucionários de Chicago. O alvo de sua agressão já estava morto havia dez anos.

O fato é que, após o incidente, Hoffman sumiu do festival e se concentrou na tal Cidade do Movimento, que se resumia a uma barraca cerca de um quilômetro distante do palco principal, onde estavam a imprensa *underground*, as células de esquerda, os yippies e todo mundo que foi para Woodstock empenhado em utilizar o evento para conscientizar e trocar ideias sobre novas estratégias de luta. Infelizmente o efeito sobre o resto do público foi zero. Conforme lembraria Leni Sinclair: "Gente do movimento confraternizou com gente do movimento e não educamos ninguém." Apesar de poucos meses depois ter escrito o livro *Woodstock Nation*, no qual vislumbrava uma nova era de combatividade social a partir da experiência do festival, a humilhação sofrida por Abbie Hoffman era o sinal mais eloquente da incapacidade do movimento de engajar até mesmo seus mais óbvios simpatizantes.

O sábado em Woodstock poderia ser resumido como "Uma noite na Haight-Ashbury", dado o completo domínio das bandas de São Francisco na agenda. Ao raiar o dia, faltava a mais popular. Eram seis e meia da manhã de domingo quando o Jefferson Airplane deu um bom-dia especial na voz de Grace Slick: "OK, amigos, vocês viram todos os grupos pesados, agora é hora de uma música matinal maníaca." Soava mais como uma tentativa de injetar ânimo na sua banda, que estava preparada para tocar desde a meia-noite de sábado. Salvo por uma versão vigorosa de "Volunteers", faixa-título do álbum que eles lançariam em novembro, o show teve a cara de um domingo de manhã morno e ressaquento. Desafinando sem parar, a banda não ajudava a manter ninguém acordado. Parecia que eram eles os mais necessitados de umas boas horas de sono. No momento em que o Airplane se despediu, cerca de 40 mil pessoas também se preparavam para deixar Woodstock para trás, mas, curiosamente, ainda havia congestionamento de carros na chegada.

Mesmo com o intenso tráfego de retirada, Bethel continuava a ser naquele fim de semana a segunda cidade mais populosa do estado de Nova York. Natural, portanto, que o interesse por Woodstock fosse muito além da imprensa especializada em música. Os engarrafamentos já tinham sido manchete na edição de sábado, mas no domingo o festival era o assunto de primeira página de todos os jornais matutinos. O *Daily News* exibia uma poça enorme, algumas pessoas em volta e a manchete "Hippies atolados na lama". No *New York Times* a multidão foi o grande destaque, mas o repórter Bernard Law Collier passou o fim de semana em acaloradas discussões com seus editores, que queriam privilegiar uma abordagem negativa, com ênfase em todas as deficiências de infraestrutura. O jornalista contra-argumentava que a solidariedade do público e dos cidadãos locais e o grande esforço coletivo para superar tantas dificuldades deveriam ser o tema principal. Afinal, a despeito de tantas previsões pessimistas, nenhuma calamidade havia ocorrido. Após intensas negociações, o jornal publicou dois editoriais, um contra o festival, outro a favor.

No domingo de manhã, boa parte dos problemas havia sido resolvida ou estava em via de se resolver. As linhas telefônicas, danificadas por causa da chuva, haviam sido restabelecidas, a polícia liberara a saída para a Thruway para quem quisesse ir embora antes e cerca de 500 quilos de alimentos estavam para ser entregues por helicóptero, embora curiosamente o cardápio escolhido incluísse macarrão e gelatina em pacote e latas de molho de tomate. Não deixava de ser um progresso para quem vinha sobrevivendo à custa de sanduíches doados pelos moradores das cidades vizinhas, já que a Food For Love entrara em curto-circuito pelo excesso de demanda. Às 10h, Wavy Gravy deu bom-dia ao público dizendo: "O que nos temos em mente é café na cama para 400 mil. Agora vai ter comida e nós vamos arranjar para vocês. Estamos todos alimentando uns aos outros." Xícaras com granola foram distribuídas nas imediações do palco, pois algumas das pessoas sentadas na frente não comiam havia dois dias com medo de sair e perder o lugar.

A maratona de shows da véspera deixara a manhã de domingo livre para quem quisesse dormir até mais tarde ou aproveitar o sol para tomar banho nos lagos. Às 14h a programação do último dia em Woodstock começou com um ilustre desconhecido do norte da Inglaterra que chegava como uma espécie de versão masculinizada de Janis Joplin. Apoiado por uma banda competente, a Mad Dogs and Englishmen, Joe Cocker se garantia em maneirismos calcados descaradamente em Ray Charles, mas com uma voz arrebatadora e um carisma que ganharam a plateia em questão de minutos. Com os cabelos desgrenhados, notadamente encardidos, e tocando uma guitarra imaginária em movimentos frenéticos, Cocker emocionou e surpreendeu o público numa apresentação que culminou com a releitura, ou melhor, com a recriação de "With a Little Help from My Friends", dos Beatles. Assim como o Santana,

Joe Cocker entrava anônimo no festival e sob um sol de 40 graus saía como uma das mais reluzentes promessas.

Saía não, corria. No momento em que terminava de cantar sua última nota, Joe Cocker viu duas nuvens negras se aproximando ameaçadoramente do palco. Sem maiores agradecimentos, pegou sua cerveja no chão e se mandou dali, antes que chegasse o dilúvio prometido pelo firmamento. Uma briga se desencadeou na equipe enquanto todos corriam contra o relógio para cobrir todos os equipamentos e desligar o sistema elétrico. John Morris lembra: "Era o Inferno de Dante, era tudo que você poderia esperar de mais errado numa situação num determinado momento." Morris pedia que os garotos saíssem de cima das torres de som, onde muitos se empoleiravam para ver melhor os shows, pois havia o risco de a chuva jogar tudo no chão. Os relâmpagos eram assustadores e a ventania não parava.

Tenso e temendo pela própria segurança, Morris resolveu tentar algo novo. A multidão seguiu entusiasmada seus gritos de *no rain, no rain*, mas a natureza não estava muito receptiva a apelos. Em minutos a água e o vento batiam com a fúria de um tornado. Morris começou a sentir o palco altíssimo cedendo debaixo de seus pés como se fosse afundar na lama. Alheia a tudo aquilo, a molecada pulava e escorregava como se estivesse em uma pista de esqui improvisada. Naquela tarde de domingo, Woodstock se transformou num chiqueiro feliz.

A chuva não durou mais do que 20 minutos, mas alterou completamente o cronograma do festival. Caiu por terra qualquer esperança de que tudo acabasse antes da meia-noite. Não houve shows durante toda a tarde para os reparos necessários no sistema elétrico. Como nada acontecia, houve uma nova debandada do público. No fim da tarde, Max Yasgur chegou ao acampamento. Michael Lang temia que o homem viesse furioso pelos estragos em sua terra e pela superpopulação, mas o velho fazendeiro estava sinceramente comovido. Max foi conduzido ao palco e, após ser apresentado por Chip Monk, com a voz embargada se dirigiu ao público: "Sou um fazendeiro, não sei como falar para vinte pessoas de uma vez, imagine para uma multidão com esta. Este é o maior grupo de pessoas já reunidas num só lugar, mas eu acho que vocês conseguiram provar uma coisa para o mundo — que meio milhão de garotos podem ficar juntos e ter três dias de diversão e música e nada além de diversão e música. E Deus os abençoe por isso." Max foi ovacionado durante vários minutos, enquanto deixava o palco mal contendo as lágrimas. Entre os vários milagres atribuídos a Woodstock, a aproximação de gerações aparentemente inconciliáveis despontava como o mais significativo.

Os shows recomeçaram às 18h com Country Joe and The Fish, seguido, já noite fechada, pelo Ten Years After, grupo inglês de blues rock que, se não era lá muito original, tinha como principal chamariz um guitarrista famoso por ser o mais rápido do mundo. Alvin Lee exibiu todos os seus truques, tocando numa velocidade de quem estava em rotação alterada e embasbacando a plateia. "I'm Going Home", a maratona final de quase dez minutos, registrada no documentário, vinha com citações dos clássicos "Blue Suede Shoes" e "Whole Lotta Shakin' Going On". Foi uma performance consagradora. O Ten Years After viveu alguns dias de estádios cheios no começo dos anos 1970 e alguns discos decentes, mas desapareceu quando o público enjoou de suas pirotecnias.

Uma parte considerável dos abnegados que se mantinham ali enlameados, passando fome e cansaço, esperava pacientemente que se confirmasse o rumor da "canja" de Bob Dylan no show do The Band. Afinal, além de tocar juntos por três anos, eram todos quase vizinhos de porta. Dylan não aconteceu e o The Band também não deixou nenhuma grande impressão, já que sua música, valorizada pela ausência de intermináveis solos instrumentais ou psicodelices, era inadequada a uma plateia de percepção alterada. Por problema de tempo, o show foi excluído do documentário, assim como o do Blood, Sweat and Tears, cuja soul music à base de metais, um tanto quanto anódina, não causou o menor impacto após o furacão deixado pelo Sly and Family Stone na noite anterior.

Quando o albino guitarrista Johnny Winter deixou o palco em plena madrugada após um show com blues do Texas de primeira linha, cerca de dois terços dos espectadores já tinham ido embora, inclusive John Roberts e Joel Rosenman, que partiram de carro por volta de meia-noite para se preparar para a longa batalha que teriam com a diretoria do banco na primeira hora do dia seguinte. O gerente de sua conta não abria mão de que eles estivessem lá no exato momento em que a agência abrisse as portas.

Para os mais resistentes havia ainda outra atração antes do encerramento de Jimi Hendrix. Muitos estavam curiosos sobre como se sairiam Crosby, Stills, Nash and Young em sua segunda apresentação como quarteto. A estreia na véspera, em Chicago, menos do que satisfatória, contribuiu para Neil Young se recusar a tocar durante a metade acústica do show, além de exigir que sua participação não fosse filmada. Estava certamente temeroso de que a banda desentrosada naufragasse. David Crosby admitiu no palco que eles estavam se borrando de medo. O trio desafinava tanto que mais tarde teve de dublar "Suite: Judy Blue Eyes" para a inclusão no documentário.

Crosby, Stills e Nash carregaram durante anos a fio a bandeira daquela Nação Woodstock como embaixadores e porta-vozes de um espaço abstrato dentro de um país real, delimitado apenas pela consciência de seus habitantes. No filme, eles são proeminentes. "Long Time Gone", de Crosby, é ouvida logo na abertura do documentário, enquanto uma versão eletrificada de "Woodstock" (com participação de Neil Young), de Joni Mitchell, sonoriza os créditos finais. Em longo prazo, a imagem do CSN sofreria com essa associação, em parte pela própria incapacidade de serem percebidos como relevantes para uma geração que, com o advento dos punks, os encarava como uma relíquia do passado, espécie de arquivo vivo de um movimento musical e político que para eles não significava nada.

Jimi Hendrix passara o verão inteiro numa casa alugada nos arredores de Woodstock para ensaiar com sua nova banda uma abordagem de som menos dependente de fórmulas de sucesso desenvolvidas pelo extinto Experience. A prisão por drogas em Toronto vinha lhe causando dificuldades para viajar. À exceção de uma curta temporada de férias com amigos no Marrocos, tudo que ele fez foi tocar, injetar heroína e receber outros músicos para sessões informais de música durante dias e noites. Deixar uma boa impressão em Woodstock era prioridade para sua Band of Gypsies (Banda de Ciganos), que, traduzindo as novas aspirações de Hendrix, seria tonificada por um balanço de negritude demarcado pelo jazz, no espírito da fusão de gêneros que Miles Davis vinha costurando e que culminaria no seminal álbum *Bitches Brew*, lançado um ano depois. O tempo dos ingleses na sessão rítmica de sua banda parecia oficialmente terminado, mas, após ouvir vários bateristas, Hendrix terminou recrutando o familiar Mitch Mitchell novamente para o show em Woodstock.

Até as 16h de domingo, Hendrix estava determinado a não aparecer no festival. As notícias que vinham da televisão sobre desastres iminentes o desanimaram, mas às 20h30, acompanhado de sua banda e do Crosby, Stills, Nash and Young, ele chegou ao acampamento num caminhão (roubado, segundo Neil Young), já que os helicópteros não decolavam mais. Todo mundo sabia que o festival não terminaria naquela noite, mas os organizadores lhe propuseram como deferência que seu show fosse antecipado para meia-noite e meia. O empresário, contudo, não abria mão de que ele saísse dali como a estrela única do encerramento. Hendrix passou a noite acordado esperando sua vez.

A segunda-feira clareou em Woodstock com cara de fim de festa. A sujeira e os detritos pareciam mais reais à luz do dia e com o acampamento reduzido a 30 mil pessoas. Muitos membros da equipe de organização estavam dormindo ou já tinham voltado para Nova York. Parecia que um exército de bárbaros havia passado sem deixar nada que não fosse destruição e sujeira. Durante duas horas e meia, no show mais longo de sua vida, Hendrix parecia tocar para o vale todo com sua jaqueta branca de couro, jeans, um medalhão de ouro e um lenço vermelho na cabeça. Sua guitarra reverberava por dezenas de quilômetros, numa cena fascinante e fantasmagórica para uma segunda-feira rural.

A banda, desentrosada e nervosa em sua primeira apresentação ao vivo, errava bastante, forçando longos intervalos entre uma canção e outra. Seria um show medíocre se perto do fim Hendrix não puxasse da manga a carta fundamental para Woodstock se descolar definitivamente das banalidades do mundo real. Não foi a primeira vez que ele tocou "Star Spangled Banner" — o hino nacional americano — num show, mas ao fim daqueles três dias de maratona, tendo como plateia colinas e lagos no seu sossego matinal, o maior guitarrista que já caminhou pela Terra protagonizou um daqueles raros momentos de ressignificação cultural.

Hendrix estaria emitindo um lamento distorcido sobre os descaminhos de seu país bélico e racista? Ou celebrando o nascimento de uma nova nação, que clamaria para si os símbolos reais de liberdade perdidos na trajetória histórica americana? Seriam aquelas notas e a posterior simulação de metralhadoras da sua guitarra um protesto fúnebre pela Guerra do Vietnã? (Havia uma curiosa simetria entre os helicópteros decolando no meio de um cenário arruinado com as imagens dos campos de batalha transmitidas pela TV.) Talvez Hendrix estivesse apenas endereçando um comentário sarcástico sobre a própria ideia de equacionar toda aquela letargia com um gesto subversivo ou revolucionário.

O certo é que não poderia haver um encerramento mais apoteótico e também melancólico para o maior festival de música de todos os tempos. Em face do que ainda iria acontecer nos quatro meses seguintes, os anos 1960 bem poderiam ter terminado ali. Ao fim da apresentação, num prolongamento de tantos simbolismos, Hendrix saiu do palco e desabou num colapso de exaustão.

Enquanto Hendrix tocava, John Roberts e Joel Rosenman, em sua batalha no Bank of North America, acabavam de descobrir por mero acidente que os documentos formais para definir a linha de crédito de financiamento do festival não haviam sido propriamente assinados. Isso deixava Roberts livre para decretar falência e pendurar um monte de papagaios no banco, o que, no entanto, não lhe passava pela cabeça. Roberts pretendia deixar seu nome limpo na praça a qualquer preço, mesmo que levasse anos. Michael Lang chegou no começo da tarde, após dizer aos funcionários que não havia dinheiro para pagar ninguém. O rombo da empresa somava mais de um milhão de dólares e, apesar de que no futuro essa soma seria insignificante perto do valor da marca Woodstock, naquela soturna segunda-feira o clima era de total consternação, especialmente entre os parentes de John Roberts.

O relacionamento entre os quatro sócios da Woodstock Ventures, que já andava estremecido, azedou de vez já no dia seguinte ao festival. Instigados por Albert Goldman, Michael e Artie tentaram junto à Warner um adiantamento para comprar a parte de Joel e John com o compromisso de que os primeiros 2 milhões de dólares que entrassem seriam usados para pagar o investimento inicial. A proposta foi recusada, Michael partiu para o Festival da Ilha de Wight e na volta vendeu junto com Kornfeld seus direitos sobre a marca Woodstock por 31 mil dólares, o que os isentava da obrigação de enfrentar as centenas de processos legais que choviam de todos os lados, além de dívidas com artistas, fornecedores e com o próprio Max Yasgur.

Menos de dois anos depois, Michael e Artie entrariam na justiça pedindo reparação de 10 milhões, talvez imaginando que a marca Woodstock estivesse gerando lucros fabulosos. John e Joel, na verdade, continuavam a pagar dívidas e comparecer a audiências em processos. Apenas depois de dez anos o Festival de Woodstock zerou todos os prejuízos e passou a ser efetivamente rentável. Já o conglomerado Time Warner começou a ganhar dinheiro imediatamente com os lucros sobre o lançamento do filme e da trilha sonora. O maior festival hippie da história lançava também o garrote soberano das corporações sobre essa etapa de rebelião cultural nos Estados Unidos.

Em meados de 1970, foi lançado o filme *Woodstock, três dias de paz, música e amor* (*Woodstock, Three Days of Peace, Music and Love*), dirigido por Michael Waldleigh. Apesar de ter vencido o Oscar naquele ano, o documentário era apenas uma reunião de imagens aleatórias que não respeitava a cronologia do evento e enfatizava o viés das boas vibrações, sem muito interesse pelas dificuldades estruturais, os acidentes ou as overdoses. A tensão dinheiro/revolução que pariu Woodstock simplesmente inexiste no filme. A invasão de Abbie Hoffman e as atividades na Cidade do Movimento não foram registradas ou desapareceram na sala de montagem. Não obstante, o impacto foi enorme, especialmente entre os que assistiam à contracultura de longe. Segundo Michael Lang, "o que realmente espalhou tudo ao redor do mundo foi o filme. Não havia um lugar onde eu não fosse reconhecido. Todo mundo me dizia que o filme tinha mudado sua vida".

Havia imagens de garotos fumando maconha e nadando nus, mas nada capaz de constranger a plateia. A classe média americana já tinha assimilado esse tipo de desvio dos padrões normais de comportamento. Não foi à toa que a Warner aceitou botar dinheiro no filme. O álbum triplo com a trilha sonora do documentário também foi primordial na perpetuação mundial do mito de Woodstock servido sem qualquer impureza.

Após ver frustrada sua tentativa de deixar o país durante Woodstock, dias depois Bob Dylan pegou um avião para o show de encerramento do festival da Ilha de Wight, marcado para domingo, 31 de agosto. A procura por ingressos aumentou em cem por cento assim que seu nome foi anunciado. Nem o The Who nem Joe Cocker na sua volta vitoriosa de Woodstock podiam competir com tamanha expectativa. Os boatos também surgiram na mesma velocidade. Comentava-se que Dylan tocaria por três horas, acompanhado alternadamente pelos Beatles e pelos Rolling Stones. Com exceção de Keith Richards, os Stones nem sequer apareceram lá, mas George Harrisson e Ringo Starr, com suas mulheres, seguiram para a Ilha de Wight já no dia 25. John Lennon desembarcou de helicóptero com Yoko Ono a tiracolo três dias depois, deixando furioso o jardineiro da casa onde todos estavam hospedados. Paul McCartney, cuja primeira filha estava para nascer, foi o único beatle a não comparecer. Na plateia, misturados à multidão, estavam Caetano Veloso e Gilberto Gil, no período em que cumpriam na Inglaterra o exílio imposto pela ditadura militar no Brasil.

Dylan queria apenas fazer um show, mas a maioria de seu público esperava um comício ou comentário sobre a revolução, sobre o Vietnã, a bomba atômica ou qualquer coisa. Naqueles dois últimos anos desde que se exilara de Nova York, quanto mais o mundo se polarizava em conflitos econômicos e geracionais, mais seu silêncio ficava estridente. A eloquência da época da luta pelos direitos civis dera lugar a um cinismo e a uma desconfiança contra qualquer tema institucionalizado pela esquerda. Não foi por mero acaso a escolha da Inglaterra para sua volta ao vivo, uma vez que a politização observada nos Estados Unidos e em alguns países da Europa nunca fincara raízes de fato nas ilhas britânicas. Mesmo assim seu público, não importava em que lugar estivesse, mantinha as mesmas expectativas de ver seu ídolo como um farol ou o Oráculo de Delfos.

Dylan passou o dia do show recluso na casa onde se hospedara, tocando, conversando e bebendo com seus amigos músicos, sem nenhuma curiosidade sobre o acampamento, que permanecia em contagem regressiva à sua espera. O show estava marcado para as 20h, mas passava das 21h quando se iniciou a apresentação do The Band, que o acompanharia em seguida. Meia hora depois, a plateia já gritava impaciente: "Dylan, Dylan".

Repetindo a má performance de Woodstock, o The Band provava que tocar para centenas de milhares de pessoas não era seu forte. A já dispersa e inquieta multidão se irritava ainda mais. Finalmente, com três horas de atraso, de barba rala e terno branco, Dylan começou seu show em meio a previsível aclamação. Nem o anúncio da liberação dos portões em Woodstock era capaz de competir com aquilo.

A dificuldade de firmar uma conexão com a plateia ficou clara desde o início. O show simplesmente não fluía, apesar da inclusão no programa de clássicos como "Mr. Tambourine Man" e "Like a Rolling Stone".

Suas únicas palavras o tempo todo foram: "Uh... é muito bom estar aqui, com certeza." Pouco mais de quarenta minutos após tocar o primeiro acorde, Dylan saiu do palco e voltou para um único bis, com "Rainy Day Women". Incrédula, boa parte da plateia não se mexia, pensando sabe-se lá o quê. Foi então que o mestre de cerimônias se dirigiu ao microfone e anunciou: "Desculpem, Dylan se foi. Ele veio e fez o que tinha de fazer."

A decepção geral pairava no ar tão perceptivelmente quanto o cheiro de maconha. Nem todo mundo esperava que Dylan assumisse o papel de pastor da revolução, mas esperavam menos ainda um show tão morno e sem graça, sobretudo após tanto suspense. E o que era aquela nova voz de *crooner*, tão diferente da antiga fonte de estranhezas que se convertera em algo tão familiar para uma geração inteira, a única voz possível para refletir um mundo à beira do abismo da transformação? A imprensa britânica foi ácida nas considerações, alguns chegaram a dizer incorretamente que ele abandonara o palco no meio do show. Segundo o jornal *Daily Mail*, horas depois de tudo terminado, havia fogueiras e gritos de "nós queremos Dylan, música, música, música".

Se a crítica competia para descrever o fiasco em cores vivas, restava a seus amigos astros do rock sair em sua defesa. Para George Harrison, "o concerto foi maravilhoso"; Eric Clapton disse que Dylan foi fantástico. "Ele mudou tudo. Tinha uma voz de *bluesman*, mas mudava as vozes e de repente se tornava um cantor country de terno branco. O público não entendeu nada. Você precisava ser músico para entender." John Lennon era músico, mas estava bem menos entusiasmado: "Ele fez uma apresentação razoável, mas todo mundo parecia que estava esperando Godot ou Jesus aparecer." Levon Helm, baterista e vocalista do The Band, mais realista, percebeu que não adiantava dourar a pílula: "Dylan fez o que pôde para alcançar seu público, mas não funcionou." No dia seguinte, posando de ofendido, Dylan declarou que jamais voltaria a tocar na Inglaterra, promessa que, é claro, não cumpriu.

Os ciclos criativos de Dylan nos anos 1960 foram demarcados por dois shows no período de quatro anos. Ele usou Newport para mostrar que o compositor de protesto já não existia e na Ilha de Wight mais uma vez confundiu expectativas ao se portar como um cantor de aluguel que chega, faz seu trabalho (mal) e vai embora. No bojo de ambas as atitudes estava sua confessa rebelião contra tentativas de aprisioná-lo numa categoria política e comportamental. Se o Dylan de 1965 incendiava, confundia e levava a plateia para um mundo bizarro e distorcido que não tolerava respostas simples e diretas, o Dylan pós-Woodstock mandava o recado oposto: a vida é simples como uma torta campestre, desde que exista sempre uma companheira ao lado e um violão.

Repetidas vezes, inclusive em suas memórias, Dylan reiterou ter abominado aquele momento de polarização política que automaticamente classificava como opositor quem não levantasse uma bandeira. Em 1984, em entrevista à *Rolling Stone*, ele disse sem meias palavras que "Woodstock foi a soma de toda essa merda. E parecia ter alguma coisa a ver comigo, essa Nação Woodstock e tudo que ela representava. Então nós não podíamos respirar, não havia espaço para mim e para minha família". Em sua autobiografia, Dylan fala ainda visivelmente revoltado sobre o assédio contínuo de "vagabundos" e "parasitas" vindos dos quatro cantos do país para se alojar em sua casa, quando nada lhe importava além da mulher e dos filhos. A situação de falta de privacidade chegou a tal ponto que assim que retornou da Inglaterra Dylan decidiu voltar a viver em Nova York, lugar no mínimo estranho para quem pretendia fugir do assédio.

O pacote de tentativas de se dissociar da imagem de líder de qualquer rebelião política ou comportamental incluiu também a gravação de um disco inteiramente country, gravado em Nashville, como ele vinha fazendo desde *Blonde on Blonde*, mas dessa vez ostentando o nome da cidade no título e ainda por cima seguindo a receita da música soporífera que dominava as rádios especializadas. Um produto que tinha pouco ou quase nada em comum com a tradição de um gênero que forjara a carreira de Hank Williams, Carter Family e Johnny Cash, todos nomes venerados por Dylan e pela maioria de seus contemporâneos. Além de não querer liderar nada, Dylan parecia ansioso em se posicionar como parceiro daqueles empenhados em restaurar valores antitéticos a tudo que a contracultura representava.

O diretor da gravadora Columbia, Clive Davis, só faltou implorar para o álbum não se chamar *Nashville Skyline*, temeroso de que Dylan não arrebanhasse novos ouvintes entre os segmentos mais conservadores, que ainda o identificavam com drogas, protestos e badernas, e ainda afugentasse seus admiradores tradicionais, que viam na marca Nashville a capital de algo tão postiço e descartável quanto os musicais da Broadway. Ademais, a gravadora estava investindo no marketing para se vender como "revolucionária", e Dylan era um item fundamental de credibilidade na campanha.

Clive Davis estava errado. A marca Bob Dylan era agora tão popular e estava incorporada ao padrão de consumo americano que sua música embalada num formato mais acessível tornou as possibilidades comerciais muito mais robustas. *Nashville Skyline* vendeu mais do que todos os Dylans anteriores. As letras praticamente abandonavam as construções simbólicas e a linguagem elusiva e rebuscada em favor de uma declaração direta de romantismo anódino. "Lay Lady Lay" — um grande êxito radiofônico — era certamente a mais inócua entre todas as suas canções de sucesso. A complexidade e os sucessivos embates que envolviam as relações amorosas de "Just Like a Woman" e "It Ain't Me Babe" se transformavam em declarações sem espaço para contradições ou sentimentos ambivalentes.

A crítica se dividiu. Enquanto os fãs vitalícios da *Rolling Stone* adoraram, outros não se intimidaram em exibir sua decepção. Um deles, Ed Ochs, na revista *Billboard*, fez um sumário do pensamento dos que não viam naquele respeitável Dylan nem uma sombra do artista inquieto e combativo de todos os álbuns anteriores: "Adeus, Bob Dylan, fico contente que esteja feliz, apesar de que você significava mais para mim quando estava confuso, como todo mundo."

Dylan certamente parecia confuso. Sobre sua arte, sobre a medida de sua inserção social, e temeroso de que a inspiração, sempre generosa, agora exigisse muito esforço. Confuso pela perda de referências, tanto do seu pai biológico quanto de Woody Guthrie, seu pai artístico. Voltar para Nova York era como tentar um realinhamento com um porto seguro, com todas as suas antigas fontes inspiradoras. As metamorfoses operadas por Dylan no curto período desses oito anos em que ganhou proeminência como artista bastariam como sumário de sua inquietude, sua recusa a se conformar em expectativas que não refletissem uma necessidade de se reinventar e confundir quem lhe cobrava respostas.

Na entrevista que concedeu à *Rolling Stone* em junho de 1969, Dylan já se referia a todo o momento sociopolítico do presente como se pertencesse ao passado. Todas as tentativas de Jann S. Wenner de estabelecer um diálogo com a premissa de que seu interlocutor era um agente cultural transformador ou catalisador de alguma revolução de costumes, ou mesmo um foco de luz sob o qual se abrigavam todos os artistas contemporâneos, eram rechaçadas com ironia, evasivas ou com o artifício de responder uma pergunta com outra.

O trovador folk falou contra a bomba e contra o racismo quando o tema ainda era perigoso e quando universitários começavam a rumar para o sul para registrar eleitores; elaborou um compêndio de um mundo vertiginoso e anfetamínico que prefigurava a traumática cisão social que viria em seguida. E dez anos depois do fiasco na Ilha de Wight retomou seu papel de profeta quando reapareceu como cristão novo e passou a vociferar danações, transformando seu palco no púlpito de um vingativo pastor evangélico. Dessa vez Dylan antecipava a revolução conservadora no Ocidente comandada por Reagan e Thatcher nos anos 1980. Redundante reafirmar que Bob Dylan andou sempre à frente de seu tempo ou demonstrou sensibilidade rara para perceber um vácuo na paisagem política e assumir seu lugar na proa. Quando todo mundo realizava a mensagem, sua inquietude já o atirava em novas direções.

Foi assim que os anos 1960 terminaram para Dylan: em meio a uma crise criativa temporária e com o impacto de sua obra sendo submetido a constantes reavaliações e debates. Obra que mesmo inacabada permanece uma das mais influentes na música popular no século XX. Antes de ser definido pelo seu tempo, Dylan contribuiu mais do que qualquer outro artista para estabelecer como a década de 1960 seria estudada e compreendida, não pelas eventuais profecias messiânicas, mas pelas questões que enunciou. Mesmo quando recusou o panfleto político, a música de Dylan balizou esteticamente a contracultura por sua profunda desconfiança de formas consolidadas de discurso; pela rejeição a autoridades de qualquer tipo; por reverberar a filosofia transcendentalista do século XIX ao valorizar a experiência em detrimento do academicismo; por sua opção sempre definitiva pelos excluídos do *establishment* e por descrever a sociedade como uma fonte básica de violência e repressão a tudo de mais vital a que o ser humano poderia aspirar.

Os festivais de Woodstock e da Ilha de Wight, que atraíram somados um público de quase um milhão de pessoas, marcaram o apogeu, mas também o declínio do movimento hippie e, nesse vácuo, a música pop despontou como o maior negócio da indústria de entretenimento pelos cinco anos seguintes. O Festival de Monterey, ocorrido apenas dois anos antes, mais parecia um artefato curioso de alguma era milenar. Concertos para 30 mil pessoas tornaram-se um fato corriqueiro até para bandas de médio porte que não vendiam uma grande quantidade de discos, como o Grateful Dead e o Jefferson Airplane. Havia todo um segmento afluente de público que, mesmo sem se alinhar entre os aficionados, nem se envolver diretamente com o chamado "movimento" em passeatas ou manifestações, começava a ver um show de rock como um entretenimento tão válido quanto ir ao cinema. Se não era exatamente um entretenimento familiar, só os mais radicais ainda viam algum potencial subversivo num ramo de negócios que movimentava quantias assombrosas de dinheiro e se incorporava ao cotidiano do cidadão comum. O grande guarda-chuva que englobava a palavra rock se segmentara em estilos que podiam cobrir o gosto de qualquer um na faixa de 14 a 40 anos.

A estreita ligação do rock com as drogas aos poucos começou a ser assimilada como mais um efeito colateral da violência urbana. Bill Graham foi sucinto numa entrevista quando perguntado se as drogas influenciavam adolescentes: "Por favor, não interprete mal, mas em 1971 esta é uma pergunta muito estúpida." No final de 1970, figuras que aterrorizavam os pais, como Janis Joplin e Jimi Hendrix, com seu uso abusivo de substâncias tóxicas e sexualidade desafiantes, estavam mortas. Jim Morrison se foi um ano depois, após uma temporada como representante tardio da geração perdida de escritores americanos dos anos 1920 em Paris. Com eles, morreu também parte do estigma decorrente de uma certa leitura ameaçadora e romântica direcionada a uma indústria cada vez mais profissional. Do ponto de vista mercadológico, associar o rock à subversão era um trunfo comercial, não um problema. A realidade era bem outra. Ao expulsar Abbie Hoffman do palco com sua guitarra, Pete Townshend estava incorrendo num gesto emblemático muito maior do que poderia supor.

Naquela manhã de sábado em Woodstock, Bill Graham estava furioso com o amadorismo da produção, mas provavelmente também percebia que, tal qual um Dr. Frankenstein, ele via a criatura que ajudara a criar se transformando diante de seus olhos.

Embora muitos o considerassem um capitalista feroz no meio de hippies inocentes, Graham era um romântico comparado com os métodos implacáveis de arrecadação e de exploração do rock como produto corporativo que viriam pela frente. Seus dois auditórios em São Francisco e Nova York, com pouco mais de mil lugares, fecharam as portas simultaneamente em 1971, seguindo o destino de várias salas de capacidade média. Um gesto talvez precipitado, tendo em vista o absoluto sucesso do Fillmore em Nova York, não apenas como casa de espetáculos, mas como polo mobilizador de indivíduos ligados à música em qualquer ramo de atividade. Graham disse que estava cansado e se retirou da cena temporariamente para repensar a vida e morar numa ilha grega. Em meados dos anos 1970, voltou disposto a se adaptar aos novos tempos como produtor, sem se preocupar em oferecer um templo de adoração à música ou de celebração de uma nova consciência. Com sua vasta experiência, começou a planejar megaexcursões e eventos, como o Live Aid, na década de 1980, que bateu Woodstock em gigantismo 25 anos depois, no auge do conservadorismo de Reagan e Thatcher, mas imbuído da mesma filosofia de solidariedade que ele reivindicava como principal herança de sua geração.

Além de expandir o conceito de festival para uma era de megaproduções, uma das marcas identificáveis de Woodstock foi a rígida divisão entre público e plateia que inexistia em Monterey e nos shows do Fillmore ou do Avalon. Os artistas ficavam hospedados em hotéis e, quando desciam no acampamento de helicóptero, raramente se misturavam ao público. Além do palco, que ficava tão acima do chão que necessitava de um elevador para acesso, a distância entre público e artistas se evidenciava na glorificação da figura do guitarrista virtuoso que reinou absoluto durante os três dias de festival com solos intermináveis e caretas dramáticas. Além da má qualidade do som, a maioria dos presentes estava tão entretida com outra coisa ou tão chapada que mal podia dizer se o que escutava prestava ou não. A qualidade da música foi totalmente irrelevante no mito que se ergueu em torno do maior festival de música de todos os tempos.

Quando Woodstock começou, a maioria dos artistas convidados já tinha deixado o melhor de sua produção para trás. Janis Joplin estaria morta em menos de um ano. Jefferson Airplane, Crosby, Stills and Nash, The Band e Canned Heat tinham pouco ou nada mais a dizer. Jimi Hendrix continuava tão relevante como sempre, mas não viveria para gravar outro álbum. A ausência maciça de figuras seminais da música negra num festival de classe média branca era mais do que prevista, mas mesmo na esfera do rock o pêndulo apontava mais para o passado do que para o futuro. Led Zeppelin e Pink Floyd, as duas maiores bandas dos anos 1970, não estiveram presentes, muito menos os protopunks David Bowie e Iggy Pop, seguidores das diretrizes estabelecidas pelo Velvet Underground para criar nas sombras o embrião da revolução *punk* de 1976.

Com raras exceções, como Santana, The Who e The Sly and the Family Stone, a música que se ouviu em Woodstock pertencia mais ao passado do que ao futuro. Soava triunfante, mas era o fúnebre adeus a uma era.

CAPÍTULO 14   O Verão do Amor desce ao inverno

> *I spent a little time on the mountain*
> *I spent a little time on the hill*
> *Things went down, we don't understand*
> *But I think in time we will*
>
> Jerry Garcia e Robert Hunter, "New Speedway Boogie"

Em meados de outubro de 1969, os Rolling Stones chegaram aos Estados Unidos para dar os retoques finais em seu novo álbum e preparar uma excursão de três semanas, com 18 shows em 14 das principais cidades americanas. O anúncio foi feito numa badalada entrevista num hotel de Beverly Hills onde parte da banda se instalou. As *groupies* da costa oeste e os traficantes estavam em festa. A chegada dos Stones mudou a configuração da cena local da noite para o dia. O preço dos ingressos, fixado em cinquenta por cento acima de um show normal, não intimidou o público, ansioso após uma espera de três anos. Shows normais não faltavam. Os Stones no palco eram um evento único.

Na realidade, os preços estavam sendo estabelecidos pelos produtores locais a um custo mais alto para compensar os sessenta por cento da fatia do bolo que iam diretamente para o bolso dos artistas. O circuito profissional de shows de rock nos Estados Unidos havia mudado bastante desde 1966, quando os Beatles e os Stones puseram sua caravana na estrada pela última vez. As apresentações com artistas empilhados coletivamente ou em shows de menos de meia hora de duração, cheias de adolescentes aos berros, com o empresários levando a fatia do leão, pertenciam ao passado. Desde o advento do Fillmore e do Avalon, que formataram para a posteridade os princípios básicos de um concerto de rock, uma plateia mais adulta e universitária comparecia para fumar seus baseados, ver seus ídolos de perto e, acima de tudo, ouvir a música. Um segmento considerável do público já enxergava o rock como uma forma de arte legítima, que não necessitava de nenhuma validação para ser debatido em pé de igualdade com o cinema ou com a literatura.

No início, Mick Jagger pretendia se encarregar pessoalmente de toda a organização, sem recorrer a intermediários, mas sua total ignorância sobre os meandros das máfias locais, que mantinham conexões com a polícia e outras autoridades públicas, tornou indispensável a contratação de profissionais especializados. Ainda assim, mesmo pagando atravessadores, os Stones voltariam para casa com mais de dois milhões de dólares, quantia sem precedentes naquele ramo. Apenas pelos dois primeiros shows no Los Angeles Forum, eles receberam 260 mil dólares, quebrando o recorde do cachê dos Beatles por apresentação. A lista de pessoas que queriam ver os shows era muito maior do que a quantidade de lugares disponíveis.

O álbum que os Stones finalizavam vinha na direção contrária da rebarba de otimismo de Woodstock que contaminava mesmo os mais céticos. Sem nenhuma brecha para celebração de paz e amor, *Let It Bleed* captava com precisão o ambiente da Los Angeles de Charles Manson, o tempo e o lugar exato do romance de Thomas Pynchon *Vício inerente (Inherent Vice)*. Uma cidade tomada pela paranoia enquanto os assassinatos da "família" aguardavam solução. Mas, se o texto dos Stones parecia tão ressonante e adequado à conjuntura daquele microcosmo, era porque os tentáculos se estendiam a várias fraturas expostas, como se das vísceras emergisse uma ferida a céu aberto cujo estado de putrefação nenhuma mensagem de esperança seria capaz de ocultar. A própria canção-título, com suas referências a esfaqueamentos no porão, já sumarizava os comentários de um repertório que quebrava qualquer escudo protetor contra as overdoses, os estupros e delírios psicóticos que faziam parte do cotidiano de qualquer grande cidade no mundo.

"Gimme Shelter" abria o álbum com Jagger assumindo o papel de um pastor visionário enviando promessas de pragas e danações amplificadas pelo vocal feminino de Mary Clayton, uma cantora de Los Angeles que ecoava, enfatizava e certificava o refrão: "*War, children, is just a shot away* (Crianças, a guerra está a apenas um tiro de distância). Depois desse começo devastador, *Let It Bleed* prosseguia em sua trilha acidentada, com as mesmas modulações até a sombria panorâmica final de "You Can't Always Get What You Want", que descia o foco sobre uma geração confrontando sua mortalidade, sua impotência e seu isolamento emocional após a esbórnia do tribalismo, ou simplesmente, como bem observou o crítico Greil Marcus, "buscando a satisfação na resignação".

No palco, os Stones esbanjavam entrosamento. Agregando ao próprio talento a cuidadosa mimetização de outros *performers*, Mick Jagger adquirira total controle sobre seu espaço de atuação, manipulando as emoções da plateia com doses equilibradas de segurança e arrogância e conduzindo a banda como um comandante que filtra todos os diferentes níveis de criatividade individual numa perfeita unidade coesa. Com sua capa preta e laranja, Jagger encarnava a paródia de um enviado de Lúcifer arregimentando adeptos para sua farra dionisíaca, como se dançasse sobre o caos. Quando não estava cantando, ele ficava na coxia observando e tentando repetir os movimentos de Tina Turner e suas vocalistas de apoio, que abriram todos os shows da excursão. Além disso, Mick Taylor devolvera ao grupo a consistência musical perdida desde que Brian Jones começara a vegetar e pairar sobre a banda como um espectro.

Antes de cada concerto, Sam Cutler, o *manager* da turnê, introduzia os Stones como a maior banda de rock'n'roll do mundo, apesar dos protestos de Mick Jagger, que achava aquilo constrangedor. Mas não havia qualquer exagero. No apagar das luzes da década de 1960, os Stones justificavam no palco e nos discos por que eram chamados de maior e melhor banda de rock'n'roll do mundo.

Adorados pelo público e reverenciados pela crítica, os Stones pareciam onipotentes e indestrutíveis. Antes de cada show, faziam questão de se atrasar, erguendo a tensão e a expectativa do público para uma entrada apoteótica. No Festival de Miami, não se importaram em deixar 50 mil pessoas esperando por quatro horas debaixo de chuva. A única coisa que continuava a incomodá-los eram as acusações de exploração nos preços dos ingressos, lembrados insistentemente por representantes da imprensa em cada entrevista ou em cada crítica publicada.

Esse tipo de burburinho não era bom. Além de desfrutar de sua popularidade, Jagger não queria perder as credenciais de revolucionário garantidas desde que "Street Fighting Man" fora adotada como hino da Nova Esquerda. Ser rotulado como um capitalista ganancioso não ajudava muito seus propósitos. Quando anunciou seu hino do combatente das ruas em Chicago, ele fez uma reverência em forma de dedicatória: "Esta é para todos vocês e tudo que vocês fizeram nesta cidade." Essa retórica demagógica não impediu Abbie Hoffman de sair sem um tostão quando procurou Jagger nos camarins em Detroit para um auxílio financeiro no processo contra os "sete de Chicago". Mesmo após ter sido agredido por Pete Townshend em Woodstock, Hoffman ainda carregava a ilusão de que *pop stars* eram seus aliados revolucionários, talvez porque as opções estivessem se esgotando rapidamente.

Quando chegaram a Nova York, no dia 26 de novembro, os Stones estavam prontos para deixar o Madison Square Garden a seus pés. Naquele mesmo dia, *Let It Bleed* foi lançado com resenhas consagradoras. Os dois shows seriam filmados para um possível documentário, mas Haskell Wexler, primeira opção de Jagger para assinar a direção, recusou o convite. Wexler, primo do guitarrista Mick Bloomfield e um brilhante diretor de fotografia, lançara poucos meses antes *Medium Cool* — um misto de ficção e documentário extraído de cenas reais do conflito de rua no ano anterior em Chicago —, com trilha sonora de Bloomfield. Para sorte dos Stones, o plano B sairia melhor do que a encomenda. Os irmãos Albert e David Maysles, duas assinaturas autorizadas do chamado "cinema verdade", concordaram em ganhar 29 mil dólares para filmar os shows em Nova York. Mas, quando subiu ao palco, Mick Jagger já tinha em mente planos mais ambiciosos.

Numa coletiva realizada no topo do Rockefeller Center, no dia do lançamento do disco, véspera do feriado de Ação de Graças, Mick Jagger confirmou que em dez dias os Rolling Stones se juntariam ao Grateful Dead para estrelar um minifestival gratuito em São Francisco. Era uma maneira de agradecer ao público americano pelo sucesso magnífico da turnê, driblar as críticas pelos preços altos dos shows e ainda criar um fato singular em cima daquele momento privilegiado. Os irmãos Maysles dirigiriam um filme sobre o evento que começava a ser chamado de "Woodstock da costa oeste".

O nome escolhido para o novo álbum dos Stones guardava notória semelhança com o título de uma canção gravada pelos Beatles no começo do ano. "Let It Be" (Deixa estar) acabaria sendo lançada como último single do quarteto de Liverpool no início de 1970. Não se sabe se os Stones já tinham ouvido a balada de Paul McCartney, àquela altura ainda inédita, mas *Let It Bleed* (Deixa sangrar) parecia uma tentativa explícita de firmar um contraponto ilustrativo dos rumos antagônicos das duas mais importantes bandas em atividade. Os Stones queriam deixar sangrar, tocar fogo no circo, enquanto o deixa estar dos Beatles sinalizava para uma retirada do *front* ou tentativa de oferecer uma mensagem que na melhor da hipóteses era reflexiva ("The End") ou otimista ("Here Comes the Sun"), e na pior refletia apenas a acomodação de uma banda enredada demais no próprio umbigo para se ocupar com questões subjacentes ao seu raio imediato de atuação.

Os Beatles passaram o verão trabalhando juntos pela última vez num álbum que levava o nome da rua e do estúdio no norte de Londres onde eles gravaram todas as canções dos sete anos de sua carreira fonográfica. Para tirar a foto da capa de *Abbey Road*, uma das mais iconográficas e parodiadas da cultura pop, eles simplesmente interromperam os trabalhos e atravessaram a faixa de pedestres em frente. Nada poderia ser mais sintomático desse processo de autoabsorção.

Não obstante, essa atitude mostrava que, apesar das sérias desavenças internas, os Beatles estavam novamente focados e concentrados em seu trabalho. Apostando em sua aguda criatividade coletiva, eles realizaram o mais bem amarrado trabalho desde *Sgt. Pepper*. A diferença era que dessa vez não havia a preocupação de capturar novas tendências ou se posicionar na frente de algum movimento. A tarefa se resumia apenas a dar o melhor polimento a um repertório que seguia o padrão de excelência oferecido habitualmente pela banda.

Enquanto os Stones surgiam ansiosos para tecer comentários sobre os tempos turbulentos e Dylan só faltava gritar em praça pública que não era um líder revolucionário, os Beatles não queriam fazer nenhuma declaração ou assumir qualquer postura, a não ser a de sua funcionalidade como um grupo capaz de bater a concorrência quando bem entendesse. John Lennon deixou sua campanha pela paz fora do estúdio, numa tentativa inconsciente ou não de separar sua vida pessoal da banda, que ele relacionava agora apenas a negócios e trabalho.

Ao contrário da tônica predominante no *Álbum Branco*, não havia em *Abbey Road* faixas individuais. Cada canção era solucionada em conjunto com o autor no comando. Eles podiam se dar ao luxo de elaborar uma intrincada harmonia em três vozes (a deslumbrante "Because") e não utilizar esse recurso no restante do disco. Ou então montar um mosaico de pequenas vinhetas que soariam perfunctórias isoladamente, mas que se resolviam no agrupamento orgânico concebido por Paul McCartney e pelo produtor George Martin. Para completar, George Harrison comparecia com canções no mesmo nível ou até melhores do que as de Lennon e McCartney ("Something", "Here Comes the Sun"). Natural, portanto, que a soma do repertório com o tratamento refinado fizesse de *Abbey Road* um álbum quase perfeito e atemporal. O próprio George Martin percebia o esforço dos Beatles de escrever um caprichado último capítulo para sua história.

Tanto profissionalismo, contudo, vinha embalado numa certa frieza. Os Beatles compunham melhor, tocavam melhor e produziam discos melhores do que os dos Stones. *Let It Bleed* era irregular, tinha até mesmo canções pouco inspiradas ou recicladas de singles já lançados, como "Country Honk" (derivada de "Honky Tonky Women"), não apresentava a diversidade melódica ou a sofisticação nos arranjos de *Abbey Road*, mas transbordava energia e fluía inquieto e instigante em sua imperfeição. Os Stones pareciam prontos a encarar desafios, enquanto os Beatles permaneciam entrincheirados em sua zona de conforto. Para além das comparações óbvias, o fato é que *Let It Bleed* e *Abbey Road* eram dois álbuns excepcionais, capazes de funcionar de forma complementar numa simetria que desafiava expectativas, especialmente de ouvintes com preferências por uma banda ou por outra.

Se o ambiente nos Beatles estava cada vez pior, as diferenças musicais eram o menor dos problemas. Divergências sobre a condução dos negócios racharam o grupo em dois campos. De um lado John, George e Ringo vinham desde fevereiro sendo representados por Allen Klein, que percebera a oportunidade de realizar sua ambição tão arduamente cultivada de cuidar dos negócios dos Beatles quando John declarou à imprensa em janeiro que a Apple estava quebrando. Do outro, Paul McCartney queria ser representado pela família de advogados de sua mulher. Como se isso não bastasse, Dick James, proprietário da Northern Songs, editora que detinha metade dos direitos sobre o catálogo de Lennon e McCartney, vendeu seus cinquenta por cento para um conglomerado do ramo de entretenimento sem sequer se preocupar em dar preferência aos dois compositores.

No dia 11 de setembro, John recebeu em cima da hora um convite para comparecer a um festival dedicado à paz em Toronto, no Canadá. A princípio os organizadores pensaram que ele e Yoko poderiam apenas prestigiar o evento como espectadores, mas John, ainda decepcionado por não ter se apresentado em Woodstock, respondeu que só iria se pudesse tocar. Em poucas horas, ele improvisou uma banda com Eric Clapton na guitarra como um luxuoso acompanhante e pegou o avião.

Era a primeira apresentação de um beatle sem seus três companheiros, o que naturalmente mexeu com os nervos de John. Ainda por cima, caberia a ele encerrar um show no qual constavam no programa alguns de seus maiores ídolos, como Chuck Berry, Jerry Lee Lewis e Fats Domino. A tensão o fez vomitar antes de subir ao palco. O show não foi dos melhores, mas John se sentiu tão energizado pelo contato com uma plateia que no voo de volta avisou aos músicos que iria formar uma nova banda e sair dos Beatles. A primeira parte da promessa ele jamais cumpriu, mas não demorou a concretizar a segunda. Naquela semana, os quatro Beatles se reuniriam num mesmo ambiente pela última vez.

Uma semana depois do concerto em Toronto, seis dias antes do lançamento de *Abbey Road*, os Beatles, menos George Harrison, que estava em Liverpool, foram à Apple a pedido de Allen Klein para discutir um novo e vantajoso contrato negociado com a gravadora. O encontro foi monopolizado por uma extensa lista de reclamações de John contra Paul e o subsequente anúncio de sua saída da banda. Durante alguns dias tudo permaneceu em compasso de espera, na expectativa de que John recuasse ou que um deles tomasse a iniciativa de chamar os outros para conversar, mas nada aconteceu.

Como as negociações com a gravadora continuavam em andamento, Allen Klein pediu que John não revelasse nada, mas no mundo do rock a notícia da separação já era um segredo de polichinelo. Paul McCartney fez o anúncio oficial na véspera do lançamento de seu primeiro álbum solo, no dia 10 de abril de 1970, deixando Lennon furioso, afinal, havia sido sua a decisão de acabar com a banda.

Os trabalhos solo lançados nos anos 1970 provam que a fase mais inovadora e ousada dos Beatles como grupo e como indivíduos tinha ficado para trás. Se continuassem a se reunir para gravar e fazer shows, trocando o desgaste da convivência por rios de dinheiro, a mesma centelha criativa poderia ser ocasionalmente reativada, a julgar por algumas canções de qualidade superior em seus respectivos álbuns individuais. Uma nova geração, contudo, já começava a ver os Beatles como ídolos de seu tio ou irmão mais velho. O posto de porta-vozes da inovação e da criatividade arrojada e acessível não era mais tão seguro. Além disso, os Beatles não foram a Monterey, não foram a Woodstock e se recusavam a sair do esconderijo seguro, ao contrário de Dylan e dos Stones, que voltaram e enfrentar o público depois de três anos sem tocar ao vivo.

A maturidade para os Beatles chegou com o estigma da acomodação, a senha para não mais liderar, e sim seguir os passos do público, que crescera ouvindo sua música e agora começava a encarar as responsabilidades das escolhas da vida adulta, tais como formar uma família ou se garantir profissionalmente. Viver em bando não combinava com essa nova fase. O enfado de John Lennon com a estrutura enclausurada da banda, num tempo em que ele se via revigorado pela união com Yoko Ono, lhe garantiu alguma sobrevida de inquietude em trabalhos solo corajosos e na disposição de interferir decisivamente no debate político. Por volta de 1973, ele estava produzindo canções pop parecidas com as, de seus ex-companheiros que agradavam, mas só empolgavam os fãs ardorosos.

O fato de serem os únicos artistas de ponta cuja história se inicia e termina na década de 1960 gerou uma sinergia inquebrantável dos Beatles com seu tempo. O período da inocência dando lugar à fase de amadurecimento e à experimentação com drogas e com novas formas de expressão artística; os olhos abertos para o Oriente por meio do misticismo; o ativismo político e o gosto pelo ambiente rural traduzido em contemplações meditativas. Todos esses pilares da experiência sessentista foram etapas existenciais que os Beatles anteciparam ou acolheram como um estilo de vida em algum momento dos seis anos em que reinventaram todas as regras da indústria do disco, enquanto subvertiam e contrariavam as antigas. Não é difícil entender por que para milhões de pessoas Beatles e anos 1960 são uma coisa só.

E, assim como os anos 1960 terminaram no ápice, imaculados como memória intocável para nostálgicos e entusiastas que editavam as piores partes para preservar a integralidade do mito, ao nunca mais se reunir os Beatles conservaram-se como a mais poderosa e bem-sucedida marca criativa que a canção popular produziu em qualquer tempo e em qualquer lugar. Num fenômeno semelhante ao de Bob Dylan, o impacto de sua obra, apesar de gigantesco inicialmente, estava apenas começando a ser absorvido em comparação com os livros, filmes, documentários e ensaios realizados no futuro. Em 2008, os Beatles viraram tema de uma cadeira acadêmica na Universidade de Liverpool, a cidade onde tudo começara, oito anos depois de vender mais de 20 milhões de discos da coletânea "1". Sinal de que rigorosamente nada havia mudado em relação ao escopo de sua influência. Eles continuavam a fascinar o grande público e a intrigar a elite do pensamento e da produção cultural. Curiosamente, não há um grama de nostalgia nisso. Bandas *underground* assumem seu legado como um patrimônio imaterial, uma nova geração que não tem o hábito de adquirir música num formato físico baixa suas canções, outros redescobrem a obra completa em vinil. São inúmeras as comprovações de fôlego de uma história exaustivamente recontada e da qual o planeta parece que não vai se cansar nunca.

Logo no começo do outono de 1969, quando *Abbey Road* reinava tranquilamente no topo das paradas de sucesso, os Beatles voltaram ao noticiário da forma mais inusitada possível, com um boato sobre a morte de Paul McCartney que bateu as portas da histeria em massa. Se Charles Manson se configurou como um caso trágico de psicose semelhante à de Mark Chapman, o assassino de John Lennon, a intensidade com que se espalhou essa lenda urbana demonstrava uma autonomia tão poderosa da obra dos Beatles no imaginário coletivo que nenhuma teoria da conspiração estava além dos limites.

O roteiro da boataria prescrevia que Paul McCartney sofrera um acidente de carro no dia 9 de novembro de 1966 e fora substituído por um sósia que tinha até nome, William Campbell, vulgo Billy Shears (citado na letra de *Sgt. Pepper*). Os Beatles teriam deixado crescer bigodes para eliminar qualquer suspeita, logo depois de o substituto fazer uma cirurgia plástica para aplainar as dessemelhanças. Ninguém conseguiu explicar como Billy Shears conseguiu se equiparar a Paul na voz e no talento, mas uma lenda não é feita para ser estragada por fatos. O único dado comprovado nisso tudo é que Paul de fato sofrera um acidente de moto no fim de 1965, quando passava uns dias em Liverpool, o que lhe custou um dente (no filme promocional do single "Paperback Writer", rodado em abril de 1966, ele continuava com um dente da frente quebrado) e teria deixado uma cicatriz na parte superior dos lábios, conforme pôde ser percebido durante anos quando a câmera pegava seu rosto em close. Vem daí sua conhecida aversão por fotografias não programadas.

Não se sabe a origem do boato, mas a difusão em larga escala começou num domingo, 12 de outubro, duas semanas após lançamento de *Abbey Road*. Russ Gibb, que, além de gerenciar o Grande Ballroom em Detroit, continuava trabalhando como DJ, atendeu à chamada de um ouvinte que lhe pediu ansioso para tocar "Revolution 9", a mesma faixa do *Álbum Branco* que tanto desnorteara Charles Manson. O detalhe é que a faixa deveria ser tocada de trás para a frente. Dessa forma, ouvia-se nitidamente a voz de Lennon sussurrar algo como *"turn me on, dead man"* (me inicie, homem morto), em vez de repetir *"number nine, number nine, number nine"*.

O assunto rendeu. Os dois ficaram no ar por duas horas discutindo mais evidências e nesse meio tempo o telefone não parava de tocar um minuto. "Não demorou muito para as pessoas começarem a bater nas janelas da emissora", lembra Russ Gibb. Na segunda-feira, não havia outro assunto em Detroit. Dois dias depois, um jornal de Michigan publicou um artigo sobre o tema. Uma semana depois, foi a vez de o *Chicago Sun Times* perguntar: "Paul está morto?" A história se espalhou no meio-oeste americano como rastilho de pólvora e milhares correram para comprar discos em busca de mais pistas. *Abbey Road* foi o maior sucesso de vendas entre todos os lançamentos dos Beatles, com créditos substanciais para a busca de provas sobre a morte de Paul. Percebendo as vantagens de uma publicidade gratuita, a Apple não se preocupou em soltar qualquer desmentido oficial.

A capa de *Abbey Road*, segundo os detetives, seria a representação de uma procissão funerária, com os quatro em fila indiana: John Lennon à frente de branco, vestido de médico, seguido de Ringo Starr todo de preto, como um agente funerário, e Paul de olhos fechados, descalço, como os defuntos são enterrados na Inglaterra, e com um cigarro na mão direita, apesar de ser um comprovado canhoto. George Harrison, vestido de coveiro, fechava o cortejo. Na placa do fusca estacionado logo atrás lia-se IF28, interpretado como uma mensagem cifrada de que Paul teria 28 anos se estivesse vivo. Ele teria 27, na realidade, mas os investigadores insistiam que algumas sociedades orientais incluíam na contagem da idade o tempo que o indivíduo passava no ventre da mãe. Anos mais tarde esse fusca seria vendido por uma fortuna num leilão.

Havia divertimento de sobra também na capa e nas letras de *Sgt. Pepper*, o álbum no qual os Beatles adquiriram nova identidade como uma banda imaginária. As pessoas famosas cujas figuras em papelão aparecem ladeando a banda estariam contemplando o túmulo de Paul, que na foto da capa trazia uma das mãos sobre a cabeça. Um baixo pode ser visto enfeitado com flores no chão, à direita. Na capa interna, Paul aparece com uma tarja no ombro onde se lê OPD — *officialy pronouced dead* (declarado morto oficialmente). Na contracapa, ele é o único que está de costas, e George aparece apontando o dedo para o trecho inicial da letra de "She's Leaving Home", que diz *Wednesday morning at five o'clock* (quarta-feira de manhã, às cinco horas), dia e hora em que o tal acidente teria ocorrido. Além de indícios visuais, havia mensagens escondidas nas letras de "Good Morning, Good Morning" (*Nothing to do to save his life* — nada a fazer para salvar a vida dele), "A Day in the Life" (*He blew his mind out in a car* — *blew* nesse caso tem o sentido ambivalente de explodir, mas também de "fazer a cabeça", uma referência subliminar ao uso de drogas), além de "Magical Mistery Tour", "Strawberry Fields Forever" e mais uma dúzia de outras canções dos Beatles.

Quando os rumores saíram de controle, Paul concordou em ser entrevistado por um jornalista que, acompanhado de um fotógrafo da revista *Life*, estava montando guarda na frente de seu sítio na Escócia. Os boatos de sua morte foram amplamente exagerados, dizia ele numa típica resposta beatle, enquanto desmontava as tais "provas". Paul não estava morto, mas tinha começado a aceitar que os Beatles estavam. Distante de todos, completamente deprimido, apenas com a mulher e a filha recém-nascida, ele começava a ruminar o futuro sem a banda na qual investira metade de sua vida.

Com o mercado produzindo novidades às dúzias, não houve muito tempo para lamentar a separação dos Beatles. O declínio de *Abbey Road* nas paradas logo após o Natal foi como a transmissão de um poder invisível da maior banda dos anos 1960 para aquela que presidiria os dez anos seguintes. O segundo disco do Led Zeppelin saudou o alvorecer da década de 1970 como o mais vendido nos Estados Unidos. Mesmo espicaçado pela crítica, a rotina do primeiro lugar se repetiria a cada vez que eles mandassem um produto novo às lojas. Era a realidade nua e crua. Para cada álbum que os Rolling Stones vendiam nos anos 1970, o Led Zeppelin vendia três.

No caminho para o superestrelato, a banda não apenas sobreviveu ao teste de fogo do segundo álbum como superou todas as expectativas com um trabalho mais consistente e mais bem-sucedido comercialmente. Jimmy Page recrutou o engenheiro de som cujos resultados apresentados nos discos de Jimi Hendrix tanto o impressionaram, agregando uma qualidade de produção a mais a uma banda que se debruçava sobre o acabamento técnico com apuro e rigor. Com o tempo, os fãs passaram a chamar *Led Zeppelin II* carinhosamente de *brown bomber*, por causa da fotografia esmaecida da capa, que misturava os integrantes da banda com figuras reais da força aérea alemã comandadas pelo célebre Barão Vermelho e pela investida sonora em alto volume, que, além de impecavelmente executada, recompensava o público com um conjunto de canções superior ao do primeiro álbum.

O lançamento apanhou o Led Zeppelin no meio de sua terceira excursão pelos Estados Unidos, em 1969, primeiro ano de sua hegemonia em solo americano. O Zeppelin não seduzia, conquistava pela força. Sua imagem se assemelhava à de bandoleiros nórdicos numa expedição de pilhagem que não poupava prisioneiros. Gravado em diferentes estúdios quando havia uma brecha de tempo, *Led Zeppelin II* refletia em cada detalhe a pressão de um trabalho escrito e produzido na estrada. Descontado o bonito interlúdio acústico de "Thank You", os solos se acumulavam a partir da primeira nota de "Whole Lotta Love" — rapidamente um sucesso nas rádios em versão editada pelos próprios DJs. Vendo que perdia dinheiro, a Atlantic lançou a canção como single, a despeito dos protestos da banda, ciosa dos conceitos fechados de seus álbuns.

Com "Whole Lotta Love" se inaugura um dos mais duradouros e vilipendiados subgêneros que a cultura pop produziu. Suas marcas registradas seriam os *riffs* de guitarra, que mapeavam toda a condução melódica e rítmica da canção, a ênfase total no volume, letras cartunescas sobre ocultismo e sexo e um vocalista que cantava como se alguém lhe apertasse os testículos. O heavy metal achou seu caminho no imaginário de fãs adolescentes durante décadas a fio, indiferente ao desprezo dos críticos e do próprio Led Zeppelin, que se constrangia diante de qualquer tentativa de classificá-los como patronos de metaleiros.

A primeira geração de bandas de heavy metal surgida na Inglaterra — Black Sabbath, Deep Purple, Uriah Heep e Nazareth — conquistou uma fatia considerável do mercado, especialmente no meio-oeste e no sul dos Estados Unidos, no Japão e na América do Sul. Curiosamente, passada a primeira onda, o que parecia um rugido escandaloso mas de pouco fôlego foi se fortalecendo num nicho fértil em formar novos admiradores e imune a qualquer modismo. O heavy metal permanece como uma das poucas escolas estilísticas do rock que de fato tiveram impacto global.

Uma semana antes de *Led Zeppelin II* começar a empolgar o público, chegava às lojas o primeiro álbum do King Crimson, a banda que abrira o show dos Stones no Hyde Park em homenagem a Brian Jones. Chamada por Pete Townshend de "estranha obra-prima", a música ouvida em "In the Court of the Crimson King" definia a gramática de uma linguagem que buscava seu ponto de origem no imaginário temático formulado por Syd Barrett em seus tempos de Pink Floyd e na ambição orquestral da fase psicodélica dos Beatles. O chamado rock progressivo abraçava um caldeirão de referências, com mesclas de jazz e folk misturadas a temas inspirados pela literatura de fantasia e ficção científica. Nesse particular, progressivos e metaleiros eram gêmeos separados no nascimento. A diferença é que os metaleiros jamais se afastavam do idioma básico do blues, enquanto os progressivos pretendiam reinventar a música inserida na tradição clássica europeia, fosse pela vertente sinfônica, no caso das bandas inglesas e das italianas, fosse pelo viés de vanguarda, como ocorreu especialmente na Alemanha.

Enquanto os Beatles pareciam apenas observar o planeta girar de dentro de seu aquário, os Stones se atolavam na realidade até o pescoço. Natural, portanto, que coubesse a eles protagonizar o último ato de um movimento cultural no qual a música não apenas ornamentou, mas norteou todas as bases de construção da própria noção de movimento. Não bastava apenas um apagar das luzes, era preciso uma certa grandiosidade em consonância com uma etapa da história que privilegiou o volume alto, a apreensão dos sentidos como estratégia de arregimentação. A encenação teria como palco um recanto deserto ao norte da Califórnia, próximo de São Francisco, onde, aliás, tudo começara. O que quase ninguém esperava era testemunhar a metamorfose desse último ato numa apoteose às avessas.

Logo após os Stones terminarem a entrevista coletiva no Rockefeller Center anunciando o concerto gratuito do dia 6 de dezembro, Rock Scully, *manager* do Grateful Dead, percebeu que haveria problemas sérios à vista. Sua ideia era anunciar os Stones como atração do minifestival na última hora, quando todas as autorizações já estivessem asseguradas. Assim que tomou conhecimento da notícia, o Departamento de Parques de São Francisco pediu 4 milhões de dólares em depósito antecipado como garantia de que qualquer dano ao Golden Gate seria ressarcido, além de exigir o compromisso dos organizadores de limpar toda a sujeira depois. Nada descabido, uma vez que 300 mil pessoas iam fazer uso de um espaço público para garantir a Mick Jagger sua entronização como majestade da música pop.

Quando foi confirmada a proibição, uma equipe começava a se formar em uma série de reuniões no sítio do Grateful Dead para desembaraçar os vários entraves que poderiam impedir a realização do festival num prazo tão curto. Havia muita conversa, muita sugestão e poucos resultados práticos. O que sobrava era gente dando palpite. A Califórnia iria sediar seu Woodstock e ninguém pretendia ficar de fora.

Pela experiência adquirida em Woodstock, Stanley Goldstein e Chip Monk foram recebidos na equipe de produção com as honras dedicadas a generais vindos do campo de batalha. Os dois logo se impacientaram com a dispersão e a falta de atenção a mínimos detalhes práticos que jogavam qualquer solução para o terreno do abracadabra. Goldstein lembraria anos depois que estavam sendo ignoradas questões básicas como, por exemplo, designar quem se responsabilizaria pelo pagamento do seguro e pelo aluguel do local. "A maioria dos participantes eram voluntários que queriam ajudar a organizar uma festa", de acordo com suas palavras. Como nem mesmo um representante legal eles tinham, Goldstein arregimentou para a empreitada o famoso advogado Melvin Belli, que defendera na corte o assassino do assassino de John Kennedy, um mafioso chamado Jack Ruby.

O espírito de improviso se difundira por todos os setores de organização. O Grateful Dead achou que seria interessante entregar a segurança do festival aos seus amigos dos Hells Angels em troca de alguns barris de cerveja. A gangue de motociclistas formaria uma espécie de guarda de honra, encarregada de proteger o palco. Ao aceitar a oferta, com o aval dos Stones, Sam Cutler tomou uma decisão que extrapolava todos os limites do bom-senso e da responsabilidade. As consequências seriam desastrosas. Os próprios organizadores se encarregaram de atirar o timão ao mar.

O problema do local enfim parecia solucionado quando o presidente de um autódromo em Sears Point, nas proximidades de São Francisco, ofereceu o espaço mediante o pagamento de um seguro simbólico. Todo mundo respirou aliviado até a dona do terreno, a produtora Filmways, tomar conhecimento e exigir para liberação, entre outras coisas, os direitos sobre a distribuição do documentário que os irmãos Maysles iam filmar. Se em Woodstock os produtores tiveram um mês para levantar acampamento de Wallkill rumo à fazenda de Max Yasgur, na Califórnia havia um festival em andamento sem local definido 48 horas antes da data marcada.

Com tantas bolas nas costas se acumulando, aquele era o momento adequado para declarar o projeto inviável, mas os Stones faziam questão de sair dos Estados Unidos não apenas com uma mala cheia de dinheiro, mas com essa nota final de insuperável triunfo. Adiar era impossível, pois eles iam encerrar o ano com dois shows já marcados em Londres no fim de semana seguinte. Sacrificar os próprios interesses, nem pensar. Quando Stanley Goldstein relembrou anos depois aqueles momentos de indecisão, ele concordou que, vista em retrospecto, a única decisão inteligente seria encerrar o assunto e cada um ir para sua casa. Mas Woodstock, o festival onde tudo se encaixara miraculosamente, deixara uma sensação de onipotência capaz de criar a ilusão de que um evento para 300 mil pessoas poderia ser organizado num intervalo de apenas 24 horas.

Na sexta-feira de manhã, Melvin Belli conseguiu fechar negócio com o proprietário de uma pista de stock-car, a Altamont Raceway, nas proximidades de Livermore, distante 40 quilômetros de São Francisco e a cerca de 70 quilômetros de Sears Point. Isso significava que Chip Monk precisava desmontar o palco, a iluminação e as estruturas, transportar tudo de helicóptero e montar novamente em apenas um dia. A tarefa era simplesmente impossível, portanto a solução encontrada foi improvisar um novo palco a toque de caixa no próprio local. Uma equipe de emergência recebeu a incumbência de trabalhar contra o relógio até concluir a tarefa.

Os Stones chegaram a São Francisco na sexta, dia 5, à tarde. Vinham do estúdio Muscle Shoals, no interior do Alabama, onde haviam gravado algumas canções para seu próximo álbum, registradas pela câmera atenta dos irmãos Maysles. Mick Jagger e Keith Richards visitaram Altamont de helicóptero à noite e a impressão era de que tudo corria dentro dos conformes. Além dos trabalhadores, já tinha gente acampada, bebendo, fumando seus baseados, esperando pelos shows do dia seguinte. Richards ficou por ali, socializando com todo mundo, até adormecer na grama. Quando amanheceu, a atmosfera era outra. Augustus Owsley Stanley sentiu logo ao chegar que o lugar tinha cheiro de morte. E de fato os Hells Angels, exibindo sua cara de poucos amigos numa paisagem desértica ornamentada por carcaças de carros destruídos, compunham um ambiente sombrio.

Além dos Stones também subiriam ao palco Grateful Dead, Jefferson Airplane, Flying Burrito Brothers, Santana e Crosby, Stills, Nash and Young. Por volta do meio-dia de domingo, os caminhos em direção ao festival estavam totalmente engarrafados. Assim como em Woodstock, helicópteros decolavam a granel. Apesar de o outono estar próximo do fim, o sol brilhava quando o Santana começou seu show.

As pessoas ainda se acomodavam e já começava a chamar a atenção a brutalidade dos Hells Angels contra qualquer um que olhasse torto. Um rapaz mexicano obeso que andava nu pelo acampamento, desarvorado de tanto LSD, foi surrado com tacos de sinuca. Uma garota tentou abrir caminho no meio das motocicletas e teve a mesma sorte. Um fotógrafo registrou a cena, recusou-se a entregar a câmera e apanhou também. No meio do segundo número, os Angels interromperam o show sem maiores cerimônias para passar pela banda e bater em quem estava do outro lado.

O palco erguido às pressas era muito baixo, ao estilo das casas de show de São Francisco, o que deixava os artistas praticamente no mesmo nível da plateia, mas, segundo testemunho de Carlos Santana, "as brigas começaram porque os Angels estavam empurrando as pessoas. Não havia provocação".

As câmeras dos irmãos Maysles e de seus assistentes, entre os quais figurava um jovem George Lucas, muitos anos antes de criar a franquia *Guerra nas estrelas*, capturavam um festival em pleno funcionamento, mas havia outra realidade perceptível além dos olhos e das lentes. O ambiente hostil era agravado pela quantidade de alucinógenos de péssima qualidade, que davam enorme trabalho aos médicos voluntários de Berkeley. Com o puro ácido de Owsley Stanley vieram os produtos nada confiáveis dos traficantes da Haight migrados em massa para o festival, já que a rua ficara deserta durante o sábado. Em uma hora o estoque de clorpromazina desapareceu das tendas médicas. Boa parte das drogas, especialmente as ruins, era consumida pelos próprios Hells Angels. Completamente chapados, eles passaram de intratáveis a incontroláveis em questão de minutos.

O jornalista da *Rolling Stone* Greil Marcus, destacado para cobrir o evento, na convicção de que estava surfando numa microversão da fraterna Nação Woodstock, sacou do bolso um sanduíche e ofereceu ao desconhecido ao lado. Recebeu como resposta um tapa na mão, seguido de um rosnado: "Eu não quero essa porra de comida, vá se foder, babaca." Mick Jagger teve um aperitivo do que o esperava quando alguém cuspiu nele e acertou seu rosto no momento em que desceu do helicóptero ao lado de um sorridente Timothy Leary.

Em face da vida pregressa dos Hells Angels, era pouco plausível que alguém no pleno funcionamento de suas faculdades mentais pudesse lhes confiar a segurança de um evento que envolvia a vida de 300 mil pessoas. Os Angels ganharam notoriedade ainda nos anos 1950 como uma gangue de motociclistas de ramificações nacionais e internacionais, sediados em Oakland, cidade satélite de São Francisco. Essas gangues se constituíam em sua maioria por veteranos da Segunda Guerra Mundial, oriundos da classe trabalhadora, desempregados, incapazes de se ajustar a uma vida normal. A estrutura hierárquica dos Hells Angels lembrava uma maçonaria pelo estatuto coletivo rigorosamente verticalizado e por todos os seus membros dirigirem indefectíveis Harley-Davidson.

Nessa época, os motociclistas de roupas e acessórios de couro foram celebrizados por uma das mais marcantes caracterizações de Marlon Brando, no filme *O selvagem* (*The Wild One*), quando o ator estava no auge. Treze anos depois, os Angels viraram celebridades com a publicação do clássico livro-reportagem no qual o jornalista gonzo Hunter S. Thompson se valeu de um tempo de convivência como membro da gangue para produzir um texto investigativo sobre foras da lei que jogavam de acordo com regras próprias e davam as costas para as autoridades e para a família tradicional. Naquele mesmo ano, eles também foram tema do filme *Anjos do Inferno* (*Wild Angels*), estrelado pelo mesmo Peter Fonda que três anos depois seria alçado ao sucesso em *Sem destino*. O êxito de *Anjos do Inferno* abriu caminho para uma série de filmes de baixo orçamento sobre gangues de motociclistas exibidos basicamente nos drive-ins de cidades do interior. Os Hells Angels foram tema de artigos publicados na *Time*, na *Newsweek* e no *New York Times*. Eram considerados uma parte da paisagem americana que a classe média olhava de longe com misto de repulsa e divertimento.

Nos testes de ácido com Ken Kesey, os Angels começaram uma relação com o Grateful Dead que ia além das diferenças de classe e de crenças políticas. Enquanto os hippies eram basicamente boêmios oriundos da classe média, os Angels tinham um *background* proletário, bebiam muita cerveja e não dissimulavam seu racismo e conservadorismo político. Estupro coletivo era uma prática corriqueira e estimulada entre os membros. Nas festas dos hippies havia um espaço circunscrito denominado "território do anjo", onde a gangue poderia fazer o que bem entendesse sem interferência externa. No Human Be-In do começo de 1967, eles se comportaram exemplarmente, ajudando crianças perdidas a acharem seus pais, encantando hippies e artistas, que passaram a romantizá-los como figuras da contracultura desconfortáveis com a ordem sufocante da sociedade. Allen Ginsberg chegou a lhes dedicar um poema.

O problema era que os Angels não estavam dispostos a ser engessados nessa imagem idealizada por filhos da burguesia que não lhes inspiravam nada a não ser ressentimento e desprezo. Eram patriotas, a favor da Guerra do Vietnã e em algumas manifestações que passavam por Oakland ajudavam policiais a bater nos estudantes. O encontro dos hippies com o lado negro da força da contracultura nos domínios de Altamont estava condenado a ser um fracasso, na melhor da hipóteses. Mas talvez nem mesmo o mais empedernido pessimista pudesse prever um desastre de tamanhas dimensões.

Eram três e meia da tarde quando o Jefferson Airplane começou seu show. A pancadaria começou a rolar tão logo soaram os primeiros acordes de "We Can Be Together", em irônico paradoxo com a letra. Os Angels estavam surrando sem pena alguém nas proximidades do palco, à esquerda. Em vez de interceder, as pessoas abriram espaço para a pancadaria continuar. O vocalista Marty Balin, com seu chapéu de caubói, desceu para apartar e tomou um golpe na cabeça que o levou a nocaute. A briga recomeçou, apesar dos clamores de Grace Slick. Paul Kantner começou a discutir com Sonny Barger, o líder dos Hells Angels, no microfone e por pouco também não foi atingido.

Cena: aterrissa o helicóptero trazendo o Grateful Dead para o que seria o último show antes do *gran finale* com os Rolling Stones. A câmera capta Jerry Garcia conversando com Michael Shrieve, o baterista do Santana, mal saído da adolescência, que aparece em destaque com suas baquetas no documentário sobre Woodstock. Phil Lesh então se aproxima:

"Quem está dando porrada?"

"Os Hells Angels", responde Shrieve.

"Os Hells Angels estão dando porrada nos músicos?", pergunta um surpreso Phil Lesh.

"É, o Marty levou porrada."

"Tem alguma coisa errada nessa história."

"Eu sei, cara, é realmente estranho."

Em vez de enfrentar uma situação que estava coberta com suas impressões digitais, o Grateful Dead preferiu bater em retirada no mesmo helicóptero em que chegara. Durante o show do Crosby, Stills, Nash and Young, uma fila de motocicletas abriu caminho no meio da multidão em direção ao palco, aglomerando-se na frente da plateia cada vez mais desconcertada. Rumores cresciam de que a polícia ia invadir o festival distribuindo cassetadas, mas, assim como em Woodstock, não se via nenhuma autoridade fardada à vista. Antes de os Stones aparecerem, ainda houve tempo para outra vítima cair ao golpe de um taco de sinuca e ser pisoteada pelos Angels sem piedade. Mal terminaram sua apresentação, Crosby, Stills, Nash e Young correram para dar o fora dali o mais depressa possível. Se não houvesse helicóptero eles teriam fugido a pé.

Com a desistência do Grateful Dead, a tensão se elevou. Os Stones, completamente indiferentes ao tumulto que acontecia fora do seu trailer, não davam as caras. Mick Jagger se recusou a começar o show até o cair da noite, para que sua indumentária desse ao filme um efeito incandescente. Sam Cutler anunciava pelo microfone que a apresentação não começaria enquanto o palco não fosse esvaziado de todos os intrusos, inclusive os Angels. As pessoas obedeciam, mas voltavam e, durante o show, o palco ficou novamente no limite da capacidade. Depois de quase duas horas de espera, por volta de sete e meia da noite e com um frio de arrepiar, Sam Cutler anunciou: "Eu gostaria de apresentar a vocês, a todo mundo da Inglaterra, os Rolling Stones."

Mick Jagger foi para o palco ligeiramente bêbado, vestindo a mesma capa alaranjada e preta de bruxo que o acompanhara por toda a excursão e um símbolo ômega no peito. Keith Richards veio em seguida, deixando sua garrafa de Jack Daniel's em cima de uma das peças da bateria. A embriaguez do vocalista já transparecia no sorriso aberto durante suas palavras de saudação: "Tem tantos de vocês aí, só não empurrem as pessoas da frente. Fiquem frios, fiquem juntos."

Os Stones abriram com "Jumpin' Jack Flash", seguido de "Carol", de Chuck Berry, repetindo o notável desempenho dos últimos shows. Enquanto cantavam "Sympathy for the Devil", uma motocicleta explodiu ruidosamente em frente ao palco, abrindo novo foco de confusão. Tacos de sinuca começaram a acertar a cabeça de quem estava perto, enquanto os Angels executavam uma ação de revanche. As pessoas se empurravam e caíam umas sobre as outras tentando sair do meio da briga.

A banda parou instantaneamente de tocar, com exceção de Keith Richards, até que Jagger falou: "Ei, ei, Keith, dá para esperar? Eu tô tentando dar um jeito nisto." Com a voz nervosa, se dirigiu ao público: "Ei, gente, irmãs e irmãos, vamos lá, fiquem calmos todo mundo." Os rostos na frente do palco eram a expressão de apreensão e temor. "Vamos esperar meio minuto antes que a gente respire novamente, todo mundo calmo e tranquilo, alguém aí se machucou? Tá tudo bem, OK, tudo bem."

A banda recomeçou "Sympathy for the Devil" logo após Jagger dizer que coisas engraçadas sempre aconteciam quando eles tocavam aquela canção. Ninguém riu. Àquela altura o palco estava tão lotado que um cachorro desfilou em frente à banda como se sua presença ali fosse a coisa mais normal do mundo. Uma garota nua e obesa tentava abrir caminho à força para escalar o elevado até ser impedida pelos Angels com violência, a única linguagem que eles entendiam. Um sujeito à direita no palco viajava de LSD em meio a caretas e contorções, como se estivesse sofrendo com pesadelos terríveis. Aquilo definitivamente não parecia Woodstock. Apesar de tensos, os Stones continuavam concentrados e tocando com energia e vigor. Ao fim de "Sympathy", enquanto eclodia outra nuvem de confusão e pancadaria, Jagger já perguntava num tom que parecia transmitir insegurança: "Quem está brigando e para quê? Por que estamos brigando?" Richards apontou para um espancamento diante de seus olhos e ameaçou parou de tocar se a violência não cessasse. Os Angels, seguros no papel de chefões do evento, sopraram em seu ouvido que se parassem os Stones estariam mortos.

Keith Richards propôs que eles tocassem um número mais lento para apaziguar os ânimos. A ideia parecia ter funcionado, pois tudo se aquietou durante um tempo, mas no meio de "Under My Thumb" a caixa de pandora se abriu sem possibilidade de controle.

Durante todo o dia, os Angels vinham acumulando irritação com Meredith Hunter, garoto de 18 anos apelidado de Murdock, figura conhecida na Haight-Ashbury, que dançava livremente acompanhado de uma loura. Entre racistas assumidos, nada poderia ser mais ofensivo. Hunter foi agarrado pelo pescoço por um membro da gangue. Ao conseguir se libertar brevemente, o garoto, assustado, sacou uma pistola e apontou para seu agressor e em seguida em direção ao palco. Outro angel veio por trás e o esfaqueou na cabeça, enquanto mais membros da gangue chegavam e o arrastavam para baixo do palco, atrás dos amplificadores. Ao tentar correr, ele caiu de joelhos, foi agarrado pelos ombros e chutado no rosto várias vezes. Ao cair no solo recebeu nova série de pontapés pelo corpo. As poucas testemunhas que assistiam a tudo horrorizadas ouviram suas últimas palavras: "Eu não ia atirar em você." Não contente, o agressor esmagou sua cabeça com uma lata de lixo e ainda chutou-a repetidas vezes. Ninguém intercedeu. Ninguém se aproximou do corpo até dois minutos depois de terminada a absurda agressão.

Um grupo tentou abrir caminho em direção ao palco para que o jovem recebesse cuidados médicos, mas os Angels barraram a passagem. Como o incidente ocorrera fora de seu campo de visão, os Stones continuavam alheios a tudo, mas Jagger percebeu algo anormal mesmo sem ter exata noção do que se tratava. Sam Cutler disse que alguém precisava de socorro médico. Jagger pediu uma ambulância ao microfone. Alguém soprou no seu ouvido que haviam apontado uma arma para o palco. A banda parou de tocar novamente enquanto o vocalista continuava a pedir calma, desolado e vencido, uma pálida sombra em miniatura do *showman* que atravessara a América embalando as fantasias de milhares de pessoas.

Os Stones deram sequência ao show com a suspeita de que se parassem nada evitaria a erupção do caos. Pela primeira vez eles apresentaram ao vivo a agora clássica "Brown Sugar", gravada dias antes em Muscle Shoals, um agressivo tema de violência sexual e racismo que parecia perversamente adequado àquela situação. Assim que finalizaram "Street Fighting Man", a banda se dirigiu para o helicóptero, enquanto os Angels atiravam pétalas de flor sobre a plateia, numa cena bizarra diante do que acontecera antes. Apesar de o festival ter terminado antes das dez da noite, a gangue permaneceu por ali até o dia seguinte, acendendo fogueiras, bebendo, se drogando e batendo em quem se aproximasse.

Ao todo, quatro pessoas morreram durante o dia em Altamont, uma a mais do que nos três dias de Woodstock: além de Meredith Hunter, duas foram atropeladas e uma se afogou numa fossa de drenagem, todas sob efeito de drogas. Mais de cem pessoas receberam tratamento médico por pancadas ou surras dos Hells Angels. Não obstante, a imprensa não especializada ignorou totalmente o acontecido. O *San Francisco Chronicle*, por sinal, descreveu o show como um grande sucesso, obliterado apenas por um infeliz incidente resultado em morte.

Como uma reação em cadeia, o Grateful Dead tratou de sumir de circulação, prevendo que levaria parte da culpa. Crosby, Stills, Nash and Young anunciaram que não fariam mais shows ao ar livre. Já os Stones estavam muito apreensivos. No domingo à noite, uma rádio local relatou minuciosamente os fatos da véspera, aceitando chamadas de ouvintes que estiveram em Altamont, inclusive Sonny Barger, que disse cobras e lagartos sobre os donos da festa. Os Angels sabiam que levariam toda a culpa. Só restava aos Stones sair do país o mais depressa possível, deixando Sam Cutler para apagar os incêndios. Os Hells Angels pressionavam pela destruição do material filmado e não gostaram nada de saber que os irmãos Maysles já haviam ido embora para Nova York levando todos os fotogramas. Os Stones partiram dos Estados Unidos jurados de morte.

Na segunda-feira o *staff* da *Rolling Stone* se reuniu para discutir e trocar relatos sobre os fatos do sábado. Os dois jornalistas destacados para a cobertura, Greil Marcus e John Burks, descreveram ainda perplexos o que tinham testemunhado. O editor Jann S. Wenner queria Altamont como capa da próxima edição do jornal, com uma cobertura minuciosa sobre cada aspecto do festival, dos mais diferentes ângulos. E algum culpado pela tragédia teria de aparecer.

Além dos encarregados de cobrir o evento, vários jornalistas presentes ao festival como espectadores compareceram com textos na condição de testemunhas e foram convocados a prestar seus depoimentos. Lester Bangs, num de seus primeiros artigos para a *Rolling Stone*, escreveu sobre o clima de terror imposto pelos Angels. Outro repórter, John Morthland, entrevistou os médicos que cuidaram das centenas de pessoas feridas, algumas próximas da morte. A jornalista June Auerbach tempos depois acabaria se casando com o médico que tentara salvar Meredith Hunter.

Greil Marcus, que trabalhava como crítico mas não tinha experiência em reportagens, ficou encarregado de entrevistar a família de Meredith Hunter. A mãe estava internada, vítima de um colapso nervoso, mas seus filhos relataram que ninguém da parte dos Rolling Stones havia ligado. Nem um pedido de desculpas. Nada. A John Burks coube localizar uma das testemunhas oculares do crime, que concordou em falar anonimamente.

Jann S. Wenner editou o longo texto, escrito principalmente por Marcus e Burks, para uma matéria de 15 páginas que não deixava pedra sobre pedra. Os Angels, a equipe de produção, o Grateful Dead, a própria plateia passiva e imersa em drogas, os irmãos Maysles, todos receberam críticas, em maior ou menor escala. Mas a responsabilidade real foi carimbada nas costas de quem havia organizado, patrocinado e estrelado a extravagância toda: os Rolling Stones. A reportagem sobre Altamont permanece um marco no jornalismo americano.

Igualmente indignado, ou pelo menos mostrando indignação de sobra, Bill Graham apontou o dedo para Rock Scully no Fillmore e disparou:

"Assassino." Como troco levou um soco. Depois foi a um programa de rádio desafiar Mick Jagger para um debate em rede nacional e passou uma hora desancando os Stones ao vivo. "Ele está lá no país dele e o que deixou para trás neste país? Em todos os shows ele se atrasava. Em cada porra de show ele fez o produtor e o público sangrarem. Que direito esse deus tem de pousar neste país dessa forma?" Sem deixar o exagero atrapalhar sua eloquência, Graham chamou Altamont de holocausto e disse que a polícia deveria ter algemado Jagger antes de tudo começar, obrigando-o a desistir do festival. Anos depois, Graham trabalharia como produtor em quase todas as excursões americanas dos Stones.

David Crosby também não economizou no verbo: "Para os Stones parece que nada aconteceu desde 1965. Não têm noção de que a manutenção da ordem num concerto não é algo que se confia a alguém em particular hoje. Os Stones não têm a menor ideia do que são os Angels. Para eles os Angels são alguma coisa entre Peter Fonda e Dennis Hopper, algo muito distante da realidade." Crosby foi em frente, chamando os ingleses de egomaníacos e esnobes. Sobraram poucas farpas para as mãos que bateram com tacos de sinuca. Na Califórnia, a hora era de cerrar fileiras regionais contra os invasores gananciosos, mesmo porque uma retaliação vinda a bordo de uma Harley-Davidson nunca poderia ser descartada.

A reportagem da *Rolling Stone* foi reconhecida desde sua publicação como a única verdade estabelecida sobre Altamont. Quase uma versão semioficial, que continua a vigorar quarenta anos depois. E uma de suas teses cruciais era que a ânsia de fazer um filme de qualquer maneira contribuiu decisivamente para a *débâcle*. O documentário filmado pelos irmãos Maysles e finalizado depois com a colaboração de Charlotte Zwerin, lançado no final de 1970, é considerado o documentário de rock contra o qual todos os outros são medidos. Curiosamente, na época do lançamento o único consenso foi o desagrado geral.

Os dois críticos americanos mais influentes, Vincent Canby, no *New York Times*, e Pauline Kael, da revista *New Yorker*, denunciaram

Gimme Shelter como uma exploração barata da tragédia e uma tentativa de mascarar o papel dos Stones como principais responsáveis pelos acontecimentos em Altamont. Kael, que cometeu vários erros factuais em seu artigo, chegou a questionar a própria noção de veracidade do documentário, ao desdenhar do evento como algo manipulado para acomodar as filmagens. Tal argumento era balizado pelo conteúdo do texto demolidor da *Rolling Stone*, que se referiu ao tratamento do público como semelhante ao dispensado a extras num set de filmagem.

As críticas não faziam justiça ao filme dos Maysles, que em momento algum tenta escamotear os fatos ou isentar responsáveis. Ademais, os diretores desembolsaram mais do que o investimento inicial dos Stones para finalizar o documentário. A própria estratégia de fazer Mick Jagger assistir ao filme na moviola, sua palidez e seu desmoronamento quando ocorre o assassinato de Hunter e a recuperação do distanciamento cínico no final, agregavam uma brutalidade e intensidade emocional ao trágico episódio que motivava novas frentes de questionamento e não encerrava nenhuma daquelas levantadas pela *Rolling Stone*. Para os irmãos Maysles, atribuir o que aconteceu em Altamont a um único fato ou responsável era tão sem sentido quanto o próprio assassinato de Meredith Hunter.

Os fotogramas foram posteriormente requisitados para o processo do assassinato contra o hell angel responsável pelo esfaqueamento, mas o júri o absolveu de acordo com os princípios de legítima defesa. Logo depois de ocorrido o crime, uma das primeiras providências de seus companheiros foi entregar à polícia a arma carregada e pronta para disparar tirada da vítima, que além de tudo foi mostrada nas imagens com a arma na mão. Rumores de que a condução do julgamento teve inclinações racistas logo começaram a pipocar pela imprensa *underground*.

Altamont seria assimilado na historiografia da cultura popular como metáfora de decadência, fim dos tempos, caos e a mais bem-acabada antítese de tudo que Woodstock representara. Em resumo, a morte dos anos 1960 em contraponto ao festival que assinalara o nascimento de uma nova era. Para além dessas analogias, o certo é que Altamont sepultou a ilusão de que um negócio milionário capaz de juntar 300 mil pessoas de uma só vez pudesse ser tratado como um projeto comunitário. Do *underground* para o *mainstream*, a contracultura se transformara numa besta incontrolável e imprevisível. Na semana de Altamont, sua face mais visível não foram hippies felizes e solidários, e sim um psicótico Charles Manson a caminho da prisão. Rock Scully redigiu o diagnóstico mais preciso em suas memórias ao dizer que Altamont e Woodstock foram apenas duas faces da mesma moeda, a massificação da boemia.

Os sinais de descaminho podiam ser verificados ali mesmo na própria Haight-Ashbury, de onde o movimento se expandira para o resto do mundo. As cenas de terror relatadas nas páginas da *Rolling Stone* e vistas em *Gimme Shelter* eram uma ampliação fotográfica do cenário arruinado de humanidade e de ideias em que se transformara o antigo sagrado território da contracultura. Cenário exposto a todos os turistas, visitantes ou aqueles que ainda chegavam todos os dias em busca de algo que não existia mais. O sentido de comunidade desaparecera, as lojas originais haviam fechado e o lugar se transformara num pântano de doenças, decadência e traficantes de sangue-frio. Os primeiros residentes agora moravam em comunas rurais. A Free Clinic encerrara sua atividades, incapaz de fazer frente à demanda da horda de *junkies* que sempre descobria uma nova droga mais pesada do que a anterior. O Avalon fechara as portas. Até mesmo Bill Graham, que conclamara todo o país a participar do "Verão do Amor", não ficou em São Francisco para assistir ao inverno do descontentamento, uma vez que o Fillmore East, em Nova York, ocupava muito mais de seu tempo e sua atenção.

Se o movimento hippie foi praticamente sepultado na matriz de origem, sua força de expansão planetária não dava sinal de esgotamento. Milhões de pessoas no mundo todo estavam experimentando alucinógenos, praticando ioga, ouvindo rock, se alimentando de comida macrobiótica, migrando para o campo ou viajando para o Oriente.

A classe média absorvia sensivelmente essas mudanças, questionando a interferência da religião e do Estado em suas vidas. A garantia do aborto como direito constitucional em todos os estados americanos não pode ser dissociada desse fluxo de mudanças. Por mais tentador que seja equacionar o fim da contracultura com a virada do calendário, a ruptura que levou as políticas da revolução comportamental para o reformismo se evidenciavam em várias frentes havia um bom tempo. E a música como principal veículo proponente dessa mensagem se expandiu além do intercâmbio de pessoas com pensamentos convergentes, para se massificar como fenômeno cultural e como indústria de entretenimento.

Depois do fim

> *If you close the door*
> *The night could last forever*
> *Leave the sunshine out*
> *And say hello to never*
>
> Lou Reed, "After Hours"

Em sua célebre e abrasiva entrevista à *Rolling Stone* um ano depois de Altamont, John Lennon proferiu a famosa frase "o sonho acabou", extraída da canção "God", uma das espinhas dorsais de seu seminal primeiro álbum solo, que negava categoricamente todos os mitos e todas as utopias de sua geração, de John Kennedy a Bob Dylan, passando pelos próprios Beatles. Lennon mais tarde confessou ter concedido a entrevista "chapado até a medula", mas suas opiniões evidenciaram uma tendência. Esse quase consenso sobre o esgotamento das soluções das políticas da contracultura que já vinha se esboçando desde 1968 levaria por um breve tempo a um endurecimento ainda maior da retórica política, inclusive com adesão do próprio Lennon.

Curiosamente, enquanto recrudescia o discurso político radical, os canais de interlocução dessas facções insurrecionais com a sociedade se fechavam gradativamente. Um exemplo eloquente ocorreu após a decisão de Nixon, em abril de 1970, de invadir o Camboja, o que desencadeou protestos violentos e greves na maioria dos campi do país. Quatro estudantes foram assassinados na Universidade de Kent, Ohio, por tiros disparados pela Guarda Nacional. Chrissie Hynde, futura líder dos Pretenders, foi uma das muitas estudantes que testemunharam a chacina naquele dia. A brutalidade da reação governista instigou Neil Young a compor "Ohio", uma resposta apaixonada, na justa medida da indignação, que citava explicitamente Richard Nixon na letra. Foi a faixa mais contundente gravada pelo Crosby, Stills, Nash and Young, talvez o único momento em que eles abandonaram radicalmente qualquer vestígio de frieza técnica para atacar sua música com absoluta emoção. Mas o envolvimento se resumiu a gravar e lançar um single. Nenhum centavo do dinheiro arrecadado foi doado ao movimento e o CSNY recusou todas as propostas para fazer shows em benefício dos estudantes.

Os tiros desferidos pela Guarda Nacional davam o tom de como o governo Nixon passara a reagir aos atos de revolta estudantis. A marginalização do movimento teve como reflexo o desmantelamento dos canais entre a maioria das bandas e as células políticas mais radicais. Os atalhos de comunicação se fechavam, as opções se esgotavam. Abbie Hoffman caiu na clandestinidade seguindo os passos do Weather Underground, que frequentava a lista dos mais procurados pelo FBI, especialmente pelo hábito de deixar bombas em locais públicos (nunca fizeram uma única vítima, pois eram plantadas fora do horário comercial). Antes de desaparecer, contudo, tiveram tempo de libertar Timothy Leary da cadeia em Los Angeles, onde ele cumpria pena após a ridícula condenação a dez anos por posse de maconha, e mandá-lo para a Argélia. No norte da África, Leary se juntaria ao líder negro Eldridge Cleaver para formar um "governo americano no exílio".

John Lennon trocou Londres por Nova York e se tornou o único artista de ponta a encampar abertamente o confronto político, ao estrelar com Yoko Ono shows beneficentes pela liberdade de John Sinclair (que seria finalmente solto no começo de 1972) e protestos contra a opressão aos católicos na Irlanda do Norte. O ex-beatle nunca mais voltaria para a Inglaterra, mas sua crise de participação política durou menos de um ano.

Pouco antes de ser assassinado, Lennon não deixou dúvidas de que se arrependia profundamente de sua fase politizada em Nova York. Chegou a afirmar à *Playboy* que a convivência com Jerry Rubin e outros radicais quase arruinara sua carreira. Rubin deve ter concordado. Por essa época, fim dos anos 1970, ele se estabelecera como um dos grandes investidores de Wall Street, palco de sua crítica ao capitalismo, em 1968, quando, ao lado de Abbie Hoffman, subiu até o andar dos visitantes da Bolsa de Nova York para atirar dinheiro sobre os operadores.

Grande parte da aristocracia do rock levou seu instinto de rebeldia para outras fronteiras, como a sexualidade, o feminismo, a ecologia e as lutas contra a miséria no Terceiro Mundo. Ganhava consistência a estratégia de perseguir agendas pontuais para uma progressiva transformação social, em vez de fomentar uma revolução que se perdia no horizonte. O concerto para Bangladesh organizado por George Harrison, que lotou o Madison Square Garden em 1971, definiu o padrão para eventos beneficentes em larga escala. Descontadas as boas intenções, shows por alguma causa nobre eram um movimento seguro, sem contraindicações e ainda por cima faziam milagres pela reputação de quem se envolvesse.

Se dava boas-vindas a shows de caridade, nos quais podia fazer as pazes com suas crises de consciência, a sociedade respondia com tolerância cada vez menor aos grupos revolucionários. A avalanche de votos recebida por Nixon em 1972 pode ser lida também como um sinal evidente desse desgaste. Mesmo com os jovens de 18 anos tendo pela primeira vez permissão para votar, a frequência de eleitores foi baixíssima e Nixon ganhou em todos os estados, menos em Dakota do Sul, onde nascera seu desafiante, George McGovern, detentor de uma convicta plataforma anti-Vietnã.

A falência múltipla de órgãos desse projeto utópico seria a explicação mais contumaz para a consagração da Década do Eu, a curta e marcante definição dos anos 1970 formulada por Tom Wolfe. No sentido figurado, era como se a geração dos anos 1960 tivesse ido dormir exausta pela farra e amanhecesse com uma ressaca fenomenal. Joni Mitchell disse a propósito que não se incomodava de ser a aspirina de uma geração. O foco gradativamente se distanciou da luta política e social para buscas de realização individual e exposições narrativas pessoais. E se a eletricidade dera a tônica dos anos revolucionários, os primeiros meses de 1970 pareciam sinalizar para a emergência de uma música cada vez mais plangente e acústica na oferta de cura e de apoio emocional. O álbum *Sweet Baby James*, de James Taylor, e os singles "Bridge Over Troubled Water", de Simon e Garfunkel, que chegou ao topo das paradas em fevereiro, e "Let It Be", canto de cisne dos Beatles, lançado um mês depois, apontavam nessa direção.

Apesar de sua chegada tardia à cena, já que lançara na Inglaterra um malsucedido álbum de estreia na Apple, James Taylor deu cores e texturas adicionais ao chamado "som de Los Angeles", que vinha sendo gestado em Laurel Canyon, basicamente entre compositores formados na música folk que tingiam seus trabalhos de nostalgia rural e uma necessidade confessional de urgência inadiável. *Sweet Baby James* vendeu milhões de cópias puxado pela pungente "Fire and Rain", interpretada como a melancólica autoanálise da recuperação de um viciado em heroína, mas que Taylor confessou ter sido escrita para um amigo que se suicidara. A gravadora Warner, que produziu e lançou o álbum, seria durante anos a casa desses jovens cantores-compositores ansiosos por falar na primeira pessoa. Os resultados eram ocasionalmente excelentes quando escapavam da tentação da redundância e da complacência que caracterizara uma fatia considerável da música do sul da Califórnia nos anos 1970. *Ladies of the Canyon* e *After the Gold Rush*, respectivamente de Joni Mitchell e Neil Young, lançados ainda naquele ano, e *Tapestry*, de Carole King, que saiu em 1971, consolidaram essa nova tendência no cada vez mais segmentado mercado da música pop. Ainda em 1971, James Taylor chegaria à capa da *Time* como o mais emblemático representante desse novo rock suavizado.

Do outro lado do Atlântico, esse fenômeno de volta aos estatutos da folk music sem o componente político sofreu uma curiosa variação. A maioria dos artistas abraçou uma proposta de pesquisa radical sobre a tradição musical celta na Grã-Bretanha, inspirados pelo que o The Band vinha fazendo com seu olhar conciliatório e agregador sobre o passado americano, mas com um viés que era essencialmente moderno na abordagem e nos arranjos. A melhor e mais influente dessas bandas, o Fairport Convention, com o álbum *Liege and Lief*, lançado em dezembro de 1969, promoveu o casamento definitivo da música tradicional com o rock. Enquanto se recuperava de um acidente de carro que causou a morte de seu baterista, o grupo se enfurnou numa casa isolada na área rural britânica, onde deu forma a um trabalho que mergulhava na ancestralidade oral britânica dos mitos pagãos, das baladas regadas a sangue, traição e morte, nas entranhas de um neoarcadismo visionário que vinha temperado com eletricidade e encantamento, mas sem reverência à tradição cultural.

O Fairport era mantido pelo diálogo criativo de jovens músicos excelentes e dois grandes compositores que exercitavam suas habilidades com igual destreza em outros quesitos: Sandy Denny era talvez a maior entre todas as cantoras inglesas e Richard Thompson, seguramente um dos quatro ou cinco guitarristas mais talentosos da Inglaterra. Essa mesma vertente reluziu no trabalho da excelente cantora Vashti Bunyan e de bandas como Pentangle e Incredible String Band. Intimações de uma Grã-Bretanha mítica e rural que o pesquisador Rob Young destrinchou em seu formidável livro *Electric Garden* e que permanece viva ainda hoje no trabalho de novas bandas, especialmente americanas, como Espers, Fleet Foxes e Midlake.

Na estabelecida cena do folk inglês, Nick Drake foi um dos poucos compositores a embarcar numa rota estritamente confessional, ainda que alimentado por informações externas assimiladas de cantores como Van Morrison e Tim Buckley, seguidores de uma linha autoral bem semelhante à sua. A fragilidade do canto em contraponto com o violão robusto sempre mantido em primeiro plano impressionava à primeira audição. Infelizmente poucos se interessaram em escutar. Seu primeiro álbum, *Five Leaves Left*, é um esforço contínuo de transformar emoções em experiências vivas, sem que isso afetasse seu sólido compromisso com a sobriedade e a elegância melódica. Mesmo hoje, depois de imitado exaustivamente, a consistência do repertório e a forma personalíssima do canto ainda impressionam.

Tímido ao extremo, avesso a se apresentar ao vivo, Nick Drake crescera numa vilazinha no interior da Inglaterra, perto de Birmingham e de Stratford-upon-Avon, cidade onde Shakespeare teria nascido. Esse ambiente, mais do que determinante, é inseparável do tipo de sensibilidade e do escopo de aspirações plasmados por sua música. Seu talento começou a chamar atenção quando ainda era um estudante de literatura na Universidade de Cambridge e uma fita cassete caiu nas mãos do americano Joe Boyd, que nos dois anos anteriores encontrara seu nicho como produtor de destaque na cena folk local dirigindo a carreira de Fairport Convention, Incredible String Band e da Vashti Bunyan — outro caso de reconhecimento tardio.

Totalmente ignorada em seu tempo, a obra de Nick Drake, livre das restrições dos modismos, capturou a atenção e a sensibilidade de ouvintes que nem sequer tinham nascido quando ele morreu. Joe Boyd acertou em cheio em sua autobiografia ao observar que novas gerações se sentiram livres para adotar a música de Drake como sua, pois não a identificavam com a trilha sonora de seus pais.

Lançado um mês depois de Woodstock e três meses antes de Altamont, *Five Leaves Left* está ligado a esses dois eventos apenas cronologicamente. Uma das características não apenas desse álbum, mas de toda a pequena obra de Nick Drake, é a impossibilidade de encapsulá-la num espaço e num tempo específicos, como se as canções flutuassem numa órbita particular indiferente a qualquer ruído externo. Uma órbita pastoral muito semelhante à da fase inicial do Pink Floyd, com o foco de referências restrito a um universo particular que se dissolvia no prisma abrangente dos seus temas de inadequação e finitude. Várias de suas letras, como "Fruit Tree" ou "River Man", são autorreflexões de juventude das quais o ouvinte se sentia cúmplice, pelo timbre intimista do canto e pelas letras recheadas de questões sem resposta. Era uma espécie de diálogo, que raramente resvalava na autocomiseração, com quem compartilhasse de suas angústias e incertezas.

Nick Drake gravou três discos, três fracassos de venda, antes de morrer em 1974, aos 26 anos, de suicídio ou overdose de pílulas para dormir (não há conclusão definitiva a respeito). Seu rosto de menino parecia talhado para a imagem de um jovem artista romântico, que se manteve imune às ações predatórias do tempo. E o tempo não poderia ter sido mais generoso com ele. O número de compositores que o citam como influência crucial ou tentam reproduzir seu estilo desde os anos 1990 não para de crescer. Como bem observou o jornalista Arthur Dapieve, existe um aspecto sebastianista nessa antecipação de um novo eleito a cada vez que desponta um jovem talento munido de um violão. O revival folk iniciado no terceiro milênio floresceu em grande parte por causa de jovens que adotaram Nick Drake como um segredo guardado e dividido apenas com quem partilhasse da mesma sensibilidade.

Longe da *egotrip* dos novos cantores-compositores, Lou Reed, o mais arguto observador do cotidiano nova-iorquino, assistia impassível a seu mundo cair. No meio do furacão um diagnóstico certeiro: o Velvet Underground foi desde o começo um processo de eliminação. Primeiro Nico, depois Andy Warhol, depois John Cale e finalmente a própria banda. Cada um que saía deixava o Velvet mais distante do projeto original de encampar um diálogo com as diferentes linguagens criativas da vanguarda americana para reinventar o conceito de música pop. Somado ao enfraquecimento interno, o público continuava a não comprar os discos e manter distância dos shows.

Em março de 1969 o Velvet mandou um novo trabalho para as lojas, o primeiro sem John Cale. Em contraste com as texturas e dinâmicas arrojadas dos dois primeiros álbuns, *Velvet Underground* privilegiava um lado muito mais acústico e discreto, com as canções de Lou Reed sobre redenção e conciliação se sustentando em arranjos esparsos ("Pale Blue Eyes", "Jesus", "Candy Says") quase como o possível ensaio de um primeiro trabalho solo. Contratado por uma grande gravadora, o Velvet precisava reverter a síndrome de inviabilidade comercial com algum resultado de vendas, mas o grande público continuou indiferente. Restavam os shows, que mal arrecadavam o bastante para eles sobreviverem.

Anos depois, já longe do Velvet, a baterista Moe Tucker lembraria que em 1969 Lou Reed parou de tomar drogas e de cantar "Heroin" nos shows, mas continuava a beber cada vez mais. A imperiosidade com que buscara sua autocracia começava a cobrar um preço. Moe e o guitarrista Sterling Morrison não o perdoavam pela forma como John Cale fora expelido do grupo e se perdoavam menos ainda por não terem tido coragem de encarar seus desmandos. Mais ou menos nessa época, Morrison começou a se dedicar menos à banda para concluir seu mestrado na Universidade de Syracuse e Moe Tucker saiu provisoriamente para ter um filho. Lou Reed ficou sozinho, como um último guerreiro consumido por problemas de saúde e totalmente indiferente aos descaminhos do Velvet Underground.

Sterling Morrison fez uma visita a Lou nesse período e encontrou um apartamento que era a própria imagem do desespero. Quase não havia móveis e na geladeira apenas uma jarra de suco de papaia pela metade. Lou estava doente. No começo de 1970, ele voltou a morar com os pais, após uma temporada de verão com o Velvet no Max Kansas City, histórico reduto boêmio de Nova York, um dos poucos bares realmente GLS da cidade antes de o movimento gay ganhar proeminência com Stonewall. Após a saída de Lou, Sterling e Moe, o Velvet continuou se apresentando, no circuito universitário, comandado por Doug Yule, o substituto de John Cale, até cerca de 1973, tocando um rock meio inclinado para o country, que tinha menos a ver com o Velvet original do que os musicais de Doris Day.

Lou Reed só saiu da reclusão após dois anos, com dois discos solo. O segundo deles, *Transformer*, entusiasticamente saudado pela crítica, finalmente o colocaria no mapa dos artistas com possibilidades de lutar por um espaço no mercado. "Walk on the Wild Side", uma crônica sobre o submundo nova-iorquino que parecia uma paródia dos personagens que Reed conhecera na Factory, fez sucesso nas rádios. No comando da produção estava um jovem inglês de 24 anos, admirador ardoroso do Velvet Underground que começara a se estabelecer como *pop star* em seu país. Seu nome era David Jones, mas, para não ser confundido com um dos integrantes dos Monkees, ele se rebatizou David Bowie. A Inglaterra pós-hippie era sede de uma espécie de movimento musical e estético, o glam rock, que tinha raízes no decadentismo nova-iorquino e forte conotação andrógina, especialmente no aspecto visual, repleto de adereços exagerados.

Para um grupo que não vendia discos e que nunca tinha excursionado pela Europa, o culto tão apaixonado de jovens artistas britânicos era surpreendente. Brian Eno, no Roxy Music, o jovem Marc Bolan, que lançou um single de sucesso atrás do outro em 1970-1971, e, acima de tudo, David Bowie eram todos admiradores declarados do experimentalismo e das formas livres que o Velvet Underground ensinara a sintetizar em brilhantes canções. *Hunky Dory*, terceiro álbum de Bowie, lançado no final de 1971, homenageou os principais ícones do pop nova-iorquino com canções dedicadas a Bob Dylan e Andy Warhol, além de fabricar o mais bem-acabado pastiche do Velvet em "Queen Bitch". Bowie não queria nenhum parentesco do seu som com as bandas californianas, que considerava obsoletas e irrelevantes.

Em 1969, enquanto Lou Reed começava a se desatrelar do Velvet Underground para se afogar em longas talagadas de uísque, David Bowie conseguia seu primeiro sucesso. Um convicto *mod* na adolescência, que teve o olho perfurado numa briga de rua, Bowie montou pequenas bandas, foi rejeitado pela Apple dos Beatles e se envolveu com grupos experimentais de teatro, até lançar, no verão de 1969, o single "Space

Oddity", escrita um ano antes, sob o impacto de *2001, uma odisseia no espaço (2001, A Space Odissey)*, de Stanley Kubrick. O Major Tom, protagonista da canção, cortava suas conexões com a terra e ficava vagando pelo espaço para sempre, num paralelo com o astronauta David Bowman, que decide partir para Júpiter em nome da experiência definitiva de busca da fronteira final. Houve quem especulasse que Bowie estaria homenageando seu ídolo maior, Syd Barrett, na representação figurativa de sua trajetória do estrelato ao isolamento e à alienação social. Outros comparavam aquela abstração tecnológica com o efeito provocado pela ação da heroína no organismo, inclusive com a convergência da contagem regressiva do começo da canção com o tempo da ação da droga a partir de sua aplicação intravenosa.

Assim como a obra-prima de Kubrick, a soturna "Space Oddity" deixava campo para múltiplas interpretações, mas já apontava indícios de um artista que dirigia as baterias para o futuro. Suas indagações criativas seriam parcialmente dedicadas ao entendimento do lugar do ser humano em uma sociedade que se movimentava rapidamente em direção a um futuro tecnológico e industrial.

O single foi um total fracasso nos Estados Unidos, onde a chegada do homem à Lua veio colorida de triunfalismo, mas sua atmosfera sombria tocou um nervo na Inglaterra com um surpreendente quinto lugar nas paradas. Bowie viveu alguns dias de sucesso, mas rapidamente voltou ao ostracismo. Uma estética inclinada para o niilismo, o pansexualismo e a arte de vanguarda previsivelmente não encontraria muito eco em plena era de Woodstock.

A década de 1970 trouxe diferentes promessas. Bowie ficou à vontade para se estabelecer como um dos rostos mais representativos dos novos tempos. A sociedade estava pronta para sacrificar o coletivismo no altar da busca individual e ele se apresentava como portador da mensagem adequada, capaz de aniquilar e reorganizar referências com a mesma contundência de "Like a Rolling Stone", sete anos antes. Bowie propunha reinvenções e fez de seu corpo e sua personalidade um espelho desse movimento de mutação. Mas um olhar cuidadoso sobre suas canções e sobre a forma de veiculá-las revelava ruptura e continuidade como conceitos entrelaçados e inseparáveis. Bowie formou suas referências estéticas nos anos 1960, e nunca se distanciaria completamente de suas paixões de adolescente.

O pop star do futuro, *alter ego* de David Bowie, chegou como um super-homem vindo do espaço, avatar de uma nova raça, de um novo pensamento. Seu nome era Ziggy Stardust, mas para além das conexões com a filosofia nietzschiana, com o teatro kabuki japonês e com o decadentismo europeu do fim do século XIX, o personagem se referia no nome a Iggy Pop e nas características lembrava Jimi Hendrix. Era canhoto, virtuoso da guitarra, tinha cabelo afro e tocava num trio. Terminou consumido pela sua glória e assassinado pelos próprios fãs. Se autodestruiu em chamas, em vez de enferrujar, única saída honrosa, conforme recomendaria Neil Young na era pós-utópica dos novos combatentes que proclamavam não ter futuro para ninguém e de veteranos que se recusaram a inscrever seu nome entre as relíquias do passado. A partir de 1976, os *punks* criaram uma nova contracultura, dessa vez com um viés perverso e niilista, mas que também tinha seus próprios códigos, sua próprias bandas — que mimetizavam a identidade visual de seu público —, sua própria imprensa alternativa e a mesma ânsia de assassinar qualquer forma cultural estabelecida, inclusive, quem diria, o próprio rock. E, como seus antecessores, tiveram que se debater entre os ideais de integridade e as imposições mercadológicas. Uma nova história que nascia para ser contada. Os bárbaros já estavam no portão.

Discografia

CAPÍTULO 1

The Beatles
Help (1965)

Bob Dylan
Another Side of Bob Dylan (1964)
Bringing It All Back Home (1965)
Highway 61 Revisited (1965)

The Byrds
Mr. Tambourine Man (1965)
Turn, Turn, Turn (1965)

Four Decades of Folk Rock (2007)

The Lovin' Spoonful
Anthology (1990)

The Rolling Stones
Out of Our Heads (1965)

Os quatro CDs do box-set sobre folk rock fazem um razoável apanhado sobre o gênero, mesmo que em alguns momentos o conceito seja ampliado demais com a inclusão, por exemplo, de um mestre do violão como Fred Neil. Mas os principais artistas daquele curto período pré-psicodelia estão representados no disco um. As principais gravações do Lovin' Spoonful reunidas nessa coletânea revelam John Sebastian como um compositor perceptivo e consistente. A acústica "Younger Generation" é uma das joias ocultas daquele período. Ainda mais importante são os dois primeiros álbuns do Byrds, de 1965. Os dois de Dylan no mesmo ano entram na categoria dos essenciais. Do outro lado do Atlântico, *Help* e *Out of Our Heads* ilustram bem aquele momento que antecede o grande salto ornamental dos Beatles e dos Stones.

CAPÍTULO 2

The Beach Boys
Summer Days (and Summer Nights) (1965)
Pet Sounds (1966)

Bob Dylan
Blonde on Blonde (1966)

The Beatles
Rubber Soul (1965)
Revolver (1966)

The Byrds
Fifth Dimension (1966)

Nuggets — Original Artyfacts from the Psychedelic Era 1965-1968 (1998)

The Who
Who Sings My Generation (1965)

Três dos álbuns fundamentais da história do rock (*Pet Sounds*, *Blonde on Blonde* e *Revolver*) foram lançados num período de apenas três meses. Há mesmo quem diga, com razões de sobra, que são os três mais importantes. O ainda impressionante *Rubber Soul*s se mantém como um divisor de águas, uma peça vital no caminho para essas três obras-primas. *Fifth Dimension* não está na mesma liga, mas os Byrds ergueram uma das pedras fundamentais da música psicodélica. Os quatro CDs da coletânea *Nuggets* formam a mais vigorosa antologia já arquitetada sobre os não protagonistas do rock sessentista. Em vez de se concentrar rigorosamente nos melhores momentos, os quatro CD's vão do sublime ao bizarro, refletindo com impressionante acurácia aquele *zeitgeist* que permitiu a proliferação de milhares de bandas de garagem. Dizer que é essencial não basta para descrever a importância dessa compilação. Como veremos adiante, a Rhino iria fracionar outros *Nuggets* para mapear as diferentes cenas, mas aqui se reúne o caldeirão todo, com guloseimas dos mais diferentes ingredientes. Várias dessas bandas eram apaixonadas pela invasão britânica e sonhavam ser como o The Who. Nenhuma conseguiu, e ouvindo *Who Sings My Generation* fica fácil entender por quê. O manifesto de anglofilia a partir da capa vem temperado com a veemência furiosa de um quarteto cuja força individual de cada integrante formava mais uma seleção do que uma banda. E eles mal tinham saído da puberdade.

CAPÍTULO 3

Leonard Cohen
Songs of Leonard Cohen (1967)

The Monks
Black Monk Time (1966)

Nico
Chelsea Girls (1967)

The Velvet Underground
Velvet Underground and Nico (1967)
White Light White Heat (1968)

Os dois primeiros álbuns do Velvet Underground inauguram uma verdadeira frente de vanguarda no rock, até hoje não superada. O primeiro é candidato a melhor disco de estreia que uma banda já produziu. No segundo, Lou Reed cria um imaginário do submundo áspero e distorcido, como um País das Maravilhas às avessas. O primeiro álbum solo de Nico funciona como uma peça complementar do "disco da banana", apesar de alguns arranjos de corda excessivos. Quem realmente dialogava com o Velvet eram os Monks na distante Alemanha, embora uma banda desconhecesse a outra. Como bem assinalou o crítico Ian Harrison, o único álbum desse empreendimento bizarro "faz *nonsense* do sonho hippie antes mesmo de ele acontecer". Também completamente alheio a psicodelismos, o ótimo disco de estreia de Leonard Cohen, repleto de delicadezas sombrias, leva o texto do folk acústico a alturas não atingidas desde que Dylan optara por eletrificar sua música.

CAPÍTULO 4

Cream
Fresh Cream (1966)

John Mayall
Blues Breakers (1965)

The Kinks
Face to Face (1966)
Something Else (1967)
Kinks are the Village Green Preservation Society (1968)
Collection (1981)

The Rolling Stones
Aftermath (1966)
Hot Rocks — 1964/1971 (1971)

The Who
Meaty, Beaty, Big and Bouncy (1971)

The Yardbirds
Ultimate (2001)

    A idade de ouro do rock britânico começa aqui. O único álbum de Eric Clapton com os Bluesbreakers de John Mayall é a melhor síntese da leitura londrina sobre o blues eletrificado de Chicago. O primeiro disco dessa compilação dupla dos Yardbirds, que destaca várias faixas ao vivo com Sonny Boy Williamson e o próprio Clapton na guitarra, também tem seus momentos. Muito superior é o segundo disco, da fase Jeff Beck/Jimmy Page, quando o grupo mandou a ortodoxia às favas. O Yardbirds sempre foi essencialmente uma banda de singles, assim como o The Who do biênio 1965-1966, cujos torpedos estão reunidos na essencial coletânea *Meaty, Beaty, Big and Bouncy*. Já o álbum de estreia do Cream, *Aftermath*, dos Stones, e *Face to Face*, dos Kinks, são instantâneos perfeitos do verão de 1966, quando a Swinging London chegou ao ápice de sua efervescência e o *underground* já ruminava nas sombras. Nos dois anos seguintes, os Kinks lançaram dois álbuns de fortíssimo sotaque inglês com inteligência e sofisticação raramente superados. Vale a pena complementar os álbuns com a coletânea, pois os singles são imperdíveis. Mesma recomendação no caso dos Stones. "Get Off My Cloud", "Paint It Black" e "Ruby Tuesday" são apenas três dos muitos diamantes encontrados no baú de *Hot Rocks*.

CAPÍTULO 5

Butterfield Blues Band
East-West (1966)

Country Joe and The Fish
I-Feel-Like-I'm-Fixin'-to-Die (1967)

DISCOGRAFIA

Grateful Dead
Aoxomoxoa (1969)

Jefferson Airplane
Surrealistic Pillow (1967)
After Bathing at Baxter's (1967)

Love is The Song We Sing — San Francisco Nuggets 1965-1970 (2007)

Moby Grape
Moby Grape (1967)

Steve Miller Band
Children of the Future (1968)

A melhor pedida para saborear a melódica e fluida guitarra de Steve Miller é o seu segundo álbum, um dos raros exemplares do blues rock que não enferrujou com o tempo. "East West" mostra o tamanho do impacto da música da Butterfield Blues Band sobre a cena da Haight. Os 13 minutos da hipnótica faixa-título, conduzida por dois mestres da guitarra (Mick Bloomfield e Elvin Bishop), mantiveram sua densidade intacta ao longo dos anos. A Butterfield era tudo que o Grateful Dead tentava, mas ainda não conseguia ser. Só em *Aoxomoxoa*, que traz as primeiras canções acústicas e o início da parceria Jerry Garcia/Robert Hunter, eles engrenaram no estúdio. A força do radicalismo de Berkeley sobre a cena da *bay area* é representada aqui com o segundo álbum de Country Joe and The Fish, que em alguns momentos soa irrecuperavelmente datado, mas vale pelo hino anti-Vietnã "I Feel Like I'm Fixin' to Die". O melhor registro gravado, entretanto, se encontra na trilha sonora de Woodstock. O álbum clássico do auge da Haight continua a ser *Surrealistic Pillow*, cujo repertório, dominado pelos dois vocalistas, inclui todos os hits do Jefferson Airplane. Logo em seguida, os instrumentistas assumem o leme no mais experimental *After Bathing at Baxter's*, o que não significa falta de ótimas canções ("Young Girl Sunday Blues", "Two Heads"). Fracassou comercialmente, mas mostra quanto o Airplane abominava ser previsível. Infelizmente o Moby Grape não dispõe de um trabalho tão representativo, embora o primeiro álbum chegue perto. Já esse *Nuggets* de quatro discos sobre a cena da *bay area* é uma verdadeira preciosidade. Os arredores de São Francisco abrigavam milhares de bandas numa cena diversificada, na qual os protopunks de garagem (Flamin' Groovies, Sonics) conviviam com o anglófilo pop psicodélico (Beau Brummels) e com os hippies do Fillmore (Quicksilver Messenger Service, Airplane). Indispensável para quem pretende ir além do ABC da Haight.

CAPÍTULO 6

The Beatles
Sgt. Pepper's Lonely Hearts Club Band (1967)
Magical Mistery Tour (1967)

Cream
Disraeli Gears (1967)

Donovan
Sunshine Superman: The Very Best of Donovan (2002)

Incredible String Band
5000 Spirits or The Layers of the Onion (1967)
The Hangman's Beautiful Daughter (1968)

Kaleidoscope
Tangerine Dream (1967)

Nuggets II — Original Artyfacts from the British Empire and Beyond, 1964 – 1969 (2001)

Pink Floyd
The Piper at the Gates of the Dawn (1967)
Relics (1971)

Procol Harum
Greatest Hits (1996)

The Rolling Stones
Their Satanic Majesties Request (1967)

The Small Faces
Ogden's Nut Gone Flake (1968)

Traffic
Mr. Fantasy (1967)
Traffic (1968)

The Zombies
Odessey and Oracle (1968)

DISCOGRAFIA

O curto período da primeira onda psicodélica inglesa produziu alguns dos melhores álbuns dos anos 1960. O que de imediato chama atenção é a enorme diferença em relação ao psicodelismo californiano em temática, timbres e sonoridades. Algumas bandas, como o Procol Harum, já antecipavam vários aspectos bons e ruins do ainda embrionário rock progressivo. Na linha conto de fadas/memórias da infância, os álbuns de estreia do Pink Floyd e do Kaleidoscope são quase insuperáveis. A coletânea *Relics* oferece ainda os dois primeiros singles essenciais do Floyd e um bom panorama da fase imediatamente pós-Syd Barrett. *Odessey and Oracle*, dos Zombies, consta na minha lista pessoal dos dez melhores álbuns de todos os tempos. Poucas vezes o ouvinte vai conseguir conciliar sentimentos tão díspares de densidade e leveza no desfrute de um álbum quase perfeito. Ouvir os discos dos Beatles em 1967, por sinal, comprova que seu trabalho era parte desse fluxo, muito mais do que um antecipador de tendências, embora nenhuma das outras bandas contasse com compositores capazes de produzir peças da estirpe de "Strawberry Fields", "I Am the Walrus" e "A Day in the Life". Interessante também é atentar para incursões isoladas de bandas que caíram de paraquedas nesse mundo em tecnicolor, caso do Small Faces e dos Rolling Stones. *Their Satanic Majesties Request* parece bem melhor hoje do que em seu lançamento, quando foi exageradamente detonado. Já *Disraeli Gears*, do Cream, nasceu clássico, mas perdeu peso depois de alguns anos. "Sunshine of Your Love", uma das antenas do blues rock, vale o disco e ainda dimensiona a extensão da rede de influências hendrixiana. Numa outra vertente, voltada para um imaginário bucólico de filtro lisérgico, os dois ótimos álbuns do Incredible String Band carregam numa música acústica colorida de estranhezas, simbolismos e instrumentos inusitados aos ouvidos da maioria dos apreciadores de folk music. Na mesma linha, mas bem mais melódica e acessível, essa coletânea do trovador Donovan reúne não apenas os sucessos, mas também suas melhores canções ("Sunny Goodge Street", "Sand and Foam"). Os dois primeiros álbuns do Traffic continuam igualmente impecáveis, não apenas pelos brilhantes arranjos com variações de folk e jazz. A maravilhosa voz de Stevie Winwood valoriza muito mais do que adorna a grandeza do repertório. Finalmente, não poderia faltar aqui mais uma cartografia de cena com um exaustivo *Nuggets*. Mas essa coletânea foi além e resolveu incorporar também bandas fora do eixo anglo-americano, inclusive o Brasil, representado por "Bat Macumba", dos Mutantes. Mais um gol de placa da Rhino, pois, se a proposta é novamente apostar no volume e na diversidade, as pérolas brotam de todas as partes nos quatro discos. Clássicos como "Friday on My Mind", na insuperável gravação original dos australianos Easybeats, dividem espaço com preciosas obscuridades do Creations (banda que batizaria o selo independente que lançou o Oasis trinta anos depois), "My White Bicycle", do Tomorrow, "Walking Through My Dreams", do Pretty Things, a lista segue...

CAPÍTULO 7

The Byrds
Younger Than Yesterday (1967)
Notorius Byrds Brothers (1967)

The Doors
The Doors (1967)

Jimi Hendrix Experience
Are You Experienced (1967)
Axis: Bold as Love (1967)

Laura Nyro
Eli and the Thirteenth Confession (1968)
New York Tendaberry (1969)

Love
Da Capo (1967)
Forever Changes (1967)

Monterey International Pop Festival 30th Anniversary Box Set (1997)

Where the Action Is: Los Angeles Nuggets 1965-1968 (2009)

O *box-set* comemorativo dos 30 anos de Monterey é o mais completo documento sobre o primeiro festival da era do rock. Não se pode dizer que seja essencial como o filme, pois registros ao vivo raramente cabem nessa categoria. Mas vários componentes da grade de atrações viveram ali um momento definidor de suas carreiras. Os Byrds, que já haviam lançado o excelente *Younger Than Yesterday* no início do ano, perderam David Crosby, mas nem isso abalou o controle de qualidade, pois eles lançariam um ano depois o ainda melhor *Notorius Byrds Brothers*. As duas atrações, que viraram estrelas da noite para o dia, tinham álbuns recém--lançados no mercado. *Are You Experienced?* redesenhou o papel da guitarra no rock muito além das exibições de virtuosismo de Hendrix ao vivo. No embalo, ele ainda produziria *Axis: Bold as Love*, que não avança nas fronteiras demarcadas pelo anterior, mas mantém os altos padrões em todos os quesitos. O mesmo não pode ser dito de *Cheap Thrills*, o pouco inspirado segundo álbum do Big Brother, que demorou um ano para ser feito e se contentava em ser um veículo para Janis Joplin afirmar seu estrelato. Melhor é o primeiro, um disco realmente de banda, que oferece um blues rock dinâmico, de canções curtinhas e urgentes. A nova-iorquina Laura Nyro, completamente deslocada, suportou o oposto extremo de Janis em Monterey. Naufragou, mas sobreviveu para lançar esses dois extraordinários álbuns, que encorajaram diversas mulheres compositoras. Das duas grandes bandas de Los Angeles que ficaram de fora de Monterey, uma estava na crista da onda comercialmente e a outra no seu apogeu artístico. O The Doors estourou nas paradas logo no primeiro álbum, mas o melhor de sua produção ainda estava por vir. É inegável, entretanto, que eles inauguraram e representavam sozinhos um tipo de psicodelismo meio *grand guignol* que não deixa de ter seu charme. Enquanto isso, o Love, que lutava para vender discos, ensaiava com *Da Capo* os passos para realizar *Forever Changes*, o melhor álbum psicodélico feito em solo americano. E não poderia faltar o obrigatório *Nuggets*. Tão multifacetado era o ambiente musical do sul da Califórnia que os quatro discos ganharam divisões temáticas. O primeiro, meu favorito, cobre a cena da Sunset Strip, o segundo vem com bandas dos arredores de Los Angeles, o terceiro é de grupos pré-fabricados que manufaturavam seus sucessos nos estúdios e o quarto aponta para a nascente cena do country rock, que se esboçava em Laurel Canyon.

CAPÍTULO 8

Alexander "Skip" Spence
Oar (1969)

The Band
Music from the Big Pink (1968)

The Beatles
The Beatles (1968)
Past Masters Volume 2 (1988)

Bob Dylan
John Wesley Harding (1968)

The Byrds
Sweetheart of the Rodeo (1968)

Captain Beefheart
Trout Mak Replica (1969)

Creedence Clearwater Revival
Chronicle Vol. 1 (1976)
Chronicle Vol. 2 (1986)

The Flying Burrito Brothers
Gilded Palace of Sin (1969)

Frank Zappa and The Mothers of Invention
Freak Out (1966)
Absolutely Free (1967)
We're Only on It for the Money (1968)

The Monkees
Greatest Hits (1995)

Randy Newman
Randy Newman (1968)

Syd Barrett
The Madcap Laughs (1969)

13th Floor Elevators
The Psychodelic Sounds of 13th Floor Elevators (1966)
Easter Everywhere (1967)

Tim Buckley
Goodbye and Hello (1967)
Happy Sad (1968)

Van Dyke Parks
Song Cycle (1968)

Van Morrison
Astral Weeks (1968)

 Alguns desses álbuns tinham conteúdo tão visionário que ainda hoje parecem estar antecipando alguma tendência. *Oar* e *The Madcap Laughs* foram gravados com seus autores, Skip Spence e Syd Barrett, já em virtual processo de desintegração psíquica. O de Spence tem uma unidade estilística surpreendente, enquanto Barrett exibe a mesma instabilidade dos seus últimos dias com o Pink Floyd, mas também alguns de seus momentos mais destacados como compositor ("Dark Globe", "Golden Hair"). Já o também posteriormente lesado Roky Erickson aparece no topo da forma como guitarrista e cantor nos dois primeiros álbuns do 13th Floor Elevators. Em meados de 1968, havia no ar um sentimento de exaustão em relação à psicodelia, uma vontade coletiva de aplainar o excesso de produção em benefício da economia. O fundamento básico do que se conheceria como *americana* ou country alternativo começa aqui nos álbuns dos Byrds, de Dylan, de The Band e do Flying Burrito. Van Morrison também deixou a eletrificação de lado, mas *Astral Weeks* resiste a classificações, ocupando uma zona própria, na qual se integra e se descola completamente até da própria própria obra futura de seu autor. O *Álbum Branco* marcava uma nova opção para os Beatles saturados por um ano de psicodelia ortodoxa e ansiosos para voltar ao básico, fosse no velho rock'n'roll, fosse na economia de emoções comunicadas apenas com um violão. O melhor álbum duplo da era do rock? Provavelmente. O segundo volume da coletânea *Past Masters* é um apanhado dos anos finais do quarteto e dos novos caminhos que Lennon e McCartney seguiriam em sua carreiras solo. Produção despojada e sentimentos à flor da pele também sobravam nos singles que o Creedence ia lançando no mercado em 1968-1969. Essas duas coletâneas acumulam energia e contundência sem tréguas. No mais, é o mergulho na diversidade da cena de Los Angeles, que ia do mais ortodoxo pop, com os Monkees (essa coletânea traz os maiores sucessos e a indispensável "Porpoise Song"), até álbuns brilhantes sem nenhuma possibilidade comercial (*Song Cycle*, de Van Dyke Parks, o primeiro de Randy Newman, os dois de Tim Buckley). Os que se preparam para travar contato pela primeira vez com a obra de Frank Zappa podem tomar fôlego para uma experiência única de desafios e prazeres no qual nada é absurdo e nada está fora do lugar. Apesar de Zappa e Captain Beefheart serem frequentemente associados, *Trout Mak Replica*, o mais cultuado trabalho de Beefheart, comprova muito mais diferenças do que semelhanças entre ambos.

CAPÍTULO 9

Buffalo Springfield
Buffalo Springfield (1966)
Buffalo Springfield Again (1967)

Crosby, Stills and Nash
Crosby, Stills and Nash (1969)

The Doors
Waiting for the Sun (1968)

Led Zeppelin
Led Zeppelin (1969)

Neil Young
Everybody Knows This Is Nowhere (1969)

Performance Soundtrack (1970)

The Rolling Stones
Beggar's Banquet (1968)

Spirit
Spirit (1968)

The Who
Who Sell Out (1967)
Tommy (1969)

 Beggar's Banquet inaugura o ciclo dos quatro álbuns impecáveis em sequência que sedimentam o ápice da trajetória dos Rolling Stones. Um divisor de águas tão marcante quanto foi *Tommy* para a carreira do The Who. O ótimo *Who Sell Out*, lançado dois anos antes, vendeu bem menos, mas era mais dinâmico, urgente e conceitualmente mais interessante. Ainda na categoria dos supergrupos, *Led Zeppelin* chegava sem prometer qualquer sutileza, numa sucessão de pastiches que apenas em alguns momentos sinalizava para o melhor de sua produção futura. A crítica não tardou a apontar semelhanças com o bem superior *Truth*, do Jeff Beck Group. A goleada em todos os quesitos começa nos vocais, com Rod Stewart cantando como nunca mais cantaria no futuro, enquanto um estridente Robert Plant apenas tateava em busca do rumo que não tardaria a encontrar. Outra fonte de inspiração do Zeppelin vinha da Califórnia com o primeiro álbum do Spirit, puxado pela incrível "Fresh Garbage" e repleto de fusões de gêneros. Marcante cartão de visitas de uma banda que nunca recebeu o reconhecimento merecido. A instrumental "Taurus" mostra bem onde Jimmy Page foi buscar "inspiração" para a introdução em violão de "Stairway to Heaven". Muito mais bem-sucedido comercialmente, o primeiro trabalho de Crosby, Stills and Nash prefigurava uma vertente importante do som de Los Angeles nos anos 1970. Neil Young foi quem trouxe o ingrediente necessário para sacudir o trio do seu apuro técnico, que por vezes era tão substancial quanto água de batata. No ótimo *Déjà Vu*, a melhor colaboração entre os quatro, Young começava a sair do transe das faixas extensas de *Everybody Knows This Is Nowhere* em direção a um formato acústico. Já a conversa particular entre Stills e Young permanece insuperável nos dois primeiros álbuns do Buffalo Springfield, feitos quando ambos lutavam por um lugar ao sol. Apesar de associado ao folk rock, o Buffalo Springfield era muito mais rock do que folk, e a tensão e a competitividade de dois artistas maiores se refletiu na existência efêmera, porém de legado duradouro, da banda. Ainda na ponte Londres/Califórnia, a trilha sonora de *Performance* (um filme essencialmente londrino financiado por americanos), tramada pelo produtor Jack Nitzsche, traz alguns dos mais arrojados experimentos eletrônicos e orquestrais da época. Finalmente, *Waiting for the Sun* captura o The Doors no verão de 1968 em pleno apogeu do sucesso. O núcleo do disco seria uma extravagância de 20 minutos chamada "Celebration of the Lizzard" (mais um capítulo da fascinação de Jim Morrison por répteis), que foi cortada da edição final. Sábia decisão, como pode comprovar quem ouvir o trabalho em progresso da faixa na edição comemorativa de 40 anos.

CAPÍTULO 10

The Animals
Retrospective (2004)

The Fugs
The Fugs (1966)

Jefferson Airplane
Volunteers (1969)

MC5
Kick Out the Jams (1969)

The United States of America
The United States of America (1968)

Quem teve a oportunidade de assistir ao MC5 ao vivo garante que *Kick Out the Jams* não chega perto de reproduzir o impacto de seus shows no Grande Ballroom. Para os outros noventa e nove por cento, que só têm acesso à banda por imagens no YouTube ou em documentários, esse é o melhor registro gravado dos reis de Detroit e o único realmente essencial. Igualmente imperdíveis são outras peças de radicalismo político, como o primeiro e ultrajante álbum do Fugs, o muito bem amarrado *Volunteers,* do Jefferson Airplane, e o único lançamento do United States of America, cujo líder, Joseph Byrd, era membro do Partido Comunista americano. Engana-se quem imaginar a música subordinada à mensagem política. Trata-se do último grande álbum psicodélico dos anos 1960, denso em alguns momentos, delicado em outros, sempre surpreendente. Nesse contexto de insurgência política, uma retrospectiva dos Animals parece fora do lugar, mas, além de todas as excepcionais faixas dos anos da Swinging London ("House of Rising Sun", "Don't

Let Me Be Misunderstood"), essa coletânea ainda inclui "We've Gotta Get Out of This Place", o hino cantado em coro pelos fuzileiros navais enquanto os Estados Unidos submergiam no atoleiro do sudeste da Ásia.

CAPÍTULO 11

The Jimi Hendrix Experience
Eletric Ladyland (1968)

Nico
Marble Index (1969)

The Stooges
The Stooges (1969)

Não há como superestimar a importância da gravadora Elektra na música popular americana. A bravura de Jac Holzman em se arriscar com artistas de retorno comercial incerto garantiu o lançamento de algumas das obras fundamentais dos anos 1960, como o segundo álbum de Nico, o primeiro como compositora e instrumentista (o lúgubre som do harmônio seria doravante sua marca registrada). Já na capa impactante, a artista de cabelos tingidos de negro em *big close up* parece alertar o ouvinte para não entrar desavisado em seu mundo de dor, suicídio e desolação. John Cale, que saíra do Velvet para trabalhar na Elektra, deixa sua mão de produtor muito mais visível nos arranjos de *Marble Index* do que no primeiro álbum dos Stooges, um diamante em estado bruto deslocado de seu tempo. Estreia de uns, despedida de outros: o último Jimi Hendrix é quase um sumário de suas aventuras anteriores, com evoluções só proporcionadas por um artista incomum, cada vez mais inclinado a ultrapassar fronteiras firmadas por ele mesmo. Tudo isso e ainda a melhor *cover* de Bob Dylan já gravada ("All Along the Watchtower").

CAPÍTULO 13

The Band
The Band (1969)

Bob Dylan
Nashville Skyline (1969)

DISCOGRAFIA

Janis Joplin
I Got Dem Ol'Kozmic Blues Again Mama (1969)

Richie Havens
Richard P. Evans, 1983 (1969)

Santana
Santana (1969)

Woodstock: *Three Days of Peace and Music* (1994)

Os interessados numa imersão em Woodstock têm duas opções. A trilha sonora do filme é uma versão condensada do festival sem ordem cronológica e com algumas sérias omissões. É um Woodstock filtrado pelas lentes do documentário, com a vantagem de não incluir momentos abaixo da crítica (não foram poucos) e apenas alguns redundantes (foram inúmeros). A edição comemorativa de 25 anos vem numa caixa de quatro CDs que segue rigorosamente a ordem dos shows e abre espaço a quem não permitiu ser filmado (Janis, Creedence). Começa já no topo com Richie Havens em "Handsome Johnny", mas como contraindicação inclui momentos adicionais de apresentações anódinas, como a do Jefferson Airplane, que Grace Slick confessou ter feito dormindo de olhos abertos. Entre os artistas que tinham discos recém-lançados, os álbuns do Santana, de Janis e de Richie Havens são valorosos complementos dos shows ao vivo. Muito por preconceito, Janis foi atacada nessa fase soul, cheia de metais e com poucas guitarras, pelas quais ela nunca morreu de amores. Só o prazer de ouvir "Little Girl Blue", sua melhor gravação, já valeria o disco. Mas entre todos os que participaram de Woodstock, ninguém chegou nem perto de realizar algo em 1969 do calibre do segundo disco do The Band. É uma daquelas obras tão bem acabadas que salta aos olhos o apuro no registro de cada uma das composições. Tudo aquilo que hoje se entende como *americana* e alternative country é em alguma medida tributário desse álbum (basta escutar "Danko/Manuel", do Drive-By Truckers, para ter a exata noção do que o The Band significou para os artistas dessa vertente). Qualidade de repertório, infelizmente, é o problema com o disco country de Bob Dylan. A voz de *crooner* e a flacidez da maioria das canções fazem de *Nasville Skyline* um projeto isolado em sua discografia, mas não destituído de interesse.

CAPÍTULO 14

The Beatles
Abbey Road (1969)

David Bowie
Singles (1993)

Fairport Convention
Liege and Lief (1969)

James Taylor
Sweet Baby James (1970)

King Crimson
In the Court of the Crimson King (1969)

Led Zeppellin
Led Zeppelin II (1969)

Nick Drake
Five Leaves Left (1969)
Bryter Layter (1970)
Pink Moon (1974)

The Rolling Stones
Let It Bleed (1969)

Velvet Underground
Velvet Underground (1969)

Os álbuns do King Crimson e do Led Zeppelin antecipam o progressivo e o heavy metal, os dois gêneros fundamentais no rock inglês pré-punk. O Zeppelin em breve daria um drible em todos os rótulos, ignorando fronteiras em suas decolagens, como comprova esse segundo trabalho, que foi simultaneamente o último *blockbuster* dos anos 1960 e o primeiro da década que chegava. Uma das fontes nas quais o Zeppelin bebeu mais avidamente foram as combinações de música celta com rock do Fairport Convention, grupo que está para o folk inglês assim como Paulinho da Viola está para o samba. É o modernista que a um só tempo subverte e afirma a tradição. Ainda na seara folk, mas numa inclinação mais autoral, Nick

Drake desvinculou sua paleta criativa de qualquer temporalidade, criando camadas de cores e espaços sustentadas por um corpo sólido de brilhantes composições. Como resposta imediata só obteve silêncio, sorte bem diferente do menos talentoso James Taylor, que numa linha mais confessional tingiu seu country pop de amenidades californianas mais acessíveis. Fechando as tendências antecipadas dos anos 1970, Bowie surgia com *Space Oddity* como um filho desgarrado de Syd Barrett e do Velvet Underground. O terceiro álbum do Velvet, por sinal, não foi a despedida, mas tinha um tom marcadamente elegíaco no abandono parcial de narrativas do submundo por canções que mais pareciam apelos de contrição em sua beleza e simplicidade ("Jesus", "Pale Blue Eyes"). Curiosamente, tanto Beatles quanto Rolling Stones fizeram álbuns que investiam à sua maneira num tom meditativo, de testemunho que sinalizava para os dias que viriam. Num interessante jogo de paradoxos, os Beatles eram só otimismo no tom melancólico de *Abbey Road* e os Stones celebravam carnalidade e luxúria no profundamente cético *Let It Bleed*.

And in the end, you can't always get what you want.

Bibliografia

AITKEN, Jonathan. *The Young Meteors: An Inside Report on the Rising Stars of London in Fashion, Entertainment, Modeling, Art, Politics, Journalism, Vice, and Business*. Nova York: Atheneum, 1967.

ALLEN, David. *Make Love Not War. The Sexual Revolution: An Unfettered Story*. Londres: Routledge, 2001.

ALTHAM, Keith. "The Shagging Was Good". *Mojo*, Londres, 37, 2004 (Who Special Edition).

ARNAIZ, Jorge e MENDOZA, Jose Luis. *The Velvet Underground*. Madri: Ediciones Catedra, 1992.

BACON, Tony. *London Live*. São Francisco: Miller Freeman Book, 1999.

BAHIANA, Ana Maria. "Janis Joplin". *Rock, a História e a Glória*, Rio de Janeiro, nº 12, pp. 3-10, 1975.

———. "Jimi Hendrix". *Rock, a História e a Glória*. Rio de Janeiro, nº 6, pp. 3-16, 1974

———. "The Who". *Rock, a História e a Glória*. Rio de Janeiro, nº 11, pp. 3-10, 1975.

BLACK, David. *Acid: the Secret Story of LSD*. Londres: Vison Paperbacks, 1998.

BLACK, Johnny. "Jimi Loses His Cool". *Mojo*, Londres, nº 67, pp. 38-39, jun. 1999.

———. "What Could Possibly Go Wrong?" *Mojo*, Londres, nº 77, pp. 48-51, abr. 2000.

BLAKE, Mark. *Comfortably Numb: The Inside Story of Pink Floyd*. Nova York: Thunder's Mouth Press, 2008.

BOCKRIS, Victor e MALANGA, Gerarde. *Up Tight: The Story of The Velvet Underground*. Londres. Omnibus Press, 1996.

BOCKRIS, Victor. *Transformer: the Lou Reed Story*. Londres: Omnibus Press, 1997.

———. *Warhol*. Londres: Penguin Books, 1989.

BOOTH, Stanley. *The True Adventures of The Rolling Stones*. Chicago: Chicago Review Press, 2000.

BORDOWITZ, Hank. *Bad Moon Rising: The Unauthorized History of Creedence Clearwater Revival*. Chicago: Chicago Review Press, 2007.

BOYD, Joe. *White Bicycles: Making Music in the 1960's*. Londres: Serpent's Tail, 2006.

BROWN, Peter e GAINES, Stephen. *The Love You Make: An Insider Story of The Beatles*. Nova York: McGraw-Hill, 1983.

BUGLIOSI, Vincent e GENTRY, Curt. *Helter Skelter: The True Story of The Manson Murders*. Nova York: W.W. Norton & Company, 2001.

BULGAKOV, Mikhail. *The Master and Margarita*. Nova York: Groove Press, 1994.

CALE, John e BOCKRIS, Victor. *What's Welsh for Zen*. Nova York: Bloomsbury, 2000.

CARLIN, Peter Ames. *Catch a Wave: The Rise, Fall, and Redemption of Beach Boy's Brian Wilson*. Londres: Rodale Books, 2006.

CARSON, David A. *Grit, Noise, and Revolution: The Birth of Detroit Rock and Roll*. Ann Arbor: University of Michigan Press, 2005.

CASHMAN, John. *LSD*. São Paulo: Perspectiva, 1966.

CAVANAGH, David. "Wouldn't You Miss Me At All?" *Uncut*, Londres, 112, pp. 48-52, set. 2006.

CHAPMAN, Robin. "Keith Moon Patent Exploding British Drummer". *Mojo*, Londres, nº 58, pp. 66-86, set. 1998.

CHAPMAN, Robin. "The Bittersweet Simphony". *Mojo*, Londres, nº 68, pp. 62-84, jul. 1999.

CROSS, Charles R. *Room Full of Mirrors: A Biography of Jimi Hendrix*. Nova York: Hyperion, 2005.

DALTON, David. "The Greatest Show on Earth". *Mojo*, Londres. 131, pp. 76-85, out. 2004.

———. "Soul Sacrifice". *Mojo*, Londres, 79, pp. 71-80, jun. 2000.

DAPIEVE, Arthur. "Família Drake: Nick manda recado do além". *O Globo*, Rio de Janeiro, 17/8/2007.

DAVIES, Dave. *Kink*. Nova York: Hyperion, 1996.

DAVIES, Ray. *X Ray: The Unauthorized Autobiography*. Nova York: The Overlook Press, 1999.

DAVIS, Stephen. *Hammer of Gods*. Nova York: Ballantine Books, 1985.

———. *Old Gods Almost Dead. The 40 Year Odyssey of The Rolling Stones*. Nova York: Broadway Books, 2001.

DE ROGATIS, Jim. *Kaleidoscope Eyes: Psychedelic Rock from the '60s to the '90s*. Secaucus: Citadel Press Underground Series, 1996.

———. *Let It Blurt: The Life and Time of Lester Bangs*. America's Greatest Rock Critic. Nova York: Broadway, 2000.

DELLAR, Fred. "MC5 Kick Out, Get Kicked Out". *Mojo*, Londres, 59, p. 34, out. 1998.

———. "Altamont Hour By Hour". *Mojo*, Londres, 73, p. 34, dez., 1999.

———. "Sexy Sadie Screws The Beach Boys". *Mojo*, Londres, nº 54, p. 34, mai. 1998.

———. "Who Breaks a Butterfluy on a Wheel". *Mojo*, Londres, nº 44, pp. 36-37, jul. 1997.

———. "The Word Has Gone Out Through the Underground Press". *Mojo*, Londres, 47, pp. 30-31, out. 1997.

DENSMORE, John. *Riders on the Storm: My Life with Jim Morrison and The Doors*. Concorde: Delta, 1991.

DIMARTINO, David Alexandre. "The Grape". *Mojo*, Londres,. nº 67, pp. 34-36, jun. 1999.

DOE, Andrew e TOBLER, John. *The Complete Guide to the Music of the Beach Boys*. Londres: Omnibus Press, 1997.

DOGGET, Peter. *There's a Riot Going On*. Edimburgo: Canongate, 2007.

———. *Are You Ready for the Country*. Londres: Penguin Books, 2000.

———. *Lou Reed: Growing Up in Public*. Londres: Omnibus Press, 1992.

DOWNING, David. *Neil Young: The Man and His Music*. Londres: Omnibus Press, 1995.

DRAPER, Robert. *Rolling Stone Magazine: The Uncensored Story*. Nova York/Londres: Harper Perenial, 1990.

DYLAN, Bob. *Chronicles: Volume One*. Nova York: Simon and Schuster, 2005.

ECHOLS, Alice. *Scars of Sweet Paradise: The Life and Times of Janis Joplin*. Londres: Picador, 2000.

EDMONDS, Ben. *The Battle of New York*. *Mojo*, Londres, nº 106, pp. 68-76, set. 2002.

———. "Dreamy, Driven, and Dangerous". *Mojo*, Londres, nº 79, pp. 59-63, jun. 2000.

———. "Dead Man Walking". *Mojo*, Londres, nº 83, p. 71, out. 2000.

EVANS, Mike e KINGSBURY, Paul. *Woodstock: Three Days that Rocked the World*. Nova York: Sterling, 2010.

FELTON, David e DALTON, David. "Year of the Fork, Night of the Hunter". In: WENNER, Jann (ed.). *Twenty Years of Rolling Stones*. Nova York: Friendly Press, 1987, pp. 57-88.

FORNATALE, Pete. *Woodstock*. Rio de Janeiro: Agir, 2009.

FRANK, Thomas. *The Conquest of Cool: Business Culture, Counterculture, and the Rise of Hip Consumerism*. Chicago: University of Chicago Press, 1998.

FRENCH, John. *Beefheart: Through the Eyes of Magic*. Londres: Proper Music, 2010.

FRIEDMAN, Myra. *Buried Alive: The Biography of Janis Joplin*. Nova York: Three Rivers Press, 1992.

GAINES, Steven. *Heroes and Villains: The True Story of the Beach Boys*. Londres: Omnibus Press, 1995, caps. 2, 6 e 9.

GILL, Andy. "Judas Christ Superstar". *Mojo*, Londres, nº 60, pp. 36-56, nov. 1998.

GILLET, Charlie. *The Sounds of the City*. Londres: Souvenir Press, 1970.

GLATT, John. *Bill Graham and the Selling of Rock*. Nova York: Birch Lane Press Group, 1993.

GOFFMAN, Ken e JOT, Dan. *Contracultura através dos tempos. Do mito de Prometeu à cultura digital*. Rio de Janeiro: Ediouro, 2004.

GOODMAN, Fred. *The Mansion on the Hill: Dylan, Young, Geffen, Springsteen, and the Head on Colision of Rock and Commerce.* Nova York: Vintage Books, 1998.

GORMAN, Paul. *In Their Own Write: Adventures in the Music Press.* Londres: Sanctuary Publishing, 2001.

GOULD, Jonathan. *Can't Buy Me Love: The Beatles, Britain and America.* Nova York: Harmony Books, 2007.

HADJU, David. *Positively 4th Street: The Lives and Times of Joan Baez, Bob Dylan, Mimi Baez Farina and Richard Farina.* Nova York: Farrar, Strauss and Giroux, 2001.

HEYLIN, Clinton. *Sgt. Pepper's Lonely Hearts Club Band.* São Paulo: Conrad, 2007.

HOBERMAN, J. e ROSENBAUM, Jonathan. *Midnight Movies.* Cambridge: Da Capo Books, 1991.

HODGKINSON, Will. "The Model". *Mojo*, Londres, n° 124, pp. 73-77, mar. 2004.

HOFFMAN, Albert. *LSD. My Problem Child: Reflections on Sacred Drugs, Mysticism and Science.* Santa Cruz: MAPS, 2009.

HOLZMAN, Jac e DAWS, Gavan. *Follow the Music: The Life and High Times of Elektra Records in the Great Years of American Pop Culture.* S/l: First Media Books, 2000.

HOSKINS, Barney. "The Good Ol'Boy". *Mojo*, Londres, 56, pp. 70-77, 1998.

——. *Beneath the Diamond Sky: Haight-Ashbury 1965-70.* Nova York: Simon & Schuster, 1997.

——. *Waiting for the Sun: Strange Days, Weird Scenes, and The Sound of Los Angeles.* Nova York: St. Martin Griffin, 1999.

HUBERNICK, Harvey. "Music, Love, and Flowers". *Mojo*, Londres, 164, pp. 62-70, jul. 2007.

HUXLEY, Aldous. *The Doors of Perception and Heaven and Hell.* Nova York: Harper Perennial Modern Classics, 2009.

JACOBS, Ron. *The Way the Wind Blew: A History of the Weather Underground.* Londres/Nova York: Verso, 1997.

JEZER, Marty. *The Dark Ages: Life in the United States 1945-1960.* Nova York: South End Press, 1999.

KARNOW, Stanley. *Vietnam: A History.* Londres: Penguin, 1997.

LANG, Michael. *The Road to Woodstock.* St. Paul: Ecco, 2010.

LEARY, Timothy. *Flashbacks. Uma Autobiografia.* São Paulo: Editora Beca, 1990.

——. *The Psychedelic Experience: A Manual Based on the Tibetan Book of Dead.* Nova York: Citadel, 2000.

LEE, Martin A. e SHLAIN, Bruce. *Acid Dreams: The Complete Story of LSD. The CIA, The Sixties and Beyond.* Nova York: Grove Press, 1985.

LEECH, Jeanette. *Seasons They Change: The Story of Acid and Psychedelic Folk.* Londres: Jawbone Press, 2010.

LELAND, John. *Hip: The History*. Londres: Harper Collins, 2004.
LEVY, Shawn. *Ready, Steady, Go!: Swinging London and the Invention of Cool*. Londres: Fourth State, 2003.
LEWISOHN, Mark. *The Complete Beatles Recording Sessions: The Official Story of the Abbey Road Years 1962-1970*. Londres: Emi Records, 2006.
LOBRUTTO, Vincent. *Stanley Kubrick: A Biography*. Cambridge: Da Capo Press, 1999.
LYDON, Michael. *Flashbacks: Eyewitness Accounts of the Rock Revolution*. Londres: Routledge, 2003.
MAILER, Norman. *Os degraus do Pentágono*. Rio de Janeiro: Expressão e Cultura, 1968.
MAKOWER, Joel. *Woodstock: The Oral History*. Oakland: Tilden Press Book, 1989.
MANNING, Toby. "It's a Boy". *Mojo*, Londres, pp. 46-50, 2004 (Who Special Edition).
MARCUS, Greil. "Woodstock". In: WENNER, Jann (ed.). *Twenty Years of Rolling Stone*. Nova York: 1987, pp. 49-56.
———. *Like a Rolling Stone: Bob Dylan at the Crossroads*. Jackson: Public Affairs, 2006.
MARQUESE, Mike. *Wicked Messenger. Bob Dylan and the 1960s*. Nova York: Seven Stories Press, 2008.
MARTIN, George. *Paz, amor e Sgt. Pepper*. Rio de Janeiro: Relume-Dumará, 1995.
MARTIN, Linda e SEGRAVE, Kerry. *The Opposition to Rock and Roll*. Cambridge: Da Capo Press, 1993.
McDONOUGH, Jimmy. *Shakey: Neil Young's Biography*. Nova York: Anchor Books, 2002.
McNALLY, Dennis. *A Long Strange Trip: The Inside Story of The Grateful Dead*. Nova York: Broadway, 2003.
McNEIL, Legs e McGAIN, Gillian. *Mate-me, por favor: Uma história sem censura do punk*. Porto Alegre: L&PM, 1997.
MILES, Barry. *Paul McCartney: Many Years from Now*. Nova York: Henry and Holt, 1997.
MURRAY, Charles Shaar. "Howzat". *Mojo*, Londres, n° 131, pp. 86-90, out. 2004.
———. "Street Fighting Man". *Mojo*, Londres, n° 72, pp. 76-86, nov. 1999.
NADEL, Ira B. *Various Positions: A Life of Leonard Cohen*. Nova York: Pantheon Books, 1996.
NEEDS, Kris. "The Revolution Will Be Televised". *Mojo*, Londres, n° 156, pp. 85, nov. 2006.
NEILL, Andrew e KENT, Matthew. *Anyway, Anyhow, Anywhere: The Complete Chronicle of The Who*. Nova York: Sterling Publishing Company, 2009.
NORMAN, Philip. *John Lennon. The Life*. St. Paul: Ecco, 2008.
PATTERSON, Gary. *The Walrus Was Paul: The Great Beatle Death Clues*. Whitby: Fireside, 1998.

PERRY, Charles e WEIR, Bob. *The Haight-Ashbury: A History*. São Francisco: Rolling Stones Press, 1984.

PLATT, John A. *Disraeli Gears*. Nova York: Schirmer Trade Books, 2000 (Classic Rock Series).

POLANSKI, Roman. *Roman*. Rio de Janeiro: Record, 1984.

PRIORE, Domenic. *Riot on Sunset Strip: Rock'n'Roll's Last Stand in Hollywood*. Londres: Jawbone Press, 2007.

PYNCHON, Thomas. *Vício Inerente*. São Paulo: Companhia das Letras, 2010.

RAWLING, Terry. *Brian Jones: Who Killed Christopher Robbin?* Londres: Helter Skelter, 2004.

——. *Mod: A Very British Phenomenon*. Londres: Omnibus Press, 2010.

RIORDAN, James e PROCHNICKY, Jerry. *Break On Through: The Life and Death of Jim Morrison*. Nova York: William Morrow and Company, 1991.

ROBINSON, John. "Woodstock". *Uncut*, Londres, nº 144, pp. 38-45, maio, 2009.

ROGAN, Johnny. *The Byrds: Timeless Flight Revisited*. Londres: Rogan House, 1998.

RUDD, Mark. *Underground: My Life with SDS and the Weathermen*. Nova York: William Morrow, 2009.

SANDERS, Ed. *Fug You: An Informal History of the Peace Eye Bookstore, the Fuck You Press, the Fugs and Counterculture in the Lower East Side*. Cambridge: Da Capo, 2010.

SANDFORD, Christopher. *Polanski: A Biography*. Basingstoke: Palgrave Macmillan, 2008.

SANTELLI, Robert. *Aquarius Rising: The Rock Festival Years*. Colchester: The Book Service Ltd, 1981.

SCADUTO, Anthony e ROGAN, Johnny. *Bob Dylan: A Biography*. Londres: Helter Skelter, 2001.

SCADUTO, Anthony. *Mick Jagger*. Londres: Virgin Books, 1974.

SCHAFFNER, Nicholas. *Saucerful of Secrets: The Pink Floyd Odissey*. Nova York: Delta, 1982.

SCULLY, Rock e DALTON, David. *Living with the Dead: 20 Years on the Bus with Garcia and The Grateful Dead*. Laham: Cooper Square Press, 2001.

SELVIN, Joe. *Summer of Love: The Inside Story of LSD, Rock and Roll, Free Love and High Times in the Wild West*. Laham: Cooper Square Press, 1994.

SINCLAIR, John e SIMMONS, Michael. *Guitar Army: Rock and Revolution with the MC5 and The White Panther*. Port Townsend: Process, 2007.

SHAPIRO, Harry e GLEBBEK, Caesar. *Jimi Hendrix. Eletric Gipsy*. Nova York: St. Martins Griffin, 1995.

SHAPIRO, Harry, "Trinka, Paul — The Day The World Turned Day-Glo". *Mojo*, Londres, nº 50, pp. 67-87, jan. 1998.

SHELTON, Robert. *No Direction Home. The Life and Music of Bob Dylan*. Londres: Omnibus Press, 1997.

SLICK, Grace. *Somebody to Love? A Rock and Roll Memoir*. Nova York: Grand Central Publishing, 1999.

SPITZ, Bob. *Barefoot in Babylon: The Creation of the Woodstock Music Festival*. Nova York: W.W. Norton & Company, 1989.

SPITZ. Bob. *Dylan, a Biography*. Nova York: McGraw-Hill Publishing Company, 1989.

SRAGOW, Michael. *Gimme Shelter. The True Story*, 2000. Disponível em http://dir.salon.com/ent/col/srag/2000/08/10/gimme_shelter/index.html.

STERN, Jane e STERN, Michael. *Sixties People*. Nova York: Macmillan, 1990.

STEVENS, JAY. *Storming Heaven. LSD and the American Dream*. Nova York: Grove Press, 1987.

STRONG, Martin C. *The Great Pshycodelic Discography*. Edimburgo: Canongate, 1997.

SWEETING, Adam. "Damn Right, They Booed". *Uncut Legends*, Londres, nº 1, p. 27, 2003.

TAMARKIN, Jeff. *Got a Revolution: The Turbulent Flight of Jefferson Airplane*. Nova York: Atria, 2005.

"THE HUMAN BE-IN", *Mojo*, Londres, nº 38, p. 36, jan. 1997.

THOMPSON, Hunter S. *Hells Angels: A Strange and Terrible Saga*. Nova York: Modern Library, 1999.

TORGOFF, Martin. *Can't Find My Way Home*. Nova York: Simon & Schuster, 2004.

TORRES, Ben-Fong. *The Doors*. Nova York: Hyperion, 2006.

TRYNKA, Paul. "I Used to Be Good But I'm All Right Now". *Mojo*, Londres, nº 53, pp. 72-88, abr. 1998.

VARON, Jeremy. *Bringing the War Home: The Weather Underground, the Red Army Faction and Revolutionary Violence in the Sixties and Seventies*. Berkeley: University of California Press, 2004.

WALKER, Alexander. *Hollywood England: the British Film Industry in the Sixties*. Londres: Orion Publishing, 2005.

WALKER, Michael. *Laurel Canyon: The Inside Story of Rock and Roll's Legendary Neighbourhood*. Londres: Faber & Faber, 2007.

WALL, Mick. *When Giants Walked the Earth. A Biography of Led Zeppelin*. Nova York: St. Martin's Press, 2008.

WALLEY, David. *No Comercial Potential: The Saga of Frank Zappa*. Londres: Omnibus Press, 1996.

WATKINSON, Mike e ANDERSON, Peter. *Syd Barrett and the Dawn of Pink Floyd*. Londres: Omnibus Press, 1991.

"WHEN WE WERE KINGS". *In The Special Collector's Edition*. Londres, pp. 54-59, 1988.

WITTS, Richard. *Nico: The Life and Lies of an Icon*. Londres: Virgin Books, 1993.
WOLFE, Tom. *The Electric Kool-Aid Acid Test*. Londres: Picador, 2008.
YORKE, Ritchie. *The Definitive Biography of Led Zeppelin*. Novato, Califórnia: Underworld Miller, 1993.
YOUNG, Peter e JESSER, Peter. *The Media and the Military*. Nova York: St. Martin's Press, 1997.

Filmes e documentários

Aconteceu em Woodstock (Taking Woodstock). Drama. Direção de Ang Lee. Roteiro de James Schmausen. Fotografia de Eric Gautier. Com Emile Hirsch, Zoe Kazan, Liev Schreiber, Demetri Martin. Estados Unidos, 2009, 120 min.

Bob Dylan: Don't Look Back. Documentário. Direção e roteiro de D.A. Pennebaker. Produção de John Court e Albert Grossman. Com Bob Dylan, Joan Baez e Donovan Leitch. Estados Unidos, 1967, 96 min.

Bob Dylan: No Direction Home. Documentário. Direção de Martin Scorsese. Produção de Nigel Sinclair, Anthony Wall e Martin Scorsese. Com Bob Dylan, B.J. Rofzen e Dick Kangas. Inglaterra/Estados Unidos/Japão, 2005, 208 min. Originalmente feito para a TV.

Dancing in the Streets: A Rock and Roll History. Documentário. Direção e produção de Karen Walsh. Inglaterra, 1995, 10 episódios. Produzido para a TV.

Depois daquele beijo (Blow-Up). Drama. Direção de Michelangelo Antonioni. Produção de Carlo Ponti. Com David Hemmings, Vanessa Redgrave, Sarah Miles, Jane Birkin. Trilha sonora de Herbie Hancock, The Yardbirds. Inglaterra/Itália, 1966, 111 min.

Magical Mystery Tour. Musical. Produzido, dirigido e estrelado por The Beatles. Inglaterra, 1967, 53 min. Originalmente feito para a TV.

Monterey Pop. Documentário. Direção de D.A. Pennebaker. Produção de John Phillips e Lou Adler. Estados Unidos, 1968, 78 min.

Platoon. Drama. Direção e produção de Oliver Stone. Com Charlie Sheen, Tom Berenger, Willem Dafoe, Forest Whitaker, Johnny Depp. Estados Unidos, 1986, 120 min.

Performance. Drama. Direção de Donald Cammel e Nicholas Roeg. Inglaterra, 1970, 105 min.

Sem destino (Easy Rider). Drama. Direção de Dennis Hopper. Produção de Peter Fonda. Roteiro de Peter Fonda, Dennis Hopper, Terry Southern. Com Peter Fonda, Dennis Hopper, Jack Nicholson. Estados Unidos, 1969, 96 min.

Sympathy for the Devil. Documentário. Direção e roteiro de Jean-Luc Godard. Produção de Eleni Collard, Michael Pearson, Iain Quarrier. Com Mick Jagger, Brian Jones, Keith Richards, Charlie Watts. Inglaterra, 1968, 110 min.

The Doors. Drama. Direção de Oliver Stone. Roteiro de Randall Johnson e Oliver Stone. Produção de Brian Grazer, Bill Graham, Sasha Harari e A. Kitman Ho. Com Val Kilmer, Meg Ryan, Kyle MacLachlan. Estados Unidos, 1991, 140 min.

The Pink Floyd and Syd Barrett Story. Documentário. Direção de John Edginton. Produção de Otmoor Productions. Com Pink Floyd, Roger Waters, Peter Jenner, Bob Klose. Trilha sonora de Pink Floyd e Syd Barrett. Inglaterra, 2001, 60 min. Originalmente feito para a TV.

The Rolling Stones: Gimme Shelter. Documentário. Direção de Albert e David Maysles. Com The Rolling Stones, Mick Jagger, Keith Richards. Estados Unidos, 1970, 91 min.

The Rolling Stones: Rock and Roll Circus. Documentário. Dirigido por Michael Hogg. Produzido por Anthony B. Richmond. Organizado pelos Rolling Stones. Com The Rolling Stones, The Who e Eric Clapton. Inglaterra, 1996, 66 min.

The Sixth Side of the Pentagon (La Sixième Face du Pentagon). Documentário. Direção de Chris Marker e François Reichenbach. Roteiro de Chris Marker. França, 1968, 26 min.

FILMES E DOCUMENTÁRIOS

The Weather Underground. Documentário. Direção de Sam Green e Bill Siegel. Estados Unidos, 2002, 92 min.

Woodstock: três dias de paz, amor e música (Woodstock – Director's Cut). Documentário. Direção de Michael Wadleigh. Produção de Bob Maurice e Dale Bell. Estados Unidos, 1970, 184 min.

Índice onomástico

13th Floor Elevators, 242, 243, 500

Adler, Lou, 204-206, 209, 219, 225, 226
Aitken, Jonathan, 116, 117
Alexander, Dave, 373
Alighieri, Dante, 375
Alpert, Richard, 69, 152
Altham, Keith, 79
Anderle, David, 268
Anderson, Ian, 285
Anderson, Pink, 177
Andrew, Sam, 257, 307, 422
Anger, Kenneth, 281, 282
Antonioni, Michelangelo, 115-117, 119, 187
Antrim, David, 87
Arnold, Jim, 26
Aronowitz, Al, 30, 85
Ashby, Hal, 37
Asher, Tony, 60, 197
Asheton, Ron, 373
Asheton, Scott, 373
Atkins, Susan, 403
Auerbach, June, 472
Ayers, Bill, 405

Babbs, Ken, 154
Babbs, Thurman H., 72
Bach, Johann Sebastian, 175, 393
Baez, Joan, 38-40, 47, 95, 101, 324, 338, 352, 415, 416
Bailey, David, 117
Baker, Ginger, 114, 133, 224, 399
Baldwin, James, 16
Balin, Marty, 137, 161, 197, 221, 467, 468
Band of Gypsies, 366, 432
Band of Joy, 288

Bangs, Lester, 371, 472
Barber, Chris, 111
Barger, Sonny, 467, 471
Barrett, Syd, 127, 171, 177-179, 192-196, 244-246, 280, 307, 461, 488, 497, 500, 507
Baudelaire, Charles, 228
Beck (Beck Hansen), 244
Beck, Jeff, 110, 111, 115, 124, 128, 129, 139, 146, 287, 372, 494
Beck, Julian, 356
Belli, Melvin, 462, 463
Bergen, Candice, 305, 403
Berio, Luciano, 185
Bernstein, Leonard, 185
Berry, Chuck, 17, 96, 454, 469
Big Brother and the Holding Company, 142, 145, 148, 158, 161, 181, 208, 209, 214-216, 257, 258, 307, 422, 498
Bikel, Theodore, 26
Bishop, Elvin, 495
Black Sabbath, 460
Blake, Peter, 183
Blake, William, 68, 124, 226-228
Blind Faith, 399, 400
Blood, Sweat and Tears, 382, 383, 430
Bloomfield, Mike, 26, 28, 132, 145, 450, 495
Blues Incorporated, 111
Bluesbreakers, 114, 494
Bolan, Marc, 487
Bonham, John, 288, 308
Booker T. & The M.G.'s, 211
Boone, Pat, 195
Bowie, David, 238, 444, 487-489, 506, 507
Boyd, Joe, 26, 134, 192, 417, 484
Brando, Marlon, 229, 466

Bravo, Lizzie, 307
Breton, Michelle, 282, 283
Brown, James, 315
Brown, Rap, 362
Bruce, Jack, 114, 133
Buckley, Jeff, 268
Buckley, Tim, 15, 235, 264, 267, 268, 341, 370, 483, 500, 501
Buffalo Springfield, 210, 226, 261, 299, 300, 301, 501, 502
Bulgákov, Mikhail, 277
Bunyan, Vashti, 483, 484
Burdon, Eric, 120, 130, 203, 207, 217, 341, 344
Burger, Gary, 102
Burks, John, 472
Burroughs, William S., 20, 100
Butterfield Blues Band, 25, 26, 34, 57, 145, 494, 495
Butterfield, Paul, 26, 132
Byrd, Joseph, 503

Cage, John, 181
Caine, Michael, 119
Cale, John, 83-88, 90, 91, 93, 99, 374, 375, 485, 486, 504
California, Randy, 288
Cammell, Donald, 282-284
Campbell, William, 457
Canby, Vincent, 473
Canned Heat, 208, 443
Capote, Truman, 338
Capp, All, 352, 353
Captain Beefheart, *ver* Don Van Vliet
Carradine, David, 37
Carroll, Lewis, 183, 193
Carson, Johnny, 236
Casady, Jack, 145, 162, 197
Caserta, Peggy, 422
Cash, Johnny, 27, 253, 284, 361, 438
Cassady, Neal, 154, 157
Chandler, Chas, 130, 132, 133, 364, 365
Chapman, Mark, 456
Charles, Ray, 381, 428
Cher, 91
Christgau, Robert, 124, 218, 224
Christie, Julie, 119
Civil, Alan, 182

Clapton, Eric, 109-111, 113-115, 133, 145, 146, 178, 180, 224, 249, 284-286, 351, 399, 400, 437, 454, 494
Clark, Larry, 102, 103
Clarke, Arthur C., 100
Clark, Gene, 44, 46, 67
Clarke, Michael, 45
Clayton, Mary, 449
Cleave, Maureen, 71
Cleaver, Eldridge, 281, 480
Cobain, Kurt, 142
Cocker, Joe, 428, 429, 435
Cohen, Leonard, 38, 42, 87, 97, 101, 102, 493
Cohn, Nick, 295
Cohn-Bendit, Daniel, 335
Collier, Bernard Law, 427
Collins, Judy, 101, 299, 330
Coltrane, John, 66, 316, 317
Cooder, Ry, 284
Cooke, Sam, 132
Cooper, Alice, 314
Cooper, Michael, 189
Copland, Aaron, 185
Coppola, Francis Ford, 229, 343
Cornyn, Stan, 159, 160
Corso, Gregory, 16
Cortázar, Julio, 119
Council, Floyd, 177
Country Joe and The Fish, 142, 147, 148, 181, 208, 430, 494, 495
Coyote, Peter, 58
Crawford, "Brother" C., 313
Crazy Horse, 300
Cream, 114, 115, 124, 133, 145, 218, 224, 249, 284, 287, 298, 317, 351, 399, 493, 494, 496, 497
Creedence Clearwater Revival, 259, 260, 341-343, 359, 421, 424, 499, 501, 505
Crosby, David, 45, 46, 53, 65, 205, 210, 211, 250, 265, 299, 300, 327, 431, 473, 498
Crosby, Floyd, 45
Crosby, Stills and Nash, 238, 263, 298, 300, 301, 327, 379, 443, 501, 502
Crosby, Stills, Nash and Young, 300, 302, 431, 432, 464, 468, 471, 480
Crowe, Cameron, 308

Crowley, Aleister, 281, 282
Crumb, Robert, 139
Curtis, Tony, 183
Cutler, Sam, 449, 463, 468, 470, 471

Dalai Lama, 63, 69
Dalí, Salvador, 90
Dalton, David, 405
Daltrey, Roger, 78-80, 127, 216, 217, 294
Danko, Rick, 249, 420
Dapieve, Arthur, 485
Davies, Dave, 122
Davies, Ray, 77, 118, 122-124, 127, 178
Davis, Clive, 439
Davis, Miles, 267, 300, 432
Day, Dave, 102
Day, Doris, 305, 486
De Gaulle, Charles, 276
De Palma, Brian, 343
Dean, James, 229, 395
Deep Purple, 460
Delon, Alain, 99
Deneuve, Catherine, 117, 119
Denny, Sandy, 309, 483
Densmore, John, 225, 227
Des Barres, Pamela, 307, 308
Diltz, Henry, 420
Dion (Dion Francis DiMucci), 17
Dirty Mac, 285
Disney, Walt, 393
Dohrn, Bernardine, 325, 404, 405
Domino, Fats, 454
Donahue, Tom "Big Daddy", 147, 163
Dorleac, Françoise, 119
Dostoievski, Fiodor, 97, 98
Drake, Nick, 483-485, 506, 507
Drive-By Truckers, 505
Dryden, Spencer, 58
Dumbar, John, 121
Duncan, Robert, 44, 144
Dylan, Bob, 10, 13, 15-19, 23-30, 32-42, 44-48, 65, 66, 85, 88, 89, 92-97, 100, 101, 125, 129, 132, 145, 146, 183, 186, 187, 189, 208, 216, 218, 221, 222, 240, 247-253, 265, 266, 271, 277, 319, 324, 327, 330-332, 345, 349, 350, 364, 373, 382, 385, 389, 396, 409, 414, 415, 430, 435-441, 452, 455, 456, 479, 487, 491-493, 499, 501, 504, 505

Eastman, Linda, 307
Electric Flag, 209
Electric Prunes, 67, 395
Eliot, T.S., 185
Elliott, Cass (Mama Cass), 209, 217, 220
Elliott, Ramblin' Jack, 27
Eno, Brian, 147, 487
Entwistle, John, 78, 80, 129, 162, 285, 287
Epstein, Brian, 70, 175, 176, 180, 183, 191, 236, 352
Erickson, Roky, 242, 243, 500
Ertegun, Ahmet, 263, 264, 289, 299, 300
Espers, 483
Etchingham, Kathy, 133

Fabian, Jenny, 307
Fairport Convention, 15, 174, 288, 483, 484, 506
Faithfull, Marianne, 121, 122, 173, 183, 189, 190, 277, 279, 284, 286
Fame, George, 133
Faulkner, William, 252
Feiffer, Jules, 393
Fellini, Frederico, 99, 116, 420
Felton, David, 405
Fench, John "Drumbo", 266
Ferguson, Mike, 164
Ferlinghetti, Lawrence, 42, 43, 143
Feryar, Cyrius, 210
Fields, Danny, 318, 319, 368, 372
Finney, Albert, 119
Flamin' Groovies, 495
Fleet Foxes, 483
Fleetwood Mac, 285
Fogerty, John, 259, 260, 342, 343, 421
Folger, Abigail, 401
Fonda, Henry, 395
Fonda, Peter, 394-396, 466, 473
Fonteyn, Margot, 241
Fox, James, 282, 283
Frank, Thomas, 14
Franklin, Aretha, 258
Fraser, Robert, 189-191

Freidman, Myra, 423
Fricke, David, 167
Frost, Robert, 380

Garcia, Jerry, 145, 154, 157, 158, 160, 161, 206, 242, 421, 447, 467, 495
Garfunkel, Art, 206, 207, 300, 482
Garland, Judy, 393
Gaye, Marvin, 370
Geffen, David, 379
Gershwin, George, 197, 266
Ghandi, Mahatma, 183
Gibb, Russ, 317, 457
Gibson, William, 20
Gil, Gilberto, 186, 360, 436
Gillespie, Dizzy, 17, 142
Gillett, Charlie, 76
Gilmour, David, 192, 245
Ginsberg, Allen, 16, 18, 42, 43, 143, 153, 154, 185, 187, 329, 353, 467
Gitlis, Ivry, 285
Gleason, Ralph J., 93, 221, 258
Godard, Jean-Luc, 126, 278, 280, 281
Goffman, Ken, 20, 333
Goldman, Albert, 434
Goldstein, Richard, 186, 224
Goldstein, Stanley, 384, 385, 387, 462, 463
Gomelsky, Giorgio, 110
Gottlieb, Carl, 205
Graham, Bill (Wolfgang Wolodia Grajonca), 42, 43, 54, 56, 57, 69, 92, 141, 143, 145, 163-165, 171, 207, 217, 259, 322-324, 359, 366, 367, 385, 389, 390, 418, 423, 442, 472, 473, 475
Graham, Katharine, 100
Grahame, Kenneth, 193
Grant, Cary, 152
Grant, Peter, 289-291
Grateful Dead, 58, 75, 142, 144-146, 154-161, 165, 166, 172, 206, 207, 217, 219, 242, 256, 262, 299, 329, 359, 390, 416, 420, 441, 451, 462, 464, 466-468, 471, 472, 495
Grizzly Bear, 12
Grossman, Albert, 25, 26, 29, 30, 34, 57, 208, 209, 215
Guevara, Ernesto Che, 325
Guthrie, Woody, 24, 37, 221, 248, 440

Haggard, Merle, 253, 361
Halprin, Anna, 139
Ham, Bill, 56
Hampton, Fred, 362
Haram, Ronnie, 227
Hardin, Tim, 383, 413
Harris, David, 338
Harrison, George, 11, 63-65, 71-73, 179, 187, 189, 190, 204, 217, 236, 237, 239, 240, 241, 248, 254, 255, 307, 350, 351, 394, 403, 435, 437, 452-454, 458, 481
Harrison, Hank, 142
Harrison, Ian, 493
Harrison, Patti, 189
Havens, Richie, 414, 505
Hawkins, Ronnie, 34
Hefner, Hugh, 331
Helm, Levon, 249, 437
Helms, Chester (Chet), 56, 57, 171, 195, 213, 214, 258, 323
Hemmings, David, 116
Hendrix, Jimi (James Marshall), 10, 14, 19, 104, 109, 129, 130-134, 173, 181, 203, 204, 212, 216, 217, 219, 220, 223, 230, 258, 278, 306, 307, 313, 319, 343, 362-366, 373, 383, 395, 397, 401, 414, 431-433, 442, 443, 459, 489, 498, 504
Hesse, Hermann, 55, 395
Hillman, Chris, 45, 46, 265
Hoffman, Abbie (Abbot), 325, 326, 329, 330, 339, 388, 420, 425-427, 435, 442, 450, 480, 481
Hoffman, Albert, 149, 150, 151
Holiday, Billie, 401
Holly, Buddy, 17
Holy Modal Rounders, 67
Holzman, Jac, 166, 227, 230, 263, 264, 319, 368, 504
Hooker, John Lee, 112, 370
Hopkins, John, 171, 172, 173
Hopper, Dennis, 394-396, 473
Howe, Steve, 174
Hubbard, Alfred M., 152
Hubbard, L.R., 385
Hudson, Garth, 249
Humperdinck, Engelbert, 180

ÍNDICE ONOMÁSTICO

Humphrey, Hubert, 329, 331
Hundgen, Richard, 58
Hunter, George, 164
Hunter, Meredith (Murdock), 470-472, 474
Hunter, Robert, 207, 447, 495
Huxley, Aldous, 55, 68, 151, 226
Hynde, Chrissie, 479

International Submarine Band, 252
Iron Butterfly, 292, 413

Jackson, Bruce, 26
Jackson, Michael, 370
Jagger, Mick, 32, 33, 112, 117, 121, 173, 182, 188-191, 203, 204, 228, 275-279, 281-288, 334, 397-401, 448-451, 462, 464, 465, 468, 470, 473, 474
James, Dick, 453
James, Elmore, 131
James, Etta, 258
Janiger, Oscar, 151, 152
Jansch, Bert, 290
Jardine, Al, 61, 305
Jefferson Airplane, 43, 57, 58, 75, 93, 100, 141, 142, 144-146, 156, 158, 160-163, 197, 206, 211, 221, 243, 296, 299, 309, 325, 328, 329, 341, 359, 390, 427, 441, 443, 464, 467, 495, 503, 505
Jeffery, Mike, 365
Jenner, Peter, 193, 194, 195, 196
Jethro Tull, 285, 287
Johnson, Lyndon B., 40, 271, 329, 336
Johnson, Robert, 112
Johnston, Bruce, 62, 63, 80
Johnston, Roger, 102
Jones, Brian, 45, 121, 122, 133, 182, 189, 203, 217, 218, 278-280, 283, 285-287, 393, 397-399, 401, 449, 461
Jones, David, *ver* David Bowie
Jones, John Paul, 288, 290, 398, 400
Joplin, Janis, 56, 142, 148, 161, 209, 210, 212-217, 220, 256-258, 309, 397, 416, 422-424, 428, 442, 443, 498, 499, 505

Joy, Dan, 20, 333
Joyce, James, 98

Kael, Pauline, 473, 474
Kaleidoscope, 496, 497
Kantner, Paul, 43, 57, 141, 144, 148, 328, 404, 467
Karpen, Julius, 208, 209
Keats, John, 400
Kelley, Alton, 56
Kennedy, Jacqueline, 90
Kennedy, John, 25, 38, 39, 68, 73, 74, 210, 211, 271, 479
Kennedy, Robert (Bob), 278, 325, 328, 329
Kennedy, Ted, 393
Kent, Nick, 397
Kerouac, Jack, 16, 17, 154
Kesey, Ken, 42, 53, 54, 153-155, 333, 466
King Crimson, 461, 506
King, Andrew, 245
King, B. B., 112, 131, 218
King, Carole, 261, 309, 482
King, Martin Luther, 24, 40, 322, 325, 335, 362, 364, 370
Klein, Allen, 275, 453, 454
Knight, Curtis, 132
Konono Nº 1, 11
Kooper, Al, 25, 27, 28, 33, 382
Korner, Alexis, 111, 114
Kornfeld, Artie, 381-384, 387, 410-412, 419, 434
Kozmic Blues Band, 257, 422
Kramer, Wayne, 314, 316, 324, 367, 371, 372
Kreutzmann, Bill, 157
Krieger, Robby, 343
Kristofferson, Kris, 361
Kroll, Jack, 185
Kruger, Robin, 226
Kubrick, Stanley, 100, 117, 118, 488

La Bianca, Rosemary, 402
Lambert, Kit, 77, 78
Landau, Jon, 223, 224, 319, 368
Lang, Michael, 381-384, 386-391, 413, 414, 415, 419, 429, 434, 435
Lawrence, Mel, 384, 391, 416, 417
Lay, Sam, 26, 373

Leary, Timothy, 55, 63, 69, 121, 142, 143, 152-155, 329, 333, 353, 465, 480
Led Zeppelin, 263, 287-293, 299, 308, 412, 443, 459, 460, 501, 502, 506
Lee, Alvin, 430
Lee, Ang, 391
Lee, Arthur, 203, 230, 231, 264
Leitch, Donovan, 182, 194, 203, 496, 497
Lennon, John, 17, 30, 31, 45, 62-65, 69, 71-74, 109, 121, 127, 152, 175-183, 185-187, 193, 197, 224, 235-238, 240, 241, 244, 262, 275, 284-286, 307, 332, 333, 349-354, 359, 389, 393, 394, 400, 404, 414, 435, 437, 452-456, 458, 479, 480, 501
Lesh, Phil, 147, 467, 468
Lester, Richard, 118
Levesque, Mike, 358
Lévi-Strauss, Claude, 409
Lewis, Jerry Lee, 454
Lindsay-Hogg, Michael, 284
Locks, Seymour, 56
Lockwood, Joseph, 183
Lomax, Alan, 26
Losey, Joseph, 118, 119
Lourie, Miles, 381
Love (banda), 225, 226, 230, 231, 264, 265, 267, 498, 499
Love, Courtney, 142
Love, Michael, 60, 61, 198, 305
Lownds, Sara, 96
Lucas, George, 465
Lydon, Michael, 220, 223

Mad Dogs and Eglishmen, 428
Magic Band, 266
Mailer, Norman, 16, 339, 340, 341
Malanga, Gerard, 84, 86, 90, 94
Malcolm X, 40, 362
Malina, Judith, 139, 356
Mann, Barry, 344
Mann, Thomas, 97
Manson, Charles, 302-306, 385, 401-406, 409, 448, 456, 457, 475
Manuel, Richard, 249, 349
Manzarek, Ray, 226, 229, 296, 297, 356
Mapplethorpe, Robert, 100
Marcos, Ferdinando, 70

Marcos, Imelda, 70
Marcus, Greil, 29, 223, 371, 411, 449, 465, 472
Marker, Chris, 339
Marquese, Mike, 41
Martin, George, 63, 179, 180, 182, 183, 452
Mason, Nick, 196
Matisse, Henri, 235
Mature, Victor, 262
Mayall, John, 109, 114, 493, 494
Maysles, Albert, 450, 463-465, 471-474
Maysles, David, 450, 463-465, 471-474
MC5, 15, 16, 313-324, 327, 330, 366-369, 371-374, 376, 503
McCarthy, Eugene, 329
McCarthy, Jim, 110
McCartney, Linda, *ver* Linda Eastman
McCartney, Paul, 17, 62-65, 71, 73, 74, 120, 121, 133, 162, 173, 176, 180-183, 186, 187, 191, 197, 198, 204, 210, 235, 237, 238, 240, 241, 271, 307, 340, 350, 351, 435, 451-454, 456-459, 501
McDonald, Country Joe, 148, 206, 341, 342
McDowell, Malcolm, 117
McGovern, 481
McGuinn, Jim (Roger), 44-46, 53, 211, 253, 396
McGuire, Barry, 47
McKenzie, Scott, 137, 205
McKernan, Ron "Pigpen", 157, 158, 206
McLuhan, Marshall, 11, 90
McNeil, Don, 256
Meher Baba, 293, 294
Melcher, Terry, 305, 403
Merry Pranksters, 53, 54
Midlake, 483
Miles, Barry, 171, 173, 176, 177
Miller, Arthur, 100
Miller, Jimmy, 276
Miller, Larry, 147
Miller, Steve, 144, 495
Mills, Howard, 386
Mitchell, Joni, 265, 309, 379, 380, 431, 482
Mitchell, Mitch, 133, 285, 432

Mix, Tom, 183
Moby Grape, 142, 144, 166, 167, 210, 243, 495
Modern Jazz Quartet, 249
Monk, Chip, 385, 429, 462, 464
Monk, Thelonious, 268
Moody Blues, 189, 413
Moon, Keith, 62, 79, 80, 134, 191, 217, 287, 288, 293, 294
Moriarty, Dean, 154
Morris, John, 385, 389, 390, 411-413, 418, 420-423, 429
Morrisey, Paul, 86, 87, 89, 90, 92, 269
Morrison, Jim (James Douglas), 19, 91, 225-230, 288, 296-298, 327, 337, 343, 354-358, 368, 372, 389, 397, 503
Morrison, Sterling, 86, 88, 90, 91, 93, 99, 486
Morrison, Van, 10, 249, 250, 383, 483, 500, 501
Morthland, John, 472
Most, Mickey, 128, 129
Mothers of Invention, 91, 500
Mouse, Stanley, 142
Move, 175
Murnau, F.W., 45
Mutantes, 12, 13, 186, 497

Napier-Bell, Simon, 120
Nash, Graham, 182, 299, 379, 431
Nazareth (banda), 460
Neil, Fred, 491
Nesmith, Michael, 262
Newman, Randy, 266, 267, 284, 500, 501
Newton, Huey, 362, 363
Nicholson, Jack, 152, 262, 394, 396
Nico (Christa Päffgen), 83, 87, 89, 90, 99-102, 218, 374, 375, 485, 493, 504
Niemann, Walther, 102
Nin, Anaïs, 152
Nitzsche, Jack, 276, 284, 503
Nixon, Richard, 325, 329, 358, 360, 479-481
Nureyev, Rudolf, 241
Nyro, Laura, 211, 219, 309, 498, 499

O'Neill, Eugene, 100

O'Toole, Peter, 119
Oasis, 497
Obama, Barack, 320, 405
Ochs, Ed, 439
Ochs, Phil, 15, 39, 47, 330, 341
Odetta (Odetta Holmes), 39, 258
Oldham, Andrew Loog, 32, 33, 62, 276
Ono, Yoko, 121, 240, 241, 275, 284, 285, 349-352, 354, 389, 435, 453, 455, 480
Orbison, Roy, 17
Osmond, Humphry, 67, 68, 151
Osterberg, Jim, 372, 375
Oswald, Lee Harvey, 210, 271

Page, Jimmy, 109-111, 113, 115, 127-129, 146, 287-290, 292, 308, 459, 494, 502
Paglia, Camille, 380
Pallenberg, Anita, 121, 122, 279, 281-283
Palmer, Bruce, 301
Parker, Charlie, 17, 268
Parks, Van Dyke, 197, 266, 500, 501
Parsons, Gram, 250, 252-254, 265, 268, 275, 276
Paxton, Tom, 39
Pennebaker, D.A., 27, 208, 209, 213, 217, 220
Pentangle, 288, 290, 483
Perry, Charles, 140
Peter, Paul and Mary, 23, 25, 39
Phillips, John, 204-206, 209, 212, 219, 305
Phillips, Michelle, 205, 219
Pickett, Wilson, 120
Pink Floyd, 172-179, 192-196, 244-246, 280, 307, 443, 461, 484, 496, 497, 500
Plant, Robert, 288, 291, 292, 308, 502
Plaster Caster, Cynthia (Cynthia Albritton), 307
Poe, Edgar Allan, 183
Polanski, Roman, 118, 393, 401-403
Pomeroy, Wes, 411
Pop, Iggy, 298, 318, 372-376, 444, 489
Porter, Cole, 266
Presley, Elvis, 17, 48, 94, 96, 131, 393
Pretty Things, 174, 497

Procol Harum, 174, 175, 496, 497
Pynchon, Thomas, 448

Quant, Mary, 117, 119
Quicksilver Messenger Service, 142, 144, 158, 181, 208, 495

R.E.M., 244
Ra, Sun, 181
Ravel, Maurice, 161
Rawls, Lou, 207
Reagan, Ronald, 118, 140, 359, 360, 440, 443
Red Krayola, 242
Redding, Noel, 132, 365, 366
Redding, Otis, 120, 211, 212, 220, 257, 423
Redgrave, Lynn, 119
Redgrave, Vanessa, 119
Reed, Jimmy, 112
Reed, Lou (Lewis Allen), 17, 83-87, 90-94, 97-99, 101, 146, 147, 186, 212, 322, 374, 479, 485-487, 493
Rees-Mogg, William, 191
Reid, Terry, 288
Remy, Karl, 102
Renoir, Jean, 229
Richard, Little, 96, 132
Richards, Keith, 32, 33, 112, 113, 122, 127, 182, 188-191, 203, 252, 253, 276-279, 281-286, 292, 397, 399, 401, 435, 464, 468-470
Rimbaud, Arthur, 226, 228, 251
Rivers, Johnny, 226
Roberts, John, 381-384, 386-388, 390, 410, 411, 418, 419, 421, 431, 433, 434
Robertson, Robbie, 95, 249
Robinson, Smokey, 370
Rockefeller, Nelson, 412
Roeg, Nicolas, 282
Rohan, Brian, 143
Romero, Elias, 56
Romney, Hugh (Wavy Gravy), 385, 428
Ronstadt, Linda, 299
Rorem, Ned, 185
Rosa, João Guimarães, 277
Rose, Axl, 405
Rosenman, Joel, 381-383, 386-388, 391, 410, 419, 431, 433, 434

Rothchild, Paul, 48, 49, 227, 263, 265
Roxon, Lillian, 45, 159
Rubin, Barbara, 83
Rubin, Jerry, 140, 142, 325, 329, 339, 404, 481
Rubinson, David, 166
Ruby, Jack, 462
Rudd, Mark, 335
Rush, Tom, 264

Sacher-Masoch, Leopold von, 84, 121
Safka, Melanie, 415
Saint-Marie, Buffy, 39, 341
Sanders, Ed, 340
Santana (banda), 259, 418, 419, 424, 428, 444, 464, 505
Santana, Carlos, 146, 259, 390, 419, 465, 467
Sartre, Jean-Paul, 316
Sassoon, Vidal, 118
Savage, Jon, 46
Schaffner, Nicholas, 246
Schlöndorff, Volker, 121
Schmidt, Eric von, 39
Schneiderman, David, 189, 190
Schubert, Franz, 185
Schwartz, Delmore, 98
Scorsese, Martin, 27, 250, 412
Scully, Rock, 156, 159, 420, 462, 472, 475
Sebastian, John, 23, 383, 420, 491
Sebring, Jay, 401
Seeger, Peter, 24, 26, 27, 38, 39
Shakespeare, William, 98, 221, 380, 484
Shankar, Ravi, 66, 145, 204, 212, 217, 373, 415
Shaw, Eddie, 102
Shaw, Greg, 223
Shelley, Percy Bysshe, 400
Shelton, Robert, 95, 96
Shepard, Sam, 100, 393
Shepp, Archie, 64
Shrieve, Michael, 467
Shrimpton, Jean, 117
Sill, Jude, 309
Simon, John, 215, 216
Simon, Paul, 205-207, 220, 300, 381, 482
Simpson, David, 157
Sinatra, Frank, 260

Sinclair, John, 16, 316-318, 320, 321, 323, 325, 330, 331, 335, 367-369, 372, 425, 426, 480
Sinclair, Leni, 318, 425, 426
Slick, Grace, 75, 161, 221, 254, 309, 424, 427, 467, 505
Sly and the Family Stone, 423, 424, 430, 444
Smith, Bessie, 258
Smith, David, 55-56, 141
Smith, Fred "Sonic", 316, 318
Smith, Harold, 229
Smith, Harry, 252
Smith, Joe, 160, 166
Smith, Norman, 179
Smith, Patti, 100
Smith, Tommie, 362
Snider, Gary, 143
Soft Machine, 172, 174
Solanis, Valerie, 321
Sonic Youth, 405
Spector, Phil, 59, 197, 395
Spence, Alexander "Skip", 243, 244, 499, 500
Spirit, 288, 502
Springsteen, 223
Stalin, Joseph, 148
Stamp, Chris, 77, 78, 119
Stamp, Terence, 119
Stanislavski, Constantin, 85
Stanley III, Augustus Owsley, 53, 58, 155-157, 189, 204, 207, 210, 254, 421, 464, 465
Starr, Ringo, 71, 73, 121, 181, 183, 240, 351, 435, 453, 458
Stavers, Gloria, 229, 230
Steppenwolf, 341, 395
Sternberg, Joseph von, 229
Steve Miller Band, 495
Stewart, Rod, 287, 502
Stills, Stephen, 278, 299-301, 431, 502
Stockhausen, Karlheinz, 181
Stoll, Howard, 151
Stoll, Werner, 151
Stone, Oliver, 227, 361
Stone, Sylvester "Sly", 10, 423, 424
Suicide, 376
Sweetwater, 413

Taj Mahal (Henry Saint Clair Fredericks), 284
Talmy, Shel, 76, 77
Tate, Sharon, 401
Taylor, Derek, 206, 210
Taylor, James, 238, 482, 507
Taylor, Mick, 398, 449
Temple, Shirley, 183, 359
Ten Years After, 430
Thatcher, Margaret, 440, 443
The Animals, 29, 120, 130, 133, 203, 307, 343-345, 503
The Band, 34, 95, 96, 215, 216, 247-250, 265, 350, 382, 420, 437, 443, 483, 499, 501, 504, 505
The Beach Boys, 58-64, 80, 181, 196-199, 240, 261, 270, 279, 304-306, 492
The Beatles, 10, 11, 19, 29-34, 36, 44-46, 48, 59, 62-66, 69, 70-77, 85, 88, 89, 103, 104, 109, 112, 115, 117, 118, 120, 121, 123-125, 127, 174, 175, 179-188, 190, 191, 198, 204, 207, 210, 222, 225, 235-241, 244, 248, 249, 261, 262, 265, 270, 271, 275, 276, 280, 282, 284, 290, 293, 299, 304-307, 314, 316, 319, 332-334, 350-354, 389, 390, 400, 402-405, 409, 428, 430, 435, 436, 447, 448, 451-459, 461, 479, 482, 487, 491, 492, 496, 497, 499, 501, 506, 507
The Beau Brummels, 495
The Byrds, 24, 44-46, 66, 67, 69, 91, 134, 205, 210, 211, 226, 250-253, 261, 262, 265, 299, 319, 341, 394-396, 491, 492, 498, 499, 501
The Carter Family, 438
The Clash, 20
The Doors, 14, 49, 195, 224-230, 260, 264, 296-298, 341, 343, 354, 355, 389, 498-501, 503
The Eagles, 300
The Easybeats, 497
The Flying Burrito Brothers, 265, 308, 464, 500, 501
The Fugs, 339, 340, 503
The Great Society, 161
The Hawks, 34, 247
The Hollies, 183, 299

The Iggys, 373
The Incredible String Band, 288, 415, 417, 483, 484, 496, 497
The Jeff Beck Group, 287, 288, 413, 502
The Jimi Hendrix Experience, 134, 218, 219, 285, 287, 296, 298, 364, 432, 498, 504
The Kingsmen, 77
The Kinks, 76, 77, 118, 122-125, 127, 203, 297, 494
The Lemonheads, 405
The Lovin' Spoonful, 46, 226, 383, 420, 491
The Mamas and the Papas, 49, 204, 205, 209, 219, 261, 265, 305
The Monkees, 262, 264, 341, 486, 499, 501
The Monks, 102-105, 493
The Mothers of Invention, 270, 339, 344, 345
The Pretenders, 480
The Rolling Stones, 14, 17, 31-34, 45, 62, 76, 112, 114, 121-123, 146, 154, 158, 175, 182, 187, 188, 190, 191, 203, 221, 222, 241, 253, 261, 263, 275-281, 283-287, 290, 319, 332, 334, 335, 341, 389, 393, 397-400, 435, 447-450, 452, 453, 455, 459, 461-464, 467-474, 491, 492, 494, 496, 497, 502, 506, 507
The Small Faces, 127, 295, 496, 497
The Sonics, 495
The Spencer Davis Group, 175
The Stooges, 318, 319, 372-376, 504
The Temptations, 370
The Tridents, 110
The Troggs, 218
The United States of America (banda), 330, 503
The Velvet Underground, 83-95, 97, 99, 100, 102, 104, 146, 147, 172, 178, 218, 269, 277, 321, 322, 367, 374, 444, 485-487, 493, 504, 506, 507
The Who, 63, 77-80, 115, 119, 127-129, 134, 146, 162, 178, 191, 203, 216, 217, 244, 259, 284-287, 290, 292-296, 316, 416, 424-426, 435, 444, 492, 494, 502

The Whoolies, 315
The Yardbirds, 109, 110, 113-115, 120, 128, 129, 287, 494
The Zombies, 12, 295, 496, 497
Thelin, Jay, 55
Thelin, Ron, 55
Them, 249
Thomas, Dylan, 100
Thompson, Dennis, 318, 330
Thompson, Hunter S., 466
Thompson, Richard, 483
Thomson, Virgil, 100
Thoreau, Henry David, 256
Thornton, Willie Mae "Big Mama", 209
Thorogood, Frank, 398
Tiber, Elliot, 391
Tolkien, J.R.R., 193
Tomorrow, 174, 497
Tork, Peter, 262
Townshend, Pete, 77, 78, 80, 115, 127, 134, 178, 180, 181, 216-218, 244, 286, 293-296, 316, 401, 424-426, 442, 450, 461
Traffic, 175, 176, 399, 496, 497
Trudeau, Jean Pierre, 353
Truffaut, François, 126, 280
Tsé-tung, Mao, 337
Tucker, Moe, 86, 90, 91, 486
Turner, Ike, 132
Turner, Tina, 132, 258, 449
Twain, Mark, 100
Tynan, Kenneth, 191
Tyner, McCoy, 316
Tyner, Rob, 314, 316, 317, 319, 324, 372

Underwood, Lee, 268
Unrelated Segments, 315
Uriah Heep, 460

Varèse, Edgar, 269
Vega, Alan, 376
Veloso, Caetano, 13, 436
Viola, Paulinho da, 506
Vitti, Monica, 119
Vliet, Don Van (Captain Beefheart), 266, 268, 499, 501
Von Schmidt, Eric, 24

Wadleigh, Michael, 426, 434
Waits, Tom, 244
Warhol, Andy, 83-94, 99-101, 146, 178, 376, 485, 487
Waters, John, 405
Waters, Muddy, 27, 111, 113
Waters, Roger, 178, 179, 195, 196, 244, 246
Watson, Tex, 405
Watts, Alan, 55, 151
Watts, Charlie, 114, 397-399, 401
Wavy Gravy, *ver* Hugh Romney
Wayne, John, 359, 360
Webber, Andrew Lloyd, 354
Weil, Cynthia, 344
Weir, Bob, 75, 157, 206, 421
Wenner, Jann S., 54, 207, 221-223, 405, 440, 472
Wexler, Haskell, 450
Whitman, Walt, 256
Wickham, Vicki, 120
Williams, Hank, 438
Williams, Paul, 222
Williamson, Sonny Boy, 113, 494
Willis, Ellen, 333
Wilson, Brian, 17, 58-64, 196-198, 245, 266, 280, 304, 305
Wilson, Carl, 61, 199, 304
Wilson, Dennis, 61, 303-306
Wilson, Jackie, 370
Wilson, Tom, 28, 92
Wilson, Wes, 164, 165
Winner, Langdon, 48, 185
Winter, Johnny, 431
Winwood, Steve, 175, 399, 497
Wohlin, Anna, 398
Wolf, Howlin', 26, 112, 133
Wolfe, Tom, 32, 55, 154, 481
Wonder, Stevie, 370
Woronov, Mary, 90, 91
Wright, Rick, 177
Wyman, Bill, 401

Yarrow, Peter, 23, 24, 26
Yasgur, Max, 391, 392, 429, 430, 434, 463
Yes, 174
Yester, Jerry, 267, 268
Yogi, Mahrishi Mahesh, 236, 237, 305
Young, La Monte, 85, 86
Young, Neil, 300-302, 379, 404, 431, 432, 480, 482, 489, 502
Young, Rob, 483
Yule, Doug, 486

Zappa, Frank, 17, 91, 92, 260, 262, 265, 266, 268-271, 302, 307, 327, 344, 345, 373, 500, 501
Zinsser, William, 393
Zwerin, Charlotte, 473

*O texto deste livro foi composto em Sabon,
desenho tipográfico de Jan Tschichold de 1964
baseado nos estuaos de Claude Garamond e
Jacques Sabon no século XVI, em corpo 11/16.
Para títulos e destaques, foi utilizada a tipografia
Frutiger, desenhada por Adrian Frutiger em 1975.*

*A impressão se deu sobre papel off-white 80g/m²
pelo Sistema Cameron da Divisão Gráfica
da Distribuidora Record.*